Klaus Hemmerle
Ausgewählte Schriften
Band 3

Klaus Hemmerle
Ausgewählte Schriften

Herausgegeben von Reinhard Feiter

Band 3

Die Alternative des Evangeliums
Beiträge zu gesellschaftlichen Fragen

Klaus Hemmerle

Die Alternative des Evangeliums
Beiträge zu gesellschaftlichen Fragen

Ausgewählt und eingeleitet von
Michael Albus
Peter Blättler
Wolfgang Schneider

Herder
Freiburg · Basel · Wien

Gedruckt mit Unterstützung
des Bistums Aachen

Alle Rechte vorbehalten – Printed in Germany
© Verlag Herder Freiburg im Breisgau 1995
Satz: Barbara Herrmann, Freiburg
Druck und Bindung: WB-Druck, Rieden
Gedruckt auf umweltfreundlichem,
chlorfrei gebleichtem Papier
ISBN 3-451-23769-6

VORWORT

Der Tod von Prof. Dr. Klaus Hemmerle, des Bischofs von Aachen, am 23. Januar 1994 rief vielerorts die Frage nach seinem geistlichen und pastoralen Vermächtnis und insofern dann auch eine neue Nachfrage nach seinen Schriften hervor. Seit einiger Zeit ist zudem ein vermehrtes wissenschaftliches Interesse am Werk Hemmerles festzustellen.

Mit den „Beiträgen zu gesellschaftlichen Fragen" wird ein erster Band der auf fünf Bände angelegten Reihe „Ausgewählter Schriften" von Klaus Hemmerle vorgelegt.

Organisatorische Gründe erfordern, mit diesem Band das Erscheinen der Schriftenreihe beginnen zu lassen. Gleichwohl vermögen gerade die hier versammelten Texte jene Einheit zu verdeutlichen, die Klaus Hemmerle angelegen war: die Einheit von intellektueller Rechenschaft über den Grund christlicher Hoffnung, von einer erneuerten Weise, Kirche zu sein, und von gesellschaftlichem Engagement. Es war seine Überzeugung, daß nicht zuletzt in der Synthese dieser drei Momente auch die Antwort des unterscheidend Christlichen liege, welche die Glaubenden am Ende des zweiten Jahrtausends der nachchristlichen Gesellschaft schulden.

Im Gesamt der Ausgabe wird dieser Band gleichsam das Scharnier bilden zwischen den beiden voraufgehenden, der Religionsphilosophie und Fundamentaltheologie Hemmerles gewidmeten Bänden und den beiden folgenden mit praktisch-theologischen und ekklesiologischen Schriften.

Über die Prinzipien, welche Anlage und Gestaltung der Reihe insgesamt bestimmen, wird im ersten Band Auskunft gegeben werden. Die Auswahl und Anordnung der Schriften in diesem Band erläutert die *Einleitung*, die *Editorische Notiz* erklärt Art und Umfang der Überarbeitung.

Aachen, den 10. August 1995 *Reinhard Feiter*

INHALTSÜBERSICHT

Einleitung 9

ERSTER TEIL:
Christsein in „nachchristlicher" Gesellschaft

Krise des Hörens 17
Ideologiekritik und christlicher Glaube 36
Das Christliche im „nachchristlichen" Zeitalter 50
Viele Wege führen ins Getto 71
Christliche Spiritualität in einer pluralistischen Gesellschaft 81
Wert und Wirkungen der Religion 101
Einheit als Lebensstil 114
Eine neue Stadt ersteht. Theologische Aspekte
zum Thema des Karlsruher Katholikentags 131

ZWEITER TEIL:
Ort und Ethos des Christlichen in der Gesellschaft

Erstes Kapitel: *Politik – Kunst der Freiheit*
Unterscheidung des Politischen 144
Politik und Ethik. Phänomenologische Randbemerkungen 160
Politik und Zeugnis 180

Zweites Kapitel:
Ökonomie – vom Urmodell zu den Modellen
Was haben Evangelium und Wirtschaft miteinander zu tun? 194
Kirche und Wirtschaft 206
Kirche und Arbeiterschaft – eine Herausforderung
für die Gemeinden. Fastenhirtenbrief 1981 222
Gegen die Angst – für die Hoffnung. Der Bischof
von Aachen an junge Arbeiterinnen und junge Arbeiter .. 226

7

Drittes Kapitel:
Wissenschaft und Technik – Zusammenleben mit dem Ganzen
Technik und Weisheit 230
Philosophisch-theologische Reflexionen zum Thema:
„Unsere Verantwortung für die Welt von morgen" 241
Grundentscheidungen für ein verantwortliches Verhalten
zur Zukunft 262

Viertes Kapitel: *Impulse für eine erneuerte Soziallehre*
Was heißt „katholisch" in der katholisch-sozialen Bildung? 276
Person und Gemeinschaft – eine philosophische
und theologische Erwägung 299

Fünftes Kapitel:
Diakonie – Antwort auf die Seins-Not des Menschen
Personale Hilfe in einer technisierten und
rationalisierten Welt 316
Caritas – eine theologische Reflexion zwischen Konzil
und Synode 334

Bibliographische Nachweise 349
Editorische Notiz 351
Inhaltsverzeichnis 353

EINLEITUNG

„Alle sollen eins sein: Wie du, Vater, in mir bist und ich in dir bin, sollen auch sie in uns sein, damit die Welt glaubt, daß du mich gesandt hast" (Joh 17,21): Diese Gebetsbitte Jesu war für Bischof Klaus Hemmerle Leitwort seines bischöflichen Amtes und der Impuls seines Denkens und Handelns. Er dachte aus dem Gedanken der Einheit, versuchte vor allem, persönlich aus dem Gedanken der Einheit zu leben, und rang um die Gestalt von Einheit in unterschiedlichen Feldern kirchlichen und öffentlichen Lebens. Dabei war ihm bewußt, daß Einheit zunächst und zumeist nicht Wirklichkeit ist, sondern diese sich vielmehr als Trennung, Differenz und Widerspruch zeigt, wie es jenes Gebet Jesu auch schon anzudeuten scheint, wenn Jesus um eben diese Einheit, die sein soll, *betet*. Gräben der Trennung brechen nicht nur zwischen den Weltreligionen auf, sondern auch zwischen den christlichen Konfessionen und in der katholischen Kirche selber. Aber nicht nur die Religionen, die christlichen Kirchen und die katholische Kirche sind nicht eins, sondern auch Kirche und Gesellschaft.

Dabei scheint es, als habe die Kirche, und zumal die amtliche, immer weniger Möglichkeiten, ihre Stimme in der Gesellschaft hörbar werden zu lassen, und sei umgekehrt die gesellschaftliche Öffentlichkeit immer weniger bereit und willens, diese Stimme zu hören. Dieser Situation, der sich Klaus Hemmerle deutlich bewußt war, galt im besonderen Maße seine Aufmerksamkeit, und sie war ihm Herausforderung für sein Denken und Handeln. Christlicher Glaube und Kirche vollzogen sich für ihn nicht in einem Binnenraum, sondern *in der Mitte* der Gesellschaft. Gesellschaft war für Klaus Hemmerle ein wesentlicher Handlungsort gelebten Glaubens und damit der Kirche.

Das Ziel dieses Handelns war es, Wegweiser vorzuschlagen in einer oft weg-losen Zeit, und zwar gerade deswegen, weil zu viele und zugleich zu unterschiedliche Wege offenzuliegen scheinen. Das *Eine* konkurriert nicht nur mit der *Differenz*, sondern auch mit dem *Vielen*. Beide Antinomien aufzugreifen, war ein Anliegen des Theologen und Bischofs Klaus Hemmerle. Dabei gilt es, einem Mißverständnis vorzubeugen. Denken und Handeln aus dem Gedanken der Einheit bedeutet nicht, die Differenz oder das Viele zu ignorieren oder zu nivellieren. Einheit war für Klaus Hemmerle eine Einheit des „Und" und des „Mit". Einheit sollte gelebt werden „angesichts" der anderen und „mit" den anderen. Allerdings geht es dabei nicht um eine Einheit, die vordergründig nach Kompromissen sucht. Nicht die „goldene Mitte" zu finden, sondern „die harte Mitte" zu leben im Aushalten ganz unterschiedlicher Spannungen des Vielen und der Differenz war sein Ansatz[1]. Dies war für ihn die *Alternative des Evangeliums*[2], die er auch im Verhältnis von Kirche und Gesellschaft als Auftrag sah. Der Gedanke der Einheit verwischt insofern nicht die Differenz, sondern fordert sie notwendig ein. Konkret bedeutet dies: Kirche ist zwar sowenig identisch mit der Gesellschaft wie mit dem Reich Gottes und darf es auch nicht sein. Aber aus dem Unterschied von Kirche und Gesellschaft erwuchs ihm die Verpflichtung zur Begegnung, die Aufgabe der Unterscheidung und die Suche nach dem Verbindenden, ja sogar der Gemeinschaft als des möglichen Wegs gesellschaftlichen *und* kirchlichen Handelns.

Solche Wegweiser liegen in diesem Band vor, ohne daß daraus eine Gesellschaftstheorie abgeleitet werden könnte. Klaus Hemmerle hat sowenig eine Gesellschaftstheorie entworfen wie eine Theorie des Verhältnisses von Gesellschaft und Kirche. Eines seiner Hauptanliegen als Theologe sei es in seinen Tätigkeiten als erster Direktor der Katholischen Akademie der Erzdiözese Freiburg[3], als Professor[4], weiterhin als Geistlicher Direktor bzw.

---

[1] Vgl. dazu besonders: „Viele Wege führen ins Getto".

[2] Wegweisend für diesen Gedanken ist: „Einheit als Lebensstil", welcher Aufsatz gleichsam der Titelbeitrag dieses Bandes sein könnte. Vgl. ergänzend dazu: K. *Hemmerle*, Leben aus der Einheit. Eine theologische Herausforderung. Hg. v. P. Blättler (Freiburg i.Br. 1994).

[3] Vgl. dazu vor allem: „Krise des Hörens", hervorgegangen aus einem Wochenendgespräch der Katholischen Akademie der Erzdiözese Freiburg über die Krise des Hörens auf der Insel Reichenau am 6./7.12.1958. Vgl. dazu weiterhin

Geistlicher Assistent des Zentralkomitees der deutschen Katholiken[5] und schließlich als Bischof von Aachen war es, mögliche Wege im Verhältnis von Kirche und Gesellschaft zu weisen und dadurch die Freiheit der Partner zu rufen, zu ermöglichen und gestalten zu helfen.

Wegweiser, die auf die Alternative des Evangeliums in der Gesellschaft aufmerksam machen wollen, haben mit einer nüchternen Bestandsaufnahme zu beginnen, d. h. mit dem Christsein in „nachchristlicher" Gesellschaft. Der erste Teil dieses Bandes stellt deswegen die Differenzen vor: das *andere des Christlichen* angesichts der Gesellschaft, aber auch das *andere der Gesellschaft* angesichts des Christlichen, damit *das andere des Eigenen* und die sich daraus ergebenden Gefährdungen des Verhältnisses von christlichem Glauben und gesellschaftlichem Leben. Aber *im* anderen konnte Klaus Hemmerle auch – aus der *Alternative des Evangeliums* – das *Eine* entdecken und beide miteinander vermitteln. Dies empfand er als seine Berufung. Ohne deswegen systematisch klar trennen zu können, widmet sich der zweite Teil der vorgelegten Schriften dem Ort und Ethos des Christlichen in der Gesellschaft, *dem Eigenen angesichts des anderen*.

Solche exemplarische Orte, an denen er persönlich herausgefordert wurde und diese Herausforderung annahm, waren Politik, Ökonomie, Wissenschaft und Technik[6]. Die systematische Struktur christlichen Handelns an diesen Orten und damit eines christlichen Ethos' äußern sich – theoretisch – etwa in der katho-

---

ergänzend die Berichte von den ersten Akademietagungen im „Oberrheinischen Pastoralblatt", Jg. 1957.

[4] Dies zeigt sich beispielhaft in „Ideologiekritik und christlicher Glaube", der Antrittsvorlesung an der Rheinischen Friedrich-Wilhelms-Universität in Bonn am 11.6.1969 sowie in „Das Christliche im ‚nachchristlichen' Zeitalter", der Antrittsvorlesung an der Ruhruniversität in Bochum im Januar 1971.

[5] Exemplarisch für die programmatische Prägung der Katholikentage von 1968 bis 1994 ist seine Studie zum Leitwort des Katholikentages von Karlsruhe „Eine neue Stadt ersteht". Vgl. dazu die Würdigung von *R. Waschbüsch:* Weggefährte im Glauben. In: *Generalsekretariat des Zentralkomitees der deutschen Katholiken* (Hg.), Klaus Hemmerle – Weggeschichte mit dem Zentralkomitee der deutschen Katholiken (Berichte und Dokumente 91) (Bonn 1994).

[6] Vgl. dazu die Beiträge in den Kapiteln 1 bis 3 des zweiten Teils.

lischen Soziallehre und – praktisch – in den verschiedenen Formen von Diakonie. Zu diesen beiden Bereichen haben der Herausgeber und die Bearbeiter dieses Bandes „Wegweiser" und zugleich „Alternativen" von Klaus Hemmerle aus dem Geist des Evangeliums vorgelegt[7]. Entstanden sind diese Gedanken aus der persönlichen Begegnung mit den Mitarbeiterinnen und Mitarbeitern der Caritas in Freiburg. Diese Nähe prägte Hemmerles Einstellung zu sozialen Fragen seit den frühesten Jahren.

Die Auswahl der Schriften von Klaus Hemmerle zu gesellschaftlichen Fragen und dem Verhältnis von Gesellschaft und Kirche ist notwendig unvollständig. Sie entspricht allerdings der Entscheidung des Herausgebers und der Bearbeiter dieses Bandes, eine exemplarische Dokumentation vorzulegen. Dieses Prinzip bestimmt deswegen auch die Gliederung des Bandes. Die Überschriften und die Reihenfolge der Beiträge verstehen sich nicht als eine systematische oder genetische Gliederung, sondern als Lesehilfe zur Orientierung.

Bei den vorliegenden Beiträgen ist weiterhin zu beachten, daß sie in sehr unterschiedlichen Situationen entstanden sind, vor allem in Situationen der akademischen Rede[8] und des pastoralen Gesprächs[9] angesichts der Herausforderungen gesellschaftlicher Wirklichkeit. Solche Gesprächssituationen waren für Klaus Hemmerle in einem ursprünglichen Sinn Situationen des Dialogs. Deswegen haben sich die Bearbeiter dieses Bandes bewußt für die

---

[7] Hier verweisen wir auf die Kapitel 4 und 5 des zweiten Teils.
[8] Auf Hemmerles Antrittsvorlesungen haben wir schon in Anm. 4 verwiesen. Aber nicht nur als Professor für Fundamentaltheologie in Bochum und Religionsphilosophie in Freiburg, sondern auch als Bischof suchte er das akademische Gespräch. Dies wird unter anderem sichtbar in seinem Vortrag „Technik und Weisheit", den er anläßlich der Verleihung der Ehrendoktorwürde vor der Philosophischen Fakultät der Rheinisch-Westfälischen Technischen Hochschule in Aachen am 8.7.1988 gehalten hat.
[9] Dies wird insbesondere deutlich in „Was haben Evangelium und Wirtschaft miteinander zu tun?", „Kirche und Wirtschaft", „Kirche und Arbeiterschaft" und „Gegen die Angst – für die Hoffnung". Der letztgenannte Text entstammt dem Gespräch mit der Christlichen Arbeiterjugend (CAJ) im Bistum Aachen und ist in Zusammenarbeit mit ihr als Faltblatt herausgegeben worden mit dem Ziel, ein Gespräch mit jungen Arbeiterinnen und Arbeitern zu initiieren.

Erhaltung des in den Texten deutlich sichtbaren Charakters der mündlichen Rede entschieden. Das offene Gespräch „mit" den Menschen war für Klaus Hemmerle die Mitte seines priesterlichen Dienstes[10].

Das formale Prinzip der Auswahl dokumentiert deswegen gleichzeitig die theologische Botschaft von Klaus Hemmerle: Gespräch zu ermöglichen, Gespräch offenzuhalten, ja, Gespräch zu sein zwischen *Kirche und Gesellschaft,* und zwar vor allem dann, wenn Gespräch in wirklichem oder nur vermeintlichem Dissens verstellt zu sein scheint, damit Jesu Gebet Wirklichkeit werde: daß „alle eins seien".

---

[10] Vgl. dazu andere Publikationen von *K. Hemmerle*: Offene Weltformel. Perspektiven christlicher Bewußtseinsbildung (München 1969) – wiederabgedruckt in: Wie Glauben im Leben geht. Schriften zur Spiritualität (München 1995) 7–79; Geistige Hintergründe des Terrorismus. Theologische und pastorale Folgerungen. In: *H. Maier* (Hg.), Terrorismus. Beiträge zur geistigen Auseinandersetzung (Mainz 1979) 47–60; weiterhin *K. Hemmerle* (Hg.), Liebe verwandelt die Welt. Anstöße zum Berliner Katholikentag 1980 (Mainz 1979).

ERSTER TEIL

Christsein in „nachchristlicher" Gesellschaft

KRISE DES HÖRENS

Störungen im Verhältnis des Hörens zur hören lassenden Mitteilung gibt es in jedem Zeitalter. Die menschliche Freiheit ermöglicht das rechte Hören und Reden, schließt aber zugleich die Gefahr des Mißbrauchs mit ein. Und auch das bereite Herz und das offene Ohr bleiben den mannigfachen geschichtlichen Bedingungen ausgesetzt, die den unendlich weiten Spielraum des Geistes im wirklichen Dasein je verengen. Immer werden neue Gedanken und wird eine neue Sprache der Kunst zunächst auf Zögern und Mißverständnis der Mehrzahl stoßen, immer wird die Gewöhnung der Menschen aneinander die wache Ursprünglichkeit täglich neuen Verstehens abzustumpfen drohen, wird der junge Aufbruch versucht sein, nicht behutsam genug auf die überlieferten Worte zu achten, denen er Entscheidendes verdankt, und immer wird die Gewaltsamkeit der lauter tönenden Stimmen leichter Gehör finden als die geheime Macht der leisen.

Das rechte Hören gelingt also nicht selbstverständlich, doch bekundet dieser immer selbe und immer auch wieder andere Tatbestand allein noch keine Krise des Hörens. Mag auch oftmals unvollkommen oder gar schlecht gehört werden, solange das Maß des rechten Hörens dem Bewußtsein als erkennbar und dem Vollzug als erschwinglich vorschwebt, ist die Sache des Hörens grundsätzlich noch in Ordnung. Anders, wenn dieses Maß selbst fragwürdig wird oder doch ohnmächtig anderen Mächten gegenüber, die den Menschen nur mehr schwerlich zu dem kommen lassen, was ehedem als das rechte Hören galt. Müßten wir Heutige diesen Befund unserem Zeitalter zuerkennen, dann hätte das Wort von der Krise des Hörens sein Recht.

Krise des Hörens heißt jedoch nicht Verlust des Hörens. Sinn jeder Krise ist ein Neugewinn, freilich durch tödliche Bedrohung hindurch. Aber sie ist als Krise nur erkennbar, weil die erschütterten Maßstäbe verborgen dennoch weiterwirken. Wer von einer

Krise des Hörens spricht, muß daran glauben, daß das Wesen und die Ordnung des Hörens noch hörbar sind.

I. Mißtrauen gegen das Wort*

Stehen wir nun in einer solchen Krise des Hörens oder nicht? Menschen, die in Verkündigung, Erziehung, Lehre, künstlerischer Gestaltung und Wiedergabe oder im Dienst des Rundfunks sich an das Gehör ihrer Zeitgenossen wenden, machen durchaus verschiedene Erfahrungen mit ihrem Bemühen. Gleichwohl zeichnet sich Gemeinsames an diesen Erfahrungen ab.

Manches gute Wort wird gerne, sehr gerne angenommen und findet auch Widerhall. Aber solcher Widerhall ist dann zumeist der Dank: Endlich, dies ist das Wort, auf das ich lange gewartet habe, nach dem ich aushorchte, und nun habe ich inmitten des betäubenden Stimmengewirrs es doch gefunden! Es gibt recht bewußte und eingehende Gespräche zwischen dem Sprecher und Hörer des Wortes, aber derlei Gespräche sind gerade deshalb bewußt und einläßlich, weil sie herauswachsen aus der Überwindung eines doppelten Widerstandes: Das Wort mußte sich durchkämpfen durch den Lärm der vielen Stimmen, das Hören heraustreten aus dem Mißtrauen, das dieser Lärm seiner anfänglichen Bereitschaft einflößt.

So bestätigen auch die geglückten Verhältnisse des Hörens und des Wortes zueinander die vielen, scheinbar entgegengesetzten Urteile, daß es ungemein schwer sei, Hören, gutes Hören zu wecken. Denn was den Weg des Wortes zum Gehör hemmt, ist nicht die Kritik, die sich mit dem Wort auseinandersetzt, sondern die Müdigkeit, die es nur hinnimmt. Das nur hingenommene Wort aber gleitet ab von der lebendigen Freiheit des Hörers, oder es weicht sie von unten her, unbemerkt, wie im Traume, auf. Es gelingt mit entsprechend geschickt eingesetzten Mitteln, einen augenblicklichen Effekt zu erzielen, der die freie Entscheidung übermannt, oder einen heimlichen Einfluß auszuüben, der sie unterwandert. Was überlaut oder was nur nebenbei sich hören läßt, hat Aussicht anzukommen, aber gerade dieses läßt den Menschen nicht eigentlich mehr hören. Denn er hört nicht, wo er selbst in seinem Hören nicht „dabei" ist, sondern nur reagiert. Je raffinierter indessen schreiende Reklame oder geflüsterte Propaganda sich entwickeln, je dichter sie den Raum durchschwirren, desto mehr heben sie sich gegenseitig auf in den unterschiedslosen und im selben Maße wirkungslosen Summton des allgemeinen Weltgeräusches.

Der Mensch muß so viel hören, daß er kaum mehr hören kann. Ohne Angebot gibt es keine Wahl, doch nichts macht so wahllos wie das Überangebot. Das Überangebot des Hörbaren stürmt auf uns in zweifacher Weise ein: Die Technik multipliziert die Möglichkeiten, mit Schallwellen das menschliche Ohr zu treffen, und diese Möglichkeiten werden, weil sie solche sind, auch ausgenützt. Zugleich hat sich die Klammer einer gemeinsamen Ordnung des Denkens und Urteilens gelöst, immer mehr Welt- und Wertbilder werben um unsere Zustimmung. Den unser Leben allenthalben verfolgenden Medien des Hörens eingegossen, erreichen sie alle, treiben sie alle zusammen zum ungeheuerlichen Markt der Meinungen, auf dem alles fast gleich leicht hörbar ist und so den Anschein erweckt, auch gleich viel wert zu sein.

Dem Wort, das zum rechten Hören finden will, bleibt es nicht erspart, sich in diese Medien und auf diesen Markt zu begeben. Den neuen Möglichkeiten geöffnet und doch im Bedacht der neuen Gefahren, stellt es an das Hören einen Anspruch, der das bislang Gewohnte weit übersteigt. Das Hören ist vor ihm nicht träge, sondern müde geworden. Müde von der pausenlosen Berieselung, die den höchsten Anruf und die banalste Lächerlichkeit paart und zudem die widersprechenden Anrufe in derselben Stärke und Dringlichkeit einschmilzt in ihren einen Rhythmus.

Die Folgen auf die durchschnittliche Hörgesinnung sind doppelter, scheinbar gegensätzlicher Art: Es wird wahllos viel und es wird doch nichts eigentlich gehört; wir sind anfällig für jedes Wort und zugleich mißtrauisch gegen jedes Wort.

Es wäre indessen ungerecht, den Widerstand zu übersehen, der sich, gerade auch von seiten der jüngeren Generation, gegen die Verführung des bloß Modischen und gegen die lähmende Gleichgültigkeit wendet. Hochtönende Parolen und hohle Phrasen werden durchschaut und leidenschaftlich abgelehnt. Nur das überzeugte Wort besitzt Glaubwürdigkeit. Aber die Überzeugtheit wird beurteilt nach der Tat, die dem Wort entspricht, und vom Wort selbst wird äußerste Nüchternheit verlangt. Es soll einem niemand etwas „vormachen" können. Gewiß fängt mit solchem Mut, sich zu stellen, der Mut zu neuem Hören an. Und doch liegt auch über ihm der Schatten des Mißtrauens. Die Spannweite der Bereitschaft zu hören ist auf ein schmales Maß beschränkt. Äußerlich, denn der lange Atem weitergeführter Gedankenzusammenhänge wird nur noch mühsam mitvollzogen, der knappe Anruf bleibt viel eher haften. Bedeutsamer ist jedoch die innere Enge der Spannung des Hörens: Das bestätigbare, kontrollierbare, in Erfahrung umsetzbare Wort gilt allein, das Wort, das weiterfragen und tiefer graben will, droht unter die Unzahl der bloßen Meinungen eingereiht zu werden, denen sich auszuliefern auf zu unsicheren Boden führt. Es handelt sich dabei weniger um ein theoretisches Bezweifeln als um den Rückzug aus der tätigen Gefolgschaft unter Berufung auf die oft erfahrene Grenze der eigenen Möglichkeiten.

In dem so viele Hörvollzüge auf verschiedene Weise begleitenden Mißtrauen scheint in der Tat sich etwas wie eine Krise des Hörens anzumelden. Mißtrauen bedeutet nicht Kritik; denn Kritik geht beurteilend und also hörend mit dem Wort mit und versucht, bis in seine Wurzel einzudringen; das Mißtrauen hingegen schützt sich vor dem hörenden Mitgehen und verschließt sich in sich selbst. Entweder es läßt alles Gehörte ermüdet an sich abgleiten, ohne Hoffnung, daß in seiner Überfülle doch auch der Schatz unter dem Schutt vergraben liegen könnte; oder es beschränkt, wie eben angedeutet, die Bereitschaft vernehmenden Eingehens auf den Bereich des sofort Überschaubaren. Oder aber es verbirgt sich in der Wahllosigkeit ungezügelten Drauflos-hörens – denn wohl deshalb sind wir dem massenhaften Hörangebot so ausgeliefert, weil wir uns selber die Wahl nicht mehr zutrauen.

Vielleicht enthüllt eine häufige Erfahrung von Seelsorgern und Erziehern das, was auf dem Boden solchen Mißtrauens ruht: Viele Kinder – und Erwachsene – wehren sich innerlich gegen das Wort, weil sie nicht daran glauben, als sie selbst bejaht und angenommen zu werden, sich ihrer selbst sicher sein zu dürfen im

Gespräch. Die so viel beredete Isolierung und Einsamkeit wie die kaum weniger zeitgemäße Gesprächsseligkeit, die alles im Unverbindlichen beläßt, weisen in dieselbe Wurzel: Der Mensch vertraut nicht mehr darauf, sich selbst wagen zu dürfen, selbst nicht verloren zu sein und abgewiesen vom Wort, das von gegenüber kommt.

II. Der Grund des Mißtrauens: das verführte Wort*

Mißtrauen gegen das Wort und gegen sich selbst vor dem Wort – rührt es allein von der unausweichlichen Massenhaftigkeit des Gehörten? Gründet die Krise des Hörens allein im Quantitativen, Zahlhaften? Vielleicht haben Quantum und Zahl in einer tieferen Schicht Entscheidendes mit ihr zu tun. Doch muß zunächst ein anderer Umstand beachtet werden, der nicht minder ernstlich als der erzwungenerweise unmäßige Hörkonsum für den Unterton des Mißtrauens im Hören heute verantwortlich ist.

Mißtrauen schiebt sich nicht nur zwischen das Hören und jenes Wort, das sich jetzt ihm zusagt, es schneidet dieses Jetzt selbst ab von der Vergangenheit: Mißtrauen waltet zwischen dem gegenwärtigen Hören und der Geschichte. Es gibt keine selbstverständliche Überlieferung, kein fragloses Weitergelten dessen, was früher groß und mächtig war. Wiederum muß an den Unterschied solchen Mißtrauens zu einer Kritik erinnert werden, die immer beim Anbruch eines neuen Zeitalters das Gewesene nur in der verwandelnden Rückfrage übernimmt und neu gewinnt. Doch diese Rückfrage scheint uns gerade verwehrt, denn zwischen uns und die Geschichte schiebt sich dieser ihr jüngster und ungeheuerlicher Abschnitt, an dem wir beteiligt waren, vielleicht sogar mit Leidenschaft beteiligt, und den wir gleichwohl nicht, ja in dem wir uns selbst nicht mehr verstehen können. Wie war so Furchtbares möglich, solche Blindheit, solche Verführung, solche unheilvolle Gläubigkeit an ein betrügerisches Wort? Erscheint das Mißtrauen nicht wie die bittere Lehre, die uns unausweichlich von der eigenen Schuld erteilt wird? Wir trauen uns nicht mehr zu hören, weil wir uns so gründlich verhört haben, und dieses Verhören war beileibe nicht so harmlos, wie die biederen Unternehmungen es sind, mit denen wir jetzt allenfalls aufzuholen und wiedergutzumachen versuchen.

Das Verhältnis zwischen Hören und Wort ist noch vergiftet von der Schrecklichkeit des verführenden Wortes. Man kann nicht sagen, daß diesem Wort zu *wenig* Gehör geschenkt worden sei. Im Gegenteil, begeistert hat man gehört, zu lange hat man gehört, und aus der gefügigen Führbarkeit des Hörens erwuchs die entsetzliche Gefolgschaft. Die Krise des Hörens heute scheint nicht allein in einem Verfall hörender Aufmerksamkeit und Offenheit, sondern in einem Verfall des Wortes zu Hause zu sein. Ist die Krise des Hörens also ursprünglich Krise des Wortes? Es scheint, so betrachtet, sogar gefährlich, den Adel des Hörens wegen seiner wartenden Empfänglichkeit zu preisen: Sie inspiriert das Wort, indem sie Widerhall verheißt, und verführt das Wort dazu, auf das Hören hörend sich an sich selbst zu berauschen und nach Gefallen auszufallen. Muß das Wort nicht um seinen Vorrang dem Hören gegenüber streiten, seine Unabhängigkeit behaupten, die es nicht erst im Dialog mit dem Hören zu Würden kommen, sondern mit sich selbst beginnen läßt, nach eigenem Gesetz und unbeirrt vom gefundenen oder versagten Gehör? Fängt die Krise des Hörens also bei dem Wort an, welches das Hören sucht, um mächtig zu werden – das politisch verführende wie das die Kultur zur Ware erniedrigende Wort des großen Angebots wären hier betroffen –, statt daß das Wort sich vom Gehör frei machte, um so allein ihm unbestechliches Gesetz zu geben?

Ja – und damit verfolgen wir den Zug dieser Fragen bis zum Ende – stammt das Wort überhaupt aus der dialogischen Grundsituation, aus dem Zueinander von Sprechen und Hören, Hören und Sprechen, oder gibt es nicht auch oder gar zuerst das andere Wort, das nur in sich selber schwingt, das gesagt wird, um gesagt zu sein, nicht, um gehört zu werden? Manches gewichtige Wort des Denkens und der Kunst und auch die Worte der Kinder, die einfach in den Tag hinein und munter vor sich hin reden, in köstlichem Alleinsein mit ihrer Welt, scheinen dafür zu sprechen.

Doch hören wir diesen Worten ein wenig genauer zu!

Warum sagt der Künstler sein Wort, sein Wort, von dem er weiß, von dem er vielleicht sogar will, daß es nicht gehört wird?

Wenn dies „tragisch" geschieht oder aus Trotz, Verbitterung oder bewußt erwähltem Selbstgenuß, dann ist ohnehin – auf die Weise des Verzichtes oder der Ausschließung – der Zirkel des Hörens geheim um dieses Wort geschlagen. Es ragt in seiner ungehörten Einsamkeit gerade auf als das, was sich dessen wert weiß, gehört zu werden – wenn nur die anderen hören wollten oder könnten oder doch vom Sprechenden auch ihrerseits des Hörens wert befunden würden.

Doch daneben findet sich dieses schlichte Unbekümmertsein um andere, die hören könnten, und um sich selbst, ein geradlinig gestaltendes „Müssen". Auch das Kind „muß" wohl auf solche Weise sprechen. Und warum müssen Kind und Künstler dies? Weil sie im Dialog mit ihrer Welt stehen, die ihnen nicht taub ist, sondern beredt, mit der sie sprechen und die ihnen spricht. Das ist kein künstliches „Als-Ob"; man wird erinnert an Martin Bubers Ausführungen über die Ich-Du-Beziehung mit dem, was er „geistige Wesenheiten" nennt. Gerade das im schweigenden Umgang mit der Welt gewonnene Wort ist ein hörendes Wort.

In einer verwandten, aber etwas anderen Stellung betrachtet, wird der Künstler sein „Müssen" als Verpflichtung erfahren, als Auftrag, dem er gehorcht. Es ist ihm etwas „eingefallen", „Einfall" aber ist nicht Gemächte, sondern ist verdankt und vernommen. Das zugefallene, inspirierte Wort ist gehorsam, es ist gehörtes Wort.

Es muß noch weiter gefragt werden: Gibt es nicht auch die Lust des „Machens", die aus der Fülle des Vermochten heraus in spielender Wahl gestaltet? Doch auch dieses er-spielte Wort hat seinen Gehorsam und also sein Hören bei sich. Denn es hat die Freude des Gelingens bei sich, in welcher der Künstler aus dem Werk sich selbst, sein ihm geschenktes Können und Wesen – und mehr noch, die geheime Wesenheit des aus ihm Gewordenen – vernimmt. Ohne dieses wäre das Geschaffene ein bloßes Machwerk, nicht wahrhaft ein Wort. Doch gerade das Machwerk spielt sich auf als Werk, als ein Wort, das Gehör beansprucht.

Freilich verhält sich das Hören in einigen der angeführten Beispiele zum Wort zunächst in einer anderen Stellung als der des mitmenschlich-partnerschaftlichen Gegenüber. Hören ist beim Wort, aber es ist, vom Sprechenden aus, ein Hören *diesseits* seines Wortes. Und kein Wort – als ein verantwortliches, als eines, das nicht gewissenlos weggegeben und ausgesetzt wird – darf auf solches Hören diesseits eines Gesagtwerdens verzichten. Dies ist sein Anspruch, der nicht äußerlich vom Sprechenden zu ihm hinzugefügt oder betont zu werden braucht, sondern den es als gesagtes Wort von allein erhebt: zu gelten, zu währen, auf welche Weise auch immer, wahr zu sein. Solcher Anspruch übersteigt den Sprechenden, sein selbstherrliches Verfügen und Herstellen, er trägt das Zeichen unbedingter Gewähr und Autorität an seiner Stirn. Es ist *sein* Wort, gewiß, *er* steht zu ihm und in ihm, aber er steht darin zu diesem Größeren, Gewähr und Geltung Gebenden, als sein Organ. Sein Wort ist – oder gebärdet sich doch – als befugtes, bevollmächtigtes, und das heißt: als gehörtes, gehorsames Wort.

Damit ist Entscheidendes für unsere Frage ausgemacht: Hören überhaupt, Verhältnis überhaupt, Beziehung überhaupt wölbt sich als gewährender, ermöglichender Raum um das Wort überhaupt. Wort kommt immer im Hören an beim Menschen, wird immer – seinem Wesen und Anspruch nach – aus dem Hören von ihm gesagt und ist gerade deshalb auch wesenhaft offen und hingeordnet auf das Hören „jenseits", auf die Welt der mitmenschlichen Gemeinschaft. Denn auch als ums Gehör unbekümmertes, im ernsten Gehorsam oder im demütigen Spiel vollbrachtes Wort erhebt es, bewußt oder unbewußt, den Anspruch, nicht nur überhaupt zu sein und zu gelten, sondern zu sein und zu gelten für den, der ihm begegnet. Es ruft, aus sich selbst, ihn an, so ernst und so tief, daß er, wenn er aus der Begegnung bloß achtlos weiterginge, sich schuldig machte. Und indem das Wort dem anderen, der ihm begegnet, etwas hinwirft, was nun unabdingbar zum Raum auch seines Lebens, seiner Erfahrung, seiner Welt gehört, wirft es ihm zugleich den Schlüssel hin zu einem Herzen, das sich in diesem Wort erschlossen, mitgeteilt und bekannt hat. Denn dieses Wort wäre nicht ohne den vollbrachten oder in seiner Unbedachtheit gleichwohl verantwortlichen Entscheid eines Ich, mögliches Du eines Anderen zu werden.

Das Wort verdankt sich also dem Hören. Ehe es gesprochenes ist, ist es bereits gehörtes Wort. Der eine Griff, den der Sprechende zugleich in seine eigenen Möglichkeiten, die in ihm sind, und in die Fülle der Welt hinein tut, die sich ihm zueignet, dieser eine

Griff seines Sagens steht immer schon antwortend unter dem zeugenden Anruf der Wahrheit und gebiert ihn, in diesen ergriffenen Möglichkeiten, aus, formt ihm die leuchtende Gestalt seines Gedichtes oder die geltende seines urteilenden Spruches zu. Darin aber erwacht im Sprechenden die Macht, selbst Ursprung zu sein, mit dem Anspruch der Wahrheit selbst wieder andere anzurufen und ihnen sich selbst, dieses einmalige sich gehörende Ich und untrennbar davon zugleich das Allgemeine, alle verbindend Gültige zuzusagen. Und dies ist die entbindende Macht partnerschaftlichen Hörens: Es erwartet hörend die Wahrheit vom Sprechenden und zugleich ihn selbst, *seine* Wahrheit, die niemand anders als er selbst ihm erschließen kann, und es erwartet schließlich vom Wort das Ich des Hörenden, das der Anrede vom Du bedarf, um als lebendiges Ich dazusein. Das Wort erhebt zwar immer den Anspruch auf Gehör, aber es antwortet zugleich schon dem ihm zum Verlauten helfenden, es hervor und ans Licht rufenden Anspruch des Hörens, ihm nicht nur eine Sache, sondern den Sprechenden selbst und die Wahrheit selbst und das hörende Ich selbst zu schenken.

Daraus erhellt die Forderung, die das Wort dem Hören gegenüber, aber auch die Forderung, die das Hören gegenüber dem Wort zu erfüllen hat, damit das Reden gutes Reden und das Hören gutes Hören seien. Das Wort muß gehorsam sein der Wahrheit, die es behauptet, ob es dies bedenkt oder nicht; und es muß zugleich aufs Hören hören, dem es die Wahrheit und das sprechende Ich als das Du des Hörenden und darin des Hörenden eigenes Ich verheißt, wiederum ob es dies bedenkt oder nicht. Das Hören aber muß, indem es auf das sprechende Du hört, auf die Wahrheit selber hören, von der doch es selbst unmittelbar und anfänglich gerufen ist; und es muß, auf die Wahrheit hörend, zugleich in solcher Offenheit auf das sprechende Du und auf sein Wort hören, daß dieses Du darin befähigt wird, sich selbst und die Wahrheit ihm zu eröffnen. Beide aber müssen auf ihr Zusammengehören achten, das nicht in ihr Belieben oder Verfügen gestellt ist, sondern in die Hoheit der Wahrheit, der beide gleichermaßen und unmittelbar verpflichtet sind. Der Wahrheit vertraut, sind sie, das männliche Wort und das weibliche Hören, einander vertraut. Nur so dürfen sie ihr Vertrauen einander schenken.

Wenn das Vertrauen heute verdorben ist im Verhältnis zwischen Hören und Wort auf Grund der furchtbaren Verführung des Wortes, welcher das Hören erlag, so geht das zu Lasten des verführenden Wortes wie des verführten Hörens. Sich nur miteinander einrichtend, haben beide sich verfehlt am hörenden Gehorsam gegen die Wahrheit, an der wachen Nüchternheit, an der Verantwortung füreinander. Es soll hier nicht die Schuld der einen und der anderen Seite gegeneinander aufgerechnet werden. Die Wurzel der Schuld aber wird offenbar als ein beiderseitiges Versagen des Hörens: Die Stimme der Wahrheit wurde überhört oder übertönt. Es ist eine lebensgefährliche Verkürzung des Hörens, wenn der Sprechende nur auf die lauschend wartende Empfänglichkeit der Partner und wenn der Hörende nur auf die Bezauberung durch das seinen Sehnsüchten entsprechende Wort hört. Wachend bereit für das Gericht der Wahrheit, werden sie allein unbetrogen bleiben in der Ehe des Vertrauens. Die Wahrhaftigkeit ist freilich kein Nachschlagebuch, anhand dessen man mit allen begegnenden Worten schnell fertig werden kann. Im Gegenteil, sie läßt uns nicht los, bis wir uns ganz und mit letztem Eingehen um jedes Wort bemüht haben, ohne vorgefaßte Festlegung. Doch nur wenn wir weiter hören als bloß bis zum begegnenden Wort, werden wir dieses ganz hören und ihm auch ganz gerecht.

Eines aber ist gewiß: Die Lehre des Mißtrauens ist eine falsche Lehre aus der schlechten Erfahrung, die wir im großen Betrug mit dem Wort und mit dem Hören gemacht haben. Denn im Mißtrauen versagen wir es nicht nur dem Wort des anderen, sondern auch dem eigenen Hören, das Wort der Wahrheit zu vernehmen, und so fallen wir erst recht unbemerkt heimlichen Versuchungen und Verführungen zum Opfer, die um uns sind. Wir liefern uns nicht mehr aus, aber wir *sind* ausgeliefert. Die Entscheidung kann nicht umgangen werden, der umgangene Entscheid ist getroffener Entscheid.

III. Der Verfall des Hörens im technischen Zeitalter*

Die Last, die wir aus dem geschichtlichen Unheil des Hörens her noch zu tragen haben, die Inflation des Hörbaren infolge seiner technischen Vermittlung, das Verblassen vieler die Gesellschaft einstmals einender und bindender Worte, das Zerbrechen von Lebensformen, in denen der einzelne ehedem beheimatet, den Kreis seines Gespräches und seiner Partner im Gespräch überschauen konnte, dies alles fließt mit ein in jenen Schwund des Vertrauens, der das Hören heute bedroht. Es ist nicht möglich, alle Symptome in ihrer Fülle zu beschreiben, sie auf ihre Ursachen zurückzuführen und ihre Wirkungen, die bedrohlichen wie die zum Guten wendbaren, abzuschätzen, um so von der Situation des Hörens in unserer Welt ein klares Bild zu gewinnen. Und wenn solches gelänge, wäre die Krise des Hörens gleichwohl kaum bis ins Letzte aufgehellt; denn die bloße Erkenntnis des Vielen, das in unserer Welt ist, bedeutet noch nicht die Erkenntnis dieser Welt selbst, des Einen, das sie in diesem Vielen ist. Auf Grund der bis hierher aufgereihten Erfahrungen und Beobachtungen soll nun das Gehör auf die eigentümliche Stimmung des Hörens im Ganzen unserer gegenwärtigen Welt hingewandt werden.

Doch wie verhält sich Hören überhaupt zur Welt? Welches ist der Zugang des Hörens zur Welt? Welches ist die Bedeutung des Hörens für das Werden und Sein einer bestimmten „Welt", und umgekehrt: Welches ist die Bedeutung einer Welt für das Hören?

Die beiden Grundweisen menschlicher Orientierung in der Welt sind Sehen und Hören. Beide bezeichnen unmittelbar sinnliche Vorgänge, reichen aber bis in die Tiefen geistig-personaler Erkenntnis und färben diese, die ja als menschliche sinnlich bestimmt bleibt, auf ihre je besondere Weise ein. Gewiß ist der Mensch nicht nur im Zusammenklang seiner Sinne mit seiner Vernunft, sondern auch im Zusammenklang der Sinne miteinander bzw. der verschiedenen sinnlichen Stimmungen seines Erkennens ein Ganzer, Unteilbarer. Gleichwohl haben die Sinne ihre je eigene „Spiritualität", die verschiedene Schichten und Erstreckungen menschlichen Geistwesens freilegt. Sie bekundet sich vor allem an sprachlichen Bezeichnungen geistiger Akte, die in Analogie zu sinnlichen Akten bzw. in organischer Zusammenschau mit ihnen gewählt sind.

Das Urereignis, welches sich dem Sehenden zueignet, ist der Aufgang des Lichtes aus der Finsternis. Entsprechend ordnet sich die Entbergung und Lichtung alles Seienden in besonderer Weise dem Sehen zu. „Schau" ist der Inbegriff deutlicher und unmittelbarer Erkenntnis. Gewiß zeigen, besonders kostbar, das menschliche Antlitz und die menschliche Gebärde, Wink und Zeichen, sich dem Sehen, doch blickt das Sehen wesentlich über den Bereich des Menschlich-Personalen hinaus und begreift alles, was ist, überhaupt in sich ein. Und dieses „Alles" ist, indem es ihm aufscheint, bereits gefügt und geordnet in Nah und Fern, es ist überschaubar, und der Mensch strebt danach, es sich *durch*schaubar zu machen. Das dem Sehen zugehörige Erkennen ist vor allem das Sich-Auskennen, das disponierende, sich orientierende Sich-Einrichten in der Welt.

Das Hören hingegen hat, obzwar der Lärm, das Geräusch und die Melodie ihm von überallher entgegentönen, es mit mehr Vorrang als das Sehen mit dem Bereich der personalen Kundgebung zu tun, sein vornehmster Gegenstand ist das Wort. Hören heißt zutiefst, in allem das Wort hören, aus allem das Wort heraushören, nicht so sehr um – wie beim Durchschauen – „dahinterzukommen", sondern um hineinzugehen und einzugehen, um hereinzulassen und sich einzulassen. Die Bewegung des Sehens gibt und geht von sich weg, hinein in die Welt, der Blick wird zugeworfen, das „Ausersehen" ist die wählende Tat meiner Hoheit *über* die Welt. Hören ist die Bewegung des Annehmens und Ansichnehmens, der Bergung ins eigene Herz hinein: Erhören und Gehorchen sind Worte, die aus dem Umkreis des Sehens keine Entsprechung zur Seite haben. Wenn jemand nicht sieht, was los ist, so mangelt es ihm an ordnender, gliedernder Erkenntnis der Zusammenhänge. Hört aber einer nicht, dann bedeutet dies einen Mangel seines Herzens, seiner sich sammelnden Bereitschaft, jener behutsamen Einfalt, der sich das Innerste und der Sicht noch Entzogene eröffnet. Evidenz kommt vom Sehen, Glaube, Vertrauen aus dem Hören.

Die Welt als gesehene Welt ist jene Welt, in die der Mensch ausgeht, in der er sich einrichtet und die er sich einrichtet. Die

Welt im Hören ist jene Welt, die sich in den Menschen hineinwölbt, die ihm zu Herzen geht und in seinem Herzen wächst, die er umfängt in der Sammlung. Sehend bin ich bemüht, alles und deshalb möglichst vieles zu sehen, hörend, alles und darum möglichst eines zu hören.

Das Hören, das sich in jedem Sprechen und Hören als innere Voraussetzung vollzieht – sosehr der Mensch sich an diesem wesentlichen Maße auf Grund seiner Freiheit verfehlen kann –, ist das Hören auf die Wahrheit. Im Hören nimmt er sie allerdings an *sein* Herz, tiefer oder weniger tief, er eignet sie sich an, sie selbst eignet sich ihm zu. Mag er auch rein und unverstellt auf die Wahrheit achten, sie wird aus seinem Hören her *sein* Leben, den Ton *seines* Herzens eintragen in sein Wort und in sein tätiges, leidendes, liebendes Verhalten zur Welt.

Wenn er nicht lauter auf die Wahrheit und nicht lauter auf die anderen Stimmen achtet, die mit ihm in der Welt sind, sagt man von ihm: Er lebt nur in *seiner* Welt. Das Hören auf die Wahrheit und das Hören auf die anderen und zusammen mit den anderen gibt ihm Gewähr, nicht nur in seiner, sondern in *der* Welt zu leben. *Die* Welt aber wird nicht zur wirklichen Welt für ihn ohne das Ereignis seines Hörens: In ihm sammelt er die Welt in sein Herz und in die Gemeinsamkeit des verborgenen weltweiten Gespräches hinein, an dem er beteiligt ist. Diese Welt *ist* die Weise, wie sich alles, was ist, hineingibt in jenes gemeinsame Hören, das die Menschen einer Zeit zu Partnern im Gespräch miteinander macht. Wahrheit kann nie zum Irrtum, Irrtum nie zur Wahrheit werden. Und doch ist die Wahrheit der Natur und ist die Wahrheit des Menschen und seiner Geschichte und ist auch die Anwesenheit der Wahrheit Gottes im menschlichen Vollzug verschieden gestimmt in verschiedenen „Welten". Das Ereignis der Stimmung begibt sich auf dem innersten Grunde menschlichen Hörens auf das, was ist. Im Hören werden die Worte, und im Hören werden die Welten. Weil die Menschen Hörende sind, gibt es vielerlei Welten. Und weil sie Hörende sind, gibt es das Zusammenhören und Zusammengehören aller Welten in die eine Welt und in die eine Wahrheit.

Wenn der Mensch zu hören beginnt, tritt er jedoch in ein bereits begonnenes Gespräch ein, er fängt hörend und also antwortend seinen Anteil am Gespräch der Welt an. Sein Hören ist vorweg umschlungen von einer Weise des Hörens und also von einer Welt, die im Wort seiner Partner schon lebt. Diese Welt kann sich in seinem Hören wandeln, doch zuvor hat sie *ihn* aus der unbestimmten Spielweite menschlichen Geistes an sich in eine bestimmte Epoche und in ihre „Welt" eingerückt. Welt und Hören bestimmen sich wechselseitig und haben in dieser Wechselseitigkeit ihre Geschichte. Wie stellt sich diese Bestimmung nun in *unserer* Welt dar?

Vielleicht haben die Menschen noch nie so dicht zusammengehört wie heute. Es gibt keine selbstgenügsamen, in sich verschlossenen Lebensräume mehr, alle sind von allen abhängig und durch mannigfache Funktionen über den gesamten Erdball hin miteinander verknüpft. Und doch gehören sie offenbar auch weniger zusammen als früher, sind sie weniger verbunden durch *ein* Wort, das ihnen einen Sinn des Lebens und der Welt gemeinsam macht. Worauf hören wir gemeinsam, daß wir so weltweit verbunden, und worauf hören wir nicht, daß wir so zersplittert und zerspalten sind?

Das große Ereignis unserer Welt ist die Technik, will sagen die Entdeckung unermeßlicher Möglichkeiten zur Nutzung und Auswertung der Natur. *Was* da genutzt und ausgewertet wird, ist für dies oder jenes verwendbar, zum Besten – Mehrung von Gesundheit, Nahrung, Lebensmöglichkeit in der Welt – oder zur Katastrophe – Tyrannei, Zerstörung, Massenvernichtung. Die Möglichkeiten als solche, welche die Natur an die Hand gibt, lassen es den Menschen offen, was sie mit ihnen anfangen, die Förderung und Nutzung der Möglichkeiten aber fordert alle miteinander und alle in einer weltweiten Teilung und Verschränkung ihrer Funktionen an. Der Ruf, dem die Menschheit folgt, ist der Ruf zum Ausverkauf der Möglichkeiten um der Möglichkeiten willen. Es scheint eine unheimliche Logik des Möglichen am Werk zu sein: Das Mögliche überführt sich selbst durch den höchsten Aufwand menschlicher Planung und Zusammenarbeit in Wirklichkeit, ohne daß dieser Überführung ein verbindliches und umschriebenes gemeinsames Ziel voranleuchtet.

Gewiß steigert der Apparat nicht nur die Anforderung an den einzelnen, ihn für seinen Teil zu bedienen, er wirft auch Mittel und Zeit aus, damit der einzelne mehr und mehr Anteil an den ausgenützten Möglichkeiten erhalte, damit er versorgt werde und versichert und ausgestattet mit Freizeit. Doch auch all dieses steht unter dem Gesetz der „Möglichkeiten": Alles nur Mögliche wird ihm angeboten und von ihm ausgenutzt, so daß die Gemeinsamkeit der Menschen außerhalb der Arbeitszeit wiederum nicht so sehr zur Gemeinsamkeit in einem gemeinsam vollzogenen Sinn als zur Gemeinsamkeit im Konsum dargereichter Möglichkeiten führt. Keiner in diesem weltweiten Geflecht hat das Ganze in der Hand, jeder steht steuernd und verwaltend und mehr noch gesteuert und verwaltet an einer winzigen Stelle, kennt kaum den Nächsten nebenan, und doch strahlt sich das Ganze dieser Welt, strahlt alles Mögliche sich ihm zu, er sieht und hört überall die ganze Welt, die Vielzahl der Möglichkeiten an Meinungen, Sinngebungen, Freuden und Leiden – überall, und daher vielleicht nirgends.

Die gigantische Macht der Ideologien in unserer Welt spricht nicht gegen diese ihre Deutung. Sie sind als selbst zur technischen Brauchbarkeit verkürzte „Sinngebungen" nicht dazu angetan, das Ganze in jene Frage zu stellen, aus der es sich von Gnaden der Wahrheit frei und neu gewinnen läßt. Vielmehr dienen sie im Grunde nur der perfekteren Beheizung des technischen Apparates der Möglichkeiten mit dem Brennstoff menschlicher Bereitschaft.

Wie fällt, gerufen vom Gesetz der Möglichkeiten, das *Hören* aus in unserer Welt?

Was gehört wird, ist zunächst das *Kommando*. Es bezeichnet, wo der Faden, der die Welt durchzieht, von unserer Hand aufgefangen und weitergewoben werden muß, damit er schnell und richtig laufe, und verlangt uns so empfindliche Aufmerksamkeit ab. Das Übersehen einer Signallampe, das Überhören eines Kommandotons kann für den einzelnen und für viele zur Katastrophe führen. Die Anspannung der in einer automatisierten Fertigungsstraße Beschäftigten ist nahezu sinnbildhaft. Für Kommando und Signal aber gelten die vom Weltbezug des Hörens ermittelten Bestimmungen offenbar nicht. Dieses Hören fordert zwar meine Spannung, es braucht nur eines nicht: den Raum meines Herzens.

Kommando im technischen Sinne ist nicht Anruf, der mich aus mir herausruft, dem ich mich öffnen muß, der meinen Willen, meine Bereitschaft steigert. Ich will, einmal eingespannt in den Automatismus des Apparates, selbstverständlich, daß er funktioniert. Ohne diesen Willen gäbe ich mich preis. So beschränkt sich das Kommando in seiner perfektesten Form darauf, Information zu sein. Dies ist die zweite Grundgestalt des Hörbaren in unserer Welt: die *Information*. Sie braucht nur zur Kenntnis genommen zu werden, um ihre Wirkung auszulösen. Der Umweg über den Unsicherheitsfaktor der persönlichen Bereitschaft ist nicht mehr notwendig. „Information" breitet sich mehr und mehr über das gesamte Leben aus. Auch die Kulturgüter werden mir „informativ" zugebracht, sie muten meiner Aufnahmewilligkeit nicht mehr zu als die Bedienung des Knopfes am Radioapparat. Die Verkürzung des Hörens bei der Umwertung des Wortes oder der Musik, die ja als solche in ausgezeichnetem Maße ihr „Wort" hat, liegt offen.

Von allein und fast unbemerkt geschieht der Übergang von der Information in die *Geräuschberieselung*, in das nebenherlaufende Tönen, das nur noch Anregung oder Entspannung und auf ihren Wogen diese oder jene Wirkung in das Bündel von Funktionen und Reaktionen einfügt, als das ich noch bestehe. Die Menge der „Informationen", die mir zuströmen, verzichtet nicht nur auf die Ausdrücklichkeit meines Wollens, sondern weithin sogar auf die meiner Kenntnisnahme: ich werde einfach „beeinflußt". Die Anspannung der Nerven wird dadurch kaum geringer. Hören heißt nicht mehr, mein Herz einräumen, sondern es ausräumen lassen zum Lagerplatz für anforderbare Reaktionen.

Das *Quantum* des Hörens, die *Zahl*, hat also mit der Krise des Hörens Entscheidendes zu tun. Das Gesetz der Möglichkeiten steht unter der Hoheit des Quantums und der Zahl: Es geht nicht darum, *was* im Tun und Herstellen getan und hergestellt werden soll, sondern zuvor darum, wieviel. Um soviel wie möglich herzustellen und auszunützen, wird das Leben in die eine Dimension des Herstellens und Ausnützens zurückgenommen. Der Einfachheit halber verständigt man sich möglichst durch die Zahl, die das vergleichbarste, nüchternste, inhaltsärmste und also praktischste Zeichen ist. Wo das Wort unvermeidlich bleibt, erhält es zahlähnlichen Charakter: Es wird formalisiert, verkürzt zur handlichen Begriffshülse und oft genug auch seiner Gestalt nach zur bloßen „Abkürzung". Dem Hören wird also nicht zuerst ein von Sinn und Gehalt bestimmtes Etwas, sondern ein Quantum, soviel wie möglich, angeboten. Ein Hineinhören ins Wort oder ein Mithören verborgen schwingenden Untergrundes sind überflüssig, da das Wort sich darin erschöpft, etikettierende Bezeichnung zu sein. Daß indessen auch die Zahl selbst ihre symbolisch-magisch-rhythmische Lebensfülle einbüßt und zur Ziffer schrumpft, bleibt nur zu erwähnen. Die Verschränkung des Ich mit dem Du, das Ineinander und Füreinander und Gegenüber kommt in der Welt der Zahl nicht mehr vor, die dialogische Grundsituation droht um ihr Wesentliches zu verarmen.

Dies alles ist nicht geschehen, aber es kann geschehen, wenn wir nicht auf der Hut sind. Das Engagement des wesentlichen Hörens fällt aus, ich selbst falle aus dem Hören, bin leergelassen als ich selbst. Und hier erwächst jenes *Mißtrauen* gegen alles, was mich als mich selbst anfordern will, und jener Zweifel an dem Gut-Meinen, in dem ein anderer mit seinem Ich zu mir wirklich Du zu sagen vorgibt.

IV. Chance neuen Hörens*

Wo bahnt sich ein Ausweg an aus dem Engpaß, in den das Hören geraten ist? Wo bricht Hoffnung ein in den Zirkel des Mißtrauens?

Das Gesetz der unbegrenzten Möglichkeiten, dem der Mensch und sein Hören im Zuge des technischen Zeitalters zu verfallen drohen, fasziniert ihn, aber es ernüchtert ihn auch, es läßt ihn die innere Endlichkeit aller noch so perfekten Weltbeherrschung und Weltausnützung erahnen in der Müdigkeit, in der Einsamkeit, in der geheimen Unerfülltheit und offenbaren Angst. Gerade dort, wo die große Versuchung andrängt, wird ihm auch die Besinnung angeboten: die Frage, was denn mit ihm selbst geschehen sei, die ihn auf das Wesen seiner scheinbar so geschlossenen Welt und so auf ihre Grenze und so über diese Grenze hinaus hören läßt. Es ist noch möglich, zu hören auf das, was mit unserem Hören geschieht.

Solches Hören zu eröffnen, sich nicht in kritischer Analyse selbst zu gefallen, nicht verdrossen sich von unserer Welt zurückzuziehen, ist die Aufgabe jedes Hörenden heute. Die technischen

Möglichkeiten in ihrer gespenstischen Leere umschließen auch *diese* Möglichkeit: in ihnen selbst ihr inneres Ende und somit das Maß ihres Gebrauches hörbar werden zu lassen. Eine Auswanderung aus der Zeit, ein Verdikt über die Möglichkeiten, die, ob wir wollen oder nicht, unsere Wirklichkeit sind, gehen nicht an. Dennoch wird, im grundsätzlichen Ja zu den sich anbietenden Mitteln und Medien, nur eine bewußt geübte Askese sie „zähmen", menschlich „aneignen", um an den Ausdruck Saint-Exupérys in „Der Kleine Prinz" zu erinnern. Askese heißt jedoch nicht einfachhin Abstinenz, sondern wählender, zügelnder Umgang. Es nützt letztlich nichts, auf Rundfunk oder Fernsehen ganz zu verzichten, doch es ist unerläßlich, sie an ihren denkend bestimmten und begrenzten Ort zu weisen. Dies gilt nicht nur im privaten Bereich. Warum soll beispielshalber die Tatsache, daß irgendwo auf der Welt Schulfernsehen im Unterricht eingeführt wurde, Anlaß genug sein, es augenblicklich auch bei uns zu tun, um ja den Anschluß nicht zu verpassen? Dem persönlichen Gespräch – und auch dem Schweigen – müssen Inseln im allgemeinen Geräuschstrom gerettet werden. Bildung des Hörgewissens und der Hörgesinnung sowie Einübung ins persönliche Hören tun not.

Gewiß dürfen äußere Maßnahmen nicht überschätzt werden. Sie sind, für sich allein, schwächer als die Logik des Apparates. Aber muß das Gespräch schwächer sein, in welchem das wirkliche Hören lebt und andere anspricht?

Wenn dem Gesetz unserer Zeit nicht achtlos gefolgt, sondern hörend gehorcht wird, dann kann vieles in unserer Welt seinen Stellenwert ändern und dem Hören und in ihm dem Menschsein neue Chancen geben. Die Verknüpfung aller mit allen im einen Werk und im einen Schicksal der Welt ermöglicht den hörenden Anteil an allem, was in der Welt geschieht aus innigerer Nähe, als sie jemals vordem gewährt war. Dieser hörende Anteil vermag durchaus zur Verantwortung für die zunächstgekommenen Fernsten, zur gemeinsamen Haftung und Hilfe für- und miteinander zu werden. Leichter denn je zuvor wird die selbstherrliche Verschließung in den eigenen Kreis der Kultur und des Volkstums gesprengt in ein Hören und Ernstnehmen fremder Stimmen, anderer Kulturen und Menschentümer hinein. Der einzelne, aber auch die einzelne Gruppe der Gesellschaft und das einzelne

Volk lernen sich als Glieder verstehen am Ganzen, die Geringfügigkeit und die Bedeutsamkeit des eigenen Platzes treten ins Bewußtsein, und so wachsen zugleich die Bescheidung hörenden Eingehens auf das Kleine und Nächste wie die Weite gehorsamer Einfügung ins Ganze.

Daß solches geschehe, hängt freilich ab von der unerzwingbaren, freien Entscheidung des Menschen. Sie aber scheint gerade gehemmt durch das Übermaß dessen, was sich hören läßt, auf der einen und durch den Mangel an Vertrauen weckenden Worten auf der anderen Seite. Das Wort, das nur nach dem Gesetz des „Ankommens" gemacht ist und sich nicht zuerst und zuinnerst in seiner Nüchternheit als gehörtes und somit glaubhaftes Wort ausweist, wird nie das Mißtrauen überwinden. Ebensowenig das Wort, das aufdringlich um Vertrauen buhlt, das überbetont persönlich das fingierte, im Apparat entzogene Du anspricht, statt ihm in der von diesem Apparat auferlegten Distanz schlicht seine Botschaft zuzutrauen.

Für Christen ist es hier indessen wichtig, den Schatz des Evangeliums hörend neu zu erwerben, dessen Grundereignis verkündet ist in dem Wort: „Wir haben geglaubt an die Liebe, die Gott zu uns hat!" (1 Joh 4,16), und dessen Grundforderung darin besteht, das Zeugnis dieser Liebe als *das* Zeichen weiterzugeben, auf das die Welt hören und in dem die Welt Christus selbst hören kann. Neue Formen des Apostolates sind im Werden – es sei etwa erinnert an die verborgene, liebende Solidarität mit ihrer Umwelt, in welche die kleinen Brüder und Schwestern des Charles de Foucauld sich begeben. Es ist, vor der Verkündigung des Wortes, das seinen Kredit weithin eingebüßt hat, ein Apostolat der Tat, und diese Tat selbst wird vielleicht zuerst ein Hören sein, das sich mit der Unbedingtheit der Liebe Christi selbst dem Herzen des Bruders und der ihn ihm verschwiegenen Leere zuwendet. Wem zugehört wird, der glaubt, in diesem Zuhören angenommen zu sein. Hier wächst, unscheinbar, aber wirklich, das Vertrauen.

IDEOLOGIEKRITIK
UND CHRISTLICHER GLAUBE

Innerhalb christlicher Theologie selbst geht heute die Rede um, die Theologie habe die Funktion der Ideologiekritik. Außerhalb des christlichen Glaubens geht die andere Rede um, der christliche Glaube sei nichts anderes als Ideologie. Diese Redewendungen sind so verbreitet, sie kehren auf so verschiedenen Ebenen und in so verschiedenen Zusammenhängen immer wieder, daß es um so notwendiger wird, sich mit dem auseinanderzusetzen, was in derlei Thesen angesprochen wird.

Es sind dabei vor allem drei Fragen zu nennen, die sich aus dem heutigen Zeitbewußtsein an den christlichen Glauben und an die Theologie erheben.

Die erste Frage tritt *von außen* an den Glauben. Sie läßt sich als den Verdacht formulieren, christlicher Glaube sei nur der Überbau und die Verfremdung von Phänomenen, die in einem unvoreingenommenen und sich selbst durchsichtigen Verhältnis des Menschen zu sich und seiner Welt ursprünglich anders zu erklären wären. Christlicher Glaube sei also die Verschleierung oder gar Verhinderung und Abdrängung eines spontanen Selbst- und Weltverhältnisses, kurz, er sei nichts weiter als Ideologie.

Die zweite Frage entsteht *innerhalb* des christlichen Glaubens. Mit Hilfe der modernen wissenschaftlichen Methoden wurde uns die weltbildhafte Verflochtenheit vieler Aussagen der Offenbarung und auch der kirchlichen Lehre deutlich. Wie läßt sich nun in einem kritisch wissenschaftlichen Bewußtsein das Gemeinte der Glaubenszeugnisse erkennen, wie unterscheidet sich die echte Bezeugung göttlichen Sprechens und Handelns von der unsachlichen Uminterpretation endlicher Sachverhalte? Die viel berufene hermeneutische Frage in der Theologie ist nicht zuletzt Frage nach dem Unterschied des Glaubens von der Ideologie und nach der Ebene, auf welcher dieser Unterschied reflex sichtbar gemacht werden kann.

Die dritte Frage ist die zwar am lautstärksten heute zu hörende; sie enthält jedoch am wenigsten theologische und philosophische Implikationen. Es ist die Frage, ob sich nicht im Prozeß der geschichtlichen Formierung der Gemeinschaft christlichen Glaubens zeitgeschichtliche Aspekte und gesellschaftliche Interessen verfestigt, absolut gesetzt, mit dem Schein des Unabänderlichen, Heiligen umgeben hätten. Die Forderung nach dem Abbau ideologischer Verbrämungen und Strukturen in der Kirche wird *von innerhalb und außerhalb,* wird teilweise im Sinn einer notwendigen Selbstüberprüfung und Selbsterneuerung, teilweise im Sog einer ihrerseits ideologischen Übersteigerung gestellt.

Die drei genannten Fragen scheinen auf verschiedenen Ebenen zu liegen. Dennoch weisen sie zurück in einen gemeinsamen Grundzug heutigen Zeitbewußtseins. Eine formale Betrachtung zeigt uns ihre Parallelität. Das Stichwort, in welchem sie übereinstimmen, heißt „noch": Ist Glaube heute *noch* möglich? Kann Glaube *noch* so verstanden werden wie zuvor? Kann diese oder jene Form oder Institution *noch* aufrecht erhalten bleiben? Die Fragen des heutigen Zeitbewußtseins an Glaube und Theologie leben also aus der Differenz, in welcher sich dieses Zeitbewußtsein gegenüber seiner eigenen Vorgeschichte findet. Der Verdacht, in den diese Vorgeschichte gerät, ist der Verdacht der Ideologie; heutiges Zeitbewußtsein selbst enthüllt als seinen Grundzug Ideologiekritik.

Die vielfältigen Weisen, heute von Ideologie und Ideologiekritik zu sprechen, sollen nun zunächst auf wenige Grundtypen reduziert und diese Grundtypen sollen auf gemeinsame Züge hin untersucht werden. Der sich so ergebende Ideologiebegriff schließt von sich selbst her die Grundzüge heutiger Idelogie*kritik* auf. Diese soll sodann auf ihre Gründe und ihre Tragweite, auf ihr Recht und ihre Grenze hin befragt werden.

I. Was heißt Ideologie?*

Max Horkheimer schreibt in seiner Abhandlung „Ideologie und Handeln": „Unter dem Namen ‚Ideologie' wird heute nur selten ein prägnanter Begriff gedacht. Das Wort ist wie viele andere, etwa ‚Entwicklung', ‚Lebensform', ‚Unbewußtes' aus der philosophischen und wissenschaftlichen Literatur in den alltäglichen Sprachgebrauch eingedrungen. Man könnte sagen, das theoretische Profil sei verlorengegangen, denn hinter der allgemeinen Vorstellung schwingt nur noch eine vage Erinnerung an theoretische Gebilde mit, in denen der heute entleerte Begriff seinen Sinn gewonnen hat."[1]

Wo läßt dieser Befund uns eine Möglichkeit, nach einem *Begriff* der Ideologie, nach einem theoretischen Profil des Redens von Ideologie zu fragen? Vielleicht, indem wir ansetzen bei den verschiedenen Einstellungen derer, die von Ideologie reden, zu dem, was sie als Ideologie verstehen. Da ergeben sich drei Grundtypen.

Der erste Typus entspricht weder dem ideologiekritischen Zeitbewußtsein noch der wissenschaftlichen Geschichte des Wortes Ideologie; er ist auch auffällig im Rückgang befindlich. Ideologie gilt hier als Synonym für „Weltanschauung", Deutung der Wirklichkeit. Das Wort Ideologie ist in diesem Fall eine neutrale Vokabel ohne wertenden Beigeschmack, es gibt wahre und falsche Ideologien.

Ein zweiter Typus darf als der weitaus verbreitetste, in der Allgemeinheit nahezu ausschließlich gebrauchte gelten: Hier ist Ideologie ein abwertendes Wort, das die Sache, die es bezeichnet, kritisiert. Ideologie meint so zwar wiederum eine Deutung der Wirklichkeit, aber eben eine solche, die nicht sein soll; sie soll nicht sein, weil sie der Wirklichkeit nicht entspricht, weil sie nicht aus ihr selber wächst, weil sie die Wirklichkeit umbiegt und verfremdet. Der Ideologiebegriff, der sich im Anschluß an die Idolenlehre des Francis Bacon, der sich in der Aufklärung bei Holbach und bis hin zu Feuerbach findet, der Ideologiebegriff, den zumal Marx entwirft und der seit ihm vielfältig sich ver-

---
[1] *M. Horkheimer – Th.W. Adorno*, Sociologica II (Frankfurt a.M. 1962) 38.

ästelnd ausbreitete, der Ideologiebegriff des Positivismus und schließlich auch jener, für den die Kritiker der Wissenssoziologie wie Max Horkheimer eintreten, entspricht dem soeben, freilich noch ganz äußerlich, gezeichneten Typus.

Einen dritten Typus erbringt die genannte Wissenssoziologie, für die vor allem Karl Mannheim anzuführen ist. Hier wird versucht, Ideologie als einen totalen Begriff zu verstehen, der indessen nicht mehr wertend sein soll. Jegliche Deutung der Wirklichkeit ist danach ideologisch, da sie aus ihr selbst nicht durchschaubaren Voraussetzungen erwächst, da sie Verhältnisse und Interessen fixiert, die erst im weiteren Verlauf der Geschichte des Denkens offenbar werden können. Es wäre – nach der Meinung solcher Wissenssoziologie – ein aussichtsloses Unterfangen, eine unideologische Deutung der Wirklichkeit geben zu wollen; denn die Deutung der Wirklichkeit erwächst je aus Voraussetzungen in der Zeit, die durch den Fortgang der Zeit überholt werden. Ideologie ist das Geschick des Denkens, das genötigt ist, die Welt zu deuten; indem es sie deutet, verfremdet es sie aber bereits. Dieser Typus eines wertfreien, alle Deutungen der Wirklichkeit im ganzen einschließenden Begriffes von Ideologie hat mit dem zuvor genannten abwertenden Ideologiebegriff freilich das gemein: Ideologie ist jenes, was nicht bleiben kann, was seine eigene Überholung und Kritik erforderlich macht. Geschähe sie nicht, bliebe eine Ideologie an sich selber haften, wollte sie sich als zeitlos gültig aufspielen, so wäre sie von allein Ideologie im schlechten Sinn.

Was nun ist allen gezeichneten Typen von Ideologieverständnis gemeinsam? Zumindest dieses eine: Von Ideologie kann nur gesprochen werden angesichts der Differenz zwischen der Wirklichkeit und ihrer Deutung. Auch wo Ideologie neutral als Weltanschauung verstanden wird, auch dort, wo man die eigene Weltanschauung als die wahre Ideologie ausgibt, gebraucht man das Wort Ideologie doch nur, weil man diese Weltanschauung als eine zutreffende Deutung der Wirklichkeit nicht nur von den nicht zutreffenden Deutungen, sondern eben von der Wirklichkeit selbst absetzt. Die „wahre Ideologie" in diesem Sprachgebrauch ist der richtige und gemäße Zusatz des Denkens zur Wirklichkeit. Hier aber setzt die Ideologiekritik ein: Jeder Zusatz zur Wirklichkeit soll nicht sein, bzw. er ist eben ein Zusatz und so nicht die Wirklichkeit selbst, nicht ihr reines und unverstelltes Anwesen aus sich selbst.

Der erste Zug, der uns am Verständnis der Ideologie als einer solchen auffiel, ist also die Differenz zwischen Wirklichkeit und Deutung der Wirklichkeit. Wirklichkeit meint hier nicht irgendein Wirkliches, sondern die Welt und das Dasein des Menschen in ihr im ganzen. Ideologie ist ein Gedankengebäude, das, wenn auch nicht explizit, so doch seiner Tendenz nach alles, eben die Wirklichkeit im ganzen, in sich einbegreift.

Worin liegt nun die Differenz zwischen Wirklichkeit und Deutung im Fall der Ideologie? Sie liegt darin, daß die Deutung nicht zur Wirklichkeit selbst gehört, sondern eben ein Zusatz zu ihr ist, der nicht aus der Wirklichkeit selbst, sondern aus anderen Quellen erwächst. Indem dieser zusätzliche Gedanke über die Wirklichkeit deutet, behauptet er: *Die Wirklichkeit* ist so. Er gibt also vor, die Wirklichkeit wiederzugeben, nichts anderes zu tun, als sie ins Licht zu stellen. Er stellt aber sie gerade nicht ins Licht, weil er seine *wirklichen* Quellen und Hintergründe nicht ins Licht stellt.

Die ideologische Täuschung erwächst also aus Bedingungen des Erkenntnisvorgangs. Sie kann nur aufgrund dessen entstehen, daß im Erkenntnisvorgang mehr lebt, als was er erkennend leistet. Ideologie ist so im eigentlichen Sinne nicht Täuschung, sondern *Selbst*täuschung des Erkennens. Zwar kennt die Frühphase des ideologiekritischen Denkens, wie sie etwa Holbach repräsentiert, das Motiv der absichtlichen Täuschung. Eine Klasse oder Gruppe der Gesellschaft, die Priester oder die Herrschenden, erzeugen und verfestigen falsche Urteile über die Wirklichkeit, um ihre Herrschaft nicht einzubüßen. Je tiefer jedoch die Reflexion über das Ideologieproblem getrieben wird, desto allgemeiner verbreitet sich die Meinung, daß Ideologie zutiefst aus sich selbst nicht durchsichtigen Gründen erwächst. Wo auch im einzelnen die Gründe ideologischer Verstellung der Erkenntnis gesucht werden, stets stammen sie aus einer Schicht im Erkennen bzw. unter dem Erkennen, die nicht von der inneren *Art* des Erkennens ist. Der Gedanke, der der Ideologie zugrunde liegt, setzt ein Verständnis des Menschen bzw. der Gesellschaft voraus, für das die Differenz zwischen unbewußter Tiefe und bewußter Oberfläche, zwischen vitalem und voluntativem Unten und intellektuellem Oben kennzeichnend ist.

Die Gründe für das Entstehen von Ideologie liegen in diesem „Unten". Und wohinaus will die Ideologie?

Die Deutung der Wirklichkeit im ganzen durch die Ideologie geschieht – nach ideologiekritischem Verständnis – um der Bewältigung der Welt und des Daseins willen. Wäre der Mensch nur ein interesseloses Wesen, so bräuchte es keine Deutung der Welt im ganzen auszubilden. Daß er sie ausbildet, beweist sein Interessiertsein an der Wirklichkeit im ganzen. Sie ist der Horizont seines Daseins, vor ihr und an ihr muß er sich bewähren. Die ideologische Deutung des Daseins ist nun sein Zugriff, der Welt und Dasein ihm zugesellt, ihm gefügig, ihm zum Feld seiner Selbstverwirklichung macht. Ideologie, so sehen es alle gängigen Ideologiebegriffe heute, wird ausgebildet im Interesse der Weltbewältigung. Die Ideologie ist also funktional ausgerichtet auf die Praxis. Sie ist Theorie um einer Praxis willen.

Hier kommen wir der wesentlichen Mitte des Ideologiebegriffes nahe. Ideologie ist funktionale Erkenntnis, in der sich ein Wollen ausbildet, behauptet und festsetzt, ein Wollen, das die Wirklichkeit will, aber sie nicht will, wie sie ist, sondern will, daß die Wirklichkeit sei, wie die Ideologie es will, und darum behauptend festsetzt, daß die Wirklichkeit so sei. Der Vorschuß des Wollens, der die Wirklichkeit nach sich selber und nicht an der Wirklichkeit bemißt, ist die Wurzel der Ideologie. Ideologie hat die Funktion, die Wirklichkeit als die her- und vorzustellen, als welche das Interesse sie sucht.

Woran läßt sich nun diese ideologische Verstellung eines Weltentwurfes erkennen? Daran, daß er von der wirklichen Wirklichkeit, wie sie sich jetzt erkennen läßt, überholt, daß er nicht mehr an der Zeit ist. Die Ideologie will an sich, daß ihr Gewolltes gegenwärtig bleibe. Die neue, wahre Gegenwart überholt jedoch das ideologische Wollen und seinen Entwurf der Wirklichkeit.

Eine weitere, allen Ideologiebegriffen gemeinsame Eigentümlichkeit drängt noch zur Sprache, die mit dem Zeitbezug der Ideologie zusammenhängt. Ideologie ist immer soziologisch, immer gesellschaftlich mitbedingt. Indem eine Ideologie Deutung des Ganzen zu sein versucht, will sie ja Deutung für andere, für alle sein. Sie will, daß andere ihr zustimmen. Nur so, nur in der Übereinkunft mit den anderen bezieht sich die Ideologie aufs Ganze, auf die Totalität der Wirklichkeit, die sie ja dem ideologischen Interesse gefügig zu machen strebt. Nur was für alle an der Zeit wäre, ist an der Zeit. Die Zeit, an der ein Verständnis der Wirklichkeit ist, ist geschichtliche, ist gesellschaftliche Zeit, ist Zeit als Gegenwart aller in ihr, als Übereinkommen aller im selben Gedanken, Verstehen und Handeln.

Tragen wir nun die beobachteten Züge eines allgemeinen Ideologiebegriffs zusammen, so erscheint Ideologie dann als der Entwurf eines an der Welt- und Daseinsbewältigung interessierten Wollens, der Welt und Dasein im ganzen deutet, darin aber nicht aus der Wirklichkeit, wie sie ist, sondern aus dem interessierten Wollen als einem solchen erwächst. Dies bedingt die Inkongruenz des Entwurfs zur Wirklichkeit. Diese Inkongruenz wird offenbar, indem ein sich je neu an der Wirklichkeit orientierendes Denken und Wollen die Fixierung und somit Überholtheit des ideologischen Entwurfes entlarvt. Das Bezugsfeld des ideologischen Entwurfs ist nie bloß individuell, sondern jeweils mit der Gesellschaft verflochten, sofern der ideologische Entwurf die Zustimmung der anderen sucht, ein Vorurteil für sie sein will oder umgekehrt aus dem Vorurteil anderer übernommen wird und miterwächst.

II. Der Begriff der Ideologie als ideologiekritischer Begriff*

Dem Begriff der Ideologie, den wir soeben gewonnen haben, haftet indessen eine eigentümliche Unsicherheit an, denn er bezieht sich nicht unmittelbar auf das Phänomen der Ideologien, er blickt vielmehr unmittelbar nur auf die mannigfachen Begriffe von Ideologie, die sich in der Diskussion oder im unkontrollierten Vorverständnis derer befinden, die über Ideologie diskutieren. Ideologie als solche wird jedoch nur von denen so genannt, die sie kritisch betrachten. Auch der nicht werten wollende Ideologiebegriff der Wissenssoziologie, so zeigte sich uns, ist ein solch kritischer Begriff von Ideologie. Über dieses ideologiekritische Bewußtsein selbst ist indessen in den bisherigen Ausführungen noch nichts ausgemacht. Es stellt sich darum zunächst die Frage, ob die Voraussetzungen, welche die Ideologiekritik notwendig impliziert, um von Ideologie überhaupt reden zu können, als solche zu halten sind. An dieser Frage müßte es sich allererst entscheiden, ob es überhaupt so etwas wie Ideologie gibt.

Zur Beurteilung dessen bietet sich folgender Weg an: Die Beobachtungen, die das ideologiekritische Bewußtsein veranlassen, von Ideologie zu sprechen, lassen sich auch für ein Bewußtsein verifizieren, das Bedenken gegenüber der heutigen Ideologiekritik hegt. Es gibt also allgemeine und für jede Bewußtseinslage beobachtend zu bestätigende Anlässe zur Bildung des Ideologiebegriffes. Es wird nun darum gehn, von diesen Anlässen aus kritisch auf jene Voraussetzungen zu blicken, welche in der heute gängigen Ideologiekritik zu dem genannten Ideologiebegriff führen.

Wenden wir uns zuerst den Anlässen zu, die es nahelegen, von Ideologie überhaupt zu reden.

Es gibt die schreckliche Erfahrung – gerade in unserem Lande – mit Gedankengebäuden, die im Interesse der Macht aufgerichtet werden und das allgemeine Bewußtsein so faszinieren, daß es wie betäubt zu praktischen Konsequenzen bereit wird, die sich von außerhalb dieser Faszination überhaupt nicht erklären lassen, Konsequenzen, die das Menschliche in seiner elementaren Grundlage zerstören und verfremden.

Wie ist so etwas unter denkenden Menschen möglich? Diese Frage darf nicht sterben, und es gibt genügend Beobachtungen, die es fordern, sie besorgt aufs neue zu stellen. Hier liegt ein weites und zugleich bedrängend nahes Feld der Anlässe, die den Begriff „Ideologie" dem Instrumentarium unseres Denkens aufnötigen.

Ein zweites Feld bleibt zu erwähnen. Unser Leben ist in eine verwirrende Fülle gesellschaftlicher Zusammenhänge verwoben – etwa in Konsum, Werbung, Produktion, Information, Meinungsbildung. Diese Zusammenhänge sind unmittelbar keineswegs durchsichtig. Sie aufzudecken tut not im Interesse unserer eigenen Freiheit, die sonst in den Dienst undurchschauter anderer Interessen abgedrängt wird. Das Mißtrauen gegen unbesehene Selbstverständlichkeiten, gegen gemeinhin geltende Maßstäbe und Wertungen bestimmt daher weithin den Rhythmus unseres geistigen Lebens und erweist sich als notwendig. Was sich bei dieser Prüfung vordergründig als Deutung der Welt und des Daseins anbietet, gerät hierbei leicht in den Verdacht der Ideologie.

Bleiben wir nun zunächst bei den beiden aufgezeigten positiven Anlässen dieses Mißtrauens, das im Anscheinenden das Scheinbare und nicht das Wirkliche vermutet und hierfür den Begriff der Ideologie bereithält, um den Schein aufzuklären. Es zeigten sich zwei Felder solcher Anlässe: zum einen die geschichtlichen Verkehrungen und Betäubungen des Bewußtseins im Interesse der Macht, zum anderen die undurchschauten Hintergründe der eigenen Existenz im gesellschaftlichen Leben, die es nicht mehr die erste Frage sein lassen: Warum bin ich, warum ist etwas und nicht nichts?, die vielmehr als erste Frage uns diese aufdrängen: Was steckt hinter dem, was mich als Sinn, als Erklärung, als Ziel und als Deutung meines Daseins umwirbt, in Wirklichkeit?

Woran genau entzündet sich nun der Verdacht der Ideologie? Was liegt vor, wenn das prüfende Denken zu der Vermutung kommt, eine Deutung von Welt und Dasein stamme aus einem heimlichen Vorurteil, sie funktioniere Welt und Dasein zugunsten irgendeines Interesses um? Die Vermutung entsteht, weil das prüfende Denken einen Verstoß gegen den Vollzug rechten Denkens feststellt. Der Vollzug des Denkens muß nämlich als *Mit*denken, als Gespräch der verschiedenen Gedanken und Konzepte miteinander geschehen. Dieses mitdenkende Gespräch prüft dabei nach, ob es sich so denken und sagen lasse, wie da gedacht und gesagt wird. Es fordert Zugang zu allen Gedanken, Rechtfertigung aller Gedanken vor den Fragen, die man an sie stellt.

Und da begegnet in bestimmten Fällen nun ein Gedanke, der sich *nicht* aufschließt ins Gespräch, der die Zudringlichkeit der Nachprüfung verwehrt, der sich schützend vor sich selber, vor seine angebliche Unwiderleglichkeit und Selbstverständlichkeit stellt, sich dem Hin und Her des aufrechnenden Raisonnements entzieht. Dieser Gedanke, der seine eigenen Karten nicht offen auf den Tisch legen mag, der sich nicht messen mag mit anderen Gedanken: Was ist an ihm? Er stammt offenbar nicht aus der Familie der anderen Gedanken, die das Gespräch der ratio riskieren. Indem er sich dem Urteil der ratio nicht unterwirft, erweist er sich als Vorurteil, weil er dem Urteil über sich zuvorkommen will. Warum? Weil er eben *sich* will und nicht den offenen Tag der allgemeinen Wahrheit. Er ist also ein willentlicher Gedanke, einer, der aus einer undurchschauten Schicht emporschießt, die vor und unter dem Gedanken liegt; er ist die Verkleidung eines Wollens *als* Gedanke. Die Züge, die den Ideologiebegriff ausmachen, kehren wieder, und es fiele nicht schwer, alles dort Gesagte hier wiederholend zu präzisieren.

Mit der Feststellung des Vorurteils scheint die Ideologiekritik gerechtfertigt zu sein. Es bedarf indessen noch eines weiteren Verhandlungsganges.

Warum fordert denn die Redlichkeit des Denkens, daß alle Gedanken sich einander ausliefern und offenlegen? Weil es dem Denken um die *Wahrheit* geht. Von redlichem Denken kann man nur sprechen, wenn es dem Denken nicht um sich, sondern nur um die Wahrheit geht, wenn es unvoreingenommenes Denken ist, Denken, dem nichts den Platz für die Wirklichkeit beengt und vorweg einnimmt, so daß sie sich unverstellt zeigen kann. Ohne diese Leidenschaft für die Wahrheit hätte auch die Ideologiekritik weder Grund noch Sinn.

Hier aber ist eine Frage zu stellen: Wenn ein deutender Gedanke sich nicht in die Aufrechnung der Argumente gegeneinander begibt, wenn er sich nicht auflösen und auflichten läßt in Gründe *für* ihn und *hinter* ihm, ist dann in der Tat ausgemacht, daß er ein Vorurteil sei, das die Wahrheit verstellt, statt sie zu entbergen?

Darauf ist zu antworten: Wenn es richtig ist, daß das Denken nichts anderes als die Selbstvollstreckung seiner immanenten kategorialen Logik ist, wenn die Grenze seiner Erkenntniskraft schlechthin dort verläuft, wo sein Vermögen, das Zählbare und Berechenbare zu verknüpfen, wo seine Eindeutigkeit, das Endliche zu fassen, am Ende sind, dann allerdings ist das Denken genötigt, deutende Aussagen über das Ganze von Welt und Dasein als theoretisch nicht tragfähig abzuweisen. Aber ob es sich mit dem Denken so verhält, ist noch näherhin zu untersuchen.

Vertiefend stellt sich dabei folgende Frage: Ist ein Gedanke, der sich nicht in den Aufrechenbarkeiten und Durchschaubarkeiten des zwingenden Raisonnements erschöpft, sondern irgendwie zu deuten versucht, damit notwendig ein bloßes Vorurteil, ist er also immer Ideologie? Um dies beantworten zu können, sollte man daran denken, daß am Anfang der neuzeitlichen Denkgeschichte nicht nur Descartes steht; es steht dort auch die Gestalt eines Blaise Pascal. Sein Hinweis auf die keineswegs irrationale Erkenntnissphäre des „coeur", des Herzens, in der die Voraussetzungen der „raison" ruhen, seine Unterscheidung der drei Ordnungen des Fleisches, des Geistes und der Weisheit sind durch Kants Erkenntniskritik keineswegs abgetan und verlangen ihre Berücksichtigung.

In einer verkürzenden Übersetzung auf unsere Frage zugesagt, heißt das: Das Denken, das sich nur auf die Kontrollierbarkeit seiner Gedanken beschränkt, ist nicht schon das unvoreingenommene Denken. Denn, wenn das Denken im vorhinein behauptet, es könne nichts anderes geben, als was sich in die Logik der ordnenden Bewältigung endlicher Erfahrung fügt, so ist diese Behauptung eben auch ein Vorurteil.

Hier zeigt es sich, daß es möglich ist, den Grundansatz des ideologiekritischen Denkens kritisch zu überholen, indem wir ihn gerade noch radikaler und unvoreingenommener formulieren. Es heißt dann nicht mehr nur: Ein Urteil, das sich nicht in der aufrechnenden Diskussion seiner Gründe und Gegengründe zwingend rechtfertigt, ist ein Vorurteil. Das ideologiekritische Axiom heißt vielmehr: Ein das Ganze deutendes Urteil, von dem aus nicht mehr alles sein darf, was es von sich her ist und als was es sich von sich her zeigt, ist ein Vorurteil.

Nicht jede Deutung des Ganzen ist dann schon Ideologie. Eine solche Deutung geschieht latent ja immer, auch im scheinbaren Verzicht auf solche Deutung; und sie läßt sich auch nie aus endlichen Fakten des Gedeuteten, der Welt und des Daseins, zwingend errechnen. Ideologie ist vielmehr nur eine solche Deutung, die das Gedeutete nicht an sich selbst freigibt, sondern ihm verbietet, seine volle Phänomenalität zu entfalten.

Was immer ist, darf sein, wie es immer ist: Dies ist der Maßstab unvoreingenommenen Denkens. Dieser Maßstab unvoreingenommenen Denkens ist nur dort erfüllt, wo auch das sich bezeugen darf, was sich nicht in den Maßstäben seines endlichen Vorkommens erschöpft. Wo beispielsweise ein Kunstwerk nur der Inbegriff seiner berechenbaren Proportionen oder seiner gesellschaftlichen oder psychischen Hintergründe und Effekte sein dürfte, oder wo das lebendige begegnende Du nur ein Glied gesellschaftlicher Gruppierungen und eine Verknotung physiologischer und psychologischer Zusammenhänge sein dürfte, oder wo ein Text nur das Ergebnis der geistesgeschichtlichen, sprachlogischen und gruppen- wie einzelpsychologischen Faktoren sein dürfte, die an seiner Gestalt ursächlich beteiligt sind, da wäre Ideologie im Spiel. Wo Kunstwerk, Text und Mensch aber sie selbst sein dürfen, als sie selbst aufgehen dürfen, wo sie sich bezeugen dürfen, dort waltet jene Offenheit, um die es gehen muß, wo es um die Wahrheit geht.

Der Einwand liegt nahe: Die moderne Wissenschaft, die Historie, die Psychologie, die Soziologie, aber auch die Naturwissenschaft, weist doch allen Phänomenen, auch den genannten, ihren funktionalen Stellenwert und ihre Verursachung in den Feldern aufklärbarer Zusammenhänge nach. Sie lassen sich also „erklären".

Gewiß. Doch was leistet solche wissenschaftliche Erklärung, und was leistet sie nicht? In einer abstrakten Formel läßt sich dies so ausdrücken: Alles, was vorkommt, kommt unter den Bedingungen des Vorkommens vor. Diese Bedingungen und ihre Zusammenhänge zu klären, ist Aufgabe und Leistung der Wissenschaften. Die Aussage, das Vorkommende selbst sei nichts anderes als der Inbegriff der Bedingungen seines Vorkommens, übersteigt indessen die immanenten Möglichkeiten dieser Wissenschaften. Die je neue Offenheit für das Zeugnis dessen, was sich zeigt, was vorkommt, läßt sich wissenschaftlich nie abgelten.

III. Christlicher Glaube und Ideologie*

Was heißt das für den christlichen Glauben und die Theologie?

Es heißt zunächst dies: Die Texte, die der Glaube als Zeugnisse der Offenbarung Gottes versteht, die Kirche, die der Glaube als das Volk Gottes versteht, Mensch und Welt, die der Glaube als von Gott geschaffen und erlöst versteht, sie unterliegen den allgemeinen und kontrollierbaren Bedingungen jeglichen Vorkommens. Es wäre verkehrt, sie dem aufklärenden Zugriff der Wissenschaften zu entziehen und ihnen die funktionale und genetische Verflechtung mit allen immanenten Gegebenheiten abzusprechen oder über diese Verflechtung zu erschrecken. Diese Verflechtung ist sogar theologisch relevant; denn in der Theologie geht es doch um das Sich-Einlassen Gottes in die Endlichkeit und mit der Endlichkeit, um das, was der Glaube die Incarnatio Verbi nennt. Es wäre aber ebenso verkehrt, von der immanenten wissenschaftlichen Aufklärung der funktionalen und genetischen Zusammenhänge den positiven Erweis dessen zu erwarten, daß Gott und seine Offenbarung und sein Heilswirken hier im Spiele seien.

Freilich ergibt sich aufgrund des über Ideologiekritik und ihre Fundamente Ausgeführten eine weitere Konsequenz: Dort ist Ideologie zu vermuten, wo etwas innerhalb einer Deutung von Welt und Dasein im ganzen nicht mehr sein darf, was es ist, wo seine immanente Phänomenalität verkürzt und verbogen wird. Nun ist gerade von hier her die Botschaft des Christentums wesentlich unideologisch: Welt und Mensch sind gerade freigegeben an sich selbst, indem sie von Gott geschaffen und erlöst sind, und indem die Liebe *das* Gebot des Christentums ist, sind sie nicht nur auf Gott, sondern auch auf uns zu anheimgegeben der bejahenden und alles, was ist, wahrenden und steigernden Annahme ihres Seins. Alles, auch das Dunkle und Fragwürdige, darf aufgehen als es selbst im Licht christlicher Botschaft. Gleichwohl laufen auch Glaube und Theologie immer wieder Gefahr, in der Ausbildung von Programmen und Systemen deutende Verengungen in ihren Ansatz einzutragen. Dies ist bei der endlichen Verfaßtheit allen menschlichen Sehens und Sagens unvermeidlich. Hier wachsam und behutsam über die jeweilige geschichtliche Verengung in die Weite des Ursprungs hinauszufragen, dabei aber auch um die beständig drohende Verengung des eigenen Hinausfragens zu wissen, ist eine – wenn man so will: ideologiekritische – Aufgabe der Theologie.

Sie muß hierbei allerdings stets das Eine und Wesentliche im Auge behalten: Theologie ist nicht schon von daher Theologie, daß sie die Formen und Formeln des Glaubens nur so befragt wie irgendeine der Wissenschaften, deren sie sich methodisch zu bedienen hat. Dies muß sie selbstverständlich in aller Sauberkeit und Durchsichtigkeit tun. Theologie ist sie aber erst von daher, daß sie offen ist aufs Zeugnis der Offenbarung hin. Nur von der genuinen Eigenart dieses Zeugnisses her und auf sie zu, nur in der Gemeinschaft mit diesem Zeugnis und jenen, denen es Zeugnis ist, hat ihre kritische Funktion einen Sinn und ein Koordinatensystem. Theologie brächte sich also um sich selbst, wo sie sich um den Glauben brächte, dem allein das Zeugnis der Offenbarung sich als solches erschließt.

Auf die Frage, weshalb der christliche Glaube keine Ideologie sei, haben wir bislang erst eine negative Auskunft gegeben. Wir sagten: Die Grundaussage christlichen Glaubens vermindert nicht, sondern sie gewährt und steigert den unverstellten Aufgang dessen, was ist, von sich selber her. Eine religions-philosophische Besinnung über Ideologiekritik und christlichen Glauben darf über dies hinaus noch darauf hinweisen, daß der Grund christlichen Glaubens von seinem Wesen her das *positive* Gegenteil zur Ideologie bedeutet. Der Grund einer Ideologie ist ein wollendes Interesse, das sich in eine Gedankenfigur verfaßt und verkleidet. Der Grund christlichen Glaubens ist eine Person, ein lebendiges Du, das von sich her spricht, handelt und begegnet, nicht ein zusätzlicher Gedanke zur Wirklichkeit, sondern selbst lebendigste und wirklichste Wirklichkeit: ein Du. Gewiß, von diesem Du fällt Licht auf alles, im Lichtkreis dieses Du erhält alles seine Deutung und Bedeutung. Aber dieses Du ist nicht das Du einer verengenden Selbstbehauptung, sondern es ist das Du der seinlassenden Hingabe für alle, der großen Einräumung des Lebens und der Freiheit und der Liebe für alle angesichts der Verengung von Tod, Schuld und Streit.

Wenn es dem christlichen Glauben nur um die „Idee" Jesus zu tun wäre, so könnte er eine Ideologie werden; wenn es ihm um Jesus Christus zu tun ist, dann gerade nicht. Darum also geht es im Zeitalter der Ideologiekritik, daß das Zeugnis der Kirche in der Welt mit dem Zeugnis des Paulus vor der Gemeinde von Korinth übereinstimme. „Ich hielt dafür, nichts anderes unter euch zu wissen als Jesus Christus, und ihn als den Gekreuzigten" (1 Kor 2,2).

DAS CHRISTLICHE IM „NACHCHRISTLICHEN" ZEITALTER[1]

I. Die Frage nach der Identität des Christlichen*

Das Christliche empfängt seine Identität von innen, von seinem Bezug zu Jesus Christus her. Dadurch erscheint sein Selbstverständnis den Wandlungen der Geschichte enthoben zu sein; es hat in Jesus Christus seinen Fixpunkt. Doch gerade diese Identifikation mit ihm stellt es in die Unabsehbarkeit der Geschichte hinein. Jesus Christus *ist* das Sich-Geben Gottes an die Menschheit. Solches Sich-Geben enthält zwar ein für allemal, was es gibt; jene aber, denen es sich gibt, sind für das Sich-Geben ebenfalls konstitutiv. Sie sind keine bloß äußeren „Adressaten", sondern sie sind die Einbezogenen in seine personale communio. Daher gehört ihre Geschichte in die Geschichte des Sich-Gebens Gottes an die Menschen hinein, daher gehören die wechselnden und sich wandelnden Epochen menschlichen Selbstverständnisses ebenfalls in die Identität des Christlichen mit sich selbst hinein[2].

Dies bedeutet gerade nicht spannungslose Anpassung, aber es bedeutet ebensowenig unanfechtbare, blockhafte Uniformität, an der die Geschichte vorbeiginge. In Zeiten nun, in denen die Identität des Menschen und der Geschichte mit sich selbst in Frage steht, ist notwendigerweise auch das Christliche besonders hart in die Frage nach seiner Identität gestellt. Näheres Zusehen deckt aber auf, daß solches immer zur Tradition und zum Ereignis des Christlichen gehört hat, gerade auch in Zeiten, in denen das Christliche als eine gesellschaftliche Selbstverständlichkeit er-

---

[1] Dieser Beitrag ist die leicht veränderte Fassung einer an der Ruhr-Universität Bochum im Januar 1971 gehaltenen Antrittsvorlesung.
[2] Vgl. *B. Welte*, Die Lehrformel von Nikaia und die abendländische Metaphysik. In: *H. Schlier – F. Mußner – F. Ricken – B. Welte*, Zur Frühgeschichte der Christologie (Quaestiones disputatae 51) (Freiburg i.Br. 1970) 100–105.

schien. Denken wir etwa an das Mühen des Mittelalters um die Ursprünglichkeit des Geistes Jesu, wie sie in den großen Reformbewegungen zum Ausdruck kam, die schier jedes Jahrhundert Welt und Kirche bewegten.

Heute freilich ist das Verständnis des Christlichen in besonderer Weise unselbstverständlich. Man redet, ob zu Recht oder nicht, vom nachchristlichen Zeitalter; und jedenfalls gibt es Anlässe dafür, daß der Anschein des „Nachchristlichen" sich ausbreiten kann. In sich zweifellos eine unsinnige Rede: nachchristliches Zeitalter. Denn, recht verstanden, kann es ein christliches Zeitalter gar nicht geben. Das Christliche ist immer das Unselbstverständliche. Wenn es sich als die selbstverständliche Voraussetzung versteht, die keiner Diskussion bedarf, wenn es nicht weiß, daß christlicher Glaube Geschenk und Entscheidung ist, dann hat es sich selbst gründlich mißverstanden. Daß aber Glaube nicht jedermanns Sache ist, daß man Mensch dieser Gesellschaft und dieser Zeit sein kann, auch wenn, ja gerade wenn man nicht Christ ist, das ist heute wiederum zu einer solchen Selbstverständlichkeit geworden, wie es seit anderthalb Jahrtausenden nicht mehr der Fall war.

Lassen wir also die Frage nach der Berechtigung und den Anlässen für die Rede vom nachchristlichen Zeitalter einmal auf sich beruhen, halten wir fest: Christentum ist nicht das Gängige und Gewöhnliche, sondern das Außerordentliche, nicht das Selbstverständliche, sondern das Schwerverständliche in unserer Zeit – so haben wir Anlaß genug, danach zu fragen, wie sich in dieser unserer heutigen Situation das Christliche genuin verstehen, wie es im „Außenbezug" zur Zeit, der nach dem eingangs Ausgeführten ja ein „Innenbezug" ist, seine Identität mit sich gewinnen und artikulieren könne.

Unsere Zeit ist gezeichnet von dem *Nebeneinander* vieler unterschiedlicher Deutungen und Verständnisse der Welt, des Menschen und des Sinnes von allem. Wie steht inmitten dieser konkurrierenden Vielheit das Christentum, sein Anspruch, eine ganze und eine letzte Antwort zu sein? Ist Christentum der „Koexistenz" fähig, und was bedeutet sie ihm?

Unsere Zeit ist zugleich gezeichnet von dem *Nacheinander* sich folgender Trends und Sogs, sich ablösender Sichten der Welt und des Menschen, die alle die verschiedenen nebeneinander existierenden Formen der Daseinsdeutung und des Daseinsvollzugs in ein je anderes Licht, in einen je neuen geschichtlichen Kontext rücken. Wer einen Standpunkt festhält, kann nicht einfach bei ihm bleiben, er muß ihn sich selbst und anderen in wechselnden Phasen je wieder neu *interpretieren*. Der Christ kann kaum mehr einfach eben Christ sein, er ist dadurch, daß er *heute* Christ ist, gefragt, was er heute als Christsein *verstehe*.

Es gibt also einen doppelten Pluralismus: den des Nebeneinander und den des Nacheinander. Es gibt die Differenz der Meinungen zueinander und die Differenz der einander folgenden Selbstverständnisse und Selbstdeutungen *einer* Meinung.

Dieser doppelte Pluralismus ist indessen zusammengehalten durch eine Klammer: durch das Angewiesensein aller auf alle in der Welt, das zu einer Unteilbarkeit der Situation und zu einer gemeinsamen Verantwortung gegenüber dieser Situation führt.

Der doppelte Pluralismus und die eine Situation mit ihrer allen gemeinsamen Verantwortung ergeben eine formale Grundstruktur unseres Zeitalters, der entlang sich unsere Frage nach dem, was in ihm christlich heiße, entfalten kann.

II. Der Pluralismus des Nebeneinander*

Wenden wir uns zunächst dem *Pluralismus des Nebeneinander* zu.

Ist das *Nebeneinander* vieler Meinungen, ist der simultane Pluralismus der Standpunkte überhaupt eine Besonderheit unserer Zeit? Gehört es nicht im Grunde immer zum Menschenwesen, daß die Unendlichkeit seines fragenden Ausgriffs zur Wahrheit und die Endlichkeit der Bedingungen, unter denen dieser Ausgriff konkret Gestalt wird, zu einer Vielfalt von Lösungen und Deutungen dessen führen, was „die Wahrheit" ist? Gewiß ist dem so. Und wer auch nur ein wenig etwa in die Geistesgeschichte des angeblich so „geschlossenen" Mittelalters hineinhört, wird erregt von der Fülle und Schärfe des „Pluralismus", der dort allenthalben zum Austrag kommt.

Doch hat jeder geschichtliche Meinungspluralismus etwas wie eine jeweils gemeinsame Basis oder besser: einen umgreifenden

Horizont, *innerhalb* dessen die Opposition der Meinungen stattfindet.

Hier aber hat sich seit dem Anfang der Neuzeit die Situation fundamental verändert. Es ist nicht mehr der Raum des Christlichen, innerhalb dessen die Gegensätze der verschiedenen Meinungen spielen. Das Christliche ist selbst nur mehr eine Spielart unter verschiedenen Grundansätzen, die Frage nach dem Sinn des Ganzen von Welt und Dasein zu beantworten.

Zwar wird mit Recht darauf verwiesen, daß die Basis zu dieser Entwicklung durch das Christentum selbst mitgelegt worden sei[3], durch die in seinem Schöpfungsglauben frei gewordene „Unbefangenheit" des Menschen gegenüber den Dingen, durch die Lösung aus den Vorurteilen einer magischen Weltdeutung. Grundsätzlich ist es jetzt Sache des *Menschen*, die Welt zu interpretieren und zu gestalten. Doch gerade diese „Emanzipation" des Menschen, aus christlichen Motiven ermöglicht, aber faktisch weithin gegen sich christlich begründende oder gerierende Autoritäten durchgesetzt, führte zum Pluralismus der Neuzeit, in dem das Christentum eine Sinndeutung der Welt *neben* anderen ist.

Auch *diese* Aussage ist indessen noch zu wenig radikal. Der gegenwärtige Pluralismus des Nebeneinander wird nicht eigentlich dadurch gekennzeichnet, daß der eine ein Christ ist, der andere ein Marxist und der dritte ein Anhänger fernöstlicher Lebensweisheit. Die Frage nach dem Sinn des Ganzen wäre dann – vielleicht noch – der gemeinsame Nenner, der das Gespräch ermöglichte. Doch es gibt zumindest Anzeichen dafür, daß die Sinnfrage selbst aufgehört hat, das Leitende und Verbindende im Miteinander der Gesellschaft zu sein. Unbestritten: Latent *ist* diese Sinnfrage natürlich allgegenwärtig. Aber mit ihr ist nicht mehr die allgemeine Hoffnung verbunden, daß sie eine eindeutige und endgültige Antwort finden könne[4].

Gewiß gibt es auch heute noch eine „Selbstverständlichkeit", die, in der Gesellschaft allgemein akzeptiert, ihr die Grundlage

---

[3] Vgl. z. B. *K. Löwith*, Weltgeschichte und Heilsgeschehen. Die theologischen Voraussetzungen der Geschichtsphilosophie (Stuttgart ⁴1953).
[4] Vgl. *K. Hemmerle*, Die verschüttete „Wohin-Frage": eine unumgängliche Frage. In: *K. Hemmerle – W. Hagemann*, Ein Gott ohne Zukunft? (München 1971) 73–91.

bietet, *als* Gesellschaft zu leben, einen in aller Differenz des Sich-Verstehens gemeinsamen Daseinsraum zu gestalten. Die Gemeinsamkeit aller mit allen ist in unserer Zeit sogar in vielem noch dichter gewoben und weiter gespannt als je zuvor: Alle sind auf alle verwiesen in das gemeinsame Geschick der „einen Welt". Wodurch ist sie diese „eine Welt"? Was ist die diese Welt verbindende und somit konstituierende „Selbstverständlichkeit"? Es ist die „Selbstverständlichkeit" der Wissenschaft und der Technik: Sie bestimmen die Lebensbedingungen für alle, und diese Lebensbedingungen sind wesenhaft gemeinsame. Alle können nur mit-, von- und füreinander leben. Die Klammer, die uns zusammenbindet, ist die funktionale Angewiesenheit aufeinander. Die Ordnung, in der wir uns vorfinden, ist zwar unbeliebig, aber *in* solcher Unbeliebigkeit ist sie doch auf unser produktives und darin sie reproduzierendes, entwickelndes oder verfestigendes Tun, auf unsere ποίησις angewiesen. Wir müssen das Ganze „tun" – sonst sind *wir* nicht und ist *es* nicht. Damit ist aber die *Deutung* des Ganzen, was es soll, wie ich damit zurechtkomme, hinter die Funktion als solche zurückgetreten. Deutungen, Antworten auf die Sinnfrage sind privatisiert, während das Tun, die Funktion als „sozialisiert" erscheinen. Man kann seine „Deutung", seine Meinung ablösen von der funktionalen Verklammerung mit dem Ganzen – wenn sie nur tauglich ist, das Funktionieren nicht zu stören, sondern ihm zu dienen. Der Raum ihrer Duldbarkeit ist sozusagen „technisch" abgesichert.

Als „Zugabe" zur Funktion, die unbedingt zu übernehmen ist, büßt die eigene Deutung des Sinnes des Ganzen aber die Totalität ihres Anspruchs ein. Einerseits ist diese Deutung jedem einzelnen „freigestellt", andererseits ist sie für den einzelnen selbst relativiert, da man auch mit anderen Deutungen oder ohne solche leben zu können scheint, und zum dritten erhalten Welt- und Daseinsdeutung überhaupt durch ihre von der Gesellschaft geforderte Funktion fürs Funktionieren den Zug zur Ideologie, zum bloßen Überbau.

Diese drei Elemente sind bedeutsam genug, um festgehalten zu werden: Sinndeutungen des Ganzen sind freier in ihrer Kommunikabilität denn je; Sinndeutungen werden in sich relativ, sie lassen eine nur partielle Identifikation zu; Sinndeutungen gewinnen, im Kontext „funktionaler" Gesellschaft, einen Anschein des Ideologischen.

Hier ist die Stelle erreicht, um die Auswirkungen zu reflektieren, die diese Entwicklung fürs Verständnis und für die Geltung des Christlichen hat.

Das Christliche steht in der Konkurrenz der Meinungen, ist *eine* Deutung der Wirklichkeit unter anderen, bekommt dadurch eher das Außenprofil des „Gesprächsbeitrags" *im* Pluralismus denn des Bekenntnisses, das in sich steht. Das entspricht der freien Kommunikabilität der Meinungen, und infolge des immer dichteren Netzes der Kommunikationsgänge kommt es auch in der Tat zur immer dichteren Kommunikation. Es gibt immer weniger Reservate eines „Inneren", in dem nur die Gleichgesinnten kommunizieren. Jegliches discretum und arcanum sind publiziert.

Das hat auch unter den Christen selbst für Verständnis und Ausdruck des Christlichen eine „verfremdende" Konsequenz: Sie hören die Botschaft als „veröffentlichbare"; nur was „alle" verstehen, dürfen und können, gilt. Argumente, die nicht ankommen, fallen aus. Man ist versucht, vom allgemeinen Verständnis her sich selbst zu formulieren – vielleicht statt den eigenen Glauben, die eigene Überzeugung von sich her in die Welt, in die Verständlichkeit für alle zu übersetzen. Solche Anpassung hat ihrerseits zwei Spielarten: Anpassung durch „Aufgeben", Anpassung an das, womit alle ohnehin einverstanden sind – oder aber Anpassung durch Selbstbehauptung, durch plakative Profilierung des eigenen Standpunktes, um sich neben den anderen „sehen lassen", um es „mit ihnen aufnehmen" zu können. Konformismus und Polarisierung stehen grundsätzlich unter denselben Vorzeichen.

Solche Standardisierung des Christlichen für den öffentlichen und allgemeinen Gebrauch hat aber noch eine weitere Konsequenz: Es führt dazu, daß Christliches, auch für Christen selbst, mehr nur Angebotscharakter, den Charakter eines kombinierbaren Menus auf der Speisekarte, erhält. Christlichkeit im öffentlichen und bürgerlichen Sinn geht mit der Möglichkeit zur bloß partiellen Identifikation des einzelnen Christen mit seinem Christsein Hand in Hand.

Wo hingegen eine totale Identifikation vorliegt, wo Christentum als eine totale Antwort auf die Sinn- und Daseinsfrage betrachtet wird, da regt sich gegen das Christliche der Ideologieverdacht. Was sich der Relativierbarkeit im Austausch der Meinungen entzieht, muß sich ideologiekritische Analyse gefallen lassen.

Daraus resultiert eine doppelte „Stellung" des Christlichen im allgemeinen Bewußtsein der Zeit: Sofern Christentum als eine unbedingte, endgültige, das Entweder-Oder einer radikalen Entscheidung fordernde Antwort auf die Frage nach dem Sinn des Ganzen erscheint, erfährt es weithin Ablehnung. Es schlägt der gängig akzeptierten Offenbarkeit dessen ins Gesicht, daß jede Meinung relativ, endlich bedingt und verfaßt, mehr Anlauf der Deutung denn Ergebnis, mehr Perspektive auf Wahrheit zu denn deren Präsenz sei. Als besonders getönte Einfärbung der allgemeinen Ansicht der Welt und der Dinge, als Tradition, die Impulse auch für heute gibt, als Dynamismus der Evolution zum Menschlicheren, als ehrwürdige, der Transskription ins heute Akzeptierbare fähige und bedürftige Gestalt menschlichen Selbstverständnisses läßt sich Christliches hingegen einfügen ins innerpluralistische Gespräch.

Das Christliche findet sich vor dem Angebot dieser eigentümlichen Alternative des allgemeinen Bewußtseins: Entweder es hält sich fest und gilt als Ideologie – oder es fügt sich in den Meinungspluralismus ein und wird zum relativierbaren Beitrag allgemeiner Wahrheitssuche.

Was aber ist das Christliche von sich her? Paßt es überhaupt zum Maßstab einer solchen Alternative?

Von seinem Ursprung her finden wir im Christlichen zwei aufs erste gegensätzlich erscheinende Tendenzen miteinander verflochten.

Zum einen kann kein Zweifel daran sein: Das Evangelium versteht sich weder von Jesus noch von den ersten Glaubenszeugen noch von der geschichtlichen Entfaltung der Kirche her je als bloßen Beitrag zur Menschheitsgeschichte oder als deren immanentes Ergebnis. Es sieht sein Fundament in Gottes ein für allemal gültigem, die ganze Geschichte angehendem und einbegreifendem Handeln in Jesus.

Zum anderen aber ist die Botschaft von Jesus von Anfang an eingelassen in eine Vielheit von Denk- und Sprechweisen, die sich im Neuen Testament bereits in eine Vielfalt von Theologien hinein entfaltet. Von den vielerlei Erwartens-, Erfahrens- und Verstehenshorizonten der Menschen von damals her wird das, was Gott in Jesus wirkte, artikuliert, darauf wird es bezogen. Zur Eindeutigkeit des Handelns Gottes in Jesus gehört sein Richtungssinn, der schon früh in den Formeln des ὑπέρ und ἀντί, des „für" und „anstelle" gedeutet wird: Es ist der Richtungssinn auf das Menschliche hin, zu dem seine Vielfalt, seine geschichtliche Differenzierung gehört.

Darin aber verbinden sich die zwei scheinbar gegensätzlichen Tendenzen: Das Ein-für-allemal, das Endgültige und vom Menschen Unabhängige der Initiative Gottes verfaßt sich *von sich her* in die Vielfalt der unterschiedlichen Weisen menschlichen Aufnehmens und Sagens. Die eine Gemeinde aus Juden und Griechen (bes. Eph 2,11–18; Röm 15,7–12) steht fürs Wesen des Christlichen symbolhaft am Anfang seines weiteren Weges in die Geschichte.

Was heißt das aber für unsere Frage? Die Verschiedenheit der menschlichen Ansätze des Fragens, Denkens und Deutens sind *angenommen* in der Annahme des Menschen durch Gott in Jesus. Sie sind darin freigegeben an sich selbst, erlöst zu sich selbst, aber so gerade nicht nur sich selbst überlassen. Sie treten *in* solcher Annahme in die Krisis, in ihre Entscheidung; sie sagen nicht nur Menschliches so oder so, sondern sie werden beansprucht vom Handeln Gottes, das in Jesus so und nicht anders geschah und das *in* ihnen seine Eindeutigkeit und Endgültigkeit in die Offenheit, Vielfalt und Vorläufigkeit menschlicher Geschichte hineinsagen will.

Das Wort Gottes in Jesus Christus ist das Wort seiner Zusage an den Menschen. Zusage verfaßt sich jeweils in Aussage. Zusage kann, als Bindung, unbedingt sein. Die Zusage Gottes in Jesus versteht sich als unbedingt. Aussage als solche kann nie im selben Sinn wie die Zusage unbedingt sein; denn Aussage kann immer auch anders geschehen, hat immer teil an der Endlichkeit der Möglichkeiten, in denen sie sagt, was sie sagt. Wo aber Aussage zum Ort von Zusage wird, hat sie teil an deren bindendem, im Höchstfall unbedingtem Charakter. Die Weise, wie eine Zusage ergeht, könnte auch eine andere sein; was die Zusage zusagt, gilt aber unbedingt, und ihr Ereignis, in dem sie als unbedingte Zusage ergeht, hat eine bestimmte Stelle und Gestalt. Diese Stelle und Gestalt sind der Verfügbarkeit enthoben, sie sind denkwürdig, sie müssen überliefert, bewahrt werden, indem die Zusage überliefert und bewahrt wird. Andererseits schließt das Überliefern und Bewahren die Übersetzung, die Neugewinnung der Aussage, gerade nicht aus. Denn die Zusage soll ja ankommen, und so muß sie sich jeweils dort aussagen, wohin sie sich zusagt. Daraus folgt die Möglichkeit, ja Notwendigkeit, die Zusage Gottes in Jesus Christus in die vielen Sprachen und Denkweisen der Menschheit zu übersetzen, sie aber in dieser Übersetzung als die unbedingte, bleibende, gültige durchzutragen und zugleich ihre Bindung an den „Urtext", an die erste und authentische Gestalt, in der sie sich als Zusage ereignet, durchzutragen. Eine von der Notwendigkeit der Übersetzung her gewonnene Pluralität der Aussageformen der christlichen Botschaft ist kein Verrat an deren Absolutheit; das – notwendig gleichzeitige und immer darin zu implizierende – Festhalten an der Identität und Unbedingtheit der Zusage und an der Unbeliebigkeit ihrer geschichtlichen Urgestalt wiederum steht, wofern Differenz von Zusage und Aussage bedacht werden, jenseits von fixierender Ideologie.

Das Christliche, seine Botschaft, versteht sich demnach als ein einziges Wort in der Geschichte der Menschheit. Ein Wort unter allen Worten gewiß, aber ein Wort an alle Worte. Weil Wort an alle Worte, gehört es aber zu ihm, Wort *in* allen Worten, Wort in allen Sprachen der Menschheit zu sein, sie aufzuschließen auf die eine, sie sich selbst gewährende, sie an sich selbst freigebende Zusage Gottes hin. In seiner „kritischen" Funktion für alle Worte will das Christliche zugleich communio aller Worte ermöglichen und wahren.

Das unterscheidend Christliche ist in diesem Sinne also das verbindend Christliche, die „Annehmbarkeit" der vielen Denkweisen und Redeweisen des Menschen durch Gottes eines, sie annehmendes Wort.

Umgekehrt kann aber diese Möglichkeit des Christlichen das Ärgernis nicht zudecken: An einer bestimmten Stelle der Geschichte, in einem bestimmten und nicht hinweginterpretierbaren Wort und Geschehen, im Leben und Sterben, Sterben und Leben eines Partners dieser Geschichte hat sich diese Annahme alles

Menschlichen durch Gott und diese Zusage Gottes an alles Menschliche begeben. Gerade das Verbindende des Christlichen ist sein Anstoß, seine Unterscheidung. Es gelten also beide Sätze: Das unterscheidend Christliche ist das verbindend Christliche. Und: Das verbindend Christliche ist das unterscheidend Christliche.

III. Der Pluralismus des Nacheinander*

Zur Identität des Christlichen gehört, wie bereits gesehen, auch seine Geschichte, sein Eintreten in die Wandlungen menschlichen Welt- und Selbstverständnisses. Auch in Epochen christlicher „Stabilität" herrscht die Dynamik der „Übersetzung" desselben in je neue Verstehens- und Lebenshorizonte.

Wenn wir heute von einem *Pluralismus des Nacheinander* als einem Zeichen des Zeitalters sprechen, meinen wir indessen etwas Radikaleres, Tieferreichendes. Wir erwähnten es schon: Die Welt, das Ganze, ist auf die Spitze unserer Poiesis gestellt. Wir sind zwar eingespannt in die Unbeliebigkeit der geschichtlichen Vorentscheide, die zur machbaren Welt, zur Welt der Technik geführt haben, wir sind hineingewiesen in den Funktionszusammenhang der Aktivitäten, ohne die diese Welt nicht besteht. Doch indem sich unser Freiheitsraum so durch die funktionale Angewiesenheit aller auf alle einerseits verengt, sprengt er sich andererseits immer neu, immer weiter auf. Was aus der Welt, was aus dem Menschen wird, hängt ab von dem, was wir jetzt tun. Unsere Poiesis stellt Weichen, entwirft Zukunft. Die Sinnfrage, die sich der Eindeutigkeit selbstverständlich geltender Antwort entzieht, die Sinnfrage, die eine verbindend-verbindliche Auskunft, was es mit allem auf sich habe, zu versagen scheint, die Sinnfrage, die sich aufsplittert in den Luxus zum Funktionieren zusätzlicher, es allenfalls fördernder pluraler Weltanschauungen, diese Sinnfrage feiert ihr eigentümliches Comeback in der Not des Menschen um seine Zukunft, die er – so oder so – entwirft und für die er sich daher zur Verantwortung gezogen weiß.

Was hat das mit dem Pluralismus des Nacheinander zu tun? Warum ergibt sich aus dem Gesagten die Abfolge verschiedener, sich ablösender Deutungen des Menschen und der Welt, die eindringen *in* die horizontale Pluralität der Meinungen und Weltanschauungen?

Die Entwicklung von Wissenschaft und Technik und die Geschichte als immer dichterer Verbund der einen Welt verändern in ihrem Verlauf die Basis der Fakten, die das Dasein bestimmen. Das praktische Verhalten, aber auch die wissenschaftlichen Theorien und nicht zuletzt die Gesamtentwürfe von Welt und Dasein sind genötigt, dem Rechnung zu tragen, Kurskorrekturen anzubringen, sich in Frage zu stellen, sich neu zu interpretieren. Dabei ist die jeweils maßgebende Frage eben die, wie es weitergeht, worauf es hinausläuft.

Genau das betrifft aber auch und gerade das Christliche. Es beruht seinem Selbstverständnis gemäß auf der ein für allemal in Jesus Christus gegebenen Zusage Gottes, in der alles und alle angegangen und angenommen sind. Dies ist das unterscheidend und verbindend Christliche, sein Fundament, auf dem es ruht – in den Dimensionen der Zeit ausgedrückt: seine konstitutive Vergangenheit. Zusage hat aber ihr Woraufhin, sie richtet ihren Blick auf die Zukunft. Auf welche Zukunft? Was ändert sich durch Gottes Zusage in Jesus für die Zukunft des Menschen? Dies ist die andere Seite desselben.

Und diese Zukunft, die in der Zusage Gottes mitgemeint und mitenthalten ist, bezieht sich eben notwendigerweise auf den *Menschen,* auf *seine* Welt, auf sein Selbst- und Weltverständnis. Dorthinein muß sich Gottes Zusage verfassen, um Verheißung *für* den Menschen zu sein.

Nun liegt es aber auf der Hand: Das Selbst- und Weltverständnis des Menschen, in das hinein die Botschaft Jesu und der ersten christlichen Gemeinde sprach, war ein anderes als das heutige. Verschiebungen in der nur dann und gerade heute nur menschlichen, wenn auf Zukunft hin konzipierten Sicht des Ganzen haben Rückwirkungen auf das Verständnis des Christlichen. Dieses Christliche kann nicht einmal seine konstitutive Vergangenheit artikulieren, ohne zugleich die Sicht der Zukunft des Menschen und der Welt mitzuartikulieren. Beides hängt von Anfang an zusammen.

Es genügt nun aber nicht, einzelne weltbildlich bedingte Vorstellungen der Bibel oder der kirchlichen Lehre als zeitgeschichtlich zu relativieren und in katechetischen Bemühungen verständlich zu machen. In einer Zeit, in der dem Menschen seine Zukunft einerseits zur Disposition gestellt ist und in der sich zugleich ihm andererseits die Voraussetzungen dieser Zukunft unter der Hand verändern, wird auch die überkommene Deutung des Christlichen, das, was es für Mensch und Welt im ganzen sagt, mitbetroffen. Und so können wir denn im Verlauf der letzten Jahrzehnte mehrere große Wellen von Deutungsansätzen des Christlichen feststellen, die das inner- und außertheologische Bewußtsein – im Kontakt mit allgemeinen geistigen Bewegungen der Zeit – jeweils überfluteten und mit gewissen Phasenverschiebungen und in verschiedener Dichte das Gesamt der Äußerungen *des* Christlichen und *zum* Christlichen mindestens in Mitteleuropa bestimmten.

Die Vergröberung und Verkürzung, die der Darstellung dieser „Interpretationswellen" in unserem Rahmen notwendig unterläuft, mag ein wenig aufgewogen werden durch den Umstand, daß in einer so „veröffentlichten" Zeit des Sagens und Denkens weniger die feinen Konturen einzelner differenzierter Gedanken als die groben des Ungefähren und Schlagwortartigen das Bewußtsein bestimmen[5].

Machen wir uns dieses Geschehen in schematischer Schärfe klar: Das Weltbild der Bibel, das Weltbild auch der mittelalterlichen Theologie ist ein anderes als das der neuzeitlichen Wissenschaft. Erst lange nachdem sich dieses neue Weltbild im allgemeinen Bewußtsein durchgesetzt hatte, verloren indessen die alltäglichen Wirkungen und Abschattungen des alten Weltbilds ihre sinnbildhaft-ordnende Kraft *fürs* allgemeine Bewußtsein: oben und unten, Himmel und Erde. Vielleicht vollzog sich der Wegfall alter Orientierungen gar erst, nachdem auch eine überkommene gesellschaftliche Ordnung im ganzen so brüchig geworden war, daß dies vor aller Augen und in aller Leben offenbar wurde. Das Schlagwort hieß „Entmythologisierung". Sie beschränkte sich freilich nicht auf den Ersatz alter weltbildhafter Vorstellungen durch neue. Vielmehr wurde die Identifikation biblischer oder dogmatischer Aus-

---

[5] Weil die folgende Übersicht ausdrücklich die „allgemeinen" Grundzüge der einander ablösenden Deutungen des Christlichen im Auge hat, wird auf literarische Einzelbelege verzichtet.

sagen mit kosmischen Vorstellungsmustern insgesamt fraglich. Mehr noch: Der Bezug der Heilszusage auf Fakten und Daten der „Außenwelt" und auch die Identifikation christlichen Vollzuges mit institutionellen und sozialen Ordnungen, etwa in der Kirche, wurde suspekt. Das Zerbrechen alter weltbildlicher und gesellschaftlicher Ordnungen entzog dem Verständnis des Christlichen den Boden der Realisierung und der Vorstellung, in dem es sich lange, kaum angefochten, eingewurzelt hatte.

Die angedeutete Bewegung geschah nicht etwa durchwegs in einem Nein zu den betreffenden Lehraussagen der Kirche. Solches war der radikale Fall – doch es gab und gibt auch durchaus „kirchliche" Spielarten dieses Trends, der sich dann in einem Zurücktreten der entsprechenden Vorstellungen, in einer Verlagerung des Schwerpunktes in Aussage und Verständnis des Christlichen manifestierte. Zur immer breiteren Rezeption moderner Wissenschaft traten die geschichtlichen Erschütterungen hinzu, die das Vertrauen in alles Vorgegebene, in alle in sich stehende und geltende „Ordnung" schwinden ließen.

Doch *wohin* wandte sich die Interpretation des Christlichen, wohin siedelte die Deutung der alten Aussagen und in ihnen des göttlichen Anspruchs und Zuspruchs um? Das neue Stichwort, das die Zeit bis gut zum Ende der fünfziger Jahre bestimmte, hieß: *Existenz*.

Die eigene Innerlichkeit, die Grenzerfahrung, der personale Entscheid in der jeweiligen Situation, das Selbst im Ernst der Übernahme seiner Endlichkeit, das Paradox des Glaubens, der keine Vorstellung, kein Außen, nichts anderes sucht als die im Glauben als solchem ergriffene und geschenkte Begegnung – derlei Worte und Gehalte steckten das Feld ab, in dem nun christlicher Glaube sich aussprach.

Die Bewegung der Infragestellung machte indessen hier nicht halt. Der Rückzug auf den personalen Entscheid war nicht zuletzt deshalb angetreten worden, weil nur die Redlichkeit der Verantwortung des je Einzelnen Hoffnung für ein Bestehen der Geschichte bot, in der das Vertrauen auf vorgegebene Ordnungen so schwer enttäuscht hatte. Doch drohte jetzt die auf den je Einzelnen gestellte Christlichkeit nicht gerade geschichtslos, weltlos, kommunikationslos zu werden? Gewiß, der Dialog, die Kommunikation vom Einzelnen zum Einzelnen, der Protest gegen Gewalt und Unfreiheit: Solches ließ sich einfügen in die existentielle Deutung des Christlichen. Fielen die schwerstwiegenden Entscheide indessen nicht anderswo? Im Gestalten gesellschaftlicher Entwicklungen und Strukturen? Und zum anderen: Die ideologiekritische Anfrage ans Christliche machte nicht halt, nachdem bzw. sofern es den Bereich des Äußeren und Objektiven der säkularen Wissenschaft überlassen hatte. Was sich als Existenz, als Grenzerfahrung, als Transzendieren des Selbst ausgab, mußte sich die Versuche einer psychologischen und soziologischen Erklärung und Entlarvung seiner Motive gefallen lassen.

Darum folgte aber der Welle existentieller Deutung des Christlichen eine weitere. Ihre Stichworte heißen: Evolution, Gesellschaft, Mitmenschlichkeit. Die Anlässe: Geschichte ist nur miteinander zu bewältigen; der funktionale Verbund aller mit allen erfordert eine ungeheuerliche gemeinsame Anstrengung. Die Zukunft scheint machbar, sie ist aber nur dann Zukunft, die den totalen Einsatz lohnt, wenn sie Züge des „Heils" trägt, im Sinn einer totalen, freien Kommunikation. Der Einsturz des Himmels *über* uns, die kritischen Fragen an die Wertlosigkeit des Gottes *in* uns lassen den neuen Ruf ertönen: Gott *vor* uns.

Auf dieser Linie entwickelten sich im letzten Jahrzehnt Theologien in Fülle und mit großer Bandbreite, wiederum solche, die nur andere Akzente setzen *im* überkommenen Glaubensgut und andere, die dieses radikal umdeuten in die Horizontale, in innergeschichtliche Vorgänge menschlicher Machbarkeit.

Wenn die Anzeichen nicht trügen, so kündigt sich indessen bereits wieder eine Relativierung der gängigen soziologisch-horizontalen Deutung des Christlichen an. Der „Einzelne", der nur noch Helfer der Evolution und Planer oder Objekt gesellschaftlicher Strukturen wäre, entdeckt – und sei es auf die Weise des Ausbruchs in seelische Krankheit – den vom Planbaren unerreichbaren Rest seines Selbst. Und – noch deutlicher – der Zugriff ideologiekritischen Denkens läßt auch gesellschaftliche und evolutive Zielbilder nicht tabu. Gesellschaftliche Strukturen als solche und allein können die Spannung der Freiheit zu sich selbst nicht aufheben, da Freiheit sich durch keinen bloßen Automatismus vor sich selbst, vor ihrer Perversion zu Egoismus und

Gewalt, zu schützen vermag. „Neue Innerlichkeit" ist ein – freilich recht ungefähres, Widersprüchliches vereinendes – Stichwort für jüngste Tendenzen. Auch die Entwürfe einer Gesellschaft der Zukunft bieten so dem Absoluten keine unangefochtene Herberge auf seiner Wanderschaft durch die Bezirke menschlicher Vorstellungskraft.

IV. Christentum: Ort der Offenheit in einer pluralistischen Gesellschaft*

Der Kosmos, das Ich, die Gesellschaft sind Stationen auf dieser Wanderschaft gewesen. Sie wurde von der Not um eine in die eigenen Hände des Menschen gelegte Zukunft in Gang gehalten und von der Ideologiekritik desselben Menschen immer wieder weitergetrieben. Wohin geht die Reise weiter? Und was vermag diese Reise auszusagen über das, was wahrhaft christlich heißt?

Es kann nicht darum gehen, zukünftige Entwicklungen aus den bisherigen abzuleiten. Wer dies versuchte, hätte sich für ein im Grunde „ungeschichtliches" Verständnis der Geschichte vorentschieden. *Ein* Strang der säkularen Entwicklung – das zeigt sich an – führt aus der Verzweiflung an den unaufbrechbaren Verfestigungen der Gesellschaft zu einer nicht mehr evolutiven, sondern im Sprung oder Bruch erschwungenen Mystik der Zukunft, die zwar von der Gesellschaft her gesehen, aber als neue Unmittelbarkeit einfachen, ursprünglichen Lebens gedeutet wird. Dieser Mystik der Zukunft tritt heute bereits eine andere, die Mystik der neuen Innerlichkeit zur Seite. Hier geht es nicht mehr um ein Später, nicht mehr um eine neue Gesellschaft; hier geht es um die Ausweitung des eigenen Bewußtseins, das sich transzendieren, das seine Identität mit sich im Nirgendwo suchen will. Hiermit ist freilich nur eine Komponente innerhalb eines vielfältigen Aufbruchs „nach innen" gekennzeichnet, der heute allenthalben seine Spuren zeigt. Ein weiterer Strang allgemeiner Entwicklung leitet hin zu immer radikalerem Verzicht auf jeden sinngebenden Entwurf; was bleibt, ist die ideologiekritische Befragung jeder Daseinsdeutung, jeder umgreifenden Sinngestalt, die Ethik und Ästhetik der Deskription von Strukturen, allenfalls die stets rückrufbare Zerbrechlichkeit eines je neuen, je kritisch wieder zu negierenden Modells.

Diese Tendenzen haben ihre Aussagekraft. In ihnen setzt sich die Menschlichkeit des Menschen gegen Einseitigkeiten seiner Deutung durch, wenn auch solche Anti-Tendenzen je wieder zu neuen Einseitigkeiten tendieren.

Die Tendenz, die Eigentlichkeit des Menschen in der Zukunft zu suchen, bekundet die Unausrottbarkeit der Sinnfrage, die Unabschließbarkeit des Menschen im Nur-Jeweiligen. Die Tendenz der neuen Innerlichkeit bezeugt die Untrennbarkeit des Außer-Sich, auf das hin der Mensch angelegt ist, vom Zu-Sich: Transzendenz, die nur vom Ich weggeht, verliert den Menschen in seiner Bewegung über sich hinaus. Die ideologiekritische Distanz zu jeder Transzendenz, die Reduktion aufs Deskriptive stellen die rationale Unsicherbarkeit und Uneinholbarkeit jeder Sinngestalt heraus, auf die hin sich der Vollzug des Transzendierens entwirft.

Gegenüber der kritischen Bescheidung aufs Deskriptive erscheinen alle Systeme oder Antisysteme der Hoffnung, des – wie auch immer artikulierten – Transzendierens als überholt, als konservativ. Nicht selten konnte man im Verlauf der letzten Jahre eine Art eigentümlicher Waffenbrüderschaft von „Konservativen" sprich: von Christen und Neomarxisten gewahren. Kann diese Waffenbrüderschaft, diese Weggenossenschaft fraglos hingenommen werden? In Frage gezogen sind durch den Zug zur *bloßen Positivität* beide: Beide müssen es sich gefallen lassen, daß ihre Deutung des Ganzen als zusätzlich zur Feststellbarkeit der Fakten und zur Aufweisbarkeit ihrer immanent sie verbindenden Strukturen, somit als im Grunde ideologisch kritisiert wird. Das Gegenargument, jedes Modell von Wirklichkeit und gerade auch die Beschränkung auf Fakten und Strukturen seien auch ihrerseits unausweisliche Vorentscheide, zählt in sich, es führt aber nicht zur Klärung, die *zwischen* beiden, *zwischen* christlichen und neomarxistischen Deutungsmodellen fällig ist.

Welches ist, gemessen am Vorwurf von seiten einer neopositivistischen Position, die unterscheidende Kontur des Neomarxistischen und des Christlichen? Die Kritik am Christlichen ist einerseits die umfassendere: Die Deutung der Wirklichkeit auf Hoffnung hin beruht im Fall des Christlichen *im ganzen* und *durchwegs* nicht auf einer Analyse der vorfindbaren Wirklichkeit. Erlösung im christlichen Verständnis ist das Gegenteil von immanenter Lösung geschichtlicher Prozesse durch sich selbst. Marxismus und Neomarxismus hingegen setzen bei der Analyse dieser geschichtlichen und gesellschaftlichen Prozesse ein und interpretieren *sie* auf einen Zielwert hin, den sie zumindest approximativ von innen her zu erreichen hoffen.

Gerade darin liegt aber anderseits zugleich eine radikalere Infragestellung des marxistischen Modells. Wenn – gemäß den positivistischen bzw. ideologiekritischen *und* den christlichen Einwänden – Zukunft, Zukunft als innere Dimension des geschichtlichen und gesellschaftlichen Prozesses, nicht das Haus des Absoluten, nicht von sich her die Tangente des totalen Sinnes zu sein vermag, reduziert sich ein aus marxistischer Ahnenschaft stammendes Gesamtmodell des Daseins auf ein tragisches Ethos. Es erzeugt einen Akt der Willentlichkeit, der geschichtlich allenfalls dilatorische Wirkung gegenüber der Offenbarkeit des Un-sinns hat. Der Mensch wird zur Insel, die sich selbst je neu dem Strom der Geschichte abringt, der in die Vergeblichkeit führt; gerade darin aber soll die Vergeblichkeit von innen her überwunden, soll der Strom, der in sie mündet, zum Weg in eine menschliche Zukunft werden. Eine gewiß achtbare Sache. Bleibt indessen die Frage, ob der Versuch eines solchen tragischen Ethos, ob das Unterfangen, Sinn jeweils neu in die Matrize der umfassenden Sinnlosigkeit einzufügen und sie dadurch zu verwandeln, dem gerecht wird, was eine unbefangene Analyse der Phänomene zutage legt. Ist die Frage nach dem Sinn, der Drang nach dem Sinn, der auch hier dem Menschen zuerkannt wird, nur ein Verhängnis, das allenfalls die Freiheit des Menschen herausfordert? Sind solches „Verhängnis" und solche „Herausforderung" nicht Gegebenheiten, die zwar *in* der Freiheit des Menschen, aber so zugleich doch *der* Freiheit des Menschen gegeben sind? Darf der Mensch sich selbst und seine Geschichte, darf er seine und alle Gegebenheiten, darf er die Frage, die sein eigenes Dasein und seine eigene Freiheit und die Sein überhaupt ihm stellt, einfachhin abschieben? Fordert *diese* Frage, die er sich ist und die das Sein ihm ist, ihn nicht heraus, sie aufzunehmen und über sich selbst und über das Sein hinaus zu fragen? Zumindest die Offenheit für das Zeugnis einer Antwort, die nicht nur er selbst mit seiner eigenen Leistung sich gibt, gehört zur unverstellten Redlichkeit seines Daseins.

Was heißt dies aber bezüglich des Christlichen? Seine Situation ist eine andere als die des Marxismus. Das Christliche versteht das „Heil", den in Jesus zugesagten Sinn des Daseins und der Geschichte, *nicht* als Resultat einer menschlichen Leistung oder eines innergeschichtlichen Prozesses, Christentum will nicht „Weltanschauung" und nicht bloßes „Ethos" sein, sondern Zusage Gottes, daß er unableitbar, ungeschuldet aus seiner Initiative her handelt. Und gerade deshalb, gerade um solcher „Freiheit" des Heiles und der Zukunft von den analysierbaren Prämissen erfahrener Gegenwart willen ist das Christliche seinerseits nicht identisch mit irgendeiner hermeneutischen Gestalt, die das zugesagte Heil anvisiert von einer bestimmten Perspektive des Weltbildes, der Existenz, der gesellschaftlichen Entwicklung aus. Das Christliche verflüssigt jede dieser Gestalten wiederum zur Frage, die das Menschsein und in ihm das Sein überhaupt dem Menschen ist.

Das Christliche ist von daher seinem Wesen nach kritisch gegen hermeneutische Absolutsetzungen: eines Weltbildes, eines Existenzverständnisses, einer nur evolutiven und horizontalen Betrachtung von Geschichte und Gesellschaft. Das Christliche ist aber auch dagegen kritisch, daß man von der Unherstellbarkeit des Daseinssinnes ableitet, es könne keinen solchen Sinn geben. Aber wo es sich selbst versteht, richtet es keine Verbotstafel vor einem Bezirk vorfindbarer Wirklichkeit auf. Es darf sein, was immer ist, darf sich zeigen, was sich immer zeigt. Das Ja Gottes zur Welt und zum Menschen ist nicht Resultat, sondern Geschenk, es gewährt sich nicht aus unserem, sondern aus eigenem Ursprung. Und gerade darum ist das Christliche der unabsehbaren Geschichte und ihren Gängen gegenüber offen. Gerade weil das Christliche sich auf eine Antwort gründet, die sich aus dem deskribierbaren Bestand und der ideologiekritischen Befragung der Wirklichkeit nicht herleiten läßt, teilt es die Distanz eines ideologiekritischen und deskriptiven Ansatzes gegenüber den Fixierungen endlicher Daseinsinterpretation. Es zieht aber auch die Fixierung eines ideologiekritischen und deskriptiven Ansatzes kritisch in Frage, weist auf deren unausgewiesenes „Vorurteil" hin.

Zum Christlichen gehört also die Offenheit ins unabsehbare Nebeneinander und unabschließbare Nacheinander hermeneutischer Pluralität. Offenheit ist aber nicht Gleichgültigkeit. Das Ja Gottes läßt nicht zu, daß der Christ nein sage zu etwas, *das* ist und *wie* es ist. Aus dem Ja Gottes wächst ein positives und verbindliches Ethos des Ja.

Die Voraussetzungslosigkeit dieses Ja Gottes ist die Voraussetzung, von der aus der Christ sich in die eine und unteilbare Situation, in die Gegenwart seiner Welt, in die Verantwortung mit allen für alles und alle einläßt.

Dieses christliche Ethos der bedingungslosen Liebe hat sich – in letzter Zeit etwa beim Neomarxisten Gardavsky[6] und noch schärfer bei A. Mitscherlich[7] – freilich die Kritik gefallen lassen müssen, es sei Überforderung, es pervertiere – so etwa Mitscherlich – ins Gegenteil, in die latent wuchernde Aggression. Gut, wenn christliches Ethos als Ethos in sich, als Forderung in sich verstanden würde, durchaus. Doch christliches Ethos ist seiner Intention und seinem Ursprung nach genau das Andere. Es ist *Antwort*. Sie heißt Liebe, Ja ohne Grenzen, aber nicht weil das anständig, nicht weil das die höchstmögliche Zielvorstellung des Menschen von sich selbst ist, sondern einfach: weil er selbst geliebt *ist* und weil alle geliebt *sind*. Der 1. Johannesbrief sagt es so: „Darin besteht die Liebe, nicht daß wir Gott geliebt haben, sondern daß er uns geliebt hat" (1 Joh 4,10).

Die Diskussion der Differenz zwischen christlicher und marxistischer bzw. neomarxistischer Daseinsdeutung impliziert im Grunde auch die Diskussion der Differenz zwischen dem Christlichen und der sogenannten „neuen Innerlichkeit". Eine sich absolut setzende Innerlichkeit droht weltlos zu werden, droht nicht alles sein zu lassen, was ist, droht den Ausgriff menschlichen Daseins aufs Ganze genauso zu verkürzen wie die Verlagerung menschlicher Transzendenz in die bloße Horizontale gesellschaft-

---

[6] *V. Gardavsky*, Gott ist nicht ganz tot. Betrachtungen eines Marxisten über Bibel, Religion und Atheismus (München ⁴1970) 60f.

[7] *A. Mitscherlich*, Aggression ist eine Grundmacht des Lebens. Rede zur Verleihung des Friedenspreises des Deutschen Buchhandels. In: Der Spiegel 42 (1969) 206–212.

licher Operation. Zudem impliziert eine bloße Innerlichkeit im Verzicht aufs Außen auch den Verzicht auf die Realität ihrer eigenen „immanenten" Transzendenz. Wenn sich Transzendenz nur im Bewußtsein abspielt, ist solche Transzendenz Verzweiflung am Sinn und an der Gewähr des Sinnes. Daß derlei Kritik keineswegs alle jene Gestalten trifft, in denen heute Transzendenz im Gegenstoß gegen bloße Evolution neu gesucht wird, sei eigens vermerkt. Ursprüngliche Gestalten östlicher Lebensweisheit sind nicht im vorhinein als Verzicht aufs Außen, nicht als Einschluß ins bloße Bewußtsein abzuqualifizieren.

V. Der Grund der Offenheit: der geschichtliche Gott*

Ziehen wir das Fazit aus unseren Überlegungen.

Vom Pluralismus des Nebeneinander *und* vom Pluralismus des Nacheinander aus gelesen, zeigt das Christliche in unserem Zeitalter sein eines und selbes Profil. Das Christliche steht nicht jenseits der vielen Stimmen, die *in* dieser Geschichte hinfragen und hinsprechen auf den Sinn des Daseins und auf die Wahrheit, es bleibt nicht draußen aus den Schüben und Umbrüchen eines je neu zu gewinnenden Verständnisses des Menschen und der Welt. Und doch geht das Christliche von sich her nicht darin auf, „Gesprächsbeitrag", „Perspektive", „scheiternder Versuch" zur Sinndeutung und Wahrheitsfindung zu sein; es bedeutet aber ebensowenig die Absolutsetzung *einer* geschichtlichen Gestalt menschlichen Selbst- und Weltverständnisses. Das Christliche ist Gottes eine, verbindliche, endgültige Geschichte mit dem Menschen und der Welt in Jesus Christus. In ihm hat er zum Menschen und zur Welt ja gesagt. Er hat sich selbst in dieses Ja unlöslich und vorbehaltlos hineingegeben. Er hat aber ebenso die Menschheit mit ihrer Vielfalt und ihrer Geschichtlichkeit in diese Geschichte hineingenommen. Sie ist *endgültige* Geschichte; Gott tritt nicht mehr von ihr zurück, er relativiert und überholt das in Jesus Zugesagte und Ereignete nie mehr. Sie ist aber gleichwohl *offene* Geschichte, denn in diese Geschichte ist der Mensch, in seiner Freiheit, in seiner Geschichtlichkeit und Unabgeschlossenheit, hineingerufen als Partner.

Diese Partnerschaft bedeutet keine gleichgültige Koexistenz menschlicher „Wahrheiten" mit der Wahrheit des Evangeliums, sondern Situation der Entscheidung. Menschliche Worte, die sich absolut setzen, Worte, die vermeinen, aus sich selbst Heil zu vermögen, und Worte, die sagen, Heil könne nicht sein, vielmehr könne nur das sein, was der Mensch kann: solche Worte sind durch das Zeugnis des Evangeliums in ihre Krisis geführt. Alle Sicht des Menschen und alle Frage des Menschen über die eigenen Grenzen hinaus vermögen aber Sicht und Frage auf das hin zu sein, was Gott in Jesus offenbar gemacht hat. Daher ist die Geschichte der Hermeneutik des Christlichen also unabgeschlossene Geschichte.

Die Zukunft dieser Geschichte scheint heute besonders im Dunkel zu liegen. Die Hektik sich kurzatmig ablösender hermeneutischer Wellen und die innere Endlichkeit, ja Pervertierbarkeit neuer hermeneutischer Ansätze zeichnet unsere Situation. Doch fragen wir einmal nach dem „Ort", an dem sich die Zusage Gottes in Jesus begeben hat. Welches ist die „hermeneutische Grundsituation", in die Gottes alles entscheidendes Handeln in Jesus hineintrifft? Gott erweckt den gekreuzigten Jesus von den Toten, Gott bestätigt darin den Tod Jesu als seine alles umfassende und erlösende, göttliche communio mit dem Menschen. Das Ende, der Abbruch, das Scheitern, das Verstummen, der Warum-Schrei des 22. Psalms, die Gottverlassenheit sind die Stelle, an der Gott unsere Geschichte zu sich einholt. Das offenbare, in seiner Offenbarkeit aber anheimgegebene Ende ist die Stelle des göttlichen Anfangs. Sollte das nicht ein Zeichen sein für den Weg und für das Verstehen des Christlichen im „nachchristlichen" Zeitalter?

VIELE WEGE FÜHREN INS GETTO

I. Verändern oder Bewahren: eine Alternative?*

Es ist gar nicht so leicht auszumachen, auf welche Weise sich die Kirche am schnellsten und sichersten aus dem Dialog mit der Zeit hinauskatapultiert. Auch ins Getto führen viele Wege. Das Dilemma besteht darin: Wollten die Christen nur unter sich bleiben, so bliebe der nicht unter ihnen, um dessentwillen sie beieinander zu bleiben haben. Blieben sie nicht beieinander, so passierte wiederum dasselbe: Derjenige, der ihre Mitte sein soll, hätte nicht, worin er Mitte sein könnte – und gerade wenn er Mitte ist, so ist er es auf jene dynamische Weise, die alle Enge und Introvertiertheit sprengt. Fazit: Kirche, die nicht auch nach innen orientiert wäre, könnte sich gar nicht nach außen, könnte sich gar nicht über sich hinaus orientieren. Die Alternative heißt also nicht: Kon-sistenz nach innen oder Ek-sistenz nach außen, sondern eines im anderen, eines als die Bedingung des anderen, und dies in beiden Richtungen.

Als Programm läßt sich das schön sagen, aber droht solch ein Programm nicht das Alibi zu werden fürs unbequeme Tun? Derlei kann natürlich immer passieren; doch die Angst davor, daß es passieren könnte, rechtfertigt noch lange nicht, auf jene Orientierung am Wesentlichen zu verzichten, ohne die Wagnis und Aufbruch doch nur zur Flucht würden, die letztlich wieder im Getto landen müßte. Nicht die „goldene Mitte" eines Kompromisses zwischen gefährlichen Extremen ist der Weg der Kirche, sondern die harte Mitte, in der alle Spannungen ausgehalten und bestanden werden, die einer schon ausgehalten und bestanden hat, einer, der dies freilich am Kreuz tat.

Man redet heute viel davon, die Kirche sei drauf und dran, jener Öffnung wieder zu entraten, deren eindrucksvolles Zeugnis und hoffnungsvoller Impuls das II. Vaticanum war. Das

Wort „Impuls" ist mit Bedacht an die Stelle des zu erwartenden anderen Wortes „Anfang" gesetzt; denn das Konzil hatte – das darf nicht in einer Schwarzweißzeichnung des Vorkonziliaren vertuscht werden –, wenn auch unter Schmerzen, bereits lange vor sich selbst angefangen. Doch was ist an der genannten Rede vom Rückzug hinter das Konzil? Dieser Rückzug kann in zweierlei Gestalt geschehen. Einmal derart, daß man die Öffnung des Konzils zementiert, als museale Trophäe in die Vitrine unauslöschlich ruhmreicher Vergangenheit abdrängt und, wie dies in Museen eben üblich ist, mit einem Schild versieht: berühren verboten, alias: bis hierhin und nicht weiter. Zum andern wäre es aber auch ein Schritt hinter das Konzil zurück, wenn man seine Öffnung in ein abstraktes „dynamisches Prinzip" umdeutete, zu einem Gesetz, das alles nur daran bemißt, wieviel sich ändert, wie groß die Abweichung vom Überkommenen oder die Anpassung ans Gängige ist. Wieso wäre dies Rückschritt hinter das Konzil? Einfach deshalb, weil eine Kirche, die sich nur durch den Zugzwang der permanenten Veränderung definierte, nicht mehr „Sakrament", nicht mehr Zeichen sein könnte. Ein Zeichen muß sichtbar sein, muß dort stehen, wo man es sehen kann, muß so aussehen, daß man es verstehen kann; aber wenn es sich nicht abhöbe, wenn es nicht von sich wegwiese, wenn es nur Ornament wäre, mit dem das ohnehin Offenbare sich bestätigte und verzierte, hätte es eben seine Zeichenkraft eingebüßt.

Beide Mißverständnisse des Konzils sind übrigens von derselben Art: Sie deuten das Evangelium um ins bloß Quantitative. Wenn die Frage heißt: Wieviel darf sich ändern, wieviel nicht?, und wenn die Frage heißt: Wieviel hat sich schon geändert und wieviel könnte sich noch ändern?, dann dürfte man eher in einem Handel mit Bedürfnissen und Ansprüchen als in einem Gespräch sein, in dem Partner einander *ganz* annehmen, sich einander aber auch *ganz* zumuten. Die sich bloß bewahrende und die sich bloß verändernde Kirche – und auch die Kirche, die bloß aufs akzeptable Mischungsverhältnis von Bewahrung und Veränderung bedacht wäre – bliebe im Grunde monologisch. In der Sorge um die Selbstbewahrung hört sie nicht auf die, denen sie sich schenken soll, wenn anders sie dem treu bleiben will, der sich selbst verschenkt hat. In der Sorge um die Selbstveränderung geht sie scheinbar ganz auf jene ein, denen sie sich schenken, denen sie das Zeugnis dessen geben will, der sich verschenkt hat – aber indem sie sich *allein* an Effizienz und Verständlichkeit bemäße, hätte sie der Welt nichts mehr zu sagen und zu bringen, was diese nicht auch sich selbst sagen und bringen könnte.

II. Die Versuchung zum Getto*

Gegen eine solche Betrachtung läßt sich einwenden: Sich nur bewahren, sich nur verändern oder beides nur äußerlich mischen, ein solches Programm von Kirche existiert nirgendwo im Ernst. Also doch wieder das „weder noch", mit dem man sich säuberlich zwischen imaginären Extremen durchlavieren und beruhigt bei dem bleiben kann, was ist? Doch ehe die Antwort aufs drängende „aber wie dann?" versucht werden soll, nochmals ein Anlauf zur Analyse: Woher rührt die Versuchung zum Weg ins Getto? Welches sind „die vielen Wege" zum Getto, die eingangs anvisiert wurden?

Der gemeinsame Hintergrund für die vielfältigen Versuche der Flucht vor der Situation, die man mit dem Stichwort „Marsch ins Getto?" zusammenfassen kann, ist der großartige, aber verblassende Schein der Kirche als allumfassender, einziger Kulturmacht des Abendlandes. Das Wort „Schein" ist in zweierlei Sinn gemeint. Zum einen ist es immer Selbsttäuschung, wenn Christen meinen, das Christentum sei eine selbstverständliche Sache, ist es Verschleierung der fundamentalen Situation des Christentums, wenn eine Epoche sich als christlich geriert, wenn Kirche wähnt, für die Gesellschaft und alle Bereiche ihres Lebens All- und Alleinzuständigkeit zu besitzen. Zum andern ist es aber freilich auch nur Schein, daß dies einfachhin und ohne Differenzierung so gewesen sei, seit die sogenannte konstantinische Wende sich begab. „Es ist zwar nicht mehr so, wie es früher war – aber ist es früher so gewesen, wie es heute nicht mehr ist?", so wurde kürzlich scherzhaft formuliert. Nun, der Schein in dem, was war, und der Schein von dem, was war, rühren nicht von ungefähr, und sie beide sind, aus ihren sachlichen Anlässen und aus ihrer faktischen Wirkung fürs Bewußtsein her, wirkende Mächte fürs Heute. Der Schock, den nach dem Zeugnis der Evangelien die Jünger erfuhren, als sie entdecken mußten, daß Gottes Reich in Jesus anders einbrach, als sie es sich gedacht hatten, muß von der Kirche immer wieder neu verkraftet werden; er repetiert sich im Schock der Kirche über den je neuen und gerade heute radikalen Verlust wirklichen und vermeintlichen Besitzstandes von gestern. Und genau daraus, daß dieser Schock nicht aus dem Glauben, nicht aus dem Mitgehen des ungewohnten Weges Jesu mitbestanden wird, rührt die Versuchung zur Flucht ins Getto. Eines ist sicher: Das Getto heißt nicht Golgota. Und doch eröffnet der Schock darüber, daß alles anders ist und daß es mit dem Glauben und mit der Kirche anders ist, vielfache Wege des Mißverstehens und des Rückzugs.

Natürlich ist der „klassische" Weg ins Getto jener, auf den Karl Rahners Frage „Marsch ins Getto?"[1] hingewiesen hat. Die Fixierung des Gestern, seines Glanzes, seiner Geltung, seiner Gestalt vermag das Gestern nicht einzuholen, sondern verfehlt gerade jenes, was vom Gestern ins Heute zu übersetzen ist, indem dieses Gestern im Heute steril gemacht und so zur abseitigen und abartigen Gestalt am Rand des Heute degradiert wird. Man entdeckt heute, daß es auch gute Neugotik gibt, aber Gotik wird die Neugotik nie.

Ein zweiter Marsch ins Getto ist – unbeschadet des oben Gesagten – die Stilisierung der Diasporasituation, die Stilisierung des „Kreuzes", an das sich eine Kirche, die an der Zeit vorbeilebt, geheftet fühlt. In der Tat, es kann und es muß den Weg der Kirche ans Kreuz geben. Sie kann nicht darauf verzichten, Skandal, Provokation, Zeichen der Macht Gottes in der eigenen Ohnmacht zu sein. Doch nicht alles, was, gestern verständlich, heute unverständlich wird, ist deswegen vom Heiligen Geist, ist deswegen Torheit des Kreuzes. Was wahrhaft das Kreuz ist, an das die Kirche sich heften lassen muß, um bei ihrem Herrn zu sein, ist nur am Kreuz selber auszumachen, will sagen: in jener doppelten Spannung, die Jesu Kreuz kennzeichnet, in der Spannung der radikalen Zuwendung zum Vater allein und in der ebenso ra-

---

[1] In: Stimmen der Zeit 1 (1972) 1f.

dikalen Zuwendung zu allen. Aus der Situation des Seins bei allen und wie alle muß das unterscheidend Christliche vom Herrn erfragt und in seinem Namen bezeugt werden. Das Kreuz ist kein Apriori, aus dem sich abstrakt ableiten ließe, wie christliches Zeugnis aussieht, es fordert vielmehr den „aposteriorischen" Mut des Gehorsams bis zur Entäußerung (vgl. Phil 2) und der Liebe bis zum letzten (vgl. Joh 13). Beides schloß sich bei Jesus gegenseitig ein. Er war nur am Vater „interessiert", er kannte keine andere Rücksicht als die auf *seinen* Willen. Doch der Vater stellte ihn in dieselbe Reihe mit den Sündern, in die restlose Gemeinschaft mit uns. Er machte ihn zum Ecce-Homo, zum Menschen, der – aus Gottesnähe – alle Gottesferne der Menschheit in seinem Tod am Kreuz kommunizierte. Christliche communio hat immer beide Richtungen: Verlassenheit schließt communio ein, communio hat den Mut zur Verlassenheit zu ihrer Bedingung. So, nur so heißt das Getto niemals Golgata.

Eine weitere Fluchtrichtung, die zum Getto führt, wird bezeichnet durch die esoterische Flucht nach vorn, durch das Hochspielen der eigenen Meinung zur prophetischen Antizipation des Morgen. Natürlich ist Kirche eine kleine Herde, aber die kleine Herde ist weder der Rest des Gestern im Heute, noch das Fähnlein der Entschiedenen, die sich nur für ihre eigenen Vorstellungen entschieden haben, und mögen diese sogar richtig sein. Es wird immer mühsam sein, die große Truppe aus der Behäbigkeit des Verweilens, aus der Gemütlichkeit des ungestörten Beieinander auf den schmalen und steinigen Weg nach vorn zu locken. Aber wer sich nur davonmacht, der verliert die andern – und oft genug sich selbst dazu. Im Klartext: Gibt es nicht ein Entscheidungs-, ein Gruppen- und Gemeindechristentum, das sich zwar von den Gefahren alter Volkskirchlichkeit lossagt, das sich aber rasch nicht nur vom Gängigen und Biederen, vom Trägen und Verharrenden in der Kirche absetzt, sondern auch vom Kontakt mit den wirklichen Fragen und Problemen der Menschen rundum, vom Gang der Zeit, der man sich gewiß nicht einfachhin anpassen soll, die aber begleitet werden will von der Gemeinschaft dessen, der sich mit unserer Zeit eben gemein gemacht hat?

Bis hierhin mag es sich noch einsehen lassen, daß es sich um Getto handelt, wenn man sich in die genannten Richtungen begibt: das Getto der eigenen Träume vom Gestern, die ins Heute projiziert werden; das Getto des seiner selbst sicheren Verzichts auf Effektivität; das Getto des sektenhaften Eigenbrötlertums im Genuß eines antizipierten Morgen. Doch noch eine letzte Richtung bleibt zu erwähnen, und sie ist vielleicht die gängigste – nur daß man sie für eines gerade nicht hält: für die Richtung aufs Getto zu. Gemeint ist eine „neue Volkskirchlichkeit", ein Maßnehmen des Christentums an dem, was der durchschnittliche Bürger von heute verkraftet und als zumutbar akzeptiert. Die Hermeneutik der Verstehens- und Assimilierungshorizonte heutigen Lebens wird zum „Lehramt" darüber, was das Evangelium gemeint haben darf. Das „für alle", das in der Tat die Richtung des Lebens Jesu ist, wird uminterpretiert zum „für jeden etwas". Christentum wird zur transzendentalen Erlaubnis an alle, ungestört ihr Einzelappartement im Wolkenkratzer der pluralistischen Gesellschaft zu bewohnen, über dessen Inhumanität als solche man sich im übrigen getrost beklagen darf.

Gewiß, man will trotzdem nicht ganz auf jenes „Salz" verzichten, welches das Christentum erst „interessant" macht; doch die Polemik des unbedingten Anspruchs Gottes gegen die Verhärtungen und Verherrlichungen des in sich verschlossenen Ego werden umfunktioniert zum kollektiven und daher nicht mehr so schmerzhaften Schuldbekenntnis gegenüber Dritten, die möglichst weit weg sind, oder zum bloß deklamatorischen Protest gegen Unrecht und Gewalt.

Ein derart apartes Christentum, das sich in den Pluralismus der Gesellschaft nahtlos einfügt und sich zugleich „nonkonformistisch" gibt, scheint den Ausbruch der Kirche aus dem Getto zu signalisieren. Endlich wieder eine Kirche, mit der man sich in der Gesellschaft sehen lassen kann! Aber das ist es gerade: Der Traum von der Universal- und Superrolle der Kirche von gestern scheint so also doch realisierbar zu sein. Und dieser Traum, heute geträumt, ist die Wurzel, aus der die mannigfachen Gestalten des Gettos sprießen. Das gilt nicht nur abstrakt. Die Kirche, die es schaffte, niemandem mehr weh zu tun, die Kirche, die allen paßte, hätte keinen Grund mehr, warum sie sich nicht einfach in die Gesellschaft hinein auflösen sollte. Und wenn sie es nicht tut, wird sie um Gründe ringen müssen, warum es sie noch geben soll und geben darf. Sie braucht einen „Naturschutzpark", einen umzäunten Bereich, der ihr dennoch – trotz aller Angleichung ans Allgemeine – allein zusteht. Und Naturschutzpark, Ferienparadies, sind das nicht nur domestizierte Formen von Getto?

Die gezeichneten Versuchungen, dem Gestern konservierend, kontestierend oder in heimlicher Abwandlung verhaftet zu bleiben, vermischen und verwischen sich im konkreten Leben der Kirche. Da es selbstredend in all den genannten Bewegungen, die, absolut gesetzt, die Kirche ins Getto drängen, legitime, ja notwendige Motive gibt, ist es auch schwierig, einzelne Phänomene eindeutig darauf zu fixieren, daß sie in der Linie dieser oder jener der genannten Fluchtwege lägen. Eines aber gibt im ganzen zu denken: die Fixierung der Kirche auf sich selbst.

Es war zwar an der Zeit, daß die Kirche sich auf dem II. Vaticanum einmal so ausführlich zum Thema machte, und es ist auch keineswegs schon alles aufgearbeitet, was da angerissen wurde. Und doch gelingt das Programm einer ecclesia semper reformanda dann gerade nicht, wenn es beständig sich selbst zelebriert. Ein monolithisch alle Zuständigkeiten in sich selbst einbindendes, alles reglementierendes, die anderen zu Konsumenten oder Handlangern degradierendes, in sämtliche Bereiche der Gesellschaft hineindozierendes Amt wäre gewiß dazu angetan, aus der Kirche ein Getto zu machen; Omnipotenz isoliert sich und jene, die sie an sich demonstrieren lassen. Doch nicht nur ein solches Konzept, sondern auch der andauernd feierlich dagegen erhobene Protest sind von gestern. Die Teilhabe aller an der einen Sendung der Kirche, die gemeinsame Verantwortung des gesamten Volkes Gottes, die Vielheit der Kompetenzen, der Charismen und Dienste, dies alles muß dringlich und mit vollem Recht zum Zuge kommen; und es bedarf ganz gewiß der institutionellen Bahnen und Sicherungen. Daran ist noch einiges zu tun. Und doch könnte gerade die sich selbst genügende Freude an der allgemeinen Mitverantwortung oder auch die Hektik, sie immer perfekter und lückenloser auszubauen, der Mentalität des Gettos Vorschub leisten. Wieso? Wenn es der hauptsächliche Inhalt kirchlichen Engagements wird, das Maß der eigenen Mitbestimmung zu erweitern, dann dreht sich in der Kirche alles um die Kirche, und nichts ließe sie rascher heraus geraten aus dem kaum erst gewachsenen Dialog mit der Welt. Mitverantwortung muß sein, sie kann aber nur dann die Einheit in Freiheit und Vielfalt garantieren, wenn sie sich nicht dadurch selbst blockiert, daß sie ein „altes" Amtsverständnis auf sich überträgt; sie muß, in der Begrenzung auf das sinnvoll ihr Mögliche, nicht nur dem Amt, sondern auch den freien Kräften und Initiativen in der Kirche den genuinen Raum der Eigenverantwortung belassen. Nicht alles, was Christen tun und was Kirche tut, darf sofort auch kirchenamtlich, darf „im Namen der Kirche" getan werden.

Die Alternative zur introvertierten Kirche scheint eine politische Kirche zu sein. Es gibt indessen zu denken, daß man das Politische zum hermeneutischen Prinzip des Christlichen erklären kann und daß zugleich die innerkirchliche Aktivität sich immer mehr vor den konkreten Problemen in der Welt auf sich selbst zurückzieht, diese Ratlosigkeit allenfalls mit Protesten und Deklarationen abgeltend. Eine sich primär „politisch" verstehende Kirche hätte übrigens die sicherste Garantie, unpolitisch zu werden. Nur aus der Spannung des Politischen zu dem, was sich politisch nicht operationalisieren und intendieren läßt, wird der Beitrag der Kirche gerade auch für die Gesellschaft interessant und relevant. Uniforme Kirche von oben oder uniforme Kirche von unten, politische Kirche von gestern oder politische pressure group fürs vermutete Morgen wären gleicherweise Gettokirche.

III. Wendemarken der Flucht*

Ist es indessen nicht ein billiger Trick, Einseitigkeiten aufzuzeigen, die natürlich jeweils isolierend wirken müssen, um so an allen Enden der Kirche die Gefahr des Gettos vorzuweisen? Gleicht die Kirche zwischen den skizzierten Versuchen nicht schließlich dem Hasen der Fabel, der sich, in der Ackerfurche hin und her hastend, zwischen dem Igel und seiner Frau zu Tode rennt? Vielleicht ist es in der Tat der einzige Weg, dem Getto zu entgehen, wenn die Kirche sich nicht durch die Angst vor dem Getto leiten läßt. Vielleicht kommt es einfach darauf an, daß sie sich unbeirrt, aber stets unbequem am Herrn selber orientiert. Die Orientierung an Jesus Christus aber ist – darauf wurde schon kurz hingewiesen – Übernahme der Spannungen, die sein Leben prägen. Die Grundspannung des Lebens Jesu: Er ist orientiert am Willen des Vaters allein, ohne Schielen auf Erfolg oder Mißerfolg, ohne Frage nach „Effektivität" – und gerade deshalb ist er da für die Vielen, ist er dort, wo die Vielen sind; der Wille des Vaters stößt ihn hinein in die äußerste Solidarität mit uns. Von dort aus, wo wir sind, aus unserer Ferne von Gott und aus unserer Entfremdung von Gott vollbringt er sein Verhältnis des Sohnes zum Vater. Das ist auch die Situation der Kirche: Ihre Botschaft und ihr Dienst entstammen einer unabdingbaren Sendung; sie kann nicht darüber verfügen, wie sie sich verstehen und wie sie sich darstellen will. Doch gerade die unverfügbare Sendung und der unveränderliche Auftrag weisen sie in die je neue Solidarität mit allen Fragen und Nöten der Menschheit. Weltweite Solidarität und Mut zur harten Unterscheidung müssen sich je durchdringen.

Diese Grundspannung realisiert sich in vielfältiger Weise, etwa in der Spannung zwischen Tradition und je neuem Ereignis, zwischen Einheit und Vielfalt, zwischen Radikalität der Forderung und ständigem Zeugnis des Erbarmens. Jede dieser Spannungen muß, in jeder Situation neu, von der Kirche ausgestanden werden.

Doch nun, was ließe sich konkret, in der jetzigen Stunde als Konsequenz daraus ableiten? Wo liegen Wendemarken der Flucht ins Getto? Einige „subjektive" Hinweise hierzu:

1. Theo-logie und Christo-logie sollten wieder den Vorrang bekommen vor der Ekklesiologie. Kirche sollte wieder weniger von sich selber reden und über sich selber nachdenken; sie ist heute mehr nach Gott und nach Jesus als nach sich selbst gefragt, und vielleicht „ist" gerade dies die Kirche: Gemeinschaft, die sich nach Gott, die sich nach Jesus Christus in ihrer Mitte fragen läßt.

2. In der Kirche sollte man weniger über ihren Weltauftrag und ihre gesellschaftliche Funktion reden; Christen sollten sich wieder mehr unmittelbar darum kümmern, was zu den konkreten Fragen in Welt und Gesellschaft zu sagen und zu tun ist. Erinnert sei an die Fragen, die in der universalen Planung unserer Gesellschaft, in den Bereichen der Berufe und der Bildung zu-

mal, sich für die Freiheit des Menschen ergeben, deren Anwalt zu sein die Christen und ihre Kirche verpflichtet sind: Sachdiskussion anstelle von Kompetenzdiskussion!

3. Die Strukturen, die es in der Kirche zu erneuern gilt, dürfen nicht zum Selbstzweck und nicht zum Thema Nr. 1 der innerkirchlichen Bemühungen werden. Sonst verdunkeln sie jene Struktur, die die Kirche selber ist, jenes Geschehen der sich verschenkenden Liebe Gottes, die in der Welt präsent sein will durch die Gemeinschaft derer, die sich und ihre Gabe und ihr Recht aneinander verschenken, die aber gerade deswegen auch Gabe und Recht und Sendung, die von Christus herkommen, anerkennen. Eine Kirche, in deren Strukturen der Unterschied des Evangeliums sichtbar ist, wird auch für die Gesellschaft überzeugender sein als die perfekte Kirche, in der alle durch ihre abgesicherte Kompetenz gegeneinander isoliert sind.

4. Verkündigung und Theologie haben die Aufgabe, das unterscheidend Christliche nicht zu verschweigen und nicht zu nivellieren, sondern es zu bezeugen. Ort und Perspektive des Zeugnisses aber definieren sich durch die Situation, durch die Fragen der Menschen, wo und wie sie sind. Nur so entsteht jene lebendige Spannung, die übersetzt, indem sie bewahrt, und bewahrt, indem sie übersetzt.

5. Letztlich aber wird alles davon abhängen, wie viele einzeln und wie viele gemeinsam bereit sind, sich ganz persönlich auf das Evangelium und deswegen auf Jesus und deswegen auf ihre Nächsten und deren Welt einzulassen. Aufbruch in die Unmittelbarkeit des Gebetes, der Nachfolge, der gelebten Hoffnung und Liebe: Das ist letztlich die Chance, um die Weite und Fülle Gottes sichtbar und glaubhaft zu machen, die das bare Gegenteil aller Enge, allen Gettos ist. Es gibt keine „geschlossenere" Gemeinschaft als jene zwischen dem Vater und dem Sohn im Heiligen Geist. Doch diese „geschlossene" Gemeinschaft gerade umspannt allein auch die ganze Welt. Für uns aber hat einer gebetet, daß wir genauso eins seien wie sie, damit die Welt glaube.

CHRISTLICHE SPIRITUALITÄT IN EINER PLURALISTISCHEN GESELLSCHAFT

„Kühnes Vertrauen! Petrus war Fischer, war nicht reich, sorgte für den Unterhalt mit seiner Hände Arbeit. Und doch sagte er zuversichtlich: Wir haben alles verlassen. Und weil das bloße Verlassen nicht genügt, fügte er hinzu, was das Vollkommene ist: Und wir sind dir gefolgt. Wir haben getan, was du befahlst, welchen Lohn schenkst du uns dafür? Jesus aber sagte ihnen: Wahrlich, ich sage euch, ihr, die ihr mir gefolgt seid, werdet bei der Wiederherstellung, wenn der Menschensohn auf dem Thron seiner Herrlichkeit sitzt, auch selbst auf zwölf Thronen sitzen, um die zwölf Stämme Israels zu richten. Er sagt nicht: Die ihr alles verlassen habt. Das tat nämlich auch der Philosoph Krates, und viele andere haben den Reichtum verschmäht. Nein, er sagte, die ihr mir gefolgt seid. Denn das ist das Eigentümliche der Apostel und der Glaubenden."
(Hieronymus zu Mt 19,27 ff.)

Das unterscheidend Christliche liegt – wenn diese kühne Anwendung des Hieronymustextes erlaubt ist – nicht so sehr im Unterscheiden, Abschneiden, in der Negation, sondern darin, daß Menschen zugehen auf etwas, genauer: auf jemand. Menschen lassen sich ein auf einen, der die Mitte ihres Daseins wird, und von dieser neuen Mitte wird das Leben, werden sie selbst, wird die Welt ihnen neu. Wichtiger als die Unterscheidung ist die Identifikation.

Aber gerade um dieser Identifikation willen geht es auch nicht ohne die Unterscheidung. Wieviel möchte doch Mitte in unserem Dasein werden, wieviel wirbt darum, ins Zentrum unseres Interesses, unserer Aktivität, unseres Einsatzes, unserer Welt-anschauung zu treten. Wer aber in der Nachfolge zu Jesus sagt: „Nur du", der sagt mit diesem seinem Ja zugleich auch ein Nein zu all den anderen Angeboten und Deutungen, die sich seiner Suche nach Sinn, nach Mitte, nach Identität aufdrängen.

Solche Unterscheidung kann aber nicht zeitlos, abstrakt, ein für allemal geschehen; denn die Konkurrenzsituation, und in ihr jenes, was es zu verlassen gilt, um Jesus allein nachzufolgen, formuliert sich immer neu. Die eine bleibende Mitte des Christlichen, Jesus, dem es nachzufolgen gilt, muß immer neu anvisiert werden von den immer neuen Wegen der Geschichte des einzelnen, der Gesellschaft, der Welt.

I. Die angefochtene Mitte

Die Mitte des Christlichen ist Jesus Christus, Christsein ist Konzentrationsbewegung hin auf ihn. Wo wirken heute gerade jene zentrifugalen Kräfte, die uns diese Mitte undeutlich, schwer zugänglich, fragwürdig zu machen drohen?

1. Verunsicherung im Innern

Bedrängender als die Bestreitung von außen ist für Christen etwas anderes: das zerbröckelnde Einverständnis derer, die sich als Christen verstehen, in dem, was sie als ihre Mitte verstehen. Was heißt: Christus ist die Mitte des Christentums? Läßt sich das überhaupt in Sätzen eindeutig festhalten? Gewiß, man wird auf Sätze nicht verzichten können – aber man kann auch nicht auf die Interpretation dieser Sätze, auf ihre Übersetzung ins heute Zugängliche verzichten.

Doch gerade hier liegt das Dilemma: Selbe Sätze sind dort keine Basis mehr, wo die Interpretationen auseinanderklaffen. Und die Scheidung zwischen dem, was unaufgebbare Substanz des Christlichen, was sein harter Kern und was bloß Rankenwerk, Zutat, Schale ist, das Ringen um Kurzformeln und um die Hierarchie der Wahrheiten führten in dieselbe Ratlosigkeit: Wo liegen die Maßstäbe? Was nützt es, wenn wir statt vieler Dogmen und vieler theologischer Lehrsätze in *einem* System eine Fülle von Kurzformeln und Deutemodellen des Christlichen, eine Fülle von Systemen angeboten bekommen? Die Frage nach der Mitte des Christlichen wird durch die vielerlei Antworten, die sie erfährt, indessen nur um so drängender.

2. Die Anfrage der Weltgeschichte

Freilich kommt eine solche Verunsicherung nicht von ungefähr. Die Welt, in der wir das Christliche und seine eine Mitte heute zu verstehen haben, hat andere Maße als jene Welt, in die das Christentum eintrat und aus der alsdann der orbis christianus wurde. Die Grenzen dieses orbis christianus sind endgültig zerbrochen. Wir stehen in einer Kenntnis der Menschheitsgeschichte, aller ihrer Strömungen, aller ihrer Motive wie kein Zeitalter zuvor. Wir leben in einer eins werdenden Welt, die alle Kulturen umfaßt, sie miteinander hervor-treten läßt und sie zugleich ineinander verschmilzt.

In dieser Welt leben heißt, offen sein für eine Kommunikation, in der das Christliche eine geschichtliche Gestalt unter vielen ist und in der zugleich offenbar wird, wie viele Abhängigkeiten, wie viele Parallelen, wie viele Wechselwirkungen dieses Christliche mit anderen Strömen von Religion und Philosophie verbinden. Im universalen Kommunikationsraum der Geschichte und der Welt ist nicht mehr ganz deutlich, auf welche Ränder sich die eine Mitte des Christlichen bezieht, und eben dadurch wird die Mitte schwebend. Wie viele überkomme Antworten des Christlichen sagen nicht mehr „dasselbe", wenn ich sie auf jene Fragen, Überlieferungen und Erfahrungen beziehe, die uns heutige Kenntnis der Welt und der Geschichte erschließt. Ist das Christliche, wie wir es aus unserer Überlieferung verstehen, die Antwort auf alle Fragen, und – wenn es diese Antwort ist – kann dann diese Antwort so gegeben werden, wie wir sie bislang gegeben haben? Die Verunsicherung von innen wächst, zumindest auch, aus der Verunsicherung von außen.

3. Konkurrenzsituation des Pluralismus

Doch nicht nur in ihren Außendimensionen, nicht nur durch ihren Kontakt mit allen Epochen und Kulturen der Menschheitsgeschichte, sondern auch von ihren Innendimensionen her wird unsere Gesellschaft zu einer kritischen Anfrage ans Christliche. Der Stellenwert, den das Christliche im Leben unserer Gesellschaft einnimmt, entspricht nicht mehr jenem, den es im Leben des Christen hat: Mitte, die alles auf sich konzentriert. Wir leben in einer pluralistischen Gesellschaft, und das heißt in einer Gesellschaft, die nicht mehr zuerst durch gemeinsame Überzeugungen und Werte zusammengehalten wird. Ihre Klammer ist vielmehr das Funktionierenmüssen. Der Zusammenhang von Produktion und Konsum schafft eine Abhängigkeit aller von allen, er bestimmt das ganze Leben. Die Gesellschaft kann nur noch das tolerieren, was das Funktionieren nicht stört. Es gibt einen unausweichlichen Zwang zum Mitspielen. Wer sich ihm entzieht, kommt nicht nur für sich selbst zu kurz, er gefährdet das Ganze.

So aber wird die Konformität des Funktionierens zur geheimen Norm, beinahe zum geheimen „Grundwert" der Gesellschaft. Wie man die Welt versteht, welchen Sinn man dem Funktionieren beimißt, wie man sein Mitspielen motiviert, diese Fragen rücken ins zweite Glied. Einerseits wächst so der Freiheitsraum für die eigene Weltdeutung, für die eigene Sinnantwort; andererseits finden Deutungen und Antworten, die übers bloße Funktionieren hinausweisen, zusehends weniger Verständnis. Die Unfreiheit von direkter Fremdbestimmung in Fragen der Überzeugung und des Glaubens nimmt ab – aber ebenso nimmt ab die Freiheit zur positiven Selbstbestimmung der eigenen Überzeugung, des eigenen Glaubens. Ein Nachfolgeruf gar, der das ganze Leben beansprucht, rückt in den schiefen Winkel zu der Achse, um die das Leben in dieser Gesellschaft schwingt.

Eine Konsequenz daraus ist der Trend zur bloßen Teilidentifikation mit dem Christlichen. Was von seiner gesellschaftlichen Funktion her nicht mehr als Zusatzangebot sein darf, mit dem geht man wählerisch um und von dem nimmt man sich das heraus, was eben gefällt, was nützlich, was zumutbar ist. Nachfolge freilich läßt nur Totalidentifikation zu; diese aber gerät in einer pluralistischen Gesellschaft notwendig unter Ideologieverdacht.

4. Umschlag des Pluralismus?

Allerdings, Pluralismus ist nicht mehr das letzte Wort in der Entwicklung unserer Gesellschaft, und schon heute deuten viele Zeichen auf eine nachpluralistische Epoche hin. Es sind zumal – wir sprechen hier von unserer westlichen Welt – zwei gegenläufige Tendenzen im Spiel. Die eine läßt sich als radikalisierte Fortschreibung des Pluralismus, die andere als seinen konsequenten Umschlag deuten.

Funktionale Gesellschaft ist progressive Gesellschaft. Jedes Ergebnis von Wissenschaft und Technik, jedes Stadium gesellschaftlicher und kultureller Entwicklung strebt nach einem Fortschritt. Daher darf kein erreichtes Ziel, aber auch keinerlei Erkenntnis den Anspruch auf Endgültigkeit erheben. Wer eine Theorie entwirft, wer ein Modell entwickelt, muß auch schon immer darauf bedacht sein, seine Theorie, sein Modell zu falsifizieren, will sagen, die Grenzen ihrer Leistungsfähigkeit zu erproben, um eine weiterführende Alternative vorzustellen. So etwa läßt sich der vielbeachtete „kritische Rationalismus" kennzeichnen. Im allgemeinen Bewußtsein ist er gewiß nur eine Strömung neben anderen – und doch artikuliert er das, was heute weithin gelebt wird: die Ideologie, daß es letzte Antworten nicht geben darf, daß letzte Wahrheiten zumindest nicht eingebracht werden dürfen ins gesellschaftliche Handeln. Das Dogma des Antidogmatismus könnte, in letzter Konsequenz, zur Auflösung aller Toleranz führen. Endprodukt wäre der Totalitarismus einer absolutgesetzten Liberalität.

Die andere Gegenbewegung zum Pluralismus scheint dem Christlichen eine neue Chance einzuräumen. Immer mehr Menschen erfahren das bloße Funktionierenmüssen als sinnlosen Leerlauf, als Zwang. Die Kehre nach innen, die Suche nach den Ursprüngen, das Come-back der Sinnfrage zeigen eine neue Richtung an. Meditation, Gemeinschaft, Zusichkommen sind wieder gefragt. Ein notwendiger Ausschlag des Pendels, Bestätigung dessen, daß der Mensch aus Leistung, Konsum, Funktion allein nicht leben kann.

Und doch wäre es vorschnell, dies mit einem religiösen Aufbruch oder gar mit einem Aufbruch zum Christlichen in eins zu setzen. Wo Selbstfindung und Selbstverwirklichung der letzte Wert sind, wo der Weg nach innen nur als Methode verstanden wird, um das Funktionierenmüssen besser zu vermögen und besser zu bestehen, wo die Hinkehr zu Gott nur als Einkehr in die Tiefe des eigenen Selbst begriffen wird, da ist die Mitte des Christlichen kaum deutlicher im Visier als dort, wo es ausschließlich als Impuls zu Weltgestaltung und Gesellschaftsveränderung erscheint. Der Weg zu mir, der Weg nach innen ist nicht ohne weiteres schon jener Weg, den das Wort des Petrus bezeichnet: Siehe, wir haben alles verlassen und sind dir nachgefolgt. Der Nachfolgeruf Jesu droht auch in der Welt des Nachpluralismus ein Fremdwort zu bleiben.

II. Zugang zur Mitte

Der Blick auf die Situation des Christlichen in den Verständnishorizonten unserer Gesellschaft hatte im Grunde ein negatives Ergebnis. Daß das Christliche dem nicht entspricht, was heute gängig erwartet und verstanden wird, tritt scharf ins Licht. Wie Identifikation mit der Mitte des Christlichen gelingen kann, wie diese Mitte zugänglich werden kann, darauf zeigte sich uns kein helfender Hinweis.

Alles, was lebendig ist, fängt mit sich selber an. Um diesen Anfang in der Mitte selbst, um diesen Einsprung in das befremdlich Eigene und Andere von Nachfolge kommen wir nicht herum.

Aus dem inneren Geschehen der Nachfolge scheint unsere Frage nach dem unterscheidend Christlichen, so bedrängend sie sich uns zunächst gestellt hat, geradezu als paradox. Mache dich auf den Weg, folge ihm, setze alles auf eine Karte – und dann ist alles klar, dann verschwinden die Verständnis- und Deuteschwierigkeiten. Solche Rede hat ihr Recht; aber trifft sie das Ganze?

1. Der Anstoß: der „Überschuß" Jesu

Schon in der anfänglichen Klarheit der Nachfolge bricht eine Differenz auf, etwas, das uns dazu treibt, die Mitte des Christlichen je neu zu formulieren. Wer Jesus begegnete, erfuhr, daß er „anders" ist. Er rief zur ungeteilten, zur fraglosen Nachfolge, er rief aber zugleich – bei jenen, die nachfolgten, wie bei jenen, die staunend abseits blieben – auch die Frage hervor: Wer ist dieser? Sowohl in seinem Wirken als auch in seiner Person bezeugte sich ein „Überschuß". Diesen Überschuß konnte man nicht auf sich beruhen lassen. Die Einlösung durchs Tun, eben durch die Nachfolge, reicht nicht aus; der Überschuß wollte sich auch in der Aussage, im Bekenntnis einlösen. Sich selbst und den anderen war man die Antwort auf die Frage schuldig, auf was und auf wen man sich da eigentlich einließ.

So mußte von Anfang an die „Sache Jesu", das, was er brachte, was er auslöste, was er ansagte, in *Namen* gefaßt werden, von ihm selbst und von jenen, die ihn bezeugten: Herrschaft Gottes, Heil der Welt, Erlösung, und er selbst mußte aus-gesagt werden, indem man ihm *Titel* beilegte: Jesus ist der Messias, der Prophet, der Menschensohn, der Sohn Gottes, der Herr, der Hohepriester. In solchen Namen und Titeln wollte deutlich werden, was in der Sache und in der Person Jesu uns angeht, uns ruft, uns meint. Und woher stammen diese Namen, diese Titel? Sie weisen zurück in die Geschichte des Alten Testaments, in religionsgeschichtliche, philosophische, menschheitliche Horizonte, immer aber in Horizonte der Erwartung, Worte menschlicher Erwartung, menschlicher Hoffnung, menschlicher Sehnsucht werden beansprucht, um in ihnen auszusagen, wer dieser Jesus ist, was dieser Jesus erschließt.

Darin aber geschieht eine merkwürdige Doppelbewegung. Zum einen ist Jesus das Subjekt, und die Namen menschlicher Erwartung sind das Prädikat, das dieses Subjekt bestimmt, das seine Gestalt und sein Wesen uns auslegt. Doch unversehens dreht sich dieses Verhältnis um: Um zu wissen, was diese Worte menschlicher Erwartung meinen, wohin sie in letzter Konsequenz tendieren, so sie sich erfüllen, wo sie Aussage werden, die nicht ins Leere greift, muß ich auf Jesus blicken. Diese menschlichen Worte werden das Subjekt, und Jesus ist ihr sie identifizierendes, ja sie überbietendes Prädikat. Wir brauchen solche Worte, um zu erklären, wer Jesus ist, doch mehr noch erklärt Jesus selbst, was die Worte meinen, die wir ihm zumessen und die wir ihm zulegen. Der Grund für diese Zirkelbewegung liegt im Je-größer-Sein Jesu, er selbst bleibt all unserem Erklären, Fassen gegenüber uneinholbarer Komparativ. Unser Sprechen ist Umkreisen der Mitte, die er ist. Nie kann unser Sprechen die Mitte einholen, sie ausfüllen, und doch ernötigt diese Mitte immer neu unser Sprechen. Um es mit Leo dem Großen zu sagen: Dasselbe, was es uns schwermacht zu sprechen, macht es uns unmöglich zu schweigen.

2. Die Methode: Orientierung am „Maximum"

Wie aber sollen wir von unserer Situation aus die Mitte des Christlichen aussagen? Wie kann heute die Identifikation und damit zugleich die Unterscheidung des Christlichen gemäß gelingen?

Es ist für uns beinahe selbstverständlich geworden, hier eine Methode in Anschlag zu bringen, die sich am Minimum orientiert. Man sucht ja den Kern, man möchte alles das ausscheiden, was nur Schale ist, und deshalb stellt man die Frage nach dem, was Jesus vor aller Deutung, was seine Botschaft vor aller Auslegung, was seine Intention vor aller Interpretation sei. Man versucht also, den Ursprung möglichst dicht bei seinem Aufspringen zu fassen.

Doch hier stellt sich die Gegenfrage: Ist das überhaupt möglich? Und wird man so Jesus überhaupt gerecht? Ist Jesus nicht Ursprung, der schon immer über sich hinausspringt? Will er nicht Nachfolge? Geht er nicht erst dort auf, wo andere sich von ihm rufen lassen, wo andere für ihn Zeugnis ablegen? Ist er nicht je größer als er selbst und somit gar nicht isoliert in sich selbst sichtbar?

Gewiß macht diese Gegenfrage die historische Suche der ureigenen Worte und Taten Jesu, das sichernde Interesse am Urbestand des vorösterlich Jesuanischen keineswegs überflüssig. Doch müßte die „minimale" Methode durch eine andere ergänzt werden, und gerade erst in dieser Ergänzung könnte das Entscheidende und Eigene des Christlichen erscheinen. Wir müssen es auch einmal riskieren, nach dem Maximum zu fragen, will sagen nach jener Auszeugung der Mitte in der Peripherie, die sie allererst als Mitte er-meßbar macht. Der Mittelpunkt ist in einem kleinen Kreis weniger genau auszumachen als in einem großen Kreis; der Same läßt sich am verläßlichsten durch die Pflanze identifizieren, die ihm entwächst.

Es gilt also, die Urgestalt christlichen Glaubens aus seiner Vollgestalt her zu lesen, die sich im Gesamt der neutestamentlichen Überlieferung und in ihrer Rezeption durch die Kirche bezeugt. Dies ist gerade kein äußerer, entfremdender Zusatz zum Jesuanischen, sondern seine innere Konsequenz. Wenn Jesus

Nachfolge will, dann geht er erst in der Nachfolge auf, ist er dort er selbst, wo er dem, der ihm nachfolgt, alles, das Ganze, das Größte bedeutet.

Wenn schon Jesu Botschaft ein Entscheidungsruf ist, dann kann die Perspektive auf das unterscheidend Christliche nur aus dem Vollzug der Entscheidung, aus der Antwort der Entscheidung für ihn formuliert werden. „Niemand kann sagen: Herr ist Jesus Christus – außer im Heiligen Geist." (1 Kor 12,3) Der Standort, an welchem das Jesuanische erst zum Christlichen wird, ist also nicht der eines neutralen historischen Rückblicks, sondern einer geschichtlichen Nach-folge, in welcher der Überschuß des Ursprungs, der Geist, wirksam wird.

3. Der Weg: Nachfolge und Unterscheidung

Auf welchem Weg erbildet sich das Maximum, das die Mitte bestimmbar macht? Die beiden Richtungen heißen: Nachfolge und Unterscheidung. Nachfolge, die zur Gemeinschaft des Glaubens führt, zum Beieinanderbleiben um den, der verheißen hat, durch seinen Geist in der Mitte zu bleiben: Unterscheidung als Unterscheidung der Geister, Ausschluß von falschen Deutungen, von Verkürzungen und Verkennungen der Mitte.

Die beiden Zugangsfragen lauten also: *Wozu* bekennt sich die Gemeinde, wenn sie sich zu Jesus bekennt? *Wogegen* wendet sich die Gemeinde, wenn sie den lauteren Ursprung wahren und schützen will? Das ist zugleich der „Sitz im Leben" für die Glaubens- und Bekenntnisformeln des Neuen Testaments und für die theologischen Reflexionen, die das Neue Testament im ganzen durchziehen.

Es ließe sich aufweisen, daß von Anfang an zwei Grundmißverständnisse im Spiel waren, gegen welche die neutestamentlichen Schriften bei aller Vielfalt sich eindeutig wenden: Leistung und Gnosis. Nicht Leistung des Menschen, der von sich aus zu Gott durchstößt, der sich das Heil und die Gerechtigkeit verdient; nicht Erkenntnis des Menschen, der sich in ein göttliches Geheimnis einschwingt oder zur göttlichen Wahrheit emporläutert, aber auch nicht „Leistung" von seiten Gottes, der durch eine Machttat sein Reich, die vollkommene Welt aufrichtet –

nein, Erniedrigung und Kreuz sind der Ort, an denen Gott sein Heil, an denen Gott sich selber schenkt. Und schließlich nicht Aufleuchten Gottes in unserer Vernunft, vermittelt durch die Lichtgestalt eines überirdischen Wesens – nein, der Offenbarer ist Mensch wie wir, Gottes Wahrheit kommt in unserem Fleisch.

Wenn wir in der Spannung solcher Antithesen, die „naiven" Gestalten des anfänglichen Bekenntnisses zu Jesus als dem Herrn, zu ihm als dem Gekreuzigten und von Gott Auferweckten lesen, dann rücken sie in den unmittelbaren Kontext zu einer der spätesten, zur „maximalen" Formel des Neuen Testaments, die uns in der Folge die Mitte des Christlichen aufschließen soll.

III. „Das Wort ist Fleisch geworden"

Natürlich haben gerade maximale Formeln es an sich, nicht nur Entfaltungen einer Mitte zu sein, sondern zugleich ein geschichtlich zufälliges und zusätzliches Stück Welt, einen geschichtlich zufälligen und zusätzlichen Horizont von Sprache und Kultur mit einzubeziehen. Zumal der Prolog des Johannesevangeliums, an dessen zentraler Aussage wir uns orientieren wollen, ist hineinverwoben in Traditionen und Denkfiguren, die sich nicht allein aus der Mitte des Evangeliums selber speisen.

Das eigentlich christliche, ja evangelische Verständnis dieses Abschnitts erschließt sich uns indessen nicht schon, wenn wir die genaue Herkunft und den genauen Hintergrund der zentralen Begriffe „Wort", „Fleisch", „Welt" ermitteln. Das Entscheidende liegt gerade zwischen den Begriffen, im Geflecht der Beziehungen. Diese Beziehungen bezeichnen die unaufgebbare christliche Mitte und bezeichnen sie so, daß sie auch von unserer Situation, von unseren Lebens- und Verstehensmöglichkeiten aus in den Blick kommt. Wir dürfen in unserem Zusammenhang daher einmal die begriffs- und traditionsgeschichtlichen Untersuchungen auf sich beruhen lassen und uns direkt dem für uns zentralen Punkt, dem Beziehungsgeflecht, zuwenden. Muten wir es uns zu, dieses Geflecht nur in sparsamen, beinahe zu abstrakten Strichen vorzustellen, ehe wir die Formel am Leben bewähren und so selbst lebendig werden lassen.

1. Ausgeschlossene Alternativen

„Das Wort ist Fleisch geworden und hat unter uns Wohnung genommen, und wir haben seine Herrlichkeit gesehen" (Joh 1, 14). In der Spannung der Begriffe „Wort" und „Fleisch" und in ihrer Verbindung durchs Geschehen der Fleischwerdung des Wortes sind vier Alternativen ausgeschlossen, tritt die christliche Botschaft also vier Alternativen gegenüber.

Zunächst ist Christentum nicht ein Rückzug in die Welt dessen, was *Logos* heißen kann. Es geht nicht an, zu verharren in einer Spekulation, in der Sphäre einer überirdischen Wirklichkeit, im selbstzufriedenen Ablauf einer Rationalität, in einer Weise von Gnosis, einer Erkenntnis der Weltzusammenhänge und ihres Ursprungs, in einer intellektuellen Analyse, in einer mystischen Versenkung, in einem geistigen Genuß, in einer Ideologie. Der Logos bleibt im Johannesprolog nicht in sich, er ist nicht ein bloßes Weltprinzip. Solange über den Logos – wie auch immer – bloß spekuliert wird, kann das nicht aufgehen, was die Botschaft von ihm sagt.

Ebensowenig – und dies ist das zweite – ist jene Sphäre, auf die das Wort *„sárx"*, *„Fleisch"*, hinweist, alles oder doch das Entscheidende. Es genügt nicht, sich zu beschränken aufs Faßbare, Erkennbare, Konstatierbare, auf die Welt, in die ich gestellt bin, mit ihren Nöten, Bedürfnissen und Problemen. Mein Leben erschöpft sich nicht in den Erfahrungen, die ich täglich mache, im Konsumieren und Leisten, im Gelten und Geltenwollen, im Genuß des Lebens und der Welt, im Erfolg, in der Macht, im Sich-Durchsetzen.

Weder das Wort, der Logos, noch die sárx, das Fleisch, stehen im Sinn des Johannesprologs in sich selbst, bleiben isoliertes, einziges Prinzip. Doch wie sieht die Beziehung zwischen beiden aus?

Bezeichnenderweise – dies die dritte ausgeschlossene Alternative – heißt es nicht: Das Fleisch ist Wort geworden, sondern umgekehrt. Das Heil, das Gott wirkt, läßt sich nicht gleichsetzen mit einem *Prozeß von unten nach oben*, mit einer selbsttätigen Entwicklung des Menschen oder der Welt, einem Fortschritt zum immer Höheren und Besseren, mit einem durch menschliche Anstrengung bewerkstelligten Optimum, mit einem Läuterungs- und Reinigungsprozeß, der alle Schlacken der Endlichkeit ausstieße.

Allerdings – darauf ist zuletzt hinzuweisen – heißt Fleischwerdung des Wortes auch nicht *Emanation von oben nach unten*. Der Logos ist nicht eherne Gesetzmäßigkeit, die Gott und Welt bestimmt, nicht Prinzip eines unausweichlichen Prozesses, der von Gott, der vom Geist in die Materie, in die Welt, in die Geschichte führt und sich in ihr vollstreckt. Nicht idealistische oder dialektische Selbstentfaltung eines wie auch immer verstandenen Ersten, sondern Entschluß, Kommen, Zuwendung, Weg der Freiheit ist ausgesagt in der Grundbotschaft, daß das Wort Fleisch ward.

2. Positives Profil der Botschaft

Genau an dieser Stelle treffen wir auf das Positive, das in der Negation, auf das Ja, das im vierfachen Nein verschlossen liegt. Der Logos, der Sinn und Grund von allem, ist nicht neutrales Prinzip, nicht ein Es, mit dem etwas geschieht, sondern ein Du, das handelt, das sich von sich her in seine Geschichte begibt. Dies ist unmittelbar angesprochen in der Verhältnisbestimmung des Logos zu Gott, für welche im Johannesprolog die Partikel „prós", „hin zu" steht: Der Logos ist hin zu Gott und ist Gott (Joh 1,1). Das ganze Johannesevangelium entfaltet immer wieder diesen Bezug: Das Gottverhältnis Jesu ist nicht etwas Nachträgliches und Zusätzliches zu dem, was er ist. Er kommt aus diesem Verhältnis auf uns zu, ist ganz und gar bestimmt von ihm, und nur so erhält sein Wort und sein Wirken den Charakter der letztgültigen Offenbarung Gottes, der ausschließlichen Vermittlung zwischen Gott und Welt.

Indem aber aus diesem Verhältnis vom Vater der Logos hervortritt, indem er Fleisch wird, in Jesus begegnet, und Jesus in unserer menschlichen Realität die Realität Gottes selbst aufschließt und uns an ihr teilgibt, ereignet sich aufs neue vielfältige Beziehung.

Lesen wir sie unmittelbar an unserer Formel und ihrem Kontext ab. Da ist ein „wir": Unter *uns* hat das Wort Wohnung genommen, *wir* haben seine Herrlichkeit gesehen. Wir, das sind die Menschen, aber die Menschheit verdichtet sich dort, wo Menschen sich dem Logos öffnen, wo sie in die Gemeinschaft mit dem Logos eintreten. Es gibt die Möglichkeit der Ablehnung, des Sich-Verschließens. Nicht alle nehmen das Wort auf: Die Seinen haben ihn nicht erkannt. „Allen aber, die ihn aufnahmen, gab er Macht, Kinder Gottes zu werden" (Joh 1,12). Dem Kommen, dem Entschluß des Wortes zu uns antwortet der Entschluß des Glaubens, des Annehmens. Darin wächst Gemeinschaft mit ihm und miteinander (vgl. 1 Joh 1), Gemeinschaft der Erfahrung und des Zeugnisses: Wir haben seine Herrlichkeit gesehen.

In solcher Gemeinschaft wird die Beziehung des fleischgewordenen Logos zum Vater die unsere: Er ist der einziggeborene Sohn (Joh 1,14), allen, die an ihn glauben, gab er Macht, „Kinder Gottes zu werden" (Joh 1,12).

In der Gemeinschaft mit ihm werden die Glaubenden aber nicht nur in die Bewegung zum Vater, sondern auch in die Bewegung vom Vater her, in die Sendung des Sohnes für die Welt mit hineingenommen. Unsere Formel ist unmittelbar gesprochen aus dieser Situation, ja, diese Situation ist in ihr selbst mitgesagt. Sie steht auf dem verkündenden, sich verbürgenden Wir der Zeugen, die seine Herrlichkeit gesehen haben. Die Vorgeschichte dieses Zeugnisses wird im Johannesevangelium noch eigens eingeholt: Jener, der das Innerste Jesu, der sein Verhältnis zum Vater und seine Hingabe für die Welt erschließt, der Zeuge schlechthin, ist der Geist, und dieser Geist wird den Jüngern verheißen und österlich mitgeteilt. Im Geist ist ermöglicht und gedeckt, was Jesus den Seinen ausdrücklich sagt: „Wie mich der Vater gesandt hat, so sende ich euch" (Joh 20,21).

Fassen wir, nochmals verdichtend, das Ineinander der Beziehungen zusammen, die, abgelesen am Johannesprolog, das unterscheidend Christliche ausmachen:

Der Vater zum Sohn, der Sohn zum Vater – der Vater im Sohn und der Sohn mit dem Vater zur Welt, zu uns, wir zum Sohn und im Sohn zum Vater – wir um den Sohn zueinander, wir mit dem Sohn zur Welt.

Diese dürre Formel signalisiert eine Revolution. Zuerst die Revolution des *Gottesbildes:* Gott nicht mehr nur Substanz, die alles aus sich entläßt und alles zu sich zurückführt, Gott nicht nur je überlegenes, fremdbleibendes Geheimnis, das uns im bloßen Außerhalb beläßt, Gott nicht nur Tiefe der Welt und des Daseins, die uns nur zu uns selbst, nicht aber über uns hinaus finden läßt, sondern Gott selbst als Beziehung, als dreifaltiges Ineinander und Auseinander, das sein Geheimnis zugleich in sich selber wahrt und schließt und über sich hinaus öffnet.

Dann aber auch die Revolution unseres *Gott- und Weltverhältnisses:* keine weltflüchtige Versenkung ins göttliche Ein und Alles, keine Instrumentalisierung Gottes für das Bestehen und Gestalten des Lebens, der Welt, keine bloße Gesetzlichkeit, die geschöpflich die Pläne des Schöpfers in Frömmigkeit und Dienst erfüllt, ihn selbst aber als den nur Transzendenten oben beläßt. Vielmehr: Unmittelbarkeit zu Gott, und gerade daraus auch Unmittelbarkeit zueinander und zur Welt.

Gott bleibt der je Größere, indem er sich unbegreiflich schenkt, wir bleiben wir selbst, indem wir, von ihm beschenkt, in die Gemeinschaft mit ihm, ja in die Gemeinschaft, die er ist, hineingenommen werden. Und in dieser Gemeinschaft werden wir auch hineingenommen in seine Bewegung zur Welt: Wir dürfen ihn ihr schenken, indem wir dienend uns selbst verschenken. So ist das Christliche die Alternative zu allem Auseinanderreißen von Gott, Welt und Mensch, aber auch zu aller Reduktion bloß auf Gott, Welt oder Mensch.

IV. Die Mitte in der Peripherie

Die Frage nach der Unterscheidung des Christlichen hat uns zur zentralen Aussage über das Christusgeheimnis geführt. Dieses Christusgeheimnis ereignet sich aber nicht nur für uns und an uns, es will sich auch aus uns und durch uns wieder-holen. Gerade das ist die innere Dynamik der Fleischwerdung des Logos. Die Mitte bewährt sich in der Peripherie, in ihrer Bewegung, die die Mitte als Mitte vollbringt.

Wenn wir die Formel vom fleischgewordenen Wort, wenn wir die Architektur der sich verschränkenden Beziehungen des Christusgeheimnisses einzubringen versuchen in unseren christlichen Vollzug, so stellt sich uns eine dreifache Frage: Wie sieht die

Konsequenz aus für mich, für den einzelnen? Welche Perspektive ergibt sich für die Sicht und die Gestaltung der Gesellschaft? Schließlich: Welches ist die spezifische Position und Funktion des Christlichen in der pluralistischen und nachpluralistischen Gesellschaft?

1. Konsequenz für den einzelnen

Die Mitte des Christlichen will die Mitte unseres Lebens, ja, unvertretbar und ganz persönlich, meines Lebens werden. Dann aber kommen für mich vier Grundhaltungen und Grundsichten nicht mehr in Frage.

Es gibt keine Auswanderung aus der Banalität irdischer, geschichtlicher Alltäglichkeit in ein Niemandsland des Geistes, in ein Reich der Gedanken, in einen Horizont bloßer Spiritualität, keine Haltung, in der wir die Welt Welt und die anderen die anderen sein lassen.

Es gibt auch kein Auf- und Untergehen in dem, was man die Gegebenheiten, die Realitäten nennt, im Erfahren und Erleben. Es genügt nicht, mitzufunktionieren, mitzuleisten, mitzukonsumieren, selbst wenn wir dabei christliche Interessen und Motive einspeisen. Weder der Logos noch die *sárx*, weder das Wort noch das Fleisch allein genügen dem Anspruch des Christlichen.

Unsere christliche Hoffnung ist auch nicht Hoffnung auf ein totales Glück, das als Produkt aus der Weltentwicklung oder aus unserem Einsatz am Ende herausspringt – sowenig wie umgekehrt ein zeitkritisch distanziertes Warten, bis sich die christlichen Ideale und Maxime von allein durchgesetzt haben werden oder bis Gott das ohnehin unabänderliche Tränental zum neuen Himmel und zur neuen Erde verwandeln wird.

Die christliche Alternative heißt: sich einlassen auf das Wort, das im Fleisch zu uns gekommen ist, dieses Wort die Mitte und den Bezugspunkt unseres ganzen Lebens werden zu lassen.

Das heißt zunächst einfach: das Wort tun, es leben, ihm die Chance geben, in uns Fleisch zu werden. Ja der *für* uns Fleisch geworden ist, will *in* uns Fleisch werden. Sein Hinsein zum Vater, seine Hingabe für die Welt, seine Gemeinschaft mit den Menschen, sein Dienst und seine Entäußerung wollen sich inkarnieren in unserem Glauben, Bekennen und Bezeugen, in der Unbeirrbarkeit unseres Vertrauens, in der Unbesiegbarkeit unserer Hoffnung, in der Treue unseres Durchtragens, in der Torheit unseres Dienstes. Die erste und grundlegende Dimension heißt also: Orientierung meines Lebens auf Jesus Christus als die Mitte, Eintreten durch die lebendige Beziehung zu ihm in seine Beziehung zum Vater.

Das schließt unabweisbar eine zweite Dimension mit ein: Wir haben nur dann lebendig mit ihm Kontakt, wenn wir den Kontakt nicht scheuen mit denen, die auch an ihn glauben, die – noch so armselig und unscheinbar – jenes Wir der Zeugenschaft sind, Kontakt mit der konkreten Gemeinschaft von Kirche. Leben mit der Mitte heißt eben leben in einer Peripherie. Wir können uns nicht bloß zu einer Mitte als Mitte verhalten, wir brauchen unmittelbare Tuchfühlung mit denen, die mit uns den Umkreis der einen Mitte bilden. Das prós, das Hinzu, welches das Verhältnis Jesu zum Vater bestimmt, will auch der Rhythmus meines Verhältnisses zu meinen Brüdern sein.

Davon läßt sich die dritte Dimension nicht trennen. Aus seinem Hinsein zum Vater erwächst dem Sohn die Hinwendung zur Welt, der Mut zum Fleisch. Wer um die Mitte Jesus schwingt, der bleibt nicht beruhigt in seiner Bahn, sondern er erfährt die Sprengkraft dieser Mitte, er kann nicht der Sendung zum Sich-Veräußern, zum Dienst an der Welt entgehen. Der Mut zur Inkarnation darf nicht haltmachen beim geschlossenen Kreis der Gemeinschaft des Glaubens; der Geist Jesu, in dem wir Herr und Vater sagen und in dem wir uns als Brüder zueinander erfahren, ist Geist, der den Erdkreis erfüllen will. Seine Dynamik, seine Universalität, die Kraft seiner Zuwendung duldet keine Grenzen.

Nicht nur die Dimensionen meines Daseins, sondern auch meine *Grundvollzüge* werden vom Ereignis der Fleischwerdung des Wortes bestimmt. Mein Verhältnis zu mir, zu meinem eigenen Dasein, mein Verhältnis zur Kirche, mein Verhältnis zu den anderen, zur Welt stehen unter dem dreifachen Rhythmus: *gestalten, leiden, hoffen.*

Fleischwerdung ist Tun; das Wort will eingestaltet werden in die wirklichen Verhältnisse, will sie durchdringen, will in ihnen sichtbar werden. Aber solches Gestalten läßt sich nicht durchsetzen; es geschieht als Entäußerung, als Aushalten, Aushalten des Wortes, das stärker und größer ist als ich, Aushalten zugleich des Widerstands, der dem Wort und mir widerfährt, wenn ich mich dem Wort zur Verfügung stelle.

Gegen alles Schnell-am-Ziel-sein-Wollen kann ich mir das Entscheidende nicht selbst verschaffen, ich kann es mir nur vom Wort schenken lassen. Und wenn ich dieses Wort nicht durchzusetzen vermag, sondern mit ihm in seine „Ohnmacht im Fleisch" muß, dann kann es gerade in dieser Ohnmacht Gestalt gewinnen. Christliches Gestalten gelingt erst, wenn es nicht sich selbst vermag, sondern wenn es den Mut zum Leiden und die Tiefe des Leidens in sich birgt.

Solches Leiden freilich verharrt nicht in sich, es ist getragen von der unbesiegbaren Hoffnung. Das Entscheidende läßt sich nicht nur nicht machen, es läßt sich auch nicht erleiden; Gestalten und Leiden stehen unter dem Hoffen. Denn wichtiger als das, was durch mich geschehen und was durch mich nicht geschehen kann, ist jenes, was schon von Gott her geschehen ist, indem das Wort in Jesus Fleisch geworden ist.

Allein der Dreiklang von *gestalten, leiden* und *hoffen* läßt verlauten, daß das Wort wichtiger, größer ist als ich und als die Welt und daß doch ich und Welt ganz mit im Spiele sind.

2. *Perspektive auf die Gesellschaft*

Fast ließe sich dasselbe nochmals wiederholen, wenn es darum geht, die christliche Perspektive für die Sicht der Gesellschaft und den Dienst in der Gesellschaft zu formulieren. Stichworte, Akzente können daher hier genügen.

Vier Fluchtwege sind versperrt: Spiritualistische Auswanderung aus der Gesellschaft, pragmatisches oder integralistisches Aufgehen in der Gesellschaft, Identifikation einer gesellschaftlichen Entwicklung mit dem Heil, ratloses Zuwarten auf die Lösung und Erlösung von oben.

Demgegenüber führt der christliche Weg zugleich in die Gesellschaft hinein und über sie hinaus. Die Botschaft, an die wir glauben, und das Heil, das wir erwarten, stehen *vor, über* und *nach* dem, was die Gesellschaft aus sich vermag und was sich in ihr durchsetzen läßt. Aber als das *Vor, Nach* und *Über* aller gesellschaftlichen Möglichkeiten und Mächtigkeiten erhalten Botschaft und Heil, erhält das Christliche seine gesellschaftliche Brisanz. Christen sind gerufen, dieses *Vor, Nach* und *Über* in der Gesellschaft zu repräsentieren und präsent zu machen, es gestaltend, leidend und hoffend offenzuhalten nicht nur für die einzelnen, sondern auch für die Gesellschaft als Gesellschaft, für alle gesellschaftlichen Bereiche. Wenn nämlich eine Gesellschaft Maßstäbe und Ziele, Werte und Normen ausschließt oder als gesellschaftlich irrelevant abtut, die über sie hinausweisen, wird sie unmenschlich, droht sie, einem ideologischen oder funktionalen Totalitarismus zu verfallen.

Als Sachwalter des *Vor, Nach* und *Über* sind die Christen so zugleich in eine kritische und aufbauende Funktion für die Gesellschaft gewiesen. Es geht dabei nicht nur um das Vertreten und Durchsetzen christlicher Interessen, nicht einmal nur und zuerst um christliche Mission, sondern um die Identität des Menschlichen, die nur dann gewahrt wird, wenn das Andere des bloßen Menschlichen sein Horizont bleibt.

3. Im Kontext des Pluralismus

In einer pluralistischen und nachpluralistischen Gesellschaft erfährt das Christliche besonders eindrucksvoll die Unscheinbarkeit und Wehrlosigkeit des ins Fleisch gekommenen Wortes.

Christen sagen aus ihrem Glauben dazu ein Ja, und keineswegs bloß ein bedauerndes Ja, nicht mit Mitteln äußerer Macht ihre Wahrheit und ihre Werte zur Geltung zu bringen; ein Ja auch dazu, daß dem Staat Grenzen gesetzt sind, über letzte Wahrheiten und Werte von sich aus zu urteilen. Damit ist freilich eine Konkurrenzsituation verbunden, welche die Christen herausfordert, von sich selbst aus, in eigener Verantwortung das ins Spiel der Gesellschaft zu bringen, was sie aus ihrer Überzeugung heraus ins Spiel zu bringen haben. Die Weise, wie sie es tun, ist zuerst geprägt von jenem hörenden Annehmen und Ernstnehmen alles Menschlichen, wie es der Identifikation Gottes mit dem Menschen in der Fleischwerdung des Wortes entspricht. Mit solcher Identifikation ist freilich auch die Unterscheidung ins Eigene hinein gefordert, das als die helfende und wegweisende Alternative den Menschen nicht verschwiegen und verschleiert werden darf.

Das Ja zur eigenen Situation innerhalb des Pluralismus wird allerdings dort konzertiert von einem Nein, wo der Pluralismus zur Ideologie wird, wo insgeheim oder offen das Funktionieren und die Unverbindlichkeit zu letzten Maßstäben erhoben, ihrerseits als höchste Wahrheit absolut gesetzt werden.

Der Versuch nachpluralistischer Festschreibung eines bloß formalen Liberalitäts- oder Fortschrittsprinzips, das keine inhaltlichen Wertsetzungen für gesellschaftliches Handeln zuläßt und somit Glaube und Überzeugung allein in den privaten Raum verbannt, ruft Christen zum Widerspruch heraus. Widerspruch, zumindest Korrektur verlangt aber auch eine andere Spielart des Nachpluralismus: jene Innerlichkeit, die sich von Welt und Gesellschaft zurückzieht und ihren Nöten den Dienst tätiger Solidarität versagt. Christen erwarten nie das Heil von dieser Welt, Christen entziehen dieser Welt aber auch nie das dienende Interesse dessen, der Fleisch, der Welt geworden ist.

4. Chancen für die Zeit – Chancen für das Christliche

Das unterscheidend Christliche scheint nicht in das Klima unserer pluralistischen und nachpluralistischen Epoche zu passen. Es ist provokatorisch. Solche Provokation indessen ist eine Chance: eine Chance für das Christliche, für die Kirche, aber auch für diese Zeit und diese Gesellschaft.

Fangen wir hiermit an. Der Glaube an das fleischgewordene Wort ist ein unzerstörbarer Grund, der über alle Umbrüche und Fragwürdigkeiten hinweg die Identifizierung mit dem Menschen und der Welt trägt und es doch erlaubt, den kritischen Abstand zum Aufgehen in den Mechanismen und Funktionalismen von Welt und Gesellschaft zu wahren. Der Glaube an das fleischgewordene Wort ermöglicht zugleich den Einklang der Selbstfindung, um die es dem Menschen heute in allen Entfremdungen und Bedrohungen seiner Identität geht, mit der Selbsthingabe, ohne die Menschsein und Gesellschaft in sich selbst versinken.

Der Glaube an das fleischgewordene Wort bietet die Alternative zur Einsamkeit des sich selbst umkreisenden einzelnen, zur Einsamkeit auch der mit sich allein beschäftigten Gesellschaft, zur Einsamkeit schließlich, die Gespräch und Beziehung im bloßen pluralistischen Nebeneinander zu ertöten droht. Im Glauben an das fleischgewordene Wort ist das „prós", das Aufeinander-zu und Über-sich-hinaus, erschlossen, das solche Einsamkeit sprengt.

Nicht weniger provokatorisch, nicht weniger notwendig ist es indessen, die Botschaft vom Wort im Fleisch als Chance und Aufgabe für unser Christsein heute zu lesen. Nennen wir die Fragen, die sich hier stellen: Ist das Maximum des Christlichen bereits formuliert im Johannesprolog, bereits formuliert im trinitarischen und christologischen Dogma? Ja und nein! Evangelien und Dogmen sind keine überholbaren Stadien auf dem Weg des Christlichen durch die Geschichte, sie sind unerläßlich, um dem Ursprung zu begegnen. Aber blieben nicht dennoch zwei fundamentale Aufgaben bisher in der Geschichte des Christlichen noch ungelöst?

Die Übersetzungen der Urbotschaft rückten bislang noch nicht jene Beziehentlichkeit, jenes prós, jenes Aufeinander-zu, worin doch das Eigene und Neue des Christlichen besteht, in die Mitte ihrer Denk- und Sprachansätze.

Und zum andern: Es gelang zwar, gegen Versuchungen und Irrwege spätantiker philosophischer Verfremdungen die Wahrheit vom menschgewordenen Wort und vom dreifaltigen Gott in den Konzilien des 4. und 5. Jahrhunderts auf den Begriff zu bringen. Doch ist dreifaltiges Zueinander, ist das Zugleich des Hin-Seins zu Gott und des Hin-Seins zueinander und des Hin-Seins zur Welt, ist – wenn man so will – die Botschaft des Johannesprologs noch nicht transparent als die Wahrheit und der Maßstab für unser gesellschaftliches Leben und Handeln, für unser Dasein miteinander und für die Welt. Vielleicht wäre gerade hierfür heute die Stunde.

WERT UND WIRKUNGEN DER RELIGION

I. Einführung

Im ersten Buch der Könige überliefert uns das *Alte Testament* die folgende Szene: Dem jungen König *Salomo*, dem Sohn *Davids*, der dem Gott Israels unabdingbar die Treue gehalten hatte, erscheint dieser Gott und verheißt ihm, er werde ihm das gewähren, worum er bittet. *Salomo* aber bittet nicht um Macht und Größe, sondern um Weisheit, die not tut, das Volk in Recht und Gerechtigkeit zu regieren. Gott gefällt diese Bitte, und gerade weil *Salomo* nicht um etwas für sich, nicht um etwas auf die eigene Macht und das eigene Prestige Bezogenes gebetet hat, schenkt ihm Gott zu der Weisheit die Fülle der Güter und seinen bleibenden Segen hinzu, unter der Bedingung freilich, daß *Salomo* ihm die Bundestreue hält (vgl. 1 Kön 3,2–15).

Es mag den Anschein haben, dieser hier knapp referierte Text habe recht wenig mit der Problematik zu tun, die sich mit unserem Thema verbindet. Gleichwohl bin ich, nachdem ich viele Einstiegsmöglichkeiten in diese Problematik geprüft habe, bei dieser verblieben; denn wenig andere Möglichkeiten enthalten so viele Elemente dessen, was ich bei einer unmittelbaren Reflexion über Sache und Situation mir als des gemeinsamen Nachdenkens wert notiert habe.

Ich möchte nun nicht die Exegese oder aber die Übertragung des gewählten Textes zum Leitfaden der nachfolgenden Überlegungen machen. Um diese Geschichte jedoch in der Entfaltung des Themas als Hintergrund gegenwärtig zu haben, verweise ich auf einige bedeutsame Züge.

„Was ist Ihnen besonders ‚wichtig‘?": Dies ist der Vorspann für viele demoskopische Umfragen, die sich heute nicht selten auf die konkreten Werthierarchien von Personengruppen unserer Gesellschaft beziehen. Hier in der Salomogeschichte ist der

Autor einer solchen Anfrage an die herausragende Persönlichkeit des Volkes, an den König, Gott selbst, der fragt: „Wo setzt du für dich den höchsten Wert?"

So sehr der Gott des *Alten Bundes* ein göttlicher, herrschaftlicher und alles und alle bestimmender Gott ist, so wenig schaltet er jene Freiheit aus, die ihm partnerschaftlich antwortet, und darin ist sozusagen die Möglichkeit eröffnet, daß zwischen der vorgegebenen, durch das Gottsein Gottes bestimmten Wertsetzung und jener konkreten des Menschen sich eine Schere auftut. Dieser Gott ist zugleich auf der einen Seite ein ansprechender und in Anspruch nehmender und auf der anderen Seite ein horchender und antwortender. Aber er bleibt darin Gott. An ihm ist es, die Wertsetzung des Menschen zum Zuge kommen oder aber scheitern zu lassen – dies nicht aus Willkür und selbstbezogener Enge, sondern weil, in der Logik religiösen Glaubens, die Wirklichkeit und mit ihr das Glück oder Unglück, Heil oder Unheil des Menschen und der Welt an diesem Gott liegt und nur in der Übereinstimmung mit ihm die Übereinstimmung des Menschen mit sich selbst und mit der Welt letztlich statthaben kann. In Gott sind Wertordnung des Menschen und Seinsordnung miteinander verbunden. Über die höchst komplexen Möglichkeiten des Zusammenhangs zwischen beiden ist hier nicht im einzelnen nachzudenken. In der Ordnung der Religion jedenfalls erscheint Gott – dies läßt sich an dem referierten Text ablesen – als der Werte Gewährende und Begründende, aber auch menschliche Werte Relativierende, womit für die *innere* Logik der Religion die Relevanz der Religion selbst in der Frage nach den Werten prinzipiell offenliegt.

In dem Text sind freilich noch einige Nuancen enthalten, die im Blick auf das Folgende herausgehoben werden sollen. Zum einen ist bemerkenswert, daß Gott in der Antwort *Salomos* nicht unmittelbar ins Spiel der Werte tritt. Es gibt genügend andere Schrifttexte (vgl. beispielsweise Ps 16 und 63), die das Schauen des Antlitzes Gottes, das Weilen bei ihm als den alles andere überragenden Wert artikulieren. Bei *Salomo* kommt eine andere Ordnung als die des Religiösen allein zum Vorschein: Die Ordnung des Königseins wird thematisch. Aber in dieser Ordnung spielt, indirekt, Gott die entscheidende Rolle. Es ist Gottes Volk, um das es geht, und so ist das Interesse *Salomos* daran, daß sein Königsein gelinge, in Konvergenz mit dem Interesse Gottes selbst, der – gut alttestamentarisch – *Salomo* als der Bundesgott erscheint. Hier liegt ein erster Hinweis darauf, daß Gott für Wertsetzungen und Werthierarchien nicht nur innerhalb des spezifisch religiösen Bereiches von Bedeutung ist, sondern Gott selbst und das jeweilige Gottesbild auch mit innergesellschaftlichen Wertsetzungen und Wertverhalten in Relation stehen.

Ein weiterer Hinweis, der in dieselbe Richtung, in jene des Bundes zwischen Gott und dem Menschen geht: Der Gott, der mit seiner Huld und seinem Wirken der ihm entsprechenden Wertsetzung des Menschen antwortet, bleibt bei seiner Antwort nur, kann bei ihr nur bleiben, solange und sofern diese Wertschätzung durchgehalten und zum konkreten Maßstab gemacht wird.

Und schließlich: Weil Gott nicht nur maßgeblich ist für die Hierarchie der Werte, sondern weil er der Herr der Geschichte, des Lebens und Seins ist, sind ihm gemäße Wertsicht und ihm gemäßes Wertverhalten auch für die sekundären Werte und für den Anteil des Menschen an ihnen von Relevanz. Freilich wird hier, wie an vielen Stellen der Bibel, deutlich, daß eine banale Verknüpfung von Treue zu Gott und Orientierung der Werthierarchie an ihm kein Instrument sind, um Erfolg und Glück äußerlich zu sichern. Vielmehr wird – im Horizont zumindest der biblischen Religion – die Einbeziehung Gottes, des heiligen Geheimnisses, zu dem der Mensch in der Religion in Beziehung tritt, für die menschliche Auffassung von Leben und Glück, von Sinn und Nichtsinn des Lebens selbst konstitutiv, Gott als das Geheimnis, welches Wert und Wirklichkeit konstituiert, relativiert auch alle anderen Werte und Wirklichkeiten.

Verlassen wir nun aber die Analyse des Schrifttextes auf Konsequenzen für unser Thema hin, und steigen wir ein in eine unmittelbare Betrachtung, die in sieben Schritten angelegt ist.

II. Die innere Logik der Religion

Religion hat nur dann Sinn, Religion ist nur dann wahrhaft Religion, wenn in ihr das Verhältnis zu Gott, zu dem sie konstituierenden Geheimnis, den ersten Platz in der Wertehierarchie einnimmt, und dies nicht nur im Sinne eines relativen Vorrangs, sondern im Sinne eines absoluten Ranges.

Gott ist Gott zu 100 Prozent, oder er ist es nicht. *Pascals* Argument von der Wette, das scheinbar – im Grunde ironisch – auf ein anderes instrumentalisierendes, am eigenen Interesse orientiertes Verhalten zu Gott angelegt ist, macht dies deutlich. Die innere Logik der Religion verbietet, religiöse Versicherungen abzuschließen, damit Leben und Heil nicht verlorengehen: Das Gottesverhältnis schließt Vorbehalte aus. Gott ist ganz Gott und deswegen Gott des Ganzen. Die religiöse Frage kann von ihrer inneren Logik her nicht in einer neutralen Schwebe belassen bleiben, sie ist vielmehr eine Frage, in welcher einfach de facto Position bezogen wird. Dies schließt die Not und Unabgeschlossenheit des Strebens und Ringens nicht aus, wohl aber das Sich-Beruhigen oder Sich-Begnügen mit vornehmer Zurückhaltung oder halbherzigem „Mitnehmen" religiöser Elemente in ein von anderen Prinzipien bestimmtes Denken und Leben.

Wie sehr diese aus der inneren Logik der Religion als einer solchen gewonnene Feststellung zu den konkreten Verhaltens- und Verständnisweisen in unserer Gesellschaft in Spannung steht, liegt offen zutage. Es verbietet sich jedoch, diese immanente Wertsetzung der Religion als zelotisch oder fanatisch abzutun, da es keineswegs darum geht, andere als religiöse Grundorientierungen zu verwerfen und einen ernsten Dialog zu verweigern, sondern darum, den immanenten Anspruch von Religion deutlich zu machen. Und in ihm ist die letzte, ganze, unbedingte Verankerung der Wertsetzungen und des Wertverhaltens in Gott, im Heiligen, im Absoluten mit eingeschlossen.

III. Der dialektische Bezug der Religion zu Werten

Aus der Gegenwart des Heiligen eröffnet sich ein dialektischer Bezug zu allen anderen Werten. Bereits die Salomogeschichte machte deutlich, was sich aber durchgängig an der Phänomenologie der Religion bewahrheiten läßt: Einerseits ist Religion wertrelativierend, andererseits Werte konstituierend und erschließend. Lesen wir den menschheitlichen Grundvollzug des Opfers über eine „Do-ut-des"-Mentalität auf seinen ursprünglichen Sinn hin, so zeigt sich: Gott ist so viel „wert", daß dafür andere Werte geopfert werden. Umgekehrt ist im Opfer anderer Werte der Zugang zum Heiligen, die Verbindung mit dem Gott eröffnet, der Werte gewährt, der ja – in letzter Konsequenz und höchster Ausprägung – Schöpfer, Erhalter und Vollender des Seins und der Welt ist. Von ihm her wird alles gewährt, auf ihn zu ist alles relativ, hat alles seinen Sinn und Ort. Diese zweieine Wirkung der Religion auf das Ganze der Werte ist von höchstem Belang für die Frage nach dem Verhältnis von Religion und Wert.

IV. Immanente Gefahren der Religion

Diese mit Religion unausweichlich gegebene Doppelwirkung der Wertrelativierung und Wertekonstitution kann zu für das Wertverhalten der Menschen höchst gefährlichen Konsequenzen führen, die freilich in einer Perversion des Wesens von Religion in ihr Unwesen begründet sind. Die kleine Schrift von *Bernhard Welte* „Über Wesen und Unwesen der Religion" macht auf die Möglichkeiten und Gestalten solcher Perversion knapp und eindrucksvoll aufmerksam.

Zwei solcher Perversionen, die in unserer Weltgesellschaft gerade heute relevant sind, müssen eigens genannt und bedacht werden. Sie bringen Religion im Blick auf Wertsetzungen und Wertverhalten in der Gesellschaft in Mißkredit. Diese Fehlformen sind auf der einen Seite Fundamentalismus, auf der anderen Seite pragmatischer Funktionalismus der Wertsicherung.

Fundamentalismus: Aus der Erkenntnis, daß Gott absolut ist und eine ganze und nicht nur teilweise Entscheidung verlangt, wird der Schluß gezogen, daß mit einem bloßen Rekurs auf Gott, seine Worte, seinen Willen alles geordnet und geregelt werden kann, ja muß. Der Mensch wird durch sein Verhalten, die Gesellschaft wird durch ihre Gesetze zum Vollstrecker der Göttlichkeit Gottes, und indem scheinbar das Reich Gottes allein aufgerichtet wird, schiebt sich an die Stelle dieses Gottes der Mensch mit seinem Interesse und seiner Macht. Das Jesuswort an den aufgebrachten *Simon Petrus:* „Stecke dein Schwert in die Scheide!" (Mt 26,52), ist ein Grundwort, das die Göttlichkeit Gottes, seinen Vorrang und seine Absolutheit gerade schützt. Dies bedeutet keineswegs, daß Gott nicht den Menschen für sich und seine Werte in Anspruch nehmen dürfte, aber der Anspruch, unter den Gott oder das Heilige den Menschen stellt, muß Gott Gott sein lassen und darf gerade nicht dazu pervertieren, Legitimation eines menschlichen Anspruches zu werden.

Dies gilt auch auf der theoretischen Ebene und schließt auf ihr Verbindlichkeit, ja Letztverbindlichkeit religiöser Aussagen keineswegs aus, wohl aber müssen diese verbindlichen Aussagen je in jenem Licht gesehen werden, in welches sie ein oft vergessenes Dogma der Kirche rückt: Dieses Dogma, welches das IV. Laterankonzil (1215) formuliert, schärft ein, daß jede Aussage über Gott – die Dogmen und die Schriftworte werden nicht ausgeklammert – mehr sagt, wie Gott nicht ist, als wie Gott ist. Das Je-mehr Gottes, der „Deus semper maior", ist das notwendige Vorzeichen vor religiösem Sehen und Verhalten, damit es wahrhaft religiös bleibt.

Pragmatischer Funktionalismus: Dies ist die zweite Perversion der Religion als gesellschaftlicher Instrumentalisierung zur Wertsicherung. Diese Gefahr der Verfälschung hat zwei Grundpositionen. Sie kann die innere Verkehrung des religiösen Vollzuges, sie kann aber auch eine gesellschaftliche Postierung und Wertung der Religion ausmachen. Auf die innere Gefährdung sind wir bereits aufmerksam geworden: Ich bin religiös, damit es mir gut geht. Ich gebe Gott, was Gottes ist, damit ich von ihm möglichst viel erhalte. Dies führt dann dazu, daß man sicherheitshalber sich mit mindestens einem Gott, wenn nicht mit mehreren gut zu stellen sucht, damit man für den Fall des Falles nicht ganz aus dem Geleise geworfen wird. Was versteckt in fundamentalistischen Verfügungen über Gott enthalten ist, tritt hier, im scheinbar entgegengesetzten pragmatischen Verhalten, als gemeinsame Wurzel ans Licht: eine Relativierung des Absoluten auf das eigene Interesse. An dieser Stelle erscheint ein Nachtrag zur Problematik des Fundamentalismus angebracht: Gibt es nicht auch solche Formen, die ganz einfach in selbstvergessenem Fanatismus zur Selbstzerstörung sich treiben lassen, also gerade nicht sich selbst in den Mittelpunkt stellen? Gegenfrage: Ist jener Rausch, der sich bis zur Selbstvernichtung eingibt in ein Absolutes, nicht von jener selben Monomanie, von jenem selben Selbstbezug geprägt, der scheinbar gerade ausgeschlossen wird?

Die Perversion der Religion als gesellschaftlicher Instrumentalisierung zur Wertsicherung hat viele Gestalten: Damit die Kinder sich gut verhalten, werden sie einer religiösen Erziehung überantwortet. Damit Ruhe und Ordnung herrschen, wird eine – dem natürlich entsprechende – Religion gefördert. Sobald nur solche Wirkungen von Religion im öffentlichen Blick sind, werden gerade die erwünschten Wirkungen ausgehöhlt. Auch in einer weltanschaulich pluralen Gesellschaft – in späterem Zusammenhang ist davon zu handeln – kann Religion ihre Wirkung nur haben, wenn sie mehr gilt und ist als ihre bloß erwünschten Wirkungen.

Die „Gefährlichkeit" von Religion *(Johann Baptist Metz)* im Blick auf die in einer Gesellschaft wirkenden Werte braucht nicht durch ein breites Band von Beispielen belebt zu werden – sie kommen unmittelbar in den Sinn. Diese Gefährlichkeit durch eine Relativierung des Anspruches mindern zu wollen, höhlt jedoch ebenso Religion in ihrem Wesen wie auch ihre positive Bedeutung für Wertsetzung und Wertverhalten innerhalb der Gesellschaft aus. Wie kann die notwendige Balance zwischen der Religion eigener Wertrelativierung und Wertgewähr nicht von außen, sondern vom Wesen der Religion her gewonnen werden?

V. Wertevermittlung im Alten Testament

Wenden wir uns nochmals der biblischen Religion zu, setzen wir ein beim anfänglich bereits anvisierten alttestamentlichen Gottesbild. Der Gott Israels ist nicht nur der Gott, der sich eines bestimmten Volkes annimmt und alle Orts- und Interessengebundenheit machtvoll überschreitet, sondern er ist zugleich auch jener Gott des Himmels und der Erde, der Gott des Universums, der sich als Herr der ganzen Geschichte offenbart. In der inneren Logik dieses Gottesbildes liegt, was zumal in der prophetischen Verkündigung, aber auch bereits im innersten Anfang in der Konstitution der Religion Israels (vgl. Ex 19: Verheißung des Bundes am Berg Sinai) zum Vorschein kommt: Der Gott des *einen* Volkes ist Gott für die Menschheit; er macht sich einem Volk vertraut, nicht um sich auf dieses Volk zu beschränken, sondern um es Zeichen für die Völker, Weg zu den Völkern sein zu lassen.

Die Manifestation dieses Willens Gottes ist das Bundesgesetz, sind die Zehn Gebote (vgl. Ex 20,2–17; Dtn 5,6–21), die sich in zwei Teile, die zwei Tafeln aufteilen.

„Ich bin Jahwe, dein Gott, der dich aus Ägypten geführt hat, aus dem Sklavenhaus" (Ex 20,2). Am Anfang steht der Indikativ der Selbstaussage Gottes und kein Imperativ, keine fundamentale Handlungsanweisung.

Die erste Tafel: Ich allein bin dein Gott.

Ich bin, der ich bin – auch wenn du dir deine eigenen Götter machst und meinen Namen mißbrauchst.

Ich habe dir deine Zeit geschenkt – habe Zeit für mich.

Die zweite Tafel: *Ich* habe die Geschichte in die Hand genommen, du stehst in einer Reihe mit anderen Generationen – wehe dir, wenn du deine Eltern oder deine Kinder nicht achtest.

Ich habe dir das Leben geschenkt und bin der Herr deines Lebens – wehe dir, wenn du das Leben eines anderen antastest.

Ich bin es, der dir treu ist – wehe dir, wenn du die Treue nicht hältst in deiner Familie, in deiner Ehe.

Ich bin es, von dem allein du das hast, wovon du leben kannst – wehe dir, wenn du den anderen bestiehlst und nicht auf mich, der dir und ihm gibt, in Treue und Redlichkeit vertraust.

Ich bin es, auf dessen Wort du dich verlassen kannst – wehe dir, wenn dein Nächster sich nicht auf dein Wort verlassen kann.

Ich bin es, der dich sucht und nichts anderes – wehe dir, wenn deine Gier dich treibt zur Frau und zum Gut deines Nächsten.

Die Zehn Gebote markieren ein für die Wertefrage fundamentales Geschehen: Gott als der oberste Wert wird in das Leben des

Volkes hineingenommen. Die Gestalt dieser Hineinnahme ist das konkrete Verhältnis des Menschen zu Gott, das wiederum im Verhältnis Gottes zum Menschen gründet. Die Gegenseitigkeit dieser Beziehung schließt notwendigerweise die Gegenseitigkeit des Verhältnisses der Menschen untereinander ein. So wie ich will, daß Gott mit mir ist, so muß ich mit dir sein, dessen Leben vom selben Gott gehütet und geschützt wird. In diesem Gleichgewicht zwischen uns und Gott und zwischen Gott und uns, das sich bewährt im Gleichgewicht des Verhältnisses zwischen uns, ist jener Punkt erreicht, an dem eine neue Konstellation in der Wertefrage aufbricht.

Die Zehn Gebote weisen einem universalen Verhalten die Richtung: Es geht hier nicht nur um ein partielles, auf ein Volk begrenztes, sondern um ein menschheitliches Verhalten; es geht letztlich um das Wissen darum, daß du in mir, ich in dir bin; wir stehen vor demselben Gott, der auch jene meint, die ihn nicht kennen. Gottes Interesse am Menschsein ist universal.

Und dieses Interesse Gottes an allem Menschsein prägt gerade auch das Verhältnis zum Leben des Schwachen und Kleinen, der mit seiner geringen Kraft in der Ungleichheit zu anderen steht: Auch sein Menschsein gilt unendlich – nicht weil das Leben der Güter höchstes ist, sondern weil es das Leben dessen ist, der von Gott das Dasein empfangen hat. Nur im Wahren der fundamentalen Gleichheit der Menschen untereinander, die im Gleichsein vor Gott ihren Grund hat, kann eine Ethik der Menschlichkeit bestehen. Damit ist keineswegs gemeint, nur die, welche glauben, hätten allein an dieser Ethik der Menschlichkeit teil. Aber die letzte und radikalste Sicherung der Kleinen und Schwachen liegt darin, daß das Sein unverfügbar gegeben ist und daß in diesem Gegebensein der Mensch in der Verantwortung vor dem lebendigen Gott steht.

Die Religion als Bundesreligion hat also zwei Dimensionen (vgl. auch Mi 6, wo die Treue zum Nächsten vor die Gottestreue gestellt wird), die für den Menschen unerläßlich sind: Folge Gott allein, stelle alles ihm allein anheim, dann wird er dich und die Welt tragen und erhalten, er wird die sekundären Werte in ihrem Sekundärsein, aber auch in ihrem Wertsein gewähren. Zugleich aber: Wende dich deinem Nächsten zu, erfülle deine Aufgaben am Volk, an der Menschheit, an der Schöpfung, denn gerade so ehrst du Gott, gerade so gibst du Gott, was Gottes ist.

VI. Der Gott Jesu Christi

Die Botschaft *Jesu* knüpft bei diesem Bundesverständnis an und potenziert es bezüglich seiner Radikalität und seiner Universalität (vgl. Bergpredigt, Mt 5–7). Gerade so wird aber die innere Dialektik, die innere Problematik des Menschen angesichts Gottes offenbar: die „konstitutionelle Überforderung" des Menschen als Bundespartner Gottes. Sein Heil ist zuletzt die göttliche Barmherzigkeit, das Vertrauen auf Gott, die Rechtfertigung aus Gnade, die im Glauben und nicht in der Leistung ergriffen wird *(Paulus)*. Diese Rechtfertigung aus Gnade, die Barmherzigkeit, befähigt den Menschen, vor Gottes Angesicht zu bestehen und auch in seinem Versagen dennoch aus dieser Welt und ihren Verhältnissen ein „Bundeszeichen" werden zu lassen.

Grund dieser neuen Möglichkeit ist die Person *Jesu* selbst, der ganz Mensch ist, aber der von Gott selber angenommene und in Gott selbst hineingenommene Mensch, jener, der sich als der Sohn offenbart und darin den Vater offenbart.

VII. Das trinitarische Modell

Was bedeutet dies in unserem Zusammenhang? Im innertrinitarischen Geschehen ist die Problematik zwischen Wertkonstitution und Wertrelativierung gelöst, und der Mensch wird in sie hineingenommen. Der Vater schenkt sich ganz und gar dem Sohn, gewährt ihm alles, *ist* nichts anderes, als ihn sein zu lassen, als ihm sich zuzuwenden. Indem so im Sohn der Vater offenbar wird, wird aber der Vater verherrlicht, wird alles ihm anheim- und zurückgegeben, ist alles „Opfer" (vgl. bes. Joh 17). Alles ist Gnade, und alles ist Opfer zugleich. Dies geht nicht ohne den doppelten Gestus der Liebe, die Hingabe und die Rückgabe, aber aus dieser doppelten Bewegung des Schenkens und Sein-Lassens einerseits und des „Opferns" und Darbringens andererseits erwächst die eine und ganze Liebe, die eine, Vater und Sohn gemeinsame und gleiche Frucht: der personale Geist.

VIII. Der Beitrag der Religion in einer nachchristlichen Gesellschaft

Fundamentalistisches, aber auch utilitaristisches Religionsverständnis sind ausgeschlossen. Basis für Religion kann nur die Freiheit sein, sich beschenken zu lassen und zu schenken. Von oben verordnete Staatsreligion wird unmöglich, aber auch bloße Privatisierung der Religion bleibt problematisch, da in einer so verstandenen Religion Werte und Verhaltensweisen enthalten sind, die in ihrer gesellschaftlichen wie gesellschaftskonstitutiven Funktion über den Raum jener hinauswirken, die diese Religion sich zu eigen machen. Zwar ist es notwendig, auf dialogische Weise und auch in Schutz und Anerkennung von Religion als konstitutivem Wertverhalten diese in die Beteiligung am öffentlichen und gemeinsamen Leben mit einzubeziehen, doch muß ihre eigentliche Wirkungsweise die ihr je eigene sein.

Allerdings behält die Religion und zumal das Christentum in unserer Gesellschaft die Funktion, Erkenntnisse über fundamentale menschliche Zusammenhänge zu artikulieren, die dann, wie beispielsweise im Grundgesetz der Bundesrepublik Deutschland, relevant bleiben für eine gemeinsame Wertbasis, auf der Handeln aller in Freiheit unter Wahrung von Menschenwürde möglich ist.

Welche Perspektive auf den Menschen ergibt sich aus einer so verstandenen Religion? Welche sich dem Christentum verdankende, anthropologische Deutung, die freilich nicht nur an die Religion gebunden bleibt, kann Kultur, Ordnung und das Zusammenleben in der modernen Gesellschaft tragen? Die Einheit von drei Wesenselementen ist für das menschliche Dasein konstitutiv, die mit Gegebensein, Selbstsein und Mitsein bezeichnet werden können.

Es scheint, daß die Einheit dieser Momente, welche zwar als je einzelne sicher nicht vergessen sind, aber in ihrer Verbundenheit und Zusammengehörigkeit verdrängt wurden, das Erbe einer integrierten Kultur an eine fortschrittliche Gesellschaft ist.

Der Religion kommt die Aufgabe zu, die innere Verankerung dieser Momente in ihrer Einheit zu hüten, ohne daß der einzelne gleichzeitig zum religiösen Vollzug genötigt wird.

Gegebensein: Dem Dasein ist es gegeben zu sein; es ist sich gegeben; die Welt und der andere sind ihm gegeben. Weder die existentialistische „Verurteilung zu sein" noch das verbreitete Mißverständnis, daß die Welt, das Selbst, der Mitmensch frei verfügbar, machbar und manipulierbar sind, treffen diese Grundkonstitution des Daseins. Vielmehr geht es um das Bewußtsein dessen, daß das Sein anvertraut und verdankt ist. Diese Überantwortung eröffnet gerade die Möglichkeit der Annahme, der Ehrfurcht und des Respektes.

Selbstsein: Das Moment des Gegebenseins scheint auf den ersten Blick das Selbstsein einzugrenzen. Und doch beansprucht die Gegebenheit das Selbstsein aufs äußerste: Wir werden geboren, damit wir selbst sind; diese Selbstübernahme ist nicht substituierbar. Gegebensein und Freiheit sind miteinander verbunden. Freiheit darf freilich nicht als willkürlicher Entwurf meiner selbst verstanden werden, sondern sie ist immer Antwort auf das schon gegebene Sein. So ist Freiheit immer mit Verantwortung verbunden.

Mitsein: Gegebensein und Selbstsein stellen das Dasein als Selbstsein wiederum anderen, die jeweils selber sind, gegenüber. Alles Sein und Agieren der sich selbst übernehmenden Freiheit steht schon im Verhältnis zu anderen, ist hineingestellt ins Mitsein. Dieses Mitsein als Konstitutivum des Daseins trägt die Möglichkeit, daß Menschen sich in Gleichheit und Einheit zusammenschließen.

Gegebensein, Selbstsein und Mitsein zeigen sich in einer Sicht auf den Menschen, die zutiefst darin gründet, daß der Mensch kein Zufallsprodukt, sondern ein Gerufener ist, der frei antworten kann und sich darin zum Nächsten verhält. Wurden diese Momente auch am religiösen Verhältnis abgelesen, so lassen sie sich doch auch in einer davon gelösten ontologischen Analyse aufweisen.

Freilich sollte sich niemand über die Durchsetzungsfähigkeit einer solchen christlich motivierten anthropologischen Perspektive in unserer Gesellschaft Illusionen machen: Die moderne Welt kommt weitgehend ohne die Überlieferung der Religion aus.

Exemplarisch für diesen Sachverhalt ist die moderne Kunst: Die ursprüngliche Bildwelt christlichen Glaubens läßt sich wohl am ehesten im Museum antreffen. Die Bildwelt, in der sich der Glaube ausdrückt, ist dort vorwiegend bis in das 18. Jahrhundert hinein dokumentiert; danach nimmt der Anteil der museumswürdigen religiösen Kunst erheblich ab. Die Kunst und ihre Ausdrucksformen trennen sich von der Religion und ihrer Ausdrucksweise.

Vielleicht gibt es aber eine neue, eine soziale Ikone als lebendiges Bild der Beziehungen zwischen denen, die an den dreifaltigen Gott glauben. Ein sich solchermaßen verstehendes Christentum könnte die Trinität, die Einheit von Vater, Sohn und Geist, diese Sozialität Gottes als vertikales Modell horizontaler Beziehentlichkeit berührbar werden lassen.

Die „soziale Ikone der Trinität" vermag vielleicht den Weg zu weisen in einen Raum gemeinsamen Lebens: Das Christentum könnte seinen Beitrag leisten, Gesellschaft als „Raum der Werte" – nicht durch bloß retrospektive Festschreibung von Werten, sondern durch das Schaffen eines Netzes lebendiger Beziehungen – zu konstituieren und zu wahren. So würde der dreifaltige Gott gegenwärtig im Sinn jenes Wortes *Jesu:* „Alle sollen eins sein: Wie du, Vater, in mir bist und ich in dir bin, sollen auch sie in uns sein, damit die Welt glaubt" (Joh 17,21).

Vielleicht finden wir nur zueinander in der Unabdingbarkeit der Bundestreue, der absoluten Ehrfurcht, der Verantwortung, der Einheit und Gleichheit. Vielleicht liegt hier jene Zukunft der Werte, die zugleich Zukunft der Religion ist; eine Religion, die erfahrbar macht – so hat es *Irenäus von Lyon* zu Beginn der christlichen Geschichte einmal formuliert –, daß die Ehre Gottes der lebendige Mensch ist.

EINHEIT ALS LEBENSSTIL

I. Einheit: Not und Notwendigkeit unserer Zeit

Es ist eine Ironie der Wirklichkeit und des menschlichen Denkens, daß „Einheit" keinen einheitlichen Klang hat, daß es nicht eindeutig ist, was das Wort Einheit meint. Mancherlei Verdacht klebt an diesem Wort. Wir denken an Einheitsparteien, wir denken an „Einheitslösungen", wir denken an Einheit als einen Zugriff und Begriff, die den Reichtum der Wirklichkeit, der in ihrer Vielfalt zum Ausdruck kommt, banalisieren und reduzieren, um ihn eben „in den Griff" zu bekommen. Einheit – steht das nicht gegen jene Freiheit, die das Geheimnis in vielfältigen Gestalten wahrnimmt und ihm nur in der Vielfalt dieser Gestalten als dem je Größeren gerecht wird? Und doch: Wir brauchen Einheit. Unser ganzes Jahrhundert ist ein Schrei nach Einheit. In einer Welt, in welcher wir erkennen, wie deutlich alle von allen abhängen, in einer Welt, in der wir alle einander erreichen und aufeinander hören und miteinander leben müssen und füreinander die Bedingungen des Lebens festlegen: Wie sollen wir da leben, ohne daß wir miteinander Einheit haben?

Wir *leben* einfach in der einen Welt. Und so problematisch das ist und so viel das an Fragen und Krisen mit sich bringt, es ist eine Gnade und ein Anruf dieses Jahrhunderts, daß es diese eine Welt gibt. Wenn wir einmal hineinschauen in die großen Bewegungen, die im Umkreis der Kirchen dieses Jahrhundert geprägt haben, es sind immer und immer wieder Bewegungen auf Einheit hin: die ökumenische Bewegung, die Bibelbewegung, die liturgische Bewegung, die Jugendbewegung. Immer und überall steckt dieses Ideal eines Miteinander, einer neuen Kommunikation, einer neuen Nähe zu den Ursprüngen, eines Einsseins aus den Ursprüngen drinnen. Einheit muß sein. Aber welche Einheit?

Einheit muß sein, das erfahren wir auch mehr und mehr, wenn wir auf uns selber, wenn wir in den Spiegel schauen. Wer bin denn ich? Wie erfahre ich mich? Wie ist mein Leben? Es ist zusammengesetzt aus lauter Schichten und Stücken. Wir haben ein unheimlich aufgespaltetes Gesicht. Wo finde ich den roten Faden, der mein Leben eint? Wie kann ich das, was ich glaube, und das, was ich tue, wie das, was ich bin, und das, was ich erlebe, zusammenknüpfen? Wie kann ich in diesen Brüchen, in diesen wechselnden Rollen, in denen ich mich erlebe, in diesen unterschiedlichen Ansätzen, die sich in mir jeden Tag queren, ein Einer sein? Wie fremd wird dieses Wort „Ich"! Und je mehr wir auf diesem Wort bestehen, desto mehr spüren wir die Not, daß wir es nicht erreichen, das Viele, das unter dieses Wort fällt, wirklich zusammenzubringen in einen einzigen Vollzug, in ein einziges Leben hinein. Und wie abgründig erfahren wir in dieser nach Einheit drängenden und der Einheit bedürfenden Welt doch auch die Spannung, ja die Fremde zwischen uns. Wenige Beziehungen halten heute. Wir sehnen uns nach Geborgenheit bei einem, in dem wir ganz dasein können – und wie schnell ziehen wir uns enttäuscht zurück. Wie rasch zerbricht Beziehung! Und da wir nur eine Welt sind, eine Gesellschaft, ein Vaterland und ein Europa, welche Gegensätze sind da zusammengespannt, und welche Angst haben wir da voreinander! Einheit – wichtig, notwendig. Aber noch einmal: Welche Einheit?

Dieses Jahrhundert hat eine Reihe schrecklicher Modelle von Einheit hervorgebracht. Da ist die Einheit der Ideologie. Ein Konzept von oben, das vorschreibt, was sein kann und sein darf und was nicht. Und wenn die Wirklichkeit diesem Zugriff einer Ideologie unterworfen wird, was geschieht dann? Wir haben es erfahren. Ist die Alternative dazu aber nur jener Markt, der Einheit im scheinbar toleranten Spiel von Angebot und Nachfrage regelt? Doch können so vom Ergebnis her wahrhaft alle als sie selbst am Einen und Ganzen gestaltend Anteil nehmen? Oder stellen wir vielmehr im bloßen Markt der Möglichkeiten und Meinungen etwas wie eine faktische Gewalt fest, die nur manche Modelle überleben läßt und andere nicht? Und bleiben nicht, wenn die Einheit nur der Markt der Möglichkeiten ist, letztlich die Einsamkeit und die Fremde zurück? Auskommen mit dem anderen, aber dieses Auskommen als ein Nicht-Hinauskommen über sich selbst? Weder das bloße Nebeneinander, das sich von selber her reguliert und in einem bloßen Laisser-faire geregelt wird, weder die bloß formale Regelung der Einheit noch der ideologische Zugriff kann Antwort sein. Wo finden wir Einheit? Es ist eine Grund- und Lebensfrage.

Um zu verstehen, warum diese Frage nach der Einheit in unserem Jahrhundert und in unserer Zeit so bedrängend geworden ist, wollen wir einen Blick in die Geistesgeschichte wagen. Er wird, wenn man ihn nur knapp faßt, verzerrend ausfallen. Ich versuche ihn trotzdem; ich selber habe viele Fragen an eine solche Formalisierung dessen, was neuzeitlicher Geist ist, wie ich sie jetzt vornehme. Dennoch, glaube ich, ist es gut, *eine* Linie herauszugreifen. Unsere europäische Neuzeit erwächst aus einer langen und großen Geschichte, jener Geschichte, der wir so herrliche Räume wie diese Petrikirche in Lübeck verdanken. Die Einheitsstiftung geschah aus Tradition, aus Weitergabe von Lebensinhalten, Glaubensinhalten und Verhaltensmaximen. Aber diese Einheit wurde allmählich fragwürdig und zerbrach. Wie die in allem Reichtum doch klaren Formen der hohen Gotik in der Spätgotik sich zersplitterten, so lösten sich im Kontext spätmittelalterlicher Philosophie die Einheiten der Begriffe auf in ein artistisches Netzwerk – und ein verunsichertes Fragen, was überhaupt Begriffe leisten können und was nicht. Die Einheit brauchte eine Rückversicherung, die nicht nur aus der Tradition erfolgt. Und das Denken fand sich an sich selbst als Instanz zurückverwiesen. Es kam die Kehre von der Tradition zum Subjekt, das rational seine Welt und das Dasein und alles zu rekonstruieren, ja mehr und mehr zu konstruieren vermochte. Das ist eine grandiose Leistung, hinter die wir nicht zurückkönnen. Ich bin fasziniert vom keineswegs die Tradition aufheben, sondern sie neu begründen wollenden Versuch eines René Descartes, aus dem Ich, aus dem Subjekt die Welt herauszuentwerfen und eine Einheit dem einzustiften, was ist. Die Entwicklung des Denkens trieb indessen weiter bis dahin, daß die Welt als bloßer Entwurf des Denkens erschien, dessen Herr dieses Denken selber ist. Was aber sind dann jene, in denen dieses Denken geschieht? Sie sind selber Punkte im von ihnen ausgehenden System, gewissermaßen von ihm, das sie entwerfen, selber entworfen und bemessen und so ihrer Originalität bar. Sie stehen nicht mehr in der Unmittelbarkeit zueinander, sie können nicht mehr sich beziehen aufeinander, sie können nicht mehr in das Wunder des anderen einsteigen, daß er von sich selber her aufgeht und sich von sich selber her schenkt, sondern sie sind letztlich die Unterworfenen unter die Sachzwänge der Rationalität, der sie sich und alles verdanken.

Innerhalb dieser neuzeitlichen Rationalität ist es gelungen, unsere technische Kultur zu entwerfen, die ich keineswegs schelten oder eliminieren will. Wir brauchen sie. Aber wenn sie von sich aus *das* Modell des Lebens wird, wenn sie nicht mehr nur ein Vehikel bleibt zur Kommunikation, sondern schier die lebendige Kommunikation ersetzt, dann bleibt als einende Macht entweder nur die Ideologie oder der Apparat oder aber jene markt-hafte „Selbstregulierung", die dann doch wiederum Ausdruck des Systems ist.

Wir brauchen eine Alternative. Welche Einheit? Wir können nicht auf die neuzeitliche technische Kultur verzichten, wir wollen es nicht; aber sie allein genügt nicht. Auf der einen Seite verdanken wir dieser technischen Zivilisation, daß wir *eine* Welt sind, daß wir weltweit miteinander kommunizieren. Zugleich brauchen die vielen Völker, um in dieser Welt überleben zu können, jene Güter, welche die Technik produziert, und jene Fortschritte, die dies ermöglichen. Aber werden die Völker nicht zugleich durch diese eine technische Kultur in ihrem je Eigenen sich entfremdet? Braucht die Menschheit nicht die Vielfalt der Kulturen, die eben gerade nicht sie selber sind, wenn wir sie dem Diktat unserer technischen Zivilisation unterwerfen?

Vielleicht deutet sich uns hier eine vorläufige Spur an, die weiterführt. Gerade durch die technische Kultur treten wir in die Kommunikation aller mit allen, aber in dieser Kommunikation darf nicht das technische Medium Inhalte und Formen bestimmen, sondern es tut not, daß wir neu und unmittelbar hören lernen auf die unterschiedlichen Stimmen. In diesem Hörenlernen aber, in diesem Zulassen der noch nicht „einzuordnenden" Stimmen und Stile, kann Dialog gelingen, und in diesem Dialog selber vermag Einheit neu und anders zu werden. Das ist eine Spur. Und doch frage ich: Genügt sie?

II. Einheit aus der Alternative des Evangeliums

Setzen wir von einer anderen Seite her an. Eine Welt, ja, eine Geschichte, ja – aber wo ist ihre Einheit? Heute leben wir. Wir sind in der einen Welt, wir haben unsere Erfahrungen, und ihre Summe und ihr Austausch ergeben das, was wir ein allgemeines Klima und ein allgemeines Bewußtsein nennen. Morgen sterben wir, andere rücken nach. Die Einheit der Welt zerfließt. Wo sind die Vielen? Es scheint, als vergingen die Subjekte, die sie tragen, ins Nichts. Wo hat die Einheit zwischen denen, die diese Petrikirche gebaut haben, und uns ihren Ort? Wodurch sind wir zusammengehalten? Wo sind wir miteinander eins? Wo ist die Identität der Erfahrungen von damals und heute präsent? Wo gibt es diese Einheit, die alles verbindet und gegenwärtig hält? Kann es sie überhaupt geben?

Ich glaube, daß es sie gibt und daß es sie gibt in einem menschlichen Herzen. Ich glaube daran, daß es Einheit gibt. Weil es Einen gibt, von dem alles stammt, in dem alles geschaffen ist und ohne den nichts geworden ist von dem, was geworden ist (vgl. Joh 1,3); und dieser Eine ist eingestiegen in die Geschichte. Er hat sie angenommen, ganz konkret in *einem* Menschenschicksal, in *einer* Menschenerfahrung, in *einem* Punkt dieser Zeit. Aber in diesem *einen* Punkt hat er uns *alle* angenommen, hat er kommuniziert mit *allem* Menschenschicksal. Er ist derjenige, in dem alles jenseits der Geschichte zusammengehalten ist, er ist das Wort, in dem alles geschaffen ist. Und dieses Wort ist Fleisch geworden, und dieses Wort hat sich mit uns einsgemacht (vgl. Joh 1,1–14), ist Geschichte geworden und trägt die Geschichte in sich. Nicht in einem grandiosen Schauspiel, im Kunstgriff eines denkerischen Entwurfs, eines dialektischen Systems, sondern in der Solidarität des Ausleidens und Übernehmens aller Menschenwirklichkeit, im Hineinschreiben aller menschheitlichen Verlassenheit in sein Herz. Es gibt einen, der in jedem von uns sein Du hat, zu dem er sagt: Für dich! Jede und jeder von uns dürfen wissen: Es gibt ein ganz persönliches Für-Dich Gottes, das gesprochen ist in Jesus Christus, der dich mit deiner Schuld, mit deinem Tod, mit deiner Spontaneität, deiner Köstlichkeit, deinen Grenzen, deiner Gottnähe und deiner Gottverlassenheit übernommen hat. Und wenn ich auf ihn schaue, auf meinen Jesus, dann schaue ich auf deinen Jesus. Und dann schaue ich auf den Jesus derer, die diese Petrikirche gebaut haben, und auf den Jesus jener, die vielleicht einmal ihre Trümmer sammeln in Jahrtausenden. Wir sind eins in einem, der uns liebt. Wir sind zusammengehalten in einem, der mit uns allen solidarisch geworden ist. Es gibt in diesem Einen Einheit.

Diese Einheit gibt es am untersten Punkt der Wirklichkeit, gibt es, weil dieser Eine sich von sich selbst entäußert hat, bis daß er „Nichts" geworden ist (vgl. Phil 2,1–11), bis daß er seine eigene Verbundenheit mit dem Vater verloren hat (vgl. Mt 27,46), leer von sich geworden ist. Wir alle – so abgründig uns fremd, so weit weg voneinander, so zerbrochen, so gespalten wir sind in uns – finden uns hier in Ihm zusammen. Für mich ist das mehr als ein tröstlicher Gedankenüberbau. Für mich ist es Bedingung, um diese Welt lieben und in ihr leben zu können, um Hoffnung zu haben, daß diese Welt gestaltbar ist, und um zu erahnen, wie Einheit geht. Mein Herz ist gefordert, meine Existenz ist gefordert, meine Solidarität, die sich vor nichts verschließt, was ist. Nichts, was der Fall ist, kann nicht auch „mein Fall" sein. Alles, was ist, muß mein Fall werden. Es gehört zu mir. Es geht unvertretbar mich an. Und nur, wenn wir in diesem Ausgehaltensein unserer Gespaltenheiten durch Ihn zugleich den Weg finden, uns voneinander aushalten zu lassen und gegenseitig auszuhalten, nur dann sind wir dort, wo Einheit menschlich und göttlich zugleich möglich ist.

III. Einheit – wie geht das?

Einheit der Welt, Einheit des Lebens aus der Alternative des Evangeliums: Wie geht das?

Es scheint mir, wenn ich diese Frage ernst nehme, gemäßer zu sein, hier eine persönliche Mitteilung zu machen, als eine bloß objektive Erwägung anzustellen.

Hintergrund dafür, daß Einheit ein Grundthema meines Lebens wurde, war eine Spannung, in die ich schon früh hineingeriet. Mein Elternhaus war und blieb mir ein kostbares Geschenk; es war geprägt vom gelebten Widerspruch gegen die Ideologie des Dritten Reiches. Durch meinen Vater, der Künstler war, und seine Freunde erhielt ich Zugang zu Zeugnissen und Erfahrungen, die mir die Wirklichkeit des Geheimnisses, der Botschaft des Christlichen tief in die Seele brannten. Doch zugleich griff ich nach philosophischen Büchern, deren kritischen Einwänden gegen den Glauben ich als Junge nicht gewachsen war. Es kam zu einem langen Ringen, bis für mich das Problem verantworteten Glaubens eine tragfähige Lösung fand. Ich möchte hier nicht diese Spannung als solche thematisieren und jene Erfahrungen und Gedanken benennen, die mich schließlich auch mir selber Rechenschaft geben ließen über die Hoffnung, die in uns ist (vgl. 1 Petr 3,15). Wohl aber scheint mir bemerkens- und berichtenswert, daß die entscheidenden Schritte auf diesem Weg für mich verbunden waren mit der Frage nach Einheit.

Bedeutsam wurde mir eine Vorlesung, die ich als junger Student hörte. Ein neutestamentlicher Exeget sprach über die Herrschaft Gottes. Dabei ging mir auf, daß die Ansage der Gottesherrschaft durch Jesus (vgl. Mk 1,15) ein Gottesereignis, eine Neuheit im Bild Gottes schenkt (Neuheit im qualitativen, biblischen Sinne des Wortes), die ich noch gar nicht in meinem persönlichen Denken eingeholt hatte. War nicht der Gott, um den es mir bislang ging, insgeheim viel eher der Gott der Spitze, der Gott des Horizontes, der Gott der Anfänge und des Endes, aber nicht jener lebendige Gott, der alles in allem (vgl. 1 Kor 15,28) ist? Der Gott jedoch, der in Jesus Christus seine Herrschaft und so sich selber ansagt, ist jener, der mitten hineindringt in mein Leben, von der Peripherie in die Mitte. Er setzt in jedem und allem, was mir begegnet, mich in Beziehung zu sich selbst, beschenkt mich mit sich selbst und nimmt mich als mich selbst in Anspruch. Es war mir, als ob Gott von der Kirchturmspitze auf den Marktplatz, vom Altar ins Kirchenschiff, von den Konklusionen in die Prämissen meines Daseins gesprungen wäre. Es gab eine neue Unmittelbarkeit und Einfachheit im Verhältnis zu Ihm und Seinem Wort. Nicht im Sinn eines fundamentalistischen Griffs, mit dem ich diesen Gott bewältigen könnte, nicht im Sinn eines Drucks, der mich nicht losließe und freigäbe, ganz im Gegenteil: im Sinne eines offenen, unabsehbaren und unabschließbaren Lebensraumes, in dem aber das Wort eine ungeheuerliche Neuheit und Überraschung bedeutet, das formal doch eine Selbstverständlichkeit aussagt: „Gott ist Gott!"

Das war natürlich weit mehr als ein Gedanke, es war der Aufriß einer neuen Lebensperspektive, in der wahrhaft alles in Zusammenhang mit Gott und dadurch in Zusammenhang miteinander, in eine neue Einheit trat. Und doch war diese Erfahrung wie eingeschlossen in den Gedanken, ein Impuls, der nicht von selbst sich in neues Leben übersetzte. Und aus der hinter dem Gedanken zurückbleibenden Alltäglichkeit, aus dem Spalt zwischen Botschaft und Leben blieb ein Schwebezustand, in den sich doch wieder die Unsicherheiten einnisteten; die Spaltung in mir war infolge dieses Spaltes noch nicht ausgeheilt.

Ein weiterführender Schritt erfolgte wenige Jahre hernach, als ich blitzartig erkannte: Ich kann die Einheit in meinem Denken, Glauben und Leben nicht herstellen. Ich kann nicht eine fertige Lösung finden, die mich „in Ruhe läßt". Nein, dieser Gott, der mir damals aufging, läßt einen nicht in Ruhe. Er ist der Gott des Weges, er ist der Gott des Augenblicks. Sein Anruf geschieht je im Jetzt, meine Antwort geschieht je im Jetzt – und was hernach kommt, ist in Seinen Händen. Die Einheit meines Daseins, die Einheit des Ganzen, so erfuhr ich, war auf die Spitze des jeweiligen Augenblicks, des jeweiligen Ja zum Wort Gottes gestellt, das als Ruf und Wille mich trifft. Und gerade wenn ich dazu bereit bin, lebe ich im Einen und Ganzen von Ihm her, werde ich gelassen und frei, von Ihm und Seinem Wort her mich und das Ganze mir schenken zu lassen. Einheit als Ereignis, über das ich nicht verfüge, das aber von Ihm her sich mir gewährt.

Mit diesem Schritt verdeutlichte sich die zuvor erwähnte Begegnung mit der Botschaft von der in Jesus angesagten und anbrechenden Herrschaft Gottes. Sie ist so wirklich, daß ich sie gar nicht behäbig besitzen und mich zugleich hinter sie zurückziehen kann. Sie ist eine je augenblickliche Herausforderung; doch darin ist sie, ist dieser Gott selbst viel größer, viel unmittelbarer, viel wirklicher. Auch und gerade weil ich viel armseliger bin – aber: Selig sind die Armen (vgl. Mt 5,3).

Einheit in dem in Jesus Christus seine Herrschaft ansagenden und ergreifenden Gott – Einheit im je gegenwärtigen Augenblick, im Zusammenklang von Ruf und Antwort: diese Schritte drängten über sich hinaus. Wohin, das entdeckte ich, als ich an einem bestimmten Punkt meines Lebens inmitten der Kirche konkreter

Gemeinschaft begegnet bin, in welcher Menschen aus dem Evangelium miteinander zu leben versuchten. Dies bewirkte eine leise, aber radikale Wende. Ich habe festgestellt: Einheit geht. Nicht daß ich sie vermag, aber Er vermag sie in mir, Er vermag mein Leben einzumachen in sich, indem ich mich ganz unter Sein Testament stelle: „Laß alle eins sein, wie du, Vater, in mir bist und ich in dir bin" (Joh 17,21).

Dieser in Gemeinschaft gegangene Weg hob zumal zwei Wirklichkeiten für mich ans Licht. Die eine war jene des Neuen Gebotes: „Liebt einander! Wie ich euch geliebt habe, so sollt auch ihr einander lieben" (Joh 13,34). Das war für mich auf einmal nicht mehr bloß ein Gebot, nicht mehr ein moralischer Appell, sondern eine Wirklichkeit. Er selber lebt so, Er gibt Sich – und ich komme nicht mehr an der Konsequenz vorbei, diese Seine Liebe in mich einzulassen und sie zu gegenseitiger Beziehung werden zu lassen, von Ihm her. Wenn ich mich auf dieses Sein Gebot einlasse, lasse ich mich ein auf die Wirklichkeit. Es gibt den Punkt, an dem ich Seine Liebe so erfahren kann, daß ich fortan unter einem unausweichlichen Anspruch dieser Liebe stehe. Ich weiß zwar: Ich schaffe das nicht! Aber diese Liebe selbst ist stärker und wirklicher als mein Erfüllen dieses Anspruchs oder mein Scheitern vor diesem Anspruch. Und es wird auch offenbar: Nicht ich habe die Idee erschaffen, lieben zu können, sondern dieser Anspruch von Liebe erschafft mich. Diese Liebe wahrnehmen heißt: wahrnehmen, daß sie Wirklichkeit ist, ein Ja, das da zu mir gesagt ist, das sich mir schenkt – und von da an ist sie Atem, den ich nicht nur in mich hineinziehe, sondern den ich zugleich ausatme. Es ist der Rhythmus, in dem Leben mir zukommt und in dem ich Leben lebe. Liebe annehmen von dem, der mich geliebt und sich für mich hingegeben hat (vgl. Gal 2,20), und diese Liebe als mein eigenes Leben wollen, mein eigenes Begrenztsein in dieser Liebe und Scheitern an ihr immer wieder weggebend und dem, der mich liebt, anvertrauend: Dies eröffnet Einheit, in der Lebensraum ist für mich und andere.

Unlöslich verknüpft mit dieser ersten Wirklichkeit ist eine zweite: das Kreuz. Lieben, wie und weil Er uns liebt: Dies heißt bereits auf das Kreuz blicken. Hier, in diesem bis zum Letzten gegebenen und vollzogenen Ja, ist Jesus mit mir eins bis in den

Grund und Abgrund. Hier allein finde ich mich, und finde ich alle, und sind wir bereits, vor aller Spaltung und über alle Spaltung hinaus, vereint und unausweichlich einander zugewiesen. Im Kreuz, im Sterben und in der Gottverlassenheit Jesu haben wir den Grund der Liebe, das Maß und die Möglichkeit der Liebe, die schon gestiftete Einheit des Ganzen und zugleich den Weg, wie Einheit, wie Sich-Einsmachen geht.

Das Leben entfaltet sich in einem eigentümlichen Dreischritt, der wie von selbst geschieht. Am Anfang steht Sein Wort, das mich trifft, mich beschenkt, mich ruft und darin sich als Wort erweist, das Seine Liebe mir zusagt und Seine Liebe mir anvertraut. Öffne ich mich, so erwächst daraus ein zweiter Schritt, jener des Sich-Einsmachens mit dem Nächsten. Das Wort, das in mich eingeht, trägt mich zu diesem Nächsten, öffnet mich für ihn, läßt mich das Ja, das unteilbar der Herr zu ihm und zu mir zugleich gesprochen hat, in ihm entdecken. Indem ich vom Wort her lebe, beginne ich, zugleich vom andern her zu leben. Dies geschieht aber nur, indem ich – dritter Schritt – in jedem Dunkel, in jedem Versagen, in allem, was Grenze ist in mir oder im andern oder zwischen uns, den entdecke, der sich am Kreuz bis zum Letzten eingemacht hat mit uns.

Als mir im Leben, in der Gemeinschaft dieser Weg zufiel, habe ich mich selbst durchaus befragt: Geschieht hier nicht doch ein ideologischer Zugriff auf die je größere und andere Wirklichkeit? Aber ich glaubte, den Unterschied zwischen einem solchen Leben und einer Ideologie zu entdecken. In der Ideologie bekomme ich etwas in den Griff. Hier bekomme ich nichts in den Griff. Hier lebe ich. In der Ideologie bringe ich alles auf eine Formel, und die Vielfalt der Wirklichkeit verschwindet in dieser Formel. Hier aber geschieht das Gegenteil. Ich werde freigesetzt in eine Fähigkeit, Wirklichkeit wahrzunehmen und zuzulassen, Wirklichkeit in ihrer immer wieder anderen Gestalt zu erwarten und mich liebend mit ihr einszumachen. Liebend mit ihr, liebend mit dem anderen, wie er ist, einswerden, indem ich gerade nicht alles im vorhinein planen und machen kann: Ist nicht gerade dies die Alternative zur Ideologie? Ich habe nicht Antworten auf die Fragen, sondern begegne Jesu aushaltendem Dasein am Kreuz. Er selber also ist Antwort, Antwort, die ich gerade nicht habe, sondern Antwort, die ich nur leben kann.

In unserem Kontext ist für mich das Johannesevangelium neu zur Botschaft geworden. Ich habe tiefer verstanden, warum der Jesus des vierten Evangeliums immer wieder Sein Einssein mit dem Vater in den Vordergrund rückt, warum Er so darauf besteht, daß Er nicht allein ist, sondern Er *und* der Vater (vgl. z. B. Joh 8,16; 8,29; 10,30; 12,44f.; 14,9f.; 14,20). Dieses gegenseitige Innesein zwischen Vater und Sohn öffnet jenen Raum der Einheit, der unser Lebens-Raum ist, unser Einheitsraum, in dem allein die Einheit der Welt nicht auseinanderbricht oder in sich zusammenfällt. In diese Einheit des Vaters mit dem Sohn aber kommen wir, indem wir im Sohn bleiben, Er in uns und wir in Ihm (vgl. Joh 14,20–23; 15,1–8). In die gegenseitige Durchdringung (Perichorese) des Vaters und des Sohnes sind wir durch die Liebeshingabe des Sohnes hineingekommen, aber diese Hineinnahme ist kein bloß individuales Geschehen, sondern sie setzt uns in die gegenseitige Beziehung der Liebe und des Einsseins, die sich über uns hinausweitet, „damit die Welt glaube" (vgl. Joh 17 im ganzen, besonders VV 20–23). Die Schritte der Öffnung für das Wort, des gegenseitigen Sich-Einsmachens, und des immer neuen „Durchgangs" durch die Todeswunde Jesu (vgl. Joh 19,34; 20,25–28) sind jene, die uns in dieses trinitarische Einheitsgeschehen einfügen: Miteinander eins sind wir eins mit Jesus und in Ihm hineingenommen in die Einheit zwischen Ihm und dem Vater, die der offene Heils- und Lebensraum für die Welt ist.

Wir haben uns den Fragen nach der Einheit gestellt, welche die Welt heute braucht und sucht. Sind wir nicht ganz weit im Inneren und ganz hoch im Geistlichen in einem Sonderbereich angekommen, der nur für wenige zugänglich ist? Wenn wir es bis zur letzten Konsequenz ernst nehmen, dann: ganz im Gegenteil. Wo wir zu leben beginnen im Maß solchen Einsseins, da wird das Leben selbst anders und neu. Es entsteht ein Raum, in dem Menschen sein können, ein Raum, in dem wir aufeinander zugehen können, ein Raum, der sich nicht selbstgenügsam in sich verschließt, sondern magnetische Anziehungskraft auf andere ausübt. Nicht die Radikalität evangelischen Einsseins schließt aus, sondern das Unterbieten dieses evangelischen Einsseins, das die Alternative des Christlichen weder fühlbar noch plausibel sein läßt. Noch einmal: Wir „schaffen" solches Einssein nicht, aber das Evangelium markiert einen Weg, und wenn wir ihn miteinander gehen, wird dies zur Einladung und zum Hoffnungszeichen für viele. Die Liebe, an die wir glauben und um die wir uns mühen, ist je größer als wir, und wir können nur die Trümmer unseres Scheiterns immer neu dem, der Liebe ist, anvertrauen. Aber aus dieser Liebe aussteigen, von diesem Einssein lassen, das können wir nicht mehr. Wer einmal diese Liebe verkostet hat, der ist von ihr gebrannt und will in ihr weiterbrennen.

IV. Einheit als Lebensstil

Wie kann ein Leben aus dem Wort Gottes, aus der gegenseitigen Liebe, aus dem Kreuz Einheit stiften in uns und zwischen uns und in unserer Welt? Wie können, im Blick auf die unterschiedlichen Bereiche unseres Daseins, daraus Elemente gewonnen werden, die einen „Lebensstil der Einheit" erbilden?

Ich kann hier nicht mehr, als einige Wegrichtungen skizzieren, und ich möchte es tun im Blick auf sieben Lebensfelder hin. Im Hintergrund steht dabei die Erfahrung jener geistlichen Gemeinschaft, in der ich ein solches Leben kennengelernt habe und aus der her ich es auch zu gestalten versuche[1].

Lebensstil hat immer zu tun mit unserem Verhältnis zu den Gütern, mit unserem Haben und Teilen. Im Blick über die Grenzen des Privaten und der eigenen Gruppe hinaus gesagt: Heute brauchen wir eine *neue Wirtschaft*. Das Modell eines am dreifaltigen Leben orientierten Einsseins hat hier gewissermaßen sein erstes Bewährungsfeld: Betrachten wir das, was wir haben und was wir brauchen, nur unter dem Gesichtswinkel unserer eigenen Bedürfnisse, um hernach diese Sicht allenfalls mit der Bemühung um einen Ausgleich im Interesse der Gemeinschaft zu korrigieren? Oder gehören für uns gleichursprünglich das Ganze, die anderen und je wir selbst zusammen? Sind unser Haben, Geben

---

[1] Vgl. hierzu: Die Fokolarbewegung. Entstehung – Geistliche Grundlinien – Initiativen (München 1987).

und Empfangen geprägt von diesem Dialog, von diesem Austausch sowohl der Armut wie des Reichtums?

Wir können gewiß nicht ein Wirtschaftssystem verordnen, das die drei Elemente durch äußere Maßnahmen gewährleistet, welche das Leben der Urgemeinde in Jerusalem in der Vision der Apostelgeschichte bestimmten: gegenseitige Liebe, die alle ein Herz und eine Seele sein läßt – Gütergemeinschaft – niemand leidet Not (vgl. Apg 2,42–47; 4,32–35). Und doch sind diese drei Elemente, werden sie übertragen in gelebte Gemeinschaft, ein Licht, um auch in der Ordnung der Gesellschaft und der Weltgesellschaft eine neue Mentalität in Gang zu bringen, die neue Ordnung, Verwandlung und Erneuerung der alten Ordnung ermöglicht. Die Verhältnisse des fundamental unterschiedlichen Anteils an Gütern und Chancen in unserem eigenen Land wie zumal in der Weltgesellschaft, die Notwendigkeit einer gemeinsamen Armutsbekämpfung innerhalb der einen Welt, die Dringlichkeit einer „Kultur der Solidarität" im Ganzen sind nicht zu übersehen. Leisten wir Christen durch unseren Lebensstil, durch unseren Lebensansatz hier unseren Beitrag? Die enge Verknüpfung von Nachfolge und Verlassen des eigenen Habens und Verfügens (vgl. z. B. Mk 10,17–31; Lk 14,28–33) und, in letzter Konsequenz, die inwendigste göttliche „Gütergemeinschaft" zwischen Vater und Sohn im Geist (Joh 17,10; 16,15) weisen mit Nachdruck in diese Richtung. In der anderen Rolle, welche Armut und Reichtum im Kontext der Gemeinschaft des Glaubens einnehmen, hebt der neue Lebensstil der Einheit an, und, ohne das vorwegnehmen oder gar herstellen zu wollen, was der Vollendung des Gottesreiches vorbehalten ist, sind wir als Christen doch es der Menschheit schuldig, den neuen Ansatz mitzuteilen und fruchtbar werden zu lassen, der im Evangelium und seiner Sicht der Einheit geborgen ist. Alles wird Geschenk, und das Geschenk erhält gerade seinen Wert und seine Kostbarkeit, indem es Geschenk zum Verschenken, zur gemeinsamen Teilhabe wird.

Communio, Gütergemeinschaft sind nicht Maßnahme, sondern neue Seinsweise. Dasselbe aber gilt von einem zweiten Feld, das sich vom ersten nicht trennen läßt, von jenem des Zeugnisses. Leben selber, Dasein selber, Gemeinschaft selber werden Missio, werden *Zeugnis*. Wie Licht nicht sein kann, ohne sich zu verstrahlen, Quelle nicht sein kann, ohne sich zu verströmen, so kann Glaube nicht sein, ohne sich mitzuteilen, sich zu eröffnen. Das führt nicht in eine äußere Hektik des Evangelisierens, sondern in eine Offenheit, die sich diskret aussetzt und hinhält, die aber auch in unprätentiöser Redlichkeit und Lauterkeit bereit ist zum Bekenntnis in Tat und Wort. Die meine „Privatüberzeugung" abschirmende Selbstbezogenheit und die konfessorische Aufdringlichkeit sind gleich weit von solcher Haltung entfernt.

Selten hat mich die Anfrage eines Kritikers so hart getroffen wie diese: Was tun Sie heute anders, worin verhalten Sie sich heute anders, weil Sie Christ sind?

Gibt es ein Wort für das „Andere" christlichen Zeugnisses? Ich weiß kaum ein besseres als eben: sich einsmachen. Paulus selbst, *der* Missionar und Zeuge, kennt keine andere Methode (vgl. 1 Kor 9,19–23). Aber nicht nur die Stiftung von Gemeinschaft im Leben und Sehen vom anderen her ist hier gefragt, sondern die Gemeinschaft selbst, Einssein selbst sind der Ort, aus welchem das Licht des Evangeliums sich mitteilt. Nur die gegenseitige Liebe ist uns als Kennzeichen der Jünger Jesu (vgl. Joh 13,34f.) vorgestellt; nur das Einssein ist uns als der Weg Gottes, auf daß die Welt glaube (vgl. Joh 17,20–23), bezeugt.

Glaubenszeugnis, aber auch Weitergabe von Leben, Überzeugungen, Werten gehören elementar zum Lebensstil der Einheit, werden umgekehrt auch nur in solchem Lebensstil der Einheit möglich in einer von Verdacht, Reserve, Rückzug oder Pression bestimmten Gesellschaftsmentalität.

Lebensstil geht aber nicht nur nach außen, sondern in eins damit nach innen: Wir brauchen – ein drittes Feld – *neue Spiritualität*. Wenn ich nur mich gebe – in der Gemeinschaft der Güter wie in der Tradierung des Glaubens und Lebens –, gebe ich zuwenig, gebe ich nicht einmal mich. Die Quelle ist in mir tiefer als nur ich. Die Quelle ist dort, wo ich selber vom Wort geschaffen und neugeschaffen in mein neues Sein hineingehoben bin, die Quelle ist dort, wo Seine Liebe mich von innen her „konstituiert", ist dort, wo das in mir, was nicht einmal mir selber zugänglich ist, angenommen und geliebt ist von Ihm, der meine Schuld, mein Sterben, meine Grenze mit mir geteilt hat am Kreuz.

Doch solches Wort, solche Liebe, solches Leben vom Kreuz her reichen nicht nur hinter mein eigenes Tun und Wollen zurück, sondern reichen auch über meinen individuellen Horizont hinaus: Die Quelle, die in mir springt, springt zwischen uns. Wir erreichen unsere innere Einheit, unsere Identität mit uns nur, indem wir einander erreichen und in unserer Mitte den, der uns schon durch sein Wort, durch seine Liebe, durch sein Kreuz einsgemacht hat. Eine Spiritualität, in deren Mitte das miteinander gelebte und geteilte Wort, die gegenseitige Annahme im Maß und in der Kraft der Kreuzesliebe, die Begegnung mit dem je Nächsten steht, enthebt uns genauso einem Aufgehen im Aktionismus wie einem Sich-Verkriechen in die Nische einer selbstbezogenen Innerlichkeit. Eine Spiritualität des Einsseins, eine je personale und je das Ich überschreitende Spiritualität, prägt den Lebensstil aus dem Evangelium.

Und wo solche Spiritualität greift, ist sie eine Unruhe, eine Hoffnung, ein Band, die ökumenisches Unterwegssein zur Einheit vorantreiben und ermöglichen in einer Intensität, die der – notwendige – Disput allein nie erreicht.

Ein viertes Feld möchte ich umschreiben mit dem Wort: *neues Leben*. Spiritualität will sich inkarnieren, Geist, Heiliger Geist, will Lebensgestalt prägen. Das aber geschieht nur, wenn der andere selbst mir und ich selbst dem anderen Geschenk werden, wenn wir zumal an unseren Grenzen und mit ihnen uns Geschenk werden. Es gibt nicht nur einen äußeren „Pflegenotstand", es gibt eine Ortlosigkeit des Leidens und Sterbens, der Grenzen und Schwächen, aber auch der Dienste am Leben und am Leid der anderen, die durch ein noch so perfektes System von Versicherung und Versorgung nicht aufgehoben wären. Die einsamsten und die kostbarsten Erfahrungen ersticken, verdorren, verkommen, wo sie nicht geteilt, wo sie nicht ins Miteinander hinein aufgehoben werden. Sind auch die Kranken, sind auch die Fremden, sind auch die Einsamen in unseren Gemeinden unser gemeinsames Eigentum? Sind wir wirklich *ein* Leib, so daß, wenn ein Glied leidet, alle Glieder mitleiden, wenn ein Glied geehrt wird, alle anderen sich mit ihm freuen (vgl. 1 Kor 12,26)? Neuer Lebensstil heißt neues Leben, und neues Leben heißt neues Leiden und neues Helfen, in denen Ehrfurcht und Diskretion einerseits und Gemeinsamkeit und Austausch andererseits sich wechselseitig durchdringen und gewährleisten.

Die Solidarität im Teilen von Kraft und Grenze, die Solidarität im einen Leib, den wir miteinander bilden über alle Grenzen hinaus, hat ihren Raum in der *Neuen Stadt*. Leben braucht Räume, Lebens-Räume aber sind Räume für den je einzelnen und zugleich Räume füreinander. Gastfreundschaft, die von Grund auf verschieden ist von einem gegenseitigen „Vereinnahmen", gehört zum Rhythmus christlichen Lebens. Im anderen Christus aufnehmen und den anderen wie Christus aufnehmen, das sind von den Ursprüngen her Kennmale eines spezifisch christlichen Lebensstils. Perichorese der Kulturen, Gastfreundschaft zwischen den Völkern, nicht Nivellierung des je Eigenen, sondern Offenheit des je Eigenen und Offenheit für den je anderen und das je andere werden uns heute förmlich aufgedrungen von den Notwendigkeiten weltweiter Nähe. Wir können das Himmlische Jerusalem, die Neue Stadt (vgl. Offb 21–22), nicht auf die Erde zaubern, aber gerade wenn wir auf sie als unverfügbare Zukunft zugehen, kann sich unsere Stadt verwandeln, können Spur und Anfang der Neuen Stadt zwischen uns gelingen.

In der Neuen Stadt waltet ein *neues Licht* (vgl. Offb 21,23). In diesem neuen Licht, im Lichte des Lammes, aber dürfen anfanghaft wir schon jetzt einander, uns selbst, die Welt sehen. Zum neuen Lebensstil gehört eine neue Weise des Sehens und Verstehens, eine neue „Weisheit" hinzu. Ich sehe anders, wenn ich von dir her sehe, ich sehe anders, wenn ich von der Liebe Gottes, die bis ans Kreuz geht, her sehe. Ich bringe nicht alles auf Nenner und Formeln, ich kann offenlassen und aushalten, aber gerade darin werden sich auch neue Zusammenhänge eröffnen, werden Zeichen der Zeit erkennbar, wird der rote Faden, die Führung, die Einheit, der Zusammenhang in der Geschichte, im eigenen Leben aufleuchten. Stopfen wir uns nicht oftmals voll mit Informationen und überlassen uns vorgeformten oder von uns her unkontrollierten Reaktionen? Im Miteinander sich selbst, den andern und die Welt verstehen, nach dem fragen, was der Geist den Gemeinden sagt (vgl. Offb 2,7), das erst ergibt die Kultur des neuen Lebensstils, seine innere Transparenz. Im Dialog, der kein Dialog der Unverbindlichkeit ist, sondern jener Verbindung, in welcher jeder Partner der Anfangende und Antwortende zugleich ist, erwächst die Alternative zu den Grundversuchungen der Ideologie oder des neutralen Bescheidwissens.

Wie von selbst erwächst aus einem neuen Denken, Sehen und Verstehen als siebtes Feld eine *neue Kommunikation*. Wir kehren an diesem Punkt zu unserem Anfang zurück: Wie kann in der Uniformität des Mediums Technik die Vielfalt der Kulturen gelingen? Wie kann diese eine Welt aus vielen Ursprüngen wachsen, ein Austausch geschehen, der nicht nivelliert? Wie gibt es eine Gleichzeitigkeit des Verschiedenen in einer umspannenden, aber nicht verkürzenden Einheit? Wir können auf diese Frage keine glatte Antwort geben. Aber in der Kirche und zwischen den Kirchen könnte eine neue Achtsamkeit wachsen auf die sieben knapp bezeichneten Lebensfelder. Weltweite Gütergemeinschaft – gegenseitiges Zeugnis, in einem Hören, dem jede Stimme wichtig ist – Hinlesen der vielen Spiritualitäten auf die eine Quelle, das eine Wort des Herrn, seine eine Liebe, seine eine Wunde, aus der er uns seinen Geist schenkt – Einheit in Not und Hilfe, Gemeinschaft im Mitleiden und Mithelfen – weltweite Gastfreundschaft als Anfang einer neuen Stadt mit Platz für viele, ja alle – Einheit des Denkens, der Mentalität, die aus dem gegenseitigen Hören und Zeugnis erwächst – und schließlich unablässige Bereitschaft zur Kommunikation, die im Hören auf den anderen durchhört auf das eine Wort, das in allen Worten dieser Welt sich uns zusprechen will: Ich glaube, wo wir in unserem konkreten Leben im Kleinen auf solche Weise dreifaltiges Leben buchstabieren, kann auch im Großen Gott die Zeit wenden.

Was habe ich in all diesen Überlegungen angesichts der drängenden Frage, die uns beschäftigt, anbieten können? Nicht mehr als jener kleine Junge, der ein paar Brote und Fische für den Hunger der Tausenden hatte (vgl. Joh 6,9). Aber er hat sie dem gegeben, der die Brotvermehrung vermag. Vielleicht gelingt solches Abgeben und Weitergeben uns im Nachdenken, Gespräch und Gebet.

EINE NEUE STADT ERSTEHT

Theologische Aspekte
zum Thema des Karlsruher Katholikentags

Der Karlsruher Katholikentag 1992 hat Europa im Blick: Das Einswerden Europas ist eine Herausforderung der Christen und der Kirche, und dies keineswegs nur in deren eigenem Interesse, sondern um Europas selbst willen. Die Einheit Europas darf sich nicht im Funktionalen erschöpfen und darf nicht zum Ideologischen hin verkommen. „Komm herüber und hilf uns!" (vgl. Apg 16,9), so rief einst der Mazedonier im Traum den Paulus, und damit begann die europäische Mission, und wir dürfen noch mehr sagen: in gewissem Sinne die Europawerdung Europas. Darauf uns zu besinnen, dafür Grundlinien zu entwickeln und Handlungskonzepte zu suchen, dem in konkreten Begegnungen, aus denen ein Netz von Beziehungen erwächst, näherzukommen, ist Sinn des Katholikentags 1992 in Karlsruhe.

Gorbatschows Wort vom „Haus Europa" wurde erweitert und in gewissem Sinne korrigiert durch das Sprechen von der „Stadt" Europa. In einem Haus wohnt man zwar zusammen, doch die Rede vom Haus Europas hat mehr das Haus mit den vielen Bewohnern im Blick, die in abgeschlossenen Appartements ihr Eigenleben führen, es freilich im Sinne der Toleranz und Verträglichkeit funktional aufeinander abstimmen. „Stadt" hingegen hat einen weiteren Horizont: Ihre Häuser öffnen sich zueinander hin, indem sie sich auf die gemeinsamen, verbindenden Plätze und Straßen hin öffnen, Eigenständigkeit der einzelnen und Gemeinschaft zugleich steigern sich, und das Ganze erhält seine Silhouette, sein Profil, seinen Zeichencharakter und seine Partnerschaft im Größeren, im Ganzen der Welt.

Die politische Grunderfahrung der griechischen Polis schwingt mit, und dann eben die biblische Botschaft von der Neuen Stadt. Aber hier beginnt es problematisch zu werden. Die Exegeten sagen uns eindeutig, daß das im biblischen Bild von „Stadt" als Heilsort und Heilsgemeinschaft sich verfassende

Verständnis in keiner Beziehung zum griechischen Polis-Gedanken steht. Und noch weiter und noch schärfer: Der biblische, zumindest der neutestamentliche Sprachgebrauch von der Neuen Stadt oder vom Himmlischen Jerusalem oder von der Stadt auf dem Berg läßt ursprünglich nicht zu, daß Linien zur irdischen Realität „Stadt", zu Aufgaben der Welt- und Geschichtsgestaltung ausgezogen werden. Die auf unterschiedlichen Ebenen spielenden und unter sich nicht in eine stimmige gegenseitige Ergänzung gebrachten Bildelemente in den beiden letzten Kapiteln der Offenbarung (21 und 22) betonen eher den „himmlischen" Charakter der Stadt, in dem sie kosmische Himmelsvorstellungen einfangen und ins Stadtmodell übertragen, als daß sie auslegbar wären auf die kommunikative Realität „Stadt". Für diese bleiben nur drei Anhaltspunkte: die offenen Tore, der Wegfall des Sonnenlichtes durch das Lichtsein Gottes für diese Stadt, der Wegfall des Tempels, weil Gott selber der Tempel der Stadt ist.

Knüpfte indessen die endzeitliche Vision des herrlichen Jerusalem im Tritojesaja noch an früheren prophetischen Texten an (wie z. B. Jes 2 und Mi 4), in denen deutlich die „Kontinuität in der Diskontinuität" zwischen dem geschichtlichen Jerusalem und dem der Heilszeit aufleuchtet, so rückt die Neue Stadt in Offb 21 und 22 davon weg, in die pure Transzendenz hinein; es bleibt allenfalls jene Antithese zum irdischen Jerusalem als Hintergrund, die uns in Gal 4,25f. und in den letzten Kapiteln des Hebräerbriefs begegnet, wo vom oberen Jerusalem bzw. der kommenden Stadt im Unterschied von der gegenwärtigen gesprochen wird.

Dies alles macht es äußerst fragwürdig, die „Stadt Europa" mit der „Neuen Stadt" in Beziehung zu setzen. Ist deswegen der offenkundige Weltbezug der früh- und hochmittelalterlichen Kirchenbauten, die das Himmlische Jerusalem abbilden und es in den Kontext der Geschichte einbeziehen, ein barer Irrtum, ein politisches Mißverständnis, gar eine gefährliche Ideologisierung?

In zwei gegenläufigen Gedankengängen soll die „Neue Stadt" der biblischen Botschaft nichtsdestoweniger als Überschrift über die „Stadt Europa" postuliert und begründet werden.

I. Descensus: Von der Botschaft zur Geschichte

1. Die biblischen Heilsbilder sind in aller Regel *Kollektivbilder*. Gerade auch jene Schriften des Neuen Testaments, die auf die Entscheidung des einzelnen und den damit verbundenen personalen Charakter des Heils großen Wert legen, sehen dies nicht im Gegensatz zu einer gemeinschaftlichen Verfaßtheit des Heils, sondern führen zu ihr hin (vgl. Joh 14,21–23 im Verhältnis zu Joh 17,20–23; Gal 2,20 im Vergleich zu 4,21–26; in etwa Offb 3,20 im Vergleich zu den Kapiteln 21 und 22). Um drei der führenden Heilsbilder eigens herauszustellen, sei verwiesen auf die Stichworte Mahl, Hochzeit, Stadt, wobei Mahl und Hochzeit und Hochzeit und Stadt (Braut und Stadt) mitunter direkt verbunden werden.

Unabhängig davon, ob diese Bilder legitimerweise einen Rückbezug von der angezielten Aussage in ihre ursprüngliche Bildwelt zulassen, so sind doch zwei Aussagen möglich und nötig: zunächst die, daß offenbar die Gemeinschaft ausdrückenden und bildenden Vollzüge unter den vorhandenen Anknüpfungspunkten die gemäßesten sind, um das Heil Gottes zur Sprache zu bringen; sodann die, daß dieses Heil offenbar selber Gemeinschaftscharakter hat.

Dies läßt sich gerade am Bild der Stadt deutlich machen, auch wenn alle vorgetragenen Einwände gegen eine „politische" Anwendung des Bildes von der Neuen Stadt ernstgenommen werden. Das „Besondere" der Stadt ist es, daß Gott in ihr als ihr Tempel und ihr Licht ist. Wer in der Stadt lebt, der ist im Licht Gottes, ja in Gott selbst. Stadt ist Wohnort, Begegnungsort, Gemeinschaftsort. In der Stadt bin ich bei mir, bei den anderen, in der Welt. Ohne diese Momente wäre Stadt nicht Stadt, wäre sie nicht als Bild von anderen Bildern unterscheidbar. Dieses Stadtsein der Stadt aber wird nun eingetaucht in die Gegenwart Gottes, so daß nicht mehr ein Außenbezug zu diesem Gott erfolgt, der in einem Sein als Sonne über der Stadt ihr gegenüber stände oder *in* der Stadt doch an einem Punkt gebannt wäre, von dem alle anderen Punkte ausgeschlossen sind. Sein beieinander, Sein in jener Kommunikation, in der jeder ins Haus des anderen kommen kann, beim anderen sein kann, wird zum Sein in Gott, zum Sein in Seinem Licht.

Strukturell wiederholt sich, was im Hohenpriesterlichen Gebet als Ziel der Geschichte erbeten wird: „Alle sollen eins sein: Wie du, Vater, in mir bist und ich in dir bin, sollen auch sie in uns sein ..." (Joh 17,21).

Diese nicht literarische, sondern strukturelle Parallele kann erschließend sein für weitere Momente, die sich freilich auch außerhalb dieser Parallele im jeweiligen Text erheben ließen. Die Neue Stadt ist eine Stadt im Himmel, eine Stadt in der Zukunft, eine Stadt, die unserem Zugriff entzogen ist. Nicht wir können die Neue Stadt bauen, sie kann nur kommen. Genauso das Einssein: Es ist nicht unserem Machen möglich, es ist das Ziel, auf das wir zuleben, aber dieses Ziel wird vom Vater erbeten, es ist also Geschenk. Zugleich aber will dieses Ziel und Geschenk angestrebt sein, es hat offenkundig zur Voraussetzung, daß wir das Neue Gebot leben (Joh 13,34f.), das Gebot gegenseitiger Liebe, wie der Herr uns geliebt hat. Wenn wir unser Sein und Handeln orientieren an jener Einheit, die Jesus erbittet, kann sie „kommen", kann sie Gestalt werden, und dies ist offenbar für *diese* Weltzeit gewollt und gemeint, da sonst ja die mit dem Einssein verbundene Wirkung gegenstandslos wäre, daß nämlich die Welt zum Glauben komme.

Sicher darf hier die Parallele zur Neuen Stadt nicht ganz durchgezogen werden. Nichts spricht davon, daß ihr Vorenthalt, ihre Zukünftigkeit von uns in die Gegenwart gebannt werden könnte. Wohl aber ist die Grundbewegung der Neuen Stadt das Niedersteigen, das Unterwegssein hin zu unserer Erdenwirklichkeit, die in sie verwandelt und aufgenommen werden soll.

Die Zukünftigkeit der Neuen Stadt, ihr Zukommen auf uns – und dies ist nun ein Schlüsselgedanke – hat es von sich her zu eigen, uns in unserem Sein und Tun hier und jetzt anzugehen und zu verwandeln. Zeig mir deine Zukunft, und ich zeige dir deine Gegenwart. Nicht wir bauen die Neue Stadt, aber die Neue Stadt „baut" unser Bauen um, läßt es neu, läßt es anders werden. Wir machen nicht Europa zur Neuen Stadt, sondern die Neue Stadt, auf die wir hoffen, macht Europa neu. Unsere Aufgabe ist es, die Neue Stadt als Ziel und Hoffnung Europa zu geben, damit es im Lichte dieser letzten Ziel- und Hoffnungsperspektive auch seine irdische Zukunft neu erbaue.

2. Dieser Gedanke soll, freilich nur mit sehr spärlichen Strichen, in seiner *geschichtlichen Wirksamkeit* angedeutet werden. Wir finden im unmittelbar biblischen Kontext keinen direkten Anhalt für die Rückwirkung der erhofften Neuen Stadt auf geschichtliches Verhalten der Christen. Dies ist einmal deshalb nicht zu verwundern, weil der Ausbau dieses Bildes im Hebräerbrief und in der Offenbarung des Johannes zur Spätphase des neutestamentlichen Schrifttums gehört, weil zum andern aber auch die „Spielräume" von Weltgestaltung in der spätbiblischen Zeit weit eher im „Anders-Leiden" als im „Anders-Handeln" zu suchen sind.

Der Sache nach darf allerdings darauf verwiesen werden, daß die urchristliche Gemeinde sich als den Raum versteht und erweist, in welchem die existentiellen Grundcharaktere der Neuen Stadt sich verwirklichen: Gott als das Licht, in dem sich alle gegenseitig sehen, Gott selbst als der in der Mitte der Gemeinde Gegenwärtige, als ihr lebendiger „Tempel". Verwiesen sei auf die Erfahrung, die ein Ungläubiger macht, wenn er in die Gemeinde eintritt, in welcher prophetisch geredet wird (vgl. 1 Kor 14). Verwiesen sei auf jene andere Sicht, die in der Gemeinde bezüglich des Verhältnisses Frau und Mann, Sklave und Herr, Söhne und Väter herrscht (vgl. Eph und Kol). Erinnert werden darf schließlich an jene Gütergemeinschaft und Gebetsgemeinschaft, welche die Urgemeinde von Jerusalem prägt (vgl. Apg) und an jene neue Sicht des Leidens, die der 1. Petrusbrief der Gemeinde empfiehlt. In Gott sehen und sein als neue Weise, einander zu begegnen und dem Leben zu begegnen: In diesem innergemeindlichen Vorgang liegt zugleich doch der Keim für neues Weltverhalten.

Es kann nicht übersehen werden, daß freilich in der Folge jenes Ereignisses, das plakativ und verkürzt als konstantinische Wende bezeichnet wird, sich Elemente eines aktiven Vergegenwärtigen-Wollens der Gottesstadt einstellen, die deren Unerzwingbarkeit und Künftigkeit mißverstehen und verstellen können. Interessant dabei ist, daß sofort – und dies geht weiter in der mehr als ein Jahrtausend dauernden Sequenz entsprechender Versuche und Ereignisse – mit der „Verweltlichung" des Christentums, mit der usurpierten „Vergeschichtlichung" der Neuen Stadt die Gegenbewegung des Mönchtums einsetzt, dessen „Weltflucht" die Unantastbarkeit und Unerreichbarkeit der

Neuen Stadt rettet und sie lebt in der Hoffnungsgestalt der evangelischen Räte und in der Gemeinschaftsgestalt des geistlich geordneten Miteinander. Wir können sagen: Auch diese Gestalt des Protestes gegen Machbarkeit und Erbaubarkeit der Neuen Stadt prägt in der Lebensgestalt ein Zeichen, ein Wegzeichen auf diese Neue Stadt hin aus, in welchem sie sich widerspiegelt.

Dies wird in der großen Blüte des Mönchtums ganz augenfällig, und der Enthusiasmus des Wilhelm von Thierry über die Gottesburgen der von Bernhard von Clairvaux gebauten Reformklöster zeigt deutlich: Die Neue Stadt läßt sich nicht mehr hinwegbannen von der Gestalt dieser Welt; wo immer Christen leben und wirken, kommen sie nicht umhin, das zu erinnern und zu vergegenwärtigen, auch und gerade in ihrem Welthandeln, worauf sie hoffen, ohne freilich wähnen zu dürfen, sie könnten diese Hoffnung von unten, von sich her einholen. Die Frage des Karlsruher Katholikentags heißt, von hierher formuliert: Wie gestaltet unser Hoffen auf die Neue Stadt unser Gestalten Europas um? Welchen Maßstab und welche Kraft empfangen wir von dieser Hoffnung, die Hoffnung bleibt, so aber, vorläufig und zeichenhaft, Handeln entbindet?

II. Ascensus: Von der Geschichte zur Botschaft

Drehen wir nun die Perspektive um. Sicher können wir nicht davon absehen, in welchem Licht wir sehen – und als Gläubige sehen wir im Licht des Glaubens. Doch, Sich-Zeigendes in diesem Licht zu sehen befähigt, es auch anderen sichtbar zu machen, weil es einfach „da" ist. Von dieser Prämisse aus: Schauen wir einmal von den Phänomenen selbst her, von dem, was in unserer Zeit geschieht, nach dem aus, wohin sie strebt.

1. Unsere Zeit ist geprägt von der Sehnsucht nach Einheit und von der Notwendigkeit der Einheit. Beginnen wir mit dem letzteren: Die durch moderne Technik ermöglichte weltweite Kommunikation rückt zum erstenmal das Ganze dessen, was in der Welt geschieht, in eine unmittelbare Erreichbarkeit und Bedeutsamkeit für jeden. Die moderne Technik selbst stellt Mittel zur

Verfügung, die Zerstörung und Entwicklung global ermöglichen und somit die Menschheit zu einer Schicksalsgemeinschaft werden lassen wie nie zuvor.

Folgen, Bedingungen und Kontexte dieses Prozesses brauchen nicht ausgeführt zu werden, sie beschäftigen uns immerfort. Hingewiesen sei wohl aber auf einen unter der Überlebensfrage der Menschheit und ihres natürlichen Lebensraums überblendeten anderen Aspekt: Die technische Kultur und ihre Konsequenzen „normen" die Kommunikation und mit ihr das Leben auf bestimmte Vorgaben hin. Dies verändert alle im einen Lebensraum der Welt befindlichen Kulturen und stellt ihnen die Überlebensfrage. Wie kann Einheit, durch die technische Zivilisation ermöglicht, so gelebt und gestaltet werden, daß sie die Vielfalt, die Fülle, die Alternativen nicht auslöscht, sondern ermöglicht und die Vielen zum Geschenk füreinander und somit zum Substrat einer höheren, reicheren Einheit werden läßt?

Und darunter eine weitere Schicht: Die technische Kultur hat es ernötigt, daß eine vielfältige Teilung der Funktionen in Welt und Gesellschaft erfolgt, daß mit der immer näher rückenden Einheit des Ganzen dem einzelnen die Ganzheit des Einen, seine Identität, seine Sinnhaftigkeit, zu entgehen droht. Die Einheitsfrage wird so von einer quantitativen zu einer qualitativen Frage, von einer Frage nach Lebensbedingungen zur Frage nach dem Inhalt des Lebens.

2. Die Frage nach der Einheit betrifft die Welt, betrifft die Menschheit. Aber sie betrifft auch den einzelnen Menschen. Wenn er selber die Ganzheit des Einen nicht mehr erlebt, ist er selber nicht mehr ganz und in einem tieferen Sinne also auch: nicht mehr eins. Er erfährt sich selbst in den gespaltenen Funktionen, nur quantitativ geordneten Relationen, nur punktuell erfolgenden Aktionen in einer abgründigen Fraglichkeit für sich selbst. Die Frage nach der Einheit der Menschheit wird zugleich zur Frage nach der Einheit des Menschen. Wir können nicht nach einer – nun im irdisch-induktiven Sinne verstanden – Neuen Stadt fragen, ohne nach einem neuen Menschen zu fragen, der dann natürlich qualitativ neu sein müßte und die Frage nach der Neuen Stadt ebenfalls auf die qualitative Ebene hebt.

3. Unser Jahrhundert ist ein Laboratorium der Einheitsmodelle für die Menschheit und den Menschen. Wir können die Modelle vergröbernd nach zwei Grundmustern ordnen. Ihre Stichworte heißen: ideologisch und pragmatisch.

Ideologien sind Versuche, die Wirklichkeit unter den Zugriff einer Idee zu zwingen und diese Idee als Einheitsmacht zu instrumentalisieren. Unnötig, die geschichtsmäßigen und in ihrem tragischen Scheitern offenbaren Ideologien aufzuzählen. Wir müssen der Litanei der Ideologien freilich jene des religiösen Fundamentalismus hinzufügen, der im Grunde auf der Idee einer Machbarkeit und Durchsetzbarkeit einer himmlischen Neuen Stadt auf Erden basiert.

Die pragmatischen Modelle vertrauen auf die Kraft der Selbstregulierung des Fortschritts, der Wirtschaft, der Entwicklung, auf die Lebensfähigkeit aller bei der Reduktion der Einheit auf universale Effektivität. Die Frage nach dem die Einheit ganzmachenden Sinn wird hierbei übergangen, die vielfältigen, die Kulturen ermöglichenden Sinnentwürfe nivelliert, das Unrecht, das dem Schwächeren zu begegnen droht, wird kaschiert – und so erweist sich der im Grunde ebenfalls ideologische Charakter der bloß pragmatischen Modelle.

4. Die Suche nach Alternativen tut not. Christentum ist kein Deus ex machina, wohl aber ein Wegweiser zu einer anderen Einheit, die bereits existiert und die zugleich eine Zukunftsperspektive eröffnet.

Die Einheit der Menschheit und des Menschen hat bereits einen Ort. Jedes Menschenschicksal ist bereits angenommen, alle Menschenschicksale sind so bereits eins, und zwar in einem einzelnen Menschenschicksal. Wir glauben an die Fleischwerdung des Wortes, glauben daran, daß der Sohn Gottes gewissermaßen das Schicksal eines jeden einzelnen Menschen getragen und sich zu eigen gemacht hat[1]. Wir sind zusammengehalten in einem Herzen, und zwar nicht durch ein bloßes Solidaritätsgefühl, sondern durch eine universale Solidaritätshandlung: Jener, der uns geschaffen hat und in dem wir geschaffen sind, jener, der das

---

[1] Vgl. Zweites Vatikanisches Konzil, GS 22.

Wort ist, in dem das Leben ist und ohne den nichts ist, hat sich in die Gleichzeitigkeit mit uns allen begeben und uns so gleichzeitig miteinander gemacht und mit sich selbst. Er hat unserer aller Wege in seinem einen und einzelnen Weg begleitet bis ans Ende, bis in den Tod. Aber in diesem Tod ist nicht er und sind nicht wir ausgelöscht, sondern ist er und sind wir hineingegeben in das neue Leben.

Es versteht sich von selbst, daß diese Tat von seiten Gottes in Jesus von uns „angeeignet" werden muß, um in uns und in der Geschichte wirksam zu werden. Diese Aneignung geschieht in der Annahme der Liebe, die uns einsmacht, und im „Glauben an die Liebe" (1 Joh 4,16). Diese Annahme beinhaltet zugleich die Annahme unserer selbst und die Annahme eines jeden Nächsten. Weil wir in Ihm schon sind, können wir ineinander, in uns selbst, in der Welt sein. Jene innere Disposition erwächst, die uns im Neuen Gebot – wir sahen es bereits – hin öffnet zu der zwischen uns Gestalt werdenden Einheit. Der „Bauplan" der Neuen Stadt tritt in Erscheinung. In der Offenbarung des Johannes ist zugleich mit Gott das Lamm jenes Licht, in dem wir sind und sehen und in dem wir erkennen, daß wir in Gott sind und in Gott eins sind.

Dies ist nicht nur eine theologische Spekulation, sondern es hat lebendige Konsequenzen, indem es eben jenen Dialog, jenen Einsatz für Gerechtigkeit und Frieden, jenes Ja zum Wahren des von Gott Geschaffenen stiftet, die christliches Weltverhalten prägen.

Das neue Leben, in das Jesus durch den Tod geschritten ist und in das er uns hineingenommen hat, ist in ihm da, ist im Blick auf unsere Welt aber in ihm noch Zukunft. Diese Zukunft nimmt uns in Pflicht und setzt uns in Freiheit, mit dem Bauplan der Neuen Stadt im Blick in geduldiger und freilassender Bemühung dem Kommen der Neuen Stadt und somit der irdischen Stadt Europa zu dienen. Ob es gelingen wird, in diesem neuen Europa die Neue Stadt nicht erzwingen zu wollen und doch, mit der Hand und der Hoffnung der Mönche, Bauleute dieses neuen Europas zu sein?

ZWEITER TEIL

Ort und Ethos des Christlichen in der Gesellschaft

Erstes Kapitel

Politik – Kunst der Freiheit

UNTERSCHEIDUNG DES POLITISCHEN

I. Die Notwendigkeit der Unterscheidung*

Es geht im folgenden nicht um die sogenannte „politische Theologie". Es geht um das Politische als solches. Und es geht gerade deswegen ums Politische, weil uns der Unterschied des Christlichen in den Blick gekommen ist. Das Christliche läßt sich nicht hermeneutisch darauf festlegen, daß es etwas anderes sei als es selbst. Das richtet sich freilich gegen die – nicht notwendig mit jeder Spielart „politischer Theologie" verbundene – Forderung, das Politische zum hermeneutischen Prinzip des Christlichen zu erheben. Sie würde nicht nur das Christliche, sondern auch das Politische verderben[1]. Daß der Christ, weil er Christ ist, nicht an der politischen Verantwortung vorbeigehen kann, versteht sich von selbst; daß christliche Hoffnung, die sich nicht im Maß des Machbaren und Erreichbaren erschöpft, den Realismus, die Menschlichkeit und den unenttäuschbaren Mut zu immer neuem Handeln für den Menschen in der Politik nährt, steht vom Wesen und Anspruch des Christlichen ebenfalls außer Zweifel. Gleichwohl ist das Politische mehr als bloße „Anwendung" des Christlichen und erschöpft sich das Christliche nicht in dem, was Politik für den Menschen erreichen kann und versuchen darf. Politisches und Christliches können nur dann füreinander fruchtbar werden, wenn sie sich aneinander freigeben, wenn sie sich voneinander unterscheiden, um in solcher Unterscheidung Impuls füreinander zu werden. Impuls füreinander: denn auch das Christliche kann in seinem Verständnis und in seiner Realisierung vom Politischen lernen.

In der nachfolgenden Skizze zur Untersuchung des Politischen

---

[1] Vgl. hierzu z. B. *H. Rombach*, Strukturontologie. Eine Phänomenologie der Freiheit (Freiburg i.Br. 1971) 69–74.

geht es nicht darum, für eine politische Wissenschaft oder für eine politische Ethik philosophische und theologische Grundlagen zu erarbeiten; vielmehr soll, ausgehend von der Situation des Politikers und des Politischen in unserer Zeit, eine knappe Phänomenanalyse des Politischen versucht werden. Von ihr führen Linien zum politischen Handeln wie auch zum Selbstverständnis und Selbstvollzug des Christentums. Diese Linien werden freilich in unserem knappen Entwurf nur mehr angedeutet.

II. Vorurteile gegenüber der Politik*

Politiker haben es nicht leicht. Gerade dann nicht, wenn es ihnen – nicht bloß vor anderen, sondern auch vor sich selbst – darum geht, ihre Politik an Maßstäben zu orientieren, ihre Politik zu verantworten. Sie geraten, sozusagen konstitutionell, in ein mehrfaches Dilemma.

Weil sie ihre Politik an Maßstäben orientieren, kann ihnen der Erfolg nicht alles sein. Weil es aber Politik ist, was sie an diesen Maßstäben orientieren, können ihnen diese Maßstäbe nicht alles sein; diese müssen ja zum Zuge kommen, sich umsetzen in gesellschaftliche, politische Wirklichkeit. Dann aber muß den Politikern an ihrer eigenen politischen Effizienz liegen. Gewiß wäre es fatal, wenn sie mit der Berufung auf Grundsätze nur ihr Streben zum Erfolg verbrämten. Wäre es indessen nicht auch fatal, wenn sie um der Reinheit ihrer Grundsätze willen darauf verzichteten, daß wenigstens *etwas* von diesen Grundsätzen, wenigstens das Erreichbare, Mögliche in die konkrete Gestalt der Gesellschaft eingeht? Wo aber sind die Grenzen, wo muß auf den politischen Effekt verzichtet werden, weil man sich sonst daran mitschuldig machte, daß das Unvertretbare sanktioniert wird? Und wo gehört der Kompromiß, das Sich-Arrangieren, der Abstrich vom eigentlich Gewollten, hinzu, damit nicht alles verlorengeht? Diese Fragen sollen hier nicht aufgearbeitet werden, sie sollen stehenbleiben. Sie sollen aber darauf hinweisen, daß Politik mehr ist – und gerade um solcher Ziele willen, die sich nicht in politischer Macht erschöpfen, mehr ist als die saubere und direkte Anwendung von Prinzipien, die man eben deklamatorisch vertreten und mit irgendwelchen Mitteln durchsetzen muß[2]. Es geht ja schließlich auch nicht nur darum, für den Augenblick etwas zu erreichen, von dem aber vorauszusehen ist, daß im Gegenstoß hernach genau nur das Gegenteil – und dies vielleicht in breiterer Front – herauskommt, als der momentane Erfolg für eine gute Sache es verlohnt. Noch einmal: Das rechtfertigt keinen vorschnellen Pragmatismus, das bedeutet keine Auseinanderreißung des Grundsätzlichen und des Politischen, das stellt aber vor die Frage, wie das Grundsätzliche im Politischen, auf die spezifische Weise des Politischen zur Geltung kommen könne. Die Frage ist also die Frage nach dem Unterschied des Politischen.

Ehe sie angegangen wird, sei sie noch verschärft; denn das gezeichnete Dilemma ist nicht das einzige, in das der Politiker gestellt ist, dem es in der Politik um mehr als bloß um sich geht. Will der Politiker Grundsätze realisieren, so scheint oft genug von den unzweifelbaren Maßstäben her die komplexe Situation nicht mehr leicht in Sicht zu kommen oder, umgekehrt gesagt, scheint von der Realität her der Blick auf die Prinzipien mannigfach verunsichert, verstellt. Es ist nicht deutlich, was in „dieser" Situation aus noch so klaren Prinzipien konkret zu folgern ist oder welche Prinzipien für diesen konkreten Fall nun zuerst und vor allem in Anschlag zu bringen sind. Man kann aus der Notwendigkeit, allen Menschen eine Chance zu erschließen, den Egoismus der Besitzenden in der Welt abzubauen, Entwicklung voranzutreiben, nicht sofort eine bestimmte Handelspolitik ableiten; man kann aus dem Vorrang des Friedens vor den meisten anderen Werten nicht unvermittelt bestimmte politische Konsequenzen deduzieren. Da ist schon überall etwas mit den Prinzipien zu machen, da kann auf keinen Fall an ihnen vorbei gedacht und gehandelt werden. Aber welchen Prinzipien ist jeweils der Vorrang zu geben, wie können alle Gesichtspunkte wirkungsvoll kombiniert, ja, wie kann überhaupt das, worum es geht, am aussichtsreichsten und am besten realisiert werden? Es wird nie so weit kommen, daß sich etwa ein Handbuch christlicher Sozialehre schreiben ließe, in dem man die politisch richtigen Lösungen

---

[2] Vgl. *B. Welte*, Über das Wesen und den rechten Gebrauch der Macht (Freiburg i. Br. 1960) bes. 29ff.

einfach ablesen könnte. Politik ist mehr als Kasuistik einer gesellschaftlichen bzw. politischen Moral. Was aber ist das Politische dann, wenn es sich nicht in der rationalen Anwendung richtiger ethischer Maximen auf das Leben der Gesellschaft erschöpft, und zwar gerade deshalb nicht, weil es darum geht, derlei Maximen zu verwirklichen?

Die Verdächtigungen, Politik sei die Zwielichtigkeit eines mit dem Willen zur Macht befleckten Handelns, die Unehrlichkeit eines seine Maßstäbe mit dem Schielen auf Erfolg manipulierenden Agierens, sie sei Ersatz der Argumente durch List oder Gewalt, mögen zwar immer wieder Nahrung aus konkreten Erfahrungen erhalten; prinzipiell behauptet oder unbewußt ins Repertoire der prägenden Vorurteile aufgenommen, verfehlen sie jedoch fundamental den Stellenwert und das Wesen des Politischen.

III. Die Flucht vor dem Politischen*

Derlei Vorurteile gegen die Politik sind nicht von heute. Und doch – nochmalige Zuspitzung der Frage nach der Unterscheidung des Politischen – ist das Politische gerade heute gefährdet. Es legt sich nämlich bei näherer Analyse der geistigen und gesellschaftlichen Entwicklung die Hypothese nahe, die Neuzeit sei gezeichnet von der Flucht vor dem Politischen.

Diese Hypothese mag erstaunen. Vieles spricht gegen sie: die „Politisierung" so vieler Lebensbereiche in totalitären Systemen, aber auch dort, wo man der Freiheit und der Demokratie das Wort redet; nicht zuletzt die Resonanz der eingangs erwähnten Forderung, Christentum und Kirche selbst primär oder gar exklusiv „politisch" zu interpretieren.

Was soll unsere Hypothese? In vielerlei Schritten und Schichten geschah im Verlauf der letzten Jahrhunderte das Folgende: Die Gesellschaft emanzipierte sich aus ihr vorgegebenen Ordnungen, sie lehnte es mehr und mehr ab, Ordnungen nur zu *reproduzieren*, und erhob sich statt dessen zum Anspruch und Versuch, ihre eigene Ordnung jeweils aus sich selbst zu *produzieren*, sie wollte *als* Gesellschaft insgesamt Subjekt ihres Handelns werden. Es gehört zum Pathos der Rationalität, das die Neuzeit zeichnet, alles allgemein, somit im Grundsatz für alle durchsichtig zu machen. Was mit der Gesellschaft geschieht, soll der Gesellschaft selbst durchsichtig, in seinem genetischen Zusammenhang erklärlich werden. Dies aber ist der Schritt dazu, die Genese selbst zu übernehmen, das Geschehen mitzutragen, mitzuverantworten. Vor-Urteile sollen aufgearbeitet, sie sollen zu gemeinsamen, wenn man so will: zu Volksurteilen werden. Es geht hier nicht an, die Stadien solcher Entwicklung von Ideen des Humanismus und der Reformation über die Französische Revolution bis hin zu den großen politischen Schüben des 19. und 20. Jahrhunderts zu verfolgen.

Diese Entwicklung ist nicht rückgängig zu machen, und sie ist nicht zu beklagen. Das Streben nach mehr Freiheit, nach mehr *gemeinsamer* Freiheit ist legitim. Nach gemeinsamer Freiheit: Denn wie anders kann Freiheit verwirklicht werden als miteinander, wenn mehrere frei sein sollen, jeder frei sein soll und doch jeder mit jedem verflochten ist? Pius XII. hat einmal darauf hingewiesen, daß es nicht eigentlich möglich sei, Freiheit aus einem Bereich wieder zu verdrängen, in dem sie sich konstituiert, in dem sie Platz gegriffen hat.

Doch gerade dann bleibt eben auch die Frage zu stellen, ob es wirklich die Freiheit sei, die in einer Entwicklung Platz greift. Und hier setzt unsere Hypothese an, daß die Neuzeit von einer Fluchtbewegung weg vom Politischen gezeichnet sei, wenngleich das Politische, das gemeinschaftliche Handeln der Gesellschaft in ihrer eigenen Sache, seinen Bereich so augenscheinlich ausgeweitet hat. Um der Deutlichkeit willen seien einige Überzeichnungen gestattet. Der Anspruch der Gesellschaft, Subjekt ihres eigenen Handelns zu sein, ihre eigene Ordnung jeweils neu aus sich selbst zu entscheiden und zu prägen, mit der perfekten Kontrolle des politischen Geschehens durch alle einen höchsten Grad der Durchsichtigkeit dieses Geschehens zu erreichen, somit aber möglichst umfassend die eigene Zukunft selber zu entwerfen, erzeugt eine ungeheure Anspannung. Faktisch findet die Gesellschaft sich durch solchen Anspruch weithin überfordert – aufgegeben werden kann er indessen nicht. So aber kommt es zur inneren Umdeutung des Politischen, zur geheimen Flucht vor ihm.

In drei Richtungen vor allem läuft diese Flucht. Die eine bedeutet Reduktion des Politischen auf bloße *Rationalität* und *Rationalisierung*. Wie kann die „richtige" Lösung jeweils gefunden, wie kann die Fehlerquelle subjektiver Leidenschaft ausgeschlossen werden? Es scheint am ehesten dadurch, daß alle Vorgänge auf ihre rationale Struktur hin durchschaut werden. Das Feststellbare, Berechenbare wird zum Ganzen und Eigentlichen erklärt. An ihm, an seinen Tabellen, will man das je Gemäße ablesen können. Totale Rationalisierung, Funktionalisierung, im Extremfall gar *Ersatz* der Entscheidung durch Information und Steuerung aus dem Computer sind Zielbilder eines Strebens nach *Sicherung* der eigenen Entscheidung, von der man sich überfordert weiß. Dem entspricht die Projektion der faktischen Autorität vom Träger eines Amtes auf den Wissenschaftler, auf den „Magier" der absoluten und unzweifelhaften „Transparenz", zu dem man ihn insgeheim erhebt.

In der zweiten Fluchtrichtung versteckt sich die eigene Verantwortung hinter die *Mehrheit*. Wenn alle entscheiden sollen, dann muß es, in der Tat, Mehrheiten geben. Aus dieser rationalen Notwendigkeit fließt aber oft genug die Ideologisierung der Mehrheit. Was die meisten denken, wird, weil ja schließlich alle denken können, so denkt man, schon das Richtige sein. Oder aber man entschuldigt seine Ratlosigkeit, seine Ohnmacht damit, daß man nichts machen konnte, weil die Mehrheit nun einmal so ist: Mehrheit als Alibi für die Flucht aus der Verantwortung. Hinzu kommt der Trend der Solidarisierung eigenen Meinens und eigener Maßstäbe mit dem, was in der Mehrheit fraglos und selbstverständlich gilt, also ein Abbau der Spannungen aufs Mehr und Anders zugunsten des immer schmaler werdenden Maßes allgemeiner Konsonanz, das als solches normativen, in sich aber regressiven Charakter annimmt. Verkürzt gesagt: Statt eine Mehrheit für das zu suchen, worum es geht, statt um wachsendes Verständnis *für* etwas und Einverständnis *in* etwas zu werben, identifiziert man sich mit dem, wofür schon eh und ohne die Anstrengung neuen Ringens um Erkenntnis und Anerkenntnis die Mehrheit ist. So ergibt sich im Extremfall, der sich gesellschaftlich oft genug durchsetzt, die „Mehrheit des Mitleids", will sagen die Solidarisierung mit jenen, die eine geltende Norm in Konflikte bringt; diese Konflikte sollen institutionell ausgeschaltet, die Norm soll den tragischen Situationen des einzelnen angepaßt werden. Nächst dem „Wissenschaftler" hat der „Therapeut" am ehesten Aussicht, Maßstäbe in der Gesellschaft zu setzen. Die Nivellierung der Konflikte durch Grenzbegradigung, ja Grenzreduktion gesellschaftlicher und politischer Normen, die Beseitigung der Konflikte durch den Verzicht auf ihr Objekt sind Gestalten der Flucht vor dem Politischen, vor seinem Anspruch der weiterführenden Phantasie und Gestaltung.

Der dritte Weg der Flucht umgreift zwar im Grunde die beiden genannten Spielarten, erschöpft sich aber nicht in ihnen. Gemeint ist die Flucht in die Ideologie. Es gibt beileibe nicht nur die Ideologisierung der Ratio und der Mehrheit; es gibt auch die Ideologien des Irrationalen und der „wissenden" Minderheiten, die sich berufen fühlen, ohne Rücksicht auf die Freiheit der anderen ihnen das aufzuoktroyieren, worum es ihrer Freiheit „eigentlich" gehen müßte. Die schrecklichen Ideologien des Totalitarismus – oder umgekehrt der Totalitarismus schrecklicher Ideologien, denn alle Ideologien wirken ihrem Wesen nach letztendlich totalitär – sind uns aus jüngster Geschichte nur zu bekannt. Gerade hier wird die Flucht vor dem Politischen offenbar: An die Stelle einer Vermittlung zwischen Idee und Wirklichkeit, einer Gewinnung der Wirklichkeit *für* die Idee und der Idee selbst im Umgang *mit* der Wirklichkeit tritt die Verkürzung der Wahrheit zur vorgefertigten Parole, der dann die Wirklichkeit, und sei es mit Schrecken, angepaßt wird.

IV. Politik als Kunst der Freiheit*

Allerdings: Wenn die skizzierten Entwicklungen als Flucht vor dem Politischen bezeichnet werden, so ist hier bereits ein Vorverständnis des Politischen unterlegt, das es im folgenden positiv zu entfalten gilt. Das Politische soll dabei nicht zuerst als Bereich neben anderen Bereichen verstanden sein; es geht nicht primär um eine Abgrenzung des Politischen gegenüber dem Gesellschaftlichen oder dem Religiösen. Vielmehr soll die Handlungsstruktur des Politischen als solchen in den Blick treten.

Die erste grundlegende These lautet: Politik ist Kunst. Es geht beim politischen Handeln um die Gestaltung gesellschaftlicher Wirklichkeit. Sofern diese Wirklichkeit gestaltet wird, ist eine Idee im Spiel, wird eine Idee umgesetzt. Dies trifft immer zu, und zwar auf doppelte Weise. Einmal hat der politisch Handelnde seine Intention, sein konkretes Ziel, das noch nicht wirklich ist und das er politisch handelnd ins Werk setzt. Das gilt auch von jenem, der „nur pragmatisch" Politik treibt. Doch auch das andere gilt nicht minder allgemein: Sofern politisches Handeln in der Gesellschaft etwas bewirkt, etwas in ihren Verhältnissen ändert oder stabilisiert oder eröffnet, entspricht sein Effekt einer Idee von Gesellschaft, mag der politisch Handelnde dies wissen und wollen oder nicht. Wie das, was der Mensch sieht und hört, selbst wenn er es wider Willen sieht und hört, die Gestalt seines Lebens prägt, so prägt und gestaltet das, was politisch geschieht, die an diesem Geschehen beteiligte Gesellschaft. Sie erhält durch die Politik, die sie tut, die sie akzeptiert oder in die sie verstrickt ist, die Ausformung ihrer eigenen Struktur. Es bleibt jeweils an die politische Wirklichkeit die Frage zu stellen: Darf und kann Gesellschaft so sein? Zur Politik als Kunst gehört es nun aber, daß die Idee, zu deren Realisierung die Politik faktisch immer beiträgt, und die Intention dessen, der Politik treibt, zusammenfallen; anders gesagt: daß der politisch Handelnde weiß und will, was er bewirkt, und daß er in der Gesellschaft bewirkt, was er weiß und will. Politik heißt, eine Idee haben, wie Gesellschaft sein soll, und die Kraft haben, die Gesellschaft nach dieser Idee zu gestalten.

Das spezifisch *Künstlerische* der Politik zeichnet sich indessen im Verhältnis von Idee und Wirklichkeit *zueinander* ab. Kunst reproduziert nie nur Maßstäbe, sondern setzt Maßstäbe, erzeugt sie aus sich selbst. Ein Sonatensatz beispielsweise, der nichts anderes wäre als die Abhandlung seiner vorgefertigten Form, wäre weniger Kunstwerk als jener Sonatensatz, der sozusagen nur im nachhinein zu den Formgesetzen seiner Gattung paßt, der also aus seinem inneren Geschehen die Form *erschafft*, die er „bestätigt". Das Kunstwerk setzt seinen Maßstab, es setzt ihn aber nicht willkürlich, sondern derart, daß darin sichtbar wird: So muß es sein. Gerade wenn ein Kunstwerk „Ereignis" ist, steht die Frage auf: Wieso konnte es einmal nicht sein? Dies besagt nicht den Ausfall von Orientierung an Vorgegebenheiten und

Normen, sondern ihre „induktive" und „produktive" Einholung im genetischen Geschehen. Angewendet auf die Politik: Sie ist immer „neu" und gerade darin Aufgabe der Identität der Gesellschaft, Findung ihrer Lebensform und Lebensnorm. Große politische Lösungen sind solche, die ihr Konzept und ihren Effekt ausweisen als die gerade jetzt fällige Antwort auf die Situation, als die gerade jetzt gültige Gestalt gesellschaftlicher Wirklichkeit.

Was aber ist das Kennzeichnende gerade der Kunst, welche die *Politik* ist? Hierzu eine zweite These: Das, was Politik gestaltet, ihr „Stoff", in dem sie sich realisiert, ist die Freiheit *als* Freiheit, und zwar die Freiheit als *gemeinsame* Freiheit, die gemeinsame Freiheit als Subjekt der gemeinsamen *Zukunft*, als die Voraussetzung dessen, was jetzt noch nicht ist, aber werden wird. Politik, selbst „autoritäre" Politik, ist immer auf Zustimmung angewiesen; gerade bei autoritären Systemen kommt es auf „Volksabstimmungen" an, die ein überwältigendes „Ja" aller dokumentieren sollen. Was die Politik in der Gesellschaft realisiert, soll sich jeweils als das bestätigen, was die Gesellschaft auch von sich aus will. Der Politiker, und dies ist seine Kunst, muß seinen Willen, er muß seine Idee haben, und er soll von dieser seiner Idee gerade keine Abstriche machen. Aber diese seine Idee soll die Idee auch der Freiheit der anderen werden, und dies, dem Wesen der Politik gemäß, nicht nur zum Schein, sondern in Wahrheit. Aus der Freiheit der andern, aus ihrer Mitursprünglichkeit soll die Idee gesellschaftlicher Wirklichkeit – und entsprechend diese Wirklichkeit selbst – hervorgehen. Die Konsonanz der Freiheiten und ihre Kooperation, ihre Partnerschaft, sind der Raum, in dem Politik geschieht, geschieht als der Entwurf der Zukunft und als ihre Voraussetzung.

Gerade dieses Verständnis von Politik bestätigt einerseits den Zug der Neuzeit, der Gesellschaft als ganze zum Subjekt ihres politischen Handelns werden läßt; dieses Handeln der Gesellschaft soll aber ein Handeln aus ungebrochen vielfältigem Ursprung, es soll ein Handeln sein, das als seine Grundform nicht die Ausflucht in das Neutrum eines steuernden Apparates oder in die sich von ungefähr ergebende Mehrheit der Stimmung und Einsicht des Augenblicks kennt, sondern das Gespräch der Überzeugung, des Einverständnis suchenden Ringens ums Selbe.

Das „Erfinderische" der Kunst, welche die Politik ist, liegt darin, jene Formeln zu erheben, die die Übereinstimmung vieler miteinander in derselben Idee und im selben Handeln gewährleisten. Solche Übereinstimmung darf sich freilich nicht auf eine Leerformel stützen, durch welche Gemeinsamkeit nur vorgetäuscht, das Nebeneinander der Standpunkte aber nicht in die Gemeinsamkeit der Aktion aufgehoben wird. In anderer Richtung gelesen: Das Erfinderische der Politik besteht darin, die faktischen Möglichkeiten als Stoff für die Verwirklichung der politischen Idee aufzuspüren und nutzbar zu machen und umgekehrt aus den Gegebenheiten, aus der Wirklichkeit den zündenden Funken weiterweisender Möglichkeit herauszuschlagen.

Die *Freiheit*, die *gemeinsame* Freiheit, die gemeinsame Freiheit als Träger der *Zukunft:* Das ist indessen nicht nur der „*Stoff*" der Kunst, welche Politik heißt. Wenn Freiheit Freiheit ist, und wenn es um die Gemeinschaft und um die Zukunft *der* Freiheit und *in* Freiheit geht, dann ist dieser Stoff selbst auch zuletzt und zuhöchst *die Idee selbst,* welcher die Politik dient, ihr Inhalt. Freiheit wäre nicht mehr frei, wo sie auf anderes hin verplant würde. In dem, was ihre Kunst ausmacht, findet die Politik auch ihr wesentliches Maß. Dies ist eine dritte These zum Wesen und Unterschied des Politischen. Freiheit ist politisch nicht im Sinn eines formal leeren Freiheitsbegriffs zu verstehen. Freiheit soll als gemeinsame gerade nicht nur das Nebeneinander von gegenseitig sich nicht störenden Beliebigkeiten einzelner bedeuten, die durch ein System gegenseitiger Sicherung voreinander und durcheinander geschützt wären. Politik als das ernste Spiel der Gemeinschaft der Freiheit muß die ganze *Spannung* der Freiheit austragen: Freiheit ist je die meine und die deine, aber sie ist es als Freiheit füreinander, zueinander und durcheinander. Und nur in dieser Annahme der gegenseitigen Verwiesenheit und Abhängigkeit, nur in der Gewähr der Offenheit, daß jede Freiheit frei sein kann und jede Freiheit in Kommunikation stehen kann mit der Freiheit der andern, ist Politik wahrhaft Zusammenspiel. Als die bloße Synchronisierung der Unabhängigkeiten wäre sie der Apparat, der die vereinzelte Freiheit im Gefängnis ihrer selbst isolierte.

V. Der Mensch als Maß der Politik*

Politik als Kunst der Freiheit hat eigentümliche theologische Relevanz. Gott ist jener, der schafft, der Freiheit schafft. Er setzt nicht nur ein Kunstwerk, das eben so sein muß, wie der Künstler es gewirkt hat, sondern er setzt Partnerschaft, die von sich aus, in Freiheit, sein kann und so gerade Bild dessen ist, der sie schafft. Und er schafft diese Freiheit als Offenheit zu anderer Freiheit, als Freiheit des Ich und Du ins Wir. Gerade die Politik hat eine eigentümliche Affinität zu diesem Zug der schöpferischen Kunst. Die Nähe der Politik zur göttlichen Kunst Gottes ist freilich auch ihre besondere Gefährdung. Nirgendwo mag die Versuchung so stark sein, den Unterschied zu übersehen und zu überspringen, der zwischen der Kunst des Schöpfers und der Kunst des Menschen waltet. Die Schöpfung setzt menschliche Freiheit, die noch nicht ist, damit sie sei. Politik aber hat die Freiheit des Menschen, der schon ist, schon frei ist, schon zum Vollzug der Freiheit und der Gemeinschaft bestimmt ist, zu wahren und zu achten. Politik ist, trotz und in aller Spontaneität, wahrende, antwortende Kunst, Kunst, der ein epochetischer Zug eignen muß. Politik darf sich nicht ihren Menschen machen, und sie darf sich daher auch nicht unterfangen, sein Heil machen zu wollen.

Hier setzt die Verwiesenheit der Politik auf „Grundsätze" ein. Ihre „Heteronomie" *in* aller Autonomie ist der Mensch, ist seine Freiheit. Um die Anforderungen *an* die Politik auf einen knappen formalen Nenner zu bringen: Politik wird dem Menschen, wird der Freiheit und der Gemeinschaft in Freiheit nur dann gerecht, wenn sie auf die Vielfalt der Bezüge achtet, die zum menschlichen Leben und zum Leben der Gesellschaft hinzugehören. Politik muß „universal" sein. Bloße National-, bloße Kultur-, bloße Sozial- oder Gesellschaftspolitik allein wären je unpolitisch, wären zuwenig. Konsonanz und Kompatibilität der vielen Dimensionen menschlichen Daseins und menschlicher Gemeinschaft müssen in der Politik gewahrt werden. Das wäre ein erstes Stichwort. Ein zweites ist schon gefallen: Es ist der epochetische Zug, es ist die Zurückhaltung, die nicht den Menschen und nicht sein Heil macht, sondern den Menschen, seine Freiheit und sein Heil achtet. Zum dritten aber sind die Fundamente zu nennen, die politisches Handeln tragen müssen, damit es seinem Wesen treu sei: Sein, Selbstsein, Mitsein. Das Sein des Menschen und das, was zu diesem Sein als zu seiner Erhaltung und Entfaltung gehört, muß durch die Politik gewahrt und gewährleistet werden; es läßt sich nicht zur Disposition stellen, verfügen, manipulieren. Zum Sein des Menschen aber gehört gerade Selbstsein, Freiheit. Die Freiheit des Einzelnen braucht ihren Schutz, braucht ihren Raum, braucht aber auch ihren Zugang zu den anderen und zum Ganzen, ihr Recht, sich zu äußern und darzustellen. Sein und Selbstsein des Menschen sind so nicht isoliert, beschränken sich nicht auf den Einzelnen. Sein und Selbstsein sind eingebunden ins umgreifende Zusammengehören, in den Dienst füreinander und aneinander. Daß er geschehen kann, daß Gemeinschaft geschehen kann und Gemeinschaft der Raum der Freiheit aller und der Entfaltung aller sei, dies zumal ist der Sorge der Politik aufgegeben.

Es wäre fatal, allein mit der Angabe der genannten Fundamente politischen Handelns, Sein, Selbstsein und Mitsein, eine Ethik des Politischen bestreiten zu wollen. Diese Fundamente sind, abstrakt gesetzt, nicht Prinzipien, aus denen sich ein System aller Maximen verantwortlichen politischen Handelns herleiten ließe. Das Viele und Verschiedenartige, was im Verlauf der Geschichte die denkende Reflexion über die Natur des Menschen und seine gesellschaftliche Verfaßtheit zutage gebracht hat, muß im einzelnen kritisch aufgearbeitet werden. Katholische Soziallehre z. B. ist keineswegs einfachhin „vorbei"[3].

Was aber leisten diese Fundamente? Einmal wird ihre Anerkenntnis die Möglichkeit eines Gesprächs zwischen politisch Handelnden unterschiedlicher geistiger Herkunft ermöglichen. Zum anderen können diese Fundamente Orientierung bieten, die in der Pluralität der Prinzipien und der Komplexität der Umstände das Wesentliche im Blick zu halten hilft. Denn was immer die Prinzipien, was immer die Umstände sein mögen, auf die es zu achten gilt, Sein, Selbstsein und Mitsein müssen gewahrt, müssen kritisch aneinander gemessen und miteinander zur Balance gebracht werden. Die Reduktion des Ganzen auf nur eines dieser

---

[3] Vgl. *K. Hemmerle*, Was heißt „katholisch" in der katholisch-sozialen Bildung? In: Civitas. Jahrbuch für Sozialwissenschaften 9 (1970) 9–26.

Fundamente *müßte,* so oder so, zur Ideologisierung, zu einem offenen oder verkappten Totalitarismus führen. Die Verabsolutierung einer bloßen Ordnung, mögen ihre Maximen auch in sich stimmig sein, der Totalitarismus bindungsloser, sich selbst überlassener Freiheit, die radikale Verplanung des Einzelnen in die Gesellschaft sind Spielarten solcher Verkürzung.

Eingangs hat uns bereits das Dilemma des Politischen beschäftigt, zwischen in sich klaren Prinzipien und gegebenen Situationen handelnd vermitteln zu müssen, ohne daß die Distanz zwischen beiden sich durch rationale Schritte voll aufholen ließe. Ein neues Dilemma des Politikers begegnet uns jetzt: zwischen Sein, Selbstsein und Mitsein handelnd vermitteln zu müssen, ohne daß eines dieser Fundamente in der pragmatischen Lösung, die dem Politiker aufgegeben ist, unterginge. Doch das eine wie das andere Dilemma umreißen nicht nur den Raum der Not des Politikers, sondern auch den Raum seiner Not-wendigkeit, will sagen der Kunst, welche die Not dadurch wendet, daß sie aus ihr die neue Möglichkeit schafft.

VI. Das Politische und das Christliche*

Es ging unserem Nachdenken ums Politische als solches. Wenn nun das Politische sich uns als Kunst gezeigt hat, so ist das Resultat naturgemäß kein anderes als das einer jeden Analyse von Kunst: Sie ersetzt nicht die Kunst, sondern gibt sie an sich selbst, an ihr unvorhersehbares und unplanbares Ereignis frei. Kunst gelingt dem Künstler nicht leichter, wenn ein gemäßes „Verständnis" von Kunst entwickelt wird. Politik fällt dem Politiker nicht leichter, wenn das Phänomen des Politischen unverstellt in den Blick kommt – aber vielleicht fällt es anderen leichter, den Politiker und das Politische zu verstehen, wenn sein Unterschied sich formuliert.

Der Unterschied des Politischen muß von uns indessen noch daraufhin befragt werden, was er für das Verständnis und den Vollzug des Christlichen sagt. Wie schon betont, wäre es verkehrt, das Christliche und das Politische einander gleichzusetzen. Zur inneren Struktur des Politischen gehören indessen Momente, in denen die Eigenstruktur des Christlichen sich spiegelt, sich spiegelt freilich derart, daß darin gerade die „Abweichung", die Eigengesetzlichkeit des Christlichen zutage tritt.

Der Angelpunkt des Politischen ist die Freiheit. Das Politische ist die Kunst, Freiheit als gemeinsame in jene Gestalt zu führen, in welcher Sein, Selbstsein und Mitsein ihre sich gegenseitig wahrende und gewährende Ordnung finden. Auch in der Mitte des Christlichen steht Freiheit, jene Freiheit, zu der Christus uns befreit hat (vgl. Gal 5,1). Diese Freiheit ist nichts *neben* der Freiheit des Menschen als solche, sondern sie selbst, sie selbst aber aus einem Ursprung und zu einem Ziel hin, die nicht im Vermögen der menschlichen Freiheit liegen. Auch zur christlichen Freiheit gehört es, gemeinsame Freiheit zu sein. Ihr gemeinsamer Vollzug steht unter vergleichbaren Ansprüchen wie das Politische: Alles, was ist, alle Dimensionen des Menschlichen müssen gewahrt und gewährleistet, sie müssen an sich selbst freigegeben und zugleich in ihre Einheit miteinander geführt werden – darin erweist sich christliche Freiheit als Präsenz der alles an sich freigebenden Freiheit des schaffenden und erlösenden Gottes. Christlicher Freiheit eignet so auch zugleich ein epochetischer Zug: Als *Verhältnis* zu allem ist sie nicht *Zuständigkeit* für alles, sondern auf das, was neben und außer ihr ist, vor allem aber auf den, von dem her sie Freiheit ist, verwiesen. Christliche Freiheit hat schließlich Sein, Selbstsein und Mitsein zu Fundamenten ihrer gemeinsamen Ordnung.

Sein, Selbstsein und Mitsein zeigen sich hier freilich in einer anderen Perspektive, und gerade sie macht den Unterschied des Christlichen zum Politischen in aller Entsprechung der Struktur deutlich. „Sein" wird christlich auf die Huld Gottes hin gelesen, die sich gibt. Ihre Gegebenheit in Jesus Christus, in der Verbindung mit ihm durch die Kirche, in der jeden einzelnen, der sich befreien läßt, befreienden Gnade, in Anspruch und Geschenk von allem, was uns begegnet, setzt christlicher Freiheit das Maß. Solches Gegebensein bestimmt aber auch das „Selbstsein" christlicher Freiheit neu. Sie ist, indem sie sich gibt. Das fundamentale „Recht" christlicher Freiheit ist das Recht zu lieben. Maß dieser Liebe ist der, der sie durch seine Liebe bis zum Tod begründet hat. Auch die Gaben des Geistes Jesu, die für den Aufbau der Kirche als der Gemeinschaft der von Christus Befreiten gegeben sind, bewähren sich darin, daß sie Gaben zum Dienst, Gaben zur Weitergabe, ja Gaben zur Weggabe sind. So aber läßt sich das Selbstsein christlicher Freiheit nicht trennen von jenem „Mitsein", dem als höchstes Maß die Gemeinschaft gesetzt ist, als die Gott sich selbst in Jesus Christus offenbart: Einssein, wie der Vater und der Sohn eins sind im einen Geist (vgl. Joh 17,21). Göttliches Selbstsein ist nicht stehende, nur auf sich bezogene Selbstidentität, göttliches Selbstsein „ist" Mitsein, ist totales Wegsein von sich selbst, das sich im anderen findet und in ihm über sich selbst hinaus öffnet, um uns Gemeinschaft zu geben mit sich, Gemeinschaft, in der unser eigenes Selbstsein Mitsein wird.

Es wäre eine verkürzende Konsequenz aus diesem Unterschied des Christlichen, für die Gemeinschaft der Christen, für die Kirche abzuleiten, daß es in ihr keine anderen Strukturen der Kommunikation geben dürfe als jene des dreifaltigen Lebens, das absolute Freiheit als absolute Liebe ist. Es wäre aber nicht minder eine fatale Konsequenz aus der Verwiesenheit des Christlichen in die Bedingungen unserer Geschichte und unserer Gesellschaft, seine Strukturen „politisieren" zu wollen. Kirchliche Strukturen sind die geschichtliche Ironie auf das, was sie meinen[4]: Sie sind – im Feld menschlicher Mittelbarkeit, geschichtlicher Abhängigkeit, gesellschaftlicher Relation zu Fakten und Umständen – der Raum, in dem göttliche Freiheit sich dem Menschen anbietet und den Menschen anruft. Das erfordert Sich-Stellen unter Gegebenheiten – aber diese Gegebenheiten sind letztlich die der göttlichen Liebe. Das erfordert den Mut zum Selbstsein, das sich äußert, das seine eigene Gabe ins Spiel bringt – aber letztlich indem es sich verschenkt, indem es nicht auf sich besteht. Das erfordert Mitsein, radikale Brüderlichkeit – die aber nicht zurückschreckt vor der Brüderlichkeit Jesu, der uns das Wort seiner Hoheit zumutet und zugleich jene äußerste Demut, in welcher er jene seine Brüder nennt, die ihn verlassen und verleugnet haben (vgl. Joh 20,17). Entzögen Christen sich solcher Spannung, so begäbe sich unter ihnen nicht nur dasselbe wie

---

[4] Vgl. *K. Hemmerle*, Gemeinschaft des Zeugnisses: Wandlungen im kirchlichen Institutionswesen. In: *K. Färber* (Hg.), Krise der Kirche – Chance des Glaubens (Frankfurt a.M. 1968) 119–144.

dort, wo die Flucht vor dem Politischen in den Schein absoluter Rationalität, in die Entschuldigung der Mehrheit, in den Trug der Ideologie führt; es unterbliebe das Zeugnis, das Christen in der Gesellschaft für jene Freiheit geben müssen, die die Politik allein nicht erreicht und die doch immer neu Politik ermöglicht. Denn wer im Glauben an eine unüberholbare Liebe Gottes zum Menschen selbst die Freiheit zur Liebe gewinnt, der wird in ihr jene Ermächtigung und Ermutigung entdecken, deren – über alle Enttäuschungen, Gefährdungen und Aporien hinaus – gerade die Kunst des Politischen bedarf, die Kunst, menschliche Freiheit gemeinsam in den Zwängen der Endlichkeit zu realisieren.

POLITIK UND ETHIK

Phänomenologische Randbemerkungen

Krieg und Zusammenbruch 1945 stellten junge Menschen damals vor zwei Fragen zugleich, die es im persönlichen Leben miteinander zu verbinden galt: Woraus kann ich leben und kann Geschichte leben und heil werden? Welches ist mein Beitrag, um an der verantwortlichen Gestaltung gemeinsamer Zukunft mitzuwirken? Der Kontext dieser beiden Fragen hat Manfred Hättich und mich ein Stück gemeinsamen Weges gehen lassen, das mir kostbar und präsent geblieben ist und mich ihm bleibend verbindet – persönlich wie im Mit- und Weiterdenken. Zeichen dessen sollen die nachfolgenden Randbemerkungen zum Zusammenhang zwischen Ethik und Politik sein. Sie führen in etwa Gedanken weiter, die ich meinem – auch für Manfred Hättich wichtigen – Lehrer Bernhard Welte unter der Überschrift „Unterscheidung des Politischen" vor fast 20 Jahren gewidmet habe[1].

„Randbemerkungen" nenne ich meinen Beitrag, weil er keineswegs den Anspruch erhebt, das mit dem Titel „Politik und Ethik" bezeichnete Problem allseitig anzugehen; vielmehr sollen (darin methodisch Bernhard Welte verpflichtet) einige im Spannungsfeld Politik-Ethik wichtige Phänomene angeleuchtet und soll somit der Ansatz erweitert werden, von dem aus das Verhältnis zwischen Politik und Ethik sich bedenken läßt.

---

[1] Siehe *K. Hemmerle*, Unterscheidungen (Freiburg i. Br. 1972) 112–127.

I. Zugang: Konstitution der Freiheit

1. Philosophische und theologische Analogien

Für die phänomenologische Frage, was das spezifisch Politische sei, und für die damit zusammenhängende Frage, was dieses spezifisch Politische mit dem spezifisch Ethischen zu tun habe, wurden mir vor allem vier Denkmotive der philosophischen und theologischen Tradition wichtig. Sie haben – mit höchstens einer Ausnahme – unmittelbar mit der Welt des Politischen nichts zu tun.

Da ist zunächst einmal Thomas von Aquin, der, über die Ursächlichkeit Gottes nachdenkend, darauf stößt, daß es der ersten Ursache ansteht, nicht nur Wirkungen zu schaffen, sondern Ursachen. Was also die Einzigartigkeit und Allursächlichkeit der Erstursache Gott zu beeinträchtigen scheint, bestätigt sie: daß er Seiendes erschafft, das selber Ursache wird[2].

Schelling entwickelt einen ähnlichen und doch anders gerichteten Gedanken, der sich, da auf die Weltgeschichte bezogen, näher an das Feld des Politischen heranführen läßt: Geschichte als ein Schauspiel, das einen einzigen Komponisten oder Dirigenten hat, der aber so komponiert und dirigiert, daß die in der Geschichte Wirkenden sich selber, ihre eigene Freiheit „spielen", indem sie ihm folgen[3].

Ein dritter Gedanke, der aus einer in Augustin verwurzelten Tradition katholische Dogmatik insgesamt bestimmt, betrifft das Verhältnis von Gnade und Freiheit. Gnade als göttliche Vorgabe und menschliche Freiheit sind einander nicht derart zugeordnet, daß der Anteil der Gnade am Ganzen jenen der Freiheit verringert, sondern umgekehrt: Gottes Wirken ist dergestalt, daß es Freiheit hervorruft, gründet, freiläßt, mehrt. Selbstsein des Menschen ist, aus der Perspektive des schaffenden und begnadenden Gottes gelesen, nicht ein bedrohlicher Gegensatz, sondern eine Bestätigung und Frucht der alles setzenden und vermögenden göttlichen Freiheit. Diese muß allerdings *als* Freiheit und so gerade nicht

---

[2] Vgl. *Thomas von Aquin*, S. c. gent. l. 1, c. 15 und l. 2, c. 42 und 45.
[3] Vgl. *F. W. J. Schelling*, System des transzendentalen Idealismus III. In: *Ders.*, Schriften von 1799–1801 (Darmstadt 1967) 603f.

nach einem heimlicherweise doch mechanistischen Verständnis von Kausalität gedacht werden.

Derselbe Grundgedanke in einer anderen Stellung kehrt wieder in der spekulativen Durchdringung des Dogmas von Maria als Theotokos, als Gottesgebärerin, welches in der Mitte des Konzils von Ephesos 431 stand. Menschwerdung Gottes von Gott her ist Menschwerdung zugleich vom Menschen her. Die Allein- und Allursächlichkeit Gottes schließt die Mitursächlichkeit des Menschen für das Dasein Gottes in unserer Geschichte, in unserem Fleisch nicht aus, sondern ein.

Es geht hier nicht um die angeführten Denkfiguren je in sich. Wohl aber verweisen sie uns als Motive auf einen fundamentalen Sachverhalt: Göttliche Erst- und Allursächlichkeit und geschöpfliche Ursächlichkeit sind keine Gegensätze, vielmehr ist die Ursächlichkeit des Geschöpfes höchstes Bild und höchste Verwirklichung göttlicher Ursächlichkeit. Dies hat seine Spitze im Verständnis des Zusammenhangs zwischen göttlicher und geschöpflicher *Freiheit*. Schelling, aber auch Erwägungen des Thomas von Aquin in den einschlägigen Partien der „Summa contra gentiles" öffnen das Verhältnis zwischen unbedingter und bedingter Kausalität auch in das Zusammenwirken geschöpflicher Ursachen hinein.

2. Das Verständnis von Freiheit

Solche Vorgaben legen Spuren, um Freiheit zu verstehen. Zu meiner Freiheit gehört, daß ich wirken kann, was ich will, und wollen kann, was ich wirke, daß die bestimmende Macht meines Wirkens also mir als dem Wirkenden nicht äußerlich ist. Unser Blick auf Texte und Motive theologisch-philosophischer Überlieferung erweitert dieses Verständnis. Für die göttliche Freiheit gilt, daß sie aus sich selbst, aus dem absoluten Anfang, der sie selber ist, anderes zu wirken vermag, was ist, ja, was frei ist. Diese Deutung göttlicher Freiheit enthält zwei Dimensionen: zum einen jene, die die Göttlichkeit und somit Ausschließlichkeit der Freiheit Gottes statuiert, zum andern jene, die das Wesen von Freiheit in seiner Fülle ans Licht hebt, somit aber auch in geschaffener Freiheit zumindest analog aufzuspüren sein muß, damit geschaffene Freiheit wahrhaft und ganz Freiheit sei. Zur ersten Dimension: Nur Gott kann vom Nichts ins Dasein rufen, nur Gott kann aus dem Nichts erschaffen, nur er kann Freiheit konstituieren, Anteil an der Freiheit geben, die allein die seine, ja die allein Er selber ist. Wer – außer Gott – vom Nullpunkt an erschaffen oder gar Freiheit erschaffen wollte, verstiege sich radikal und stiftete konsequenterweise Zerstörung von Sein, Destruktion von Freiheit, Unfreiheit.

Dann ist aber zur zweiten Dimension der göttlichen Freiheit, dies ergänzend und gewissermaßen in Umkehrung der ersten, zu sagen: Auch geschöpfliche Freiheit ist, als Innesein des Prinzips von Handeln im Handelnden selbst, darauf angelegt, daß sie in analoger Weise Neues wirkt; und das Neueste, was sie wirken kann, ist: Gewähr und Entbindung von Freiheit, Freisetzung von Freiheit. Freiestes Handeln ist befreiendes Handeln.

Kehren wir einen Augenblick lang zum frühen und mittleren Schelling zurück. Verkürzend läßt sich aus der Zusammenschau seines Systems des transzendentalen Idealismus, seinem Identitätssystem und seiner Philosophie der Kunst erheben: Spitze menschlicher Freiheit ist das Kunstwerk, künstlerisches als originales Handeln, als Vermögen des Originals, vollendet die Freiheit – und das Kunstwerk der Kunstwerke ist jene Geschichte, in welcher endliche Freiheiten so miteinander konzertieren, daß sie darin mit der unbedingten Freiheit konzertieren und diese sich in endlicher Freiheit zur Erscheinung und Wirkung bringt.

Auch entkleidet von Schellings spezifischen Voraussetzungen liegt hier ein nicht mehr zu vernachlässigender Verweis auf eine Phänomenologie menschlicher Freiheit. Wo ihr das qualitativ „Neue" gelingt, ist sie am meisten bei sich, und das Neueste, was ihr zu gelingen vermag, ist: Zustimmung. Das, was von mir her ist als das Meine, ist auch von dir her als das Deine, und es hebt sich von dir und mir her in die allgemeine Übereinstimmung, die sich darin vollendet, Übereinstimmung zu sein mit dem, was ist, was also – im theologischen Kontext gesprochen – von der unbedingten Freiheit her ist[4].

---

[4] Vgl. dazu, mit erforderlichen Transpositionen, Bonaventura: „Allumfassende Eintracht" als Vollendung des Weltgeschehens in der ewigen Beseligung als die eigent-

3. Der perichoretische Charakter von Freiheit

Den angedeuteten Sachverhalt von Freiheit können wir auch von einem anderen Ansatz her erläutern, der ins selbe trifft und den Gedanken weitertreibt: Freiheit als Selbsttranszendenz. Indem ich etwas wirke, veranlasse, mitteile, setze, ist etwas von mir und aus mir jenseits meiner selbst, und je mehr dieses Mitteilen oder Setzen als solches, also frei geschieht, desto mehr bin ich in dem, was ich mitteile oder setze. Ich bin außerhalb meiner selbst als ich selbst anwesend. Freisein heißt außerhalb meiner selbst: ich selbst sein können. Und außerhalb meiner selbst ich selber zu sein, gelingt um so vollkommener, je mehr dieses Außerhalb, je mehr das meiner Freiheit sich verdankende andere eben es selber ist, im höchsten Fall: frei ist, frei eins mit mir.

Freiheit steigert sich also, wenn das andere nicht als das mich Bestreitende und ich nicht als das es Bestreitende erscheinen, sondern wenn beide zueinander als die einander Bestätigenden im je anderen sind.

Zurückgelesen zunächst auf den Ausgang vom freien Ich, vom freien Selbstsein, bedeutet Freiheit: sein können als ich selbst außerhalb meiner, so daß dieses Außerhalb, dieses andere in mir ist. Selbsttranszendenz gelingt nur in dem Maße, in welchem Selbstimmanenz universal, will sagen das Ganze, das Sein umfassend geschieht. Nur wenn ich in mir selbst zum andern meiner selbst, zu allem, was ist, gelange, kann ich mich überschreiten, beim anderen sein, anderes sein lassend, gewährend, an sich und seine Freiheit freigebend.

Derselbe Gedanke schließt freilich seine Umkehrung mit ein: Nur in dem Ausmaß, in welchem ich beim andern meiner selbst bin, es sein lasse, frei sein lasse, bin ich wahrhaft bei mir, ist das Prinzip meines Wirkens in mir, bin ich also frei. Auf solche Weise in Selbstimmanenz mich überschreitend zum andern meiner

---

liche ‚Sache' der Theologie. In: *Bonaventura*, Collationes in Hexaëmeron, I, 37 u. 38. Zum im Vorhergehenden angedeuteten Verständnis endlicher Freiheit vgl. *B. Welte*, Thomas von Aquin über das Böse. In: *Ders.*, Auf der Spur des Ewigen (Freiburg i. Br. 1965) 155–169 und *ders.*, Thomas von Aquin über das Gute, a.a.O., 170–184; ferner *ders.*, Über das Böse. Eine thomistische Untersuchung, Neuausgabe (Freiburg i. Br. 1986).

selbst, stifte ich, vom Ansatz her, dem Sein des andern auch die Beziehung zu mir ein. Mein Werk „spricht" von mir, sein Eigenstand ist Zeugnis der es setzenden Freiheit. Und mehr noch, ins volle Maß gebracht: angesprochene, an sich freigegebene, zu sich selbst erweckte Freiheit ist partnerische Freiheit. Sie ist Freiheit, die in Freiheit, von sich her, Beziehung zu mir aufnimmt, sich zu mir hin übersteigt, zu deren Selbstimmanenz und Selbsttranszendenz also ich gehöre. Selbsttranszendenz stiftet Beziehung, Freiheit stiftet Freiheit und also Dialog.

Dann aber ist Freiheit als Transzendenz der Freiheiten zueinander deren Transzendenz ins Eine; und dieses Eine ist ein seine Pole umfassendes Zwischen, der Raum eines ungetrennten und unvermischten Miteinanderseins.

Freiheit und Einheit sind also nicht Gegensätze, vielmehr ist Freiheit das Qualifizierende von Einheit und Einheit das Qualifizierende von Freiheit. Die zur Freiheit gehörende, sie gewährleistende Einheit zwischen dem handelnden Prinzip und dem, was von ihm ausgeht, zeigt sich zuhöchst als Einheit in Gegenseitigkeit: Sie entspringt nicht nur vom handelnden Ich, sondern auch von seinem anderen, von seinem Du her – und so entspringt sie gerade aus sich selbst, als die von sich selber her einsichtige und sich gewährende Plausibilität, Übereinkunft, Zusammengehörigkeit.

Es ist wiederum angezeigt, auf ein theologisches Modell (das, von seiner eigenen Logik her, freilich mehr ist als ein Modell) hinzuweisen und von dort aus das Unterscheidende endlicher, geschaffener Freiheit anzusprechen.

Das „Modell": das christliche Verständnis Gottes als des Dreifaltigen, des in drei Personen Einen. Vollkommene, absolute, schlechthin ursprüngliche Einheit wird im christlichen Glauben gesehen und in der theologischen Reflexion bedacht als in sich selber vollendete, paradox ausgedrückt: absolute Beziehung. Das reine Selbstverständnis, in dem die Freiheit zur schöpferischen Selbstübersteigung gründet, erscheint hier als Beziehung, bei welcher, gemäß der klassischen Formel, die göttliche Personalität als relatio subsistens zu verstehen ist.

Was wir im Blick auf die Verschränkung von Selbsttranszendenz und Selbstimmanenz ausführten, ist im Kontext theologischer Trinitätslehre eingeholt und überboten durch den Begriff der Perichorese. Die Person, die in sich selber die Beziehung zu sich selbst, also zu ihrem Wesen, in der Beziehung zur anderen Person lebt, hat sowohl die andere Person wie auch dieses Wesen im Selbstvollzug in sich; zur Selbstgegebenheit gehört die Gegebenheit des Wesens, was freilich das entsprechende Innesein in der anderen Person mit einschließt. Das Ursprungsbild des Begriffs Perichorese ist die tanzende Bewegung, in der ich den anderen „umgebe" und er mich „umgibt". So ist sie die eine und selbe Gegebenheit des andern, meiner selbst und des in beiden als eines gegründeten und zugleich beide als eines gründenden „Tanzes".

4. Geschaffene Freiheit

Hier ist die Differenz des Geschöpflichen, die Unterscheidung der geschaffenen Freiheit einzutragen: Der gemeinsame Raum der Beziehung zwischen endlichen Freiheiten, der Raum der Übereinstimmung entspringt nicht schlechterdings der geschaffenen Freiheit, sondern ist mit dieser ihr selbst bereits vorgegeben. Die Zustimmung zur Freiheit und den sie konstituierenden Verhältnissen ist eine nachträgliche, nicht wie in der Trinität gleichursprüngliche. Die ontologische Gefährdetheit, die Möglichkeit des Mißlingens, ist der Preis, den endliche Freiheit – anthropomorph ausgedrückt – Gott (und dem Menschen) kostet.

Nichtsdestoweniger, ja um so mehr, ist Perichorese die Grundform gelingender menschlicher Freiheit. Nur wer in sich, nur wer im Eigenen den anderen und das Ganze trägt, sich aber auch seines Inneseins im andern und im Ganzen inne ist, kann jene Freiheit ergreifen, die als ihr Höchstes Zustimmung vermag, als ihre Voraussetzung aber Zustimmung zu ihrer Gegebenheit, zu ihren Wesensverhältnissen hat. Sie kann Zustimmung nicht erzwingen, sondern nur freilassen und freigeben, wie sie auch selber nicht zur Zustimmung gezwungen, wohl aber zum Scheitern verurteilt ist, wenn sie Zustimmung zu sich selbst, zu ihrer Gegebenheit nicht gewährt.

Dreifach ist das Ja, die Zustimmung, die endliche Freiheit zu leisten hat, um ihrer selbst mächtig, also frei zu sein: das Ja der Annahme der sie sich gebenden Freiheit, theologisch gesprochen also: Gottes; das Ja der Annahme ihrer selbst in ihrer Gegebenheit *als* Freiheit und mit deren endlichen Bedingungen; das Ja der Annahme des anderen, *der* anderen, des Ganzen, die „schon da", der Freiheit vorgegeben sind, die im Wechselspiel mit dem anderen, den anderen und dem Ganzen sich selbst gewinnt. Selbstsein als Mitsein, Mitsein als Selbstsein und die Perichorese der Ursprünge, die damit verbunden ist, haben in der endlichen Freiheit also die Perichorese mit dem absoluten Ursprung der Freiheit und seinen Vorgaben an die Freiheit zu ihrer Voraussetzung. Indem aber die Gegebenheit der eigenen Freiheit und darin des eigenen Seins und seiner Mitgegebenheiten aus dem der endlichen Freiheit entzogenen Ursprung und damit dieser Ursprung selbst bejaht werden, tritt solche Gegebenheit ins Spiel der endlichen Freiheit als Freiheit ein. Was an sich deren Begrenzung ist, wird im Vollzug der Freiheit deren Möglichkeit und Gewähr. Ja es ist das Spezifikum endlicher Freiheit, sich frei zu ihren Vorgaben zu verhalten und sie so in jene Gegenwendigkeit des Freiheitsgeschehens einzubeziehen, die uns als dessen Charakteristikum erschien.

II. Die Freiheit und das „Politische"

1. Realisierungsfelder der Freiheit

Freiheit als Machenkönnen, was ich will – Freiheit als freies Erwirken freier Zustimmung – Freiheit als gegenseitige Beziehung – Freiheit als Verwandlung des ihr Entzogenen in Freiheit: Dies sind die Stationen unseres bisherigen Denkweges. Auf ihm lassen sich verschiedene menschliche Grundvollzüge orten und verstehen. Besonders in die Augen fallen dabei vier Realisierungsfelder menschlicher Freiheit.

Zum einen ist es die Kunst, die im Vermögen der Gestalt sich selbst im andern, das andere in sich selbst vermag. Schelling sieht im Kunstwerk das Ineinanderfallen von Freiheit und Notwendigkeit. „Kunst" ist an erster Stelle aufgeführt, weil in gewisser Weise auch die nachfolgend zu nennenden Daseinsvollzüge sich als „Kunst", als Sich-Vollbringen von Freiheit im Vollbringen des andern verstehen lassen.

An zweiter Stelle ist zu nennen die Bildung. Die Kunst der Bildung ist es, in Freiheit Freiheit zu bilden, Freiheit zu sich selbst und so gerade zum andern und zum Ganzen zu eröffnen.

An dritter Stelle fällt unser Blick auf den religiösen Grundvollzug. Anbetung ist als Anerkenntnis und Annahme eigener Grenze zugleich Vollzug freier Zustimmung. Sie ist persönlichster Vollzug und weiß sich in einem als Vollzug eines gemeinsamen, die anderen und das andere einschließenden Verhältnisses zum unbedingten Ursprung. Sie lädt daher von sich selber her zur Gemeinsamkeit ein.

Schließlich läßt sich das „Politische" als Grundzug menschlicher Wirklichkeit von jener Phänomenologie der Freiheit her begreifen, aus welcher die vorgelegten Notizen erwachsen sind.

2. Das Politische, die Freiheit und die Macht

Wir versuchen eine erste Annäherung ans Politische. Sie entspricht jener, die wir anfänglich auf das Phänomen der Freiheit hin wählten: Freiheit als Machenkönnen, was ich will – Politik als gesellschaftliches Durchsetzenkönnen, was ich will. In diesem Kontext spielt eine Schlüsselrolle für das Politische das Phänomen „Macht"[5]. Wir blicken auf einige signifikante Punkte eines banalen Verständnisses von Politik als Kunst der Macht. Hier bedeutet Macht den Besitz und das Anwendenkönnen der Mittel, die den eigenen Willen durchsetzbar machen. Die politische Frage heißt in solchem Blickwinkel: Wie kann ich (können wir) es machen, daß mein (unser) Wille die Verhältnisse des Lebens und Zusammenlebens der Menschen regelt? Die Verhältnisse: Dies meint die Lebensbedingungen, aber auch das Handeln und Verhalten innerhalb dieser Bedingungen, das sie so erhält oder verändert, wie es dem die Macht innehabenden Willen entspricht. Das Politische wäre die Kunst, die Mittel so zu konstellieren, daß sie der Durchsetzung und Realisierung des die Macht innehabenden Willens dienen.

Bereits in dieser vordergründigen Hinsicht zeigen sich Momente, die für ein differenzierteres und gemäßeres Verstehen des

---

[5] Zu einer Phänomenologie und Deutung der Macht vgl. besonders *B. Welte*, Über das Wesen und den rechten Gebrauch der Macht (Freiburg 1960).

Politischen tragend werden. Macht ist nämlich, genauer besehen, auch hier schon nur meine (unsere) Macht, indem sie nicht nur „Macht über", sondern auch „Macht für" und schließlich „Macht mit" ist.

„Macht über" ist im Horizont des Politischen nicht nur von ihrem Sinn, sondern auch von ihrer Konsistenz *als* Macht her nur mächtig als „Macht für". Wenn die Macht ganz und im ganzen nur auf ihre Selbsterhaltung aus wäre und nicht jene im Lebenkönnen und Zusammenleben-Können erhielte, über welche sie Macht ist, dann nähme diese Macht sich ihr eigenes Substrat weg, sie wäre in letzter Konsequenz Selbstzerstörung. Macht kann nur bestehen, indem sie Möglichkeiten für jene schafft und gewährleistet, über die sie ausgeübt wird. Dies führt dazu, daß jede Macht im Grunde genötigt ist, sich als dem Wohl aller, dem bonum commune dienlich zu interpretieren.

Eine konsequente Fortsetzung dieses Ansatzes: „Macht für" ist „Macht mit". Warum ist es „politisch", dafür zu werben, daß eigene Machtausübung dem Wohl aller und des Ganzen dient? Weil jene, über die Macht mächtig ist, – zunächst scheint es: willig oder widerwillig, frei oder unfrei – „mitmachen" müssen. Macht ist, nach dem vorgeschlagenen Einstiegsverständnis, Übersetzung des eigenen Willens nicht nur in objektive Bedingungen, sondern auch in Vollzüge des Lebens und Zusammenlebens jener, über die Macht ausgeübt wird. So aber hat politische Macht die innerlich notwendige Tendenz, Macht über die *Freiheit* derer zu werden, die sie „bemächtigt". Macht *über* Freiheit kann aber letztlich nur bestehen als Macht *in* der Freiheit und *mit* der Freiheit. Freie Zustimmung zum Programm des mächtigen Willens ist das immanente Ziel von Macht, sofern sie nicht sich selber verkennt und um ihr eigenes Mächtigsein bringt. Der Widerstand des Willens der Bemächtigten gegen den bemächtigenden Willen ist eine Krise und Grenze der Macht. Die Gestaltungskraft der Macht ist am größten, wo sie mit und aus der Freiheit der Partner her zu gestalten vermag, wo sie als Gestaltung des Willens der Partner koinzidiert mit ihrer Selbstgestaltung und Selbstbestimmung. Macht gibt sich daher mit innerer Folgerichtigkeit selbst je aus als befreiend, als getragen von Zustimmung.

Macht ist also von ihrem Wesensanspruch her jene Fülle der

Freiheit, in welcher diese die Wirklichkeit vermag. Dies aber hebt das Politische auf eine andere Ebene als jene der *bloßen* Macht. Bloße Macht wäre nicht ganze und wahre Macht, denn sie wäre Macht, der die Spitze der Wirklichkeit, eben die Freiheit der anderen, die Zustimmung und Übereinstimmung entginge. Politische Macht, Macht, die also der Freiheit und Übereinstimmung aller dient und aus ihr und in ihr die Bedingungen des Lebens und Zusammenlebens gewährleistet und gestaltet, ist selber partizipativ, von sich her auf das Mitwirken und Zusammenwirken aller angelegt. Sie ist perichoretische Macht, Macht, die sich im Mächtigsein der je anderen mag und vermag, Macht, die sowohl die Freiheit der je anderen wie das Ganze in sich selber trägt.

Um nochmals ein theologisches Motiv aus der Trinitätslehre zu bemühen: Die Wirkungen Gottes nach außen, also die Ausübung seiner Macht, geschehen so, daß jede Wirkung die gemeinsame Wirkung aller drei Personen ist, an welcher aber jede als sie selbst, in ihrer Relation zu den anderen, teilhat.

Es muß allerdings auch hier der analoge und somit begrenzende Charakter der Endlichkeit von Politik, der Endlichkeit geschaffener Freiheit und ihrer Macht, in Anschlag gebracht werden. Endliche Freiheit steht von ihrem Ursprung her nicht inne in jener absoluten Koinzidenz von Freiheit und Notwendigkeit, welche der göttlichen Freiheit eignet. Sie hat das Risiko bei sich, auch sich versagen und somit sich verfehlen zu können. Ihr Gelingen ist nicht „automatisch", es geschieht im Wagnis. Dies hat für das Politische zur Folge, daß es keine „absolut sichere", unfehlbar gelingende Politik geben kann. Eine weitere Folge: Politik muß mit der Begrenztheit ihrer endlichen Vorgaben rechnen, sich auf nicht unerschöpfliche Ressourcen oder gar widerständige Gegebenheiten einstellen und sie ins Maximum der Möglichkeiten für freie Gestaltung zu verwandeln suchen.

Die schließlich härteste Konsequenz: Politik muß, um die ganze Zustimmung und Kooperation werbend, aber auch mit Dissens und Widerstand endlicher Freiheit rechnen und angesichts dessen die Bedingungen von Leben und Zusammenleben aller regeln, freilich auch hier dem Optimum und Maximum gemeinsamer Freiheit verpflichtet. Theologisch gesprochen: Das Politische steht unter dem eschatologischen Vorbehalt. Dies bedeutet: In der Geschichte läßt sich der vollkommene Einklang aller endlichen Freiheiten miteinander und mit den Gegebenheiten, unter denen Leben, Freiheit, Zusammenleben und gemeinsame Freiheit sich realisieren lassen, nicht herstellen. Wohl aber ist Politik darauf angelegt, die Freiheit eines jeden, den Zusammenklang der Freiheiten in Wechselwirkung und Übereinstimmung und die Gegebenheiten als Möglichkeiten des Lebens, des Zusammenlebens und der Freiheit immer mehr miteinander ins Spiel, in die Balance, in die gleichzeitige Gewähr zu bringen.

3. Das Wesensmaß des Politischen

Politik umfaßt so immer und in allem, wenn auch nur in Annäherungen, das gegenseitige Innesein der Momente von Gegebenheit, Selbstsein und Mitsein. Eine bloße Kombination der Gegebenheiten und ihrer „Sachzwänge" oder auch eine bloße Applikation einer als vorgegeben akzeptierten Ordnung auf die Gegebenheiten unterbietet das Politische der Politik ebenso wie eine bloße Synchronisierung der Freiheiten einzelner oder ein vom Kollektiv entworfenes Konzept, das Lebensmöglichkeiten und Freiheitsräume den einzelnen von außen zuteilt.

Zu den Gegebenheiten der Situation, der Ressourcen, der Verhältnisse gehören zugleich die Gegebenheit der Endlichkeit von Freiheit, aber auch der Freiheit und des umfassenden Miteinander selbst; zur Freiheit des je einzelnen gehören die Kommunikation und die Kraft der Realisierung in konkreten Gegebenheiten; zum Mitsein gehören die Partnerschaft eines jeden einzelnen und der Raum der gemeinsamen Möglichkeiten und Bedingungen. Formelhaft verkürzt: Gegebensein, Selbstsein und Mitsein müssen also in allen ihren Vollzügen und Phänomenen sich gegenseitig enthalten und durchdringen, damit das Spiel von Gegebenheiten, Freiheit des einzelnen und gemeinsamer Freiheit gelinge. Dies setzt ein nicht nur ethisches, sondern zuerst politisches Wesensmaß des Politischen voraus.

Wir waren ausgegangen vom Politischen als einem der fundamentalen Realisierungsfelder der Freiheit. Kunst, Bildung, Religion und Politik sind, jede auf ihre Weise, „Kunst der Freiheit". Politik freilich ist Kunst der Freiheit im potenzierten Sinne, weil der Zusammenklang der Freiheiten in der Politik eine alle Daseinsbereiche umfassende Lebensgestalt erbringt. Anderseits ist gerade damit eine spezifische Gefährdung verbunden, die Endlichkeit *oder* die Unendlichkeit menschlicher Freiheit geschichtlich folgenschwer zu vergessen oder zu überspielen.

Politik hat einen transzendentalen Charakter, sofern alles, was ist, auch in den Kontext von Politik gehört. Alles, was ist, steht auch in ihrem Kontext, und sie kann sich in ihren „Größenmaßen" nie auf ein nur begrenztes Feld beschränken, ohne nicht auch andere, partnerische, umgreifende, entgegenstehende Vergemeinschaftungen mit in den Blick zu nehmen und auf die Wechselwirkung zwischen diesen „Subjekten" politischen Lebens und Handelns zu achten.

Nichtsdestoweniger wäre es fatal, aus solcher Transzendentalität von Politik eine Totalität von Politik abzuleiten, einer Politisierung des ganzen Daseins also das Wort zu reden. Vielmehr gehört es zur Freigabe als dem Vollzug von Freiheit, zum Freilassen als dem Vollzug von Macht, die Eigenart und Eigengesetzlichkeit nicht nur der je einzelnen Freiheiten, sondern auch der je eigenen Lebensbereiche zu achten. Es ist politisch relevant, daß z. B. Kunst Kunst, Religion Religion, Familie Familie bleibe. Somit ist das je Eigene verschiedener Lebensvollzüge und -bereiche politisch wichtig. Aber es ist wichtig, daß dieses je Eigene nicht politisch vereinnahmt, sondern eben freigegeben werde. Wo Politik die Eigenart anderer Daseinsbereiche substituiert oder instrumentalisiert, verfehlt sie nicht nur ihr anderes, sondern auch sich selbst.

III. Zum Ethos des „Politischen"

1. Der gemeinsame Bezugspunkt von Politik und Ethik: die Freiheit

Indem Politik mit Macht zu tun hat, hat sie mit Freiheit zu tun; Freiheit drängt in sich selber zu gemeinsamer Freiheit und gemeinsam ihre Verhältnisse gestaltender Freiheit. Das Politische läßt sich also nur verstehen, wenn Freiheit verstanden wird; Freiheit verstehen führt umgekehrt dazu, daß sie auch in ihrem Zusammenhang mit Politik verstanden wird.

So viel der Ansätze sind, um das spezifisch Ethische zu fassen, so unzweifelhaft ist doch, daß auch Ethos und Ethik konstitutiv mit Freiheit zusammenhängen. Nur im Kontext der Freiheit kann es Ethos und Ethik geben, ja, endliche Freiheit führt von sich selber her in den Kontext des Ethischen[6]. Alles Wollen und Handeln – darauf weist im Anschluß an Thomas von Aquin Bernhard Welte in überzeugenden Analysen hin – verlaufen in der Struktur dessen, daß etwas *als* Gutes ergriffen wird. Selbst wenn bewußt das ethisch Nicht-Gute gewählt wird, steht diese Wahl unter der formalen Struktur, aber auch unter dem lebendigen Anspruch des Guten schlechthin, unter einem ethischen Anspruch. Wir können darauf verzichten, diesen Gedanken auszuführen. Es soll jedoch die strukturelle Entsprechung und sachliche Verbindung herausgestellt werden, die zwischen der Analyse des freien Aktes als eines ethischen und des freien Aktes als eines kommunikativen und – in letzter Konsequenz – „politischen" walten.

In formaler Vereinfachung läßt sich sagen: Der Akt der Freiheit als ethischer Akt entspricht in seiner Struktur dem Akt der Freiheit als „politischem" Akt, jedoch mit einer Drehung aus der Horizontalen in die Vertikale. Der Akt der Freiheit als „politischer" Akt gründet darin, daß Tunkönnen, was ich will, und Durchsetzenkönnen, was ich will, sich vollenden, indem sie sich aufheben in die Gegenwendigkeit, in gegenseitige, perichoretische und somit partizipative, gemeinsame und gemeinsam mächtige Freiheit.

Wie sehen diese selben Verhältnisse nun, in ihrer entsprechenden Drehung, beim Akt der Freiheit als ethischem Akt aus? Ich bin frei, zu vollziehen (zumindest im Akt meiner Zustimmung), was ich will. Indem ich es aber will, will ich es als das Gute. Und darin liegt nun eine Gegenwendigkeit. So sehr ich wollen kann, was ich will, so sehr ist doch nicht gleichgültig, was ich will; denn sonst löste sich meine Freiheit in Zufall auf. Sie hat ihre ihr zukommende „ratio", die „ratio boni". Indem ich also

---

[6] Vgl. hierzu die bereits genannten Untersuchungen von *B. Welte*, Thomas von Aquin über das Böse, und *ders.*, Thomas von Aquin über das Gute, a.a.O.

einem Ziel zuspreche als meiner Bejahung, meines Wollens würdig, lasse ich es mir zusprechen als das, worin das Gute sich für mich hier und jetzt realisiert. Was ich will und tue, gebe ich dadurch als „mir gut" aus. Ja meine Freiheit ist um so freier, je weniger es nur Laune, Probieren, ihrer selbst und damit ihrer Gründe nicht gewisse Wahl ist, daß ich dieses und nichts anderes mit meinem Willen ergreife. Das „bonum simpliciter", das schlechterdings Gute, um das es mir geht, ist das Befreiende meiner Freiheit: Je mehr ich mit ihm eins bin, bin ich eins mit mir. Es ist aber zugleich das Verpflichtende, in Verantwortung Rufende. In der Beziehung zu ihm ist nicht gleichgültig, was ich will, sondern das Gute ist für mein Handeln maßgebend – bis zum Opfer, bis zur Aufgabe meiner selbst. Denn ich bin nur ich selbst, wenn ich das Gute bejahe, seinem Zuspruch mich stelle, der mir meine wahre Identität, meine wahre Freiheit zuspricht. Ethisches Handeln ist ein wirklicher oder doch latenter, supponierter, indirekter Dialog mit dem Guten schlechthin, das Geschehen einer *gegenseitigen* Zustimmung und Übereinstimmung, ein wiederum „perichoretisches" Geschehen. So löst sich unsere Formel von der Entsprechung des ethischen Aktes zum politischen in einer Drehung von der Horizontalen zur Vertikalen ein.

Diese Reflexion ist keine gedankliche Spielerei, sondern weist in einem je notwendigen weiteren Schritt in eine innere Verbundenheit des politischen und ethischen Aktes miteinander. Lenken wir das Augenmerk zunächst auf den ethischen Akt. Ich verantworte mein Wollen und Handeln vor dem Maßstab des Guten. So verhalte ich mich zum Guten und angesichts des Guten zu mir selbst, zu meinem Handeln. Und ich verantworte mich weiter auch gegenüber der Freiheit der anderen. Das Licht der Verantwortung vor dem Guten eröffnet den Lichtraum, der mein Handeln von sich her in den Bezug, in den Dialog, in den Horizont der Gemeinsamkeit rückt. Dies auch und gerade dann, wenn ich aus Verantwortung mich zum Widerspruch, zum Dissens genötigt sehe. Das Ziel freilich ist, von sich selber her, das mir Gute auch als das überhaupt, das den anderen Gute zu erweisen und dafür zu werben. Hiermit aber haben wir nicht nur den Punkt erreicht, an welchem sich grundsätzlich der ethische Akt in den politischen hinein öffnet; vielmehr haben wir ebenso den Punkt erreicht, an welchem politisches Verhalten und Handeln von sich aus sich mit dem ethischen verknüpft. Das Vermögen meiner Freiheit, freie Zustimmung zu erwirken, steht unter dem Stern der Verantwortung, unter dem Stern dessen, daß es gut sei, dem zuzustimmen, was ich will, weil es das Gute ist, was ich will.

Der Zusammenhang zwischen Politik und Ethos in ihrem gemeinsamen Bezug zur Freiheit erhellt freilich auch, was, beide unterscheidend, das Politische zum Politischen und das Ethische zum Ethischen macht. Der Horizont des Politischen ist Freiheit, angelegt auf Übereinstimmung aller und Gestaltung der Verhältnisse aus der Übereinstimmung aller. Im Horizont des Ethischen ist Freiheit angelegt auf die Übereinstimmung mit dem, was als das in sich Gute auch das die Freiheit Freimachende ist. Der Begriff „Freiheit" ist politisch zu lesen auf Macht hin; der Begriff „Freiheit" ist ethisch zu lesen auf Verantwortung hin. Die Spannung zwischen Politik und Ethik ist die Spannung zwischen Macht und Verantwortung, eine Spannung, die zur Versuchung werden oder zum Opfer drängen kann, die wesenhaft aber auf die Synthese von Macht und Verantwortung hin „gespannt" ist. Und diese Synthese zwischen Macht und Verantwortung entspricht sowohl einer von Freiheit her verstandenen Macht wie einer aufs Ganze hin gelesenen, sich aber durch die Rücksicht aufs Ganze (auf die anderen) nicht korrumpieren lassenden Verantwortung.

2. Politik und Ethik: ein Innenverhältnis

Politik und Ethik: Dieses Thema läßt uns die Frage stellen nach den ethischen Maßstäben der Politik. Der innere Zusammenhang des Politischen mit dem Ethischen verweist uns hierfür auf das „Politische" der Politik selbst. Auf dem Weg unseres Gedankens ging uns auf: Freiheit ist freier, Macht ist mächtiger, Politik ist politischer, wenn die scheinbar primären Ziele von Freiheit, Macht und Politik sich transformieren lassen durch Wesensmaße, die Perichorese, Gegenseitigkeit, Freilassen und Freigeben gewährleisten. Hier liegt der Ansatz für das „innere Ethos" des Politischen. Bloße Freiheit, bloße Macht, bloße Politik sind nicht ganze Freiheit, ganze Macht, ganze Politik. Das die Freiheit Befreiende, die Macht Ermächtigende und auch die Politik als solche Bemessende, Qualifizierende führen je von innen her über die „unmittelbaren" Ziele hinaus: machen zu können, was ich will, durchsetzen zu können, was ich will, das Zusammenspiel der Verhältnisse und des gemeinsamen Wirkens regeln zu können, wie ich will. Es ist der Freiheit gut, daß sie frei ist zu anderer Freiheit und mit anderer Freiheit. Es ist der Macht gut, daß sie sich nicht nur des anderen bemächtigt, sondern andere ermächtigt, also teilgibt an sich selbst. Es ist der Politik gut, daß sie so will und wirkt, daß alle zu wollen und zu wirken und gemeinsam zu wollen, miteinander zu wirken vermögen.

Wo dies nicht gelingt, fehlt auch in der Ordnung des Politischen selbst und nicht nur aufgrund eines äußeren ethischen Maßes etwas an der Politik. Und umgekehrt gilt: Dieses Wesensmaß nimmt ethisch in Pflicht. Die aufgedeckten Wesensverhältnisse der Freiheit, der Macht und des Politischen könnten daraufhin einer Relecture unterzogen werden, was sich immanent als das politisch Sein-Sollende, als das – auch sittlich – Gute für die Politik, ja *der* Politik erweist. Die Balance und gegenseitige Durchdringung von Gegebensein, Selbstsein und Mitsein und die in ihr gewährleistete Perichorese der Freiheiten ergäben durchaus einen möglichen Grundriß politischer Ethik.

Politische Ethik fängt also nicht zuerst und nicht allein jenseits des Politischen beim Ethischen als einem solchen an, um ihre Maßstäbe zu gewinnen; die innere Verbundenheit von Politik und Ethos in der Freiheit gründet eine fundamentale Immanenz des Ethos der Politik in dieser selbst, in deren Wesen. Allerdings wäre diese Immanenz fehlgedeutet, wenn sie zu einer Nivellierung des Ethischen oder des Politischen im je anderen führte. Die Ethik der Politik erschöpft sich weder im unmittelbar politisch Richtigen noch in Politik als „angewandter Ethik". Im Eigenen der Politik ist sowohl ihr Ethos wie ihre Differenz zum Ethischen als solchen angesiedelt.

3. Politik und Ethik: ein Außenverhältnis

Daß Freiheit sie selbst ist in der Orientierung am Guten als einem solchen, daß sie sie selbst ist, indem sie andere Freiheit umfängt und von ihr umfangen wird, ist der Freiheit innerlich – aber in dieser Konstitution ist Freiheit als endliche *sich gegeben.* Die wechselseitige Beziehung von Gegebenheit, Freiheit und Miteinander kommt der endlichen Freiheit zu als jene fundamentale Vorgegebenheit, an der ihr Freisein hängt. Endliche Freiheit besteht darin, diesen ihr vorgegebenen Sachverhalt sich selbst anzuverwandeln. Daher ist sie in ihrer Innenorientierung immer zugleich außenorientiert, ihr Bestand in sich ist Bezug über sich hinaus. Und so ist die Selbstgesetzlichkeit der sich ihrem Wesen gemäß entfaltenden Freiheit zugleich verdankende Verantwortung, Gehorsam. Der augustinische Satz hat hier seinen Ort: „Ipso solo iubente liberrimus." Die Koinzidenz von Innen- und Außenbezug, Sein als Beziehung, ist Grundansatz einer Ontologie der Freiheit, somit aber auch einer Phänomenologie des Politischen.

Dies bringt in den Vollzug des Politischen eine eigentümliche Dramatik. Politik als Kunst der Übereinkunft kann sich nicht allein an dem Gelingen der Übereinkunft orientieren, wenn dieses auch ihr Ziel ist. Übereinkunft muß eine Übereinkunft sein in etwas, das dieser Übereinkunft entspricht, das zugleich aber mehr ist als ihr Resultat. Zur Politik gehört das Ringen um das Gute als jenes, was *vor* der Übereinkunft gut ist, *für* sie gut ist und *in* ihr gut sein will. Das Gute der Politik ist nicht nur die faktische Durchdringung von freiem Wollen der einzelnen, gemeinsamem Wollen und Gestaltung der Verhältnisse, sondern auch die Orientierung an der vorgegebenen Wesensübereinkunft zwischen Selbstsein, Mitsein und Gegebensein. Politik hat daher nicht nur faktische Voraussetzungen des Möglichen, sondern fundamentale Voraussetzungen des Seinsollenden, des Guten, dessen, was ihrem Wesen entspricht, weil es dem Einklang von Selbstsein, Mitsein und Gegebensein entspricht.

Ist Politik dann also letztlich doch die – zuvor von uns abgewiesene – Applikation des Ethischen mittels der Macht auf die Verhältnisse? Es gibt in unserem Ansatz des Zusammenhangs von Ethik und Politik selbst eine fundamentale Sicherung gegen dieses Mißverständnis.

Wir sahen bei der Nachfrage nach dem Wesen des Politischen: Dieses ist zwar transzendental, hat also mit allen Daseinsbereichen zu tun, ist aber nicht total, darf die verschiedenen Daseinsbereiche nicht vereinnahmen, sondern hat sie an sich selbst freizugeben. Alle Daseinsbereiche sind als Bereiche menschlicher Freiheit und menschlichen Miteinanderlebens politisch relevant, und Politik ist, um der Gewähr der Bedingungen der Freiheit und des Zusammenlebens willen, für diese Daseinsbereiche relevant; es gehört aber nach dem Ausgeführten zum inneren Ethos der Politik, daß sie nicht eine Ethik „herstellen" und „verordnen" kann.

Nichtsdestoweniger ist auch der politische Wille ein ethisch verantwortlicher und ethisch orientierter Wille. Politik kann nicht geschehen ohne verbindende und verbindliche ethische Grundüberzeugungen, die als solche nicht erst durch Übereinkunft herstellbar und von ihr abhängig, als politische dennoch auf Übereinkunft verwiesen sind. Auf dem Weg einer Übereinkunft das sicherstellen und er-finden zu müssen, was die dieser Übereinkunft vorgegebene und insofern entzogene Grundlage ist, zeigt uns den circulus non vitiosus, sed vitae des Politischen, die crux seiner Unvollendbarkeit *hienieden.*

Dann aber sind für die Politik und ihr Ethos Menschen von Belang, die politisch denkend und handelnd aus einer Hoffnung leben, welche über Geschichte und Politik hinausweist; Menschen, die aus Überzeugung und Erfahrung jener Freiheit, welche unser Nachdenken leitete, den Namen der Liebe zu geben vermögen.

An dieser Stelle wird deutlich, inwiefern für die Sache der Politik und ihres Ethos eine „nichtpolitisierte" Kirche relevant ist, die eine dreifache Zeugenschaft übernimmt: Zeugenschaft für Maßstäbe, Werte, Überzeugungen, die verdrängt oder vernachlässigt zu werden drohen und doch das Zusammenleben in Freiheit gewährleisten; Zeugenschaft für ein gegenseitiges Sich-Annehmen und Sich-Aushalten als Weg zu einem Zusammenwirken der Freiheiten in Freiheit; Zeugenschaft im Sinne der Anwaltschaft für jene, die benachteiligt oder behindert sind in ihrer Teilhabe am Wirken und Werk der gemeinsamen Freiheit. Gerade die Freiheit gegenüber dem unmittelbaren „Geschäft" der Politik ermöglicht unbefangene Wirkmacht solcher Zeugenschaft. Umgekehrt ist es aber für die Kirche und ihre eigenen Verhältnisse relevant, über das kommunikative und partizipative Wesen von Freiheit und Macht nachzudenken. Manche der hier notierten Randbemerkungen zu Politik und Ethik hätten auch ihren Sinn in einem Kommentar zu den drei ersten Kapiteln der Kirchenkonstitution „Lumen Gentium" des Zweiten Vatikanischen Konzils. Dies auch und gerade dann, wenn in aller Klarheit die Unterschiede zwischen kirchlicher und gesellschaftlicher Macht und Verfassung beachtet werden.

POLITIK UND ZEUGNIS

Ich bin dankbar, einigen Menschen begegnet zu sein, die durch ihre Haltung, ihr Wirken und ihre Ideen meinem Nachdenken das Thema aufgaben: Politik und Zeugnis. Zu diesen Menschen gehört Bernhard Vogel. Für mich ist sein Wesen und Wirken auf Leitfragen hin durchsichtig wie etwa: Welche Wahrheiten und Werte brauchen politische Anwaltschaft – und welche Anwaltschaft brauchen sie? Welche Wahrheiten und Werte sind so wichtig, daß sie unaufgebbar das eigene politische Handeln prägen müssen – welche Wahrheiten und Werte sind so wichtig, daß es politisch auch gefordert sein kann, um ihretwillen auf politische Ämter zu verzichten?

Politik ist, bei solchem Ansatz, keineswegs darauf reduziert, die „Geschicht von der Moral" zu sein, in der eben die „Moral von der Geschicht" (oder auch von mehr als bloß der Geschicht) in gesellschaftliche Realität mit Hilfe von Macht umgegossen wird. Umgekehrt ist dieser Ansatz freilich der Widerspruch gegen die Annahme, daß Politik sich darauf beschränken könne, jene Kunst zu sein, wie Macht zu erringen, zu bewahren und zu erweitern ist. Das funktionale und das ideelle Moment in ihrem unvermischten und ungetrennten Zusammen bezeichnen nicht eine Metaebene von Politik, sondern deren Wesen selbst, wie eine Phänomenologie des Politischen aufzeigen kann.

Mit dieser Spannung zwischen den Wahrheiten und Werten, für die es nötig ist und sich lohnt, Politik zu machen, und ohne die Politik als solche verkäme, und den Gesetzmäßigkeiten, unter die diese Wahrheiten und Werte geraten, wenn sie Politik bestimmen und politisch relevant werden sollen, hat unser Thema „Politik und Zeugnis" zu tun. Es kann hier nicht systematisch aufgearbeitet werden; doch einiges, was in seinem Kontext zu bedenken ist, kann zur Sprache kommen, wenn wir vom christlichen Verständnis des Zeugnisses und des Zeugen ausgehen und von ihm her die Aufgabe und die Bedingungen von Politik anvisieren.

I. Wer ist ein Zeuge? Was ist ein Zeugnis?

Es gibt heute eine neue Weise, die Worte Zeuge und Zeugnis aufzugreifen, die sich von deren streng juristischem, streng historischem, streng biblischem Gebrauch deutlich abhebt, wobei Verbindung zu den genannten Feldern durchaus besteht.

Als kürzlich in einer Versammlung, die ich besuchte, jemand aufstand und seine Erfahrung vom Umbruch der Verhältnisse im Osten unseres Vaterlandes darstellte, sagten Anwesende spontan: „Das war ein Zeugnis!" Was nun ist das „Unterscheidende" der Rede oder des Verhaltens, die in diesem Sinne Zeuge und Zeugnis qualifizieren, von anderem Reden und Verhalten? Dieselbe Frage stellt sich, wenn Paul VI. in seinem 1975 veröffentlichten Apostolischen Schreiben „Evangelii nuntiandi" sagt: „Der heutige Mensch hört lieber auf Zeugen als auf Lehrer, und wenn er auf Lehrer hört, dann deshalb, weil sie Zeugen sind."[1] Wo liegt der Unterschied zwischen dem „Lehrer" („magister") und dem „Zeugen" („testis")?[2]

Das soeben erwähnte Apostolische Schreiben „Evangelii nuntiandi" von Paul VI. ist insgesamt jenes Dokument zumindest in der katholischen Theologie und im lehramtlichen Sprechen, das in Rückbindung an das II. Vaticanum de facto den neuen Zeugen- und Zeugnisbegriff ins Nachdenken über den Glauben und den Zusammenhang von Glauben und Leben einbringt.

Wir können von einem – etwas holzschnittartig gezeichneten – Verständnis des Boten und der Botschaft (im Kontext der biblischen Worte „euangelion" „euangelizesthai", Frohbotschaft und Frohbotschaft bringen) aus erschließen, worum es bei diesem Zeugenbegriff geht.

Im antiken Verständnis, welches auch das biblische mit einschließt, ja dort in gewisser Weise seine Spitze erreicht, gehören Ereignis, Bote und Botschaft unmittelbar zusammen, sie konsti-

---

[1] Paul VI., Evangelii nuntiandi (EN) 41.
[2] Zur Phänomenologie des Zeugen und Zeugnisses, die den Hintergrund solchen Sprechens mit konstituiert, vgl. *K. Hemmerle*, Wahrheit und Zeugnis. In: *B. Casper – K. Hemmerle – P. Hünermann*, Theologie als Wissenschaft (Quaestiones disputatae 45) (Freiburg i. Br. 1970) 54–72.

tuieren das Ereignis als solches. Das Ereignis „ist" dies: zu geschehen, sich mitzuteilen und Menschen in Anspruch zu nehmen, damit sie die Botschaft weitertragen.

Wie, philosophisch ausgedrückt, das Seiende es zu eigen hat, sich durch sein Sein selbst ins Erscheinen zu bringen, so das Ereignis, sich mitzuteilen, andere einzubegreifen und zu bestimmen. Die Gemeinde derer, welche die Botschaft, das Zeugnis empfangen, ist in eine „Gleichzeitigkeit" mit dem ursprünglichen Ereignis gesetzt, ist Gemeinde des Ereignisses selbst. Traditio, Weitergabe gehört zur inneren Qualität eines Ereignisses.

Die Erzählkultur der Völker rührt von solcher elementaren Einsicht her. Geschehen zeigt an sich selber an, daß es im Grunde Weltgeschehen ist. Geschichte wird, im Ansatz, zu universaler Partnerschaft am Geschehen.

Die Verschattung und Verkümmerung dieser Sicht im allgemeinen Bewußtsein ist gewiß eine Verarmung. Die Medialisierung der Überbringungsvorgänge vervielfacht das, was mitgeteilt werden kann. So aber wird leicht das existentielle Verhältnis zu ihm neutralisiert, die material immer weiterreichende und in gewissem Sinne „exakter" werdende Teilhabe des einzelnen am Gesamtgeschehen wird „verdünnt".

In diese Situation trifft der „neue" Zeugenbegriff kontrapunktisch hinein. Zeugnis ist eine Weise von Mitteilung, die durch ihre Qualität in sich Unmittelbarkeit der Beziehung zum Ereignis, Anwesenheit des Ereignisses im Bezeugenden, Direktheit der Beziehung des Hörenden zu dem, was bezeugt wird, stiftet. Der Zeuge kann für das einstehen, was er vermittelt, es ist seine eigene Sache und wird als diese sichtbar und hörbar in seinem Sein und Sprechen.

Es gibt im biblischen Befund selbst Hinweise auf dieses Verständnis von Zeugenschaft und Zeugnis. Wir greifen nur den einen heraus: „Zeuge" heißt im biblischen Griechisch „martys", „Zeugnis" heißt „martyrion". Daß Märtyrer und Martyrium in unserem Sprachgebrauch Blutzeugenschaft meinen, ist spätjüdisch und zumal christlich grundgelegt. Das, wofür der Zeuge steht, ist stärker als er und größer als er – das wird gerade offenbar in der Hingabe seines Lebens für das zu Bezeugende.

Von diesem extremen Falle her läßt sich allgemeiner entfalten, was Zeuge – und entsprechend Zeugnis – in diesem uns hier interessierenden „neuen" Sinn meint. Zeuge ist, so verstanden, jemand, der mit seiner Existenz für eine Wirklichkeit, eine Erfahrung, ein Erleben einsteht, die seiner Überzeugung nach zur Mitteilung drängen. Sie mitzuteilen, andere an ihnen teilhaben zu lassen, ist dem Zeugen seinen ganzen Einsatz wert. Er bringt sich ganz ins Spiel, um das zu Bezeugende „überzubringen". Sich ins Spiel bringen bedeutet hier aber zugleich, sich zurückstellen hinter die zu bezeugende Sache, sich selbst nicht wichtig nehmen, selbst zum „Verschwinden", zum Opfer bereit sein. Gerade diese Zweitrangigkeit des Zeugen für sich selbst ist der Rang seiner Zeugenschaft, sein „Kleinsein" vor dem zu Bezeugenden ist seine Größe.

Dabei sind Selbstbescheidung, Selbstverzicht, Bereitschaft zu Einsatz und Opfer allerdings keine absoluten Kriterien. Das Zeugnis muß in sich außer dieser Beglaubigung durch das Verhalten, *in dem* der Zeuge Zeugnis gibt, beglaubigt werden durch *die Weise*, wie das Zeugnis selbst ergeht. Der Leidenschaft muß jene Gelassenheit entsprechen, in welcher deutlich wird: Es handelt sich nicht um einen Fanatismus, der „Übersteigerung nach unten", Selbstverbissenheit und Selbstüberschätzung im Gestus der Selbstverachtung und Selbstrelativierung darstellt. Die Sache selbst muß aufscheinen, um die es da geht. Die immanente Qualität des Wortes oder auch des schweigenden Verhaltens – gerade auf dieses letztere hebt „Evangelii nuntiandi" ab – muß transparent sein für die Qualität des Bezeugten, für seinen inneren Rang und seine unverwechselbare Qualität. Konsonanz zwischen der Glaubwürdigkeit und Plausibilität des Zeugnisses in Form und Inhalt tut not, wobei oft gerade die „Armut" und „Einfachheit" des Zeugnisses Gewähr bieten, daß das Bezeugte anschaubar wird[3].

Es sei nochmals betont: Zwar ist dieser Begriff von Zeugnis konkret gewonnen am biblischen Zeugenbegriff; in dem, was er aber von menschlichem Dasein überhaupt sehen läßt, reicht er über die Zone des theologisch Relevanten hinaus und bezeichnet die Weise, für Werte und Wahrheiten einzustehen, die personaler Vermittlung bedürfen, um angenommen und verwirklicht zu werden. Dies schließt zwar die besondere Zeugnispflicht des

---
[3] Vgl. dazu die Ausführungen in EN 21.

Christen, der von seinem Glauben überzeugt ist und ihn ernst nimmt, auch in den Feldern gesellschaftlichen Lebens ein; doch „braucht" die Gesellschaft im Grunde in allen, die sie tragen und prägen, „mehr die Zeugen als die Lehrer" oder besser: Sie braucht Zeugen und braucht Lehrer, die Zeugen sind.

II. Warum braucht es heute Zeugen?

Paul VI. hat die Notwendigkeit der Zeugen in Beziehung gesetzt zum Menschen von heute, wörtlich übersetzt zum „Menschen dieses unseres Zeitalters". Was ist der Hintergrund dieser Zuspitzung auf unsere Situation? Im Blick auf den christlichen Glauben liegt die Antwort auf der Hand. Unser Zugang zur Wirklichkeit ist, auch fürs allgemeine Bewußtsein, bestimmt durch die Methode neuzeitlicher Wissenschaft, in der legitim und notwendig Gott als solcher, Gott in seiner eigenen und anderen Qualität nicht vorkommt. Blaise Pascal hat darüber, als Vorkämpfer der Qualität des Glaubens wie als jener der Eigenständigkeit von Wissenschaft, Unüberholbares gesagt[4]. Die Weise, wie in diesem Kontext neuzeitlicher Rationalität gemäß von Gott als Gott zu sprechen ist, zeigt sich auch und gerade bei Pascal als jene des Zeugnisses im ausgeführten Sinn. Die Eigenheit und Andersheit Gottes kann nicht mit Binnenbegriffen und Binnenoperationen neuzeitlicher Rationalität aufgearbeitet werden, sondern erfordert eine Reflexion des Ansatzes neuzeitlicher Rationalität selbst. Dies erfordert aber eine Freigabe des Denkens an seine unverstellte Ursprünglichkeit, zu der elementar das Vernehmenkönnen von Zeugnis gehört[5].

Paul VI. spricht in „Evangelii nuntiandi" diesen Sachverhalt nicht so sehr in einer theoretischen Exposition an als vielmehr in der konkreten und „einfachen" Wahrnehmung, daß Sprechen über den Glauben in einer Weise, die diese Andersartigkeit seines Wirklichkeitszugangs nicht vermittelt – und das heißt eben: bezeugt –, seine Sache verfehlt, sie nicht mitteilt. Zeugnis als lebendiges Sichtbarmachen der „anderen Qualität" weckt die im Menschen als sol-

---

[4] Vgl. etwa *B. Pascal*, Pensées, ed. Brunschvicg, Fragm. 793.
[5] Vgl. zu Pascals Sicht des coeur z. B. Fragm. 282 und 283.

chen vorhandenen Organe, um die Wirklichkeit des nicht rational Erweislichen oder funktional Planbaren und Brauchbaren wahrzunehmen.

In diesem Kontext ist noch auf eine andere Fährte zu achten. Die „Zubereitung" von Wirklichkeit durch die neuzeitliche Wissenschaft und Technik verändert den Frageansatz des Menschen. Er geht nicht mehr zuerst darauf aus, zu erkunden, was ist und was etwas ist, sondern zu ermitteln, wie etwas geht. Dabei setzt sich freilich immer deutlicher der Überschuß des Lebens mit seiner Sinnfrage über die bloße Funktionalität hinaus durch. Doch das leitende Interesse heißt hier: Wie geht Leben? Dies braucht nicht als ein Verfall der Wahrheitsfrage gedeutet zu werden, wohl aber ist es eine Transformation der Wahrheitsfrage: Was nicht dazu befähigt, daß Leben geht, wird nicht akzeptiert als die Wahrheit dieses Lebens, auf der es aufruht. Gerade dies aber fordert den Zeugen ein, der mit seinem Leben nicht nur bezeugt, wie Leben geht, sondern daß Zeugnis für das Größere und den Größeren erst wahrhaft und ganz Leben ist. Demgemäß ist sowohl die neuzeitliche Verlagerung des Zugangs zur Wahrheit wie die Verwandlung des Interesses an Wahrheit selbst Ruf nach dem Zeugnis.

Die soeben skizzierten Beobachtungen haben eine unmittelbare Relevanz dafür, wie in unserer geistesgeschichtlichen Situation von Glauben zu sprechen oder wie er lebensmäßig allererst zu erschließen ist. Sie bauen uns aber auch eine Brücke zur Frage: Warum braucht die Politik gerade heute Zeugnis und Zeugen?

III. Warum braucht heute die Politik Zeugen?

In der Politik geht es um die Gestaltung menschlicher Geschichte. Sie ist nicht bloß *für* die Menschen zu gestalten, sondern nur *mit* ihnen. Und Partner der Politik sind nicht Menschen, wie wir sie entwerfen, sondern wie sie sind, mit ihrem Zugang zur Wirklichkeit. Die Verfaßtheit des Bewußtseins, die geistesgeschichtliche Situation sind von daher politisch bedeutsam.

Geschichte ist heute auch und zumal Geschichte neuzeitlicher Technik und Wissenschaft. Doch in solcher Geschichte geht es um den Menschen, geht es gerade um das am Menschen, was die wissenschaftliche Erkennbarkeit und technische Machbarkeit überragt, um jenes im Menschen, was ihn neuzeitlicher Wissenschaft und Technik sich bedienen läßt, den Umgang mit ihnen bestimmt. Wie kann in allem, was dem Menschen an Möglichkeiten und Nöten in unserer wissenschaftlich-technisch verfaßten Welt begegnet, Leben gehen, Leben des einzelnen, Leben aller, Leben der Menschheit? Ohne Zeugenschaft für das, was menschliches Dasein im Ganzen orientiert und auch in seinem Bezug zur Wirklichkeit bestimmt, kann Politik nur sich selbst verfehlen, wird sie zum puren und nicht zu verantwortenden Zufall. Die Möglichkeiten der modernen Wissenschaft und Technik, aber auch ihre Grenzen und die Grenzen, an die sie menschliches und menschheitliches Leben zu führen vermag, fordern den Politiker, der Zeuge der größeren Wirklichkeit des Menschen ist und so gerade verantwortete Anwendung und Entwicklung jener Rationalität der Neuzeit ermöglicht, auf die wir nicht verzichten können und wollen.

Der Politiker als Zeuge: Zwei fundamentale Erfahrungen unseres Jahrhunderts machen dieses Postulat unausweichlich. Die erste hat unmittelbar mit dem soeben Entfalteten zu tun. Noch nie gab es eine so breit angesetzte rationale Durchdringung der Wirklichkeit wie in unserem Jahrhundert. Mit der rationalen Durchdringbarkeit wuchs auch die Partizipation, die Gestaltungsmöglichkeit aller an unserem Gemeinwesen, an der Politik im Ganzen. Hierbei herrscht aber unausweichlich ein Mißverhältnis. Die immer weiter zunehmende rationale Durchdringbarkeit und Planbarkeit von Wirklichkeit läßt den Stoff dessen ins Ungemesse wachsen, was jemand wissen und durchschauen müßte, wollte er seine Möglichkeit der Mitwirkung und seine Verpflichtung der Mitgestaltung voll ausfüllen. Dies ist aber eine konstitutionelle Überforderung des je einzelnen, die ihn gar nicht anders leben und Politik mitgestalten läßt als auf dem Weg der Option, des Vertrauens. Je mehr Erkennbarkeit es grundsätzlich gibt, desto mehr Vertrauen braucht der Mensch, weil er das Maß der ihm zufallenden Erkennbarkeit unmöglich in Erkennen übersetzen kann.

Mit der Notwendigkeit, daß Vertrauen wachse, wächst auch die Möglichkeit des Verdachts, des Mißtrauens. So braucht der

Mensch etwas wie eine Kriteriologie des Vertrauens und der Optionen, die ihn in seinem gesellschaftlichen Handeln leiten. Wofür stehst du als Zeuge? Wie werden dein Leben, Verhalten und Handeln zum Zeugnis, das uns den Zielen und Inhalten deines politischen Handelns trauen läßt und das uns zugleich dem trauen läßt, daß du lauter und glaubwürdig die Ziele, die du angibst, auch verfolgst und umzusetzen imstande bist?

Die zweite Erfahrung: Unser Jahrhundert war reich an Umschwüngen und Zusammenbrüchen, Neuanfängen und Gestaltungsnotwendigkeiten wie wenig andere der uns zugänglichen Geschichte. In den entscheidenden Augenblicken, gerade in jenen, in welchen die Glaubwürdigkeit eines herrschenden Systems, einer bestimmenden Ideologie zerstört wurde, ging es je nur weiter mit Hilfe der „Zeugen". Sicher reicht Zeugenschaft allein nicht aus, um Politik zu machen. Aber wo die Politik auf die Zeugen verzichtet, verrät sie sich, bleibt sie hinter ihrem Maß zurück. Wenn die Zeugen keinen Platz mehr finden in der Politik oder die Politik sich als zweites Kapitel nach einem abgeschlossenen ersten der Zeugenschaft fortzuschreiben sucht, schlägt jenes Mißtrauen voll zu Buche, das, wie oben angedeutet, in die Konstitution unseres Zeitalters und der Verantwortung für unser Zeitalter mit hineingehört.

IV. Zeugnis in der Politik: Wofür?

Die Aussage, die unser Nachdenken über Politik und Zeugnis anstieß und ihm die Spur wies, stammt aus dem Schreiben, in dem Paul VI., anschließend an die Bischofssynode von 1974, die Verkündigung des Evangeliums in der Welt von heute reflektierte. Dieses Dokument – allgemein als eines der wichtigsten nach dem Zweiten Vatikanischen Konzil anerkannt – kommt nun von sich her zur Erkenntnis, daß die Bezeugung des Evangeliums und seine Verkündigung nicht angehen, ohne die gesellschaftlichen Verhältnisse und Zusammenhänge in den Blick zu nehmen und sie ins Licht des Evangeliums zu rücken. Die Botschaft Jesu ist nach Auskunft von „Evangelii nuntiandi" auch eine Botschaft, die gesellschaftliches, ja politisches Handeln betrifft, ohne daß freilich das

Evangelium auf diese Dimensionen verkürzt werden dürfte.[6] Das Evangelium läßt es nicht zu, den Menschen in seiner gesellschaftlichen Verflochtenheit außer acht und ungerechte Verhältnisse auf sich selber beruhen zu lassen. Die handelnde Verantwortung für den Menschen erlaubt es nicht, bei einer pragmatischen Regelung der Verhältnisse für das Zusammenleben der Menschen stehenzubleiben und sein Geheimnis und seine Berufung nicht in den Blick zu nehmen, ohne deren Achtung der Mensch sich selber entfremdet würde. Wie also Evangelisierung nicht ganz sie selber wäre, wenn sie sich nicht den Konsequenzen aus ihrer Botschaft für den Menschen stellte, so wäre Politik nicht sie selber, wenn sie die Voraussetzungen des Menschseins nicht ernst nähme und einbezöge, die über ihr unmittelbares Handlungs- und Kompetenzfeld hinausweisen. Das Zeugnis, das Politik trägt, ist Zeugnis für jenen Menschen, der größer ist als er selbst. Aus solchem Zeugnis erwächst ebenso die Bescheidung der Politik, nicht das Heil des Menschen vermitteln zu können, wie der Auftrag der Politik, am Menschen und seinem je größeren Wesen Maß zu nehmen.

Das am 13. Dezember 1991 verabschiedete Schlußdokument „Ut testes" der römischen Bischofssynode über Neuevangelisierung in Europa bringt den inhaltlich breiten Fluß der Aussagen von „Evangelii nuntiandi" auf eine kurze und bedeutsame Formel. Sie ist imstande, ebenso das spezifisch Christliche des Zeugnisses zu fassen, das Politik und Kultur beseelen muß, wie aus diesem spezifisch Christlichen das gemeinsam Menschliche hervorzuheben, das zu gemeinsamer Besinnung und gemeinsamem Handeln für den Menschen befähigt.

Es scheint sinnvoll, einige Sätze wörtlich zu zitieren, die unter der Überschrift stehen: „Die Früchte des Evangeliums: Wahrheit, Freiheit und Gemeinschaft".

„Christus, der menschgewordene Gott, ist selbst die Wahrheit (vgl. Joh 14,6), die uns freimacht (vgl. Joh 8,32) durch die Gabe des Heiligen Geistes (vgl. 2 Kor 3,17; Röm 5,5; Gal 4,6) und zur vollen Gemeinschaft mit Gott und unter den Menschen führt (vgl. Joh 17,21; 1 Joh 1,3). In der Tat ist das Suchen nach Freiheit, Wahrheit und Gemeinschaft das höchste, älteste und dauer-

---

[6] Vgl. EN 29–39.

hafteste Verlangen des europäischen Humanismus, welches auch in der gegenwärtigen Zeit weiterwirkt. Deswegen steht das Vorhaben einer Neuevangelisierung keineswegs dem Verlangen dieses Humanismus im Weg, vielmehr reinigt und kräftigt es ihn, da er – besonders in unserer Zeit – in der Gefahr steht, seine Identität und seine Zukunftshoffnung infolge irrationaler Einflüsse und eines Neuheidentums zu verlieren. Deshalb scheint die Frage nach der Verbindung von Freiheit und Wahrheit besonders wichtig zu sein, welche die moderne europäische Kultur sehr häufig als Gegensätze aufgefaßt hat, während hingegen Freiheit und Wahrheit in einer solchen Weise aufeinander hin geordnet sind, daß das eine ohne das andere nicht erreicht werden kann. Ebenfalls ist es von höchster Bedeutung, einen anderen Gegensatz zu überwinden, der übrigens mit dem vorhergehenden verbunden ist, nämlich von Freiheit und Gerechtigkeit, Freiheit und Solidarität, Freiheit und wechselseitiger Gemeinschaft. Denn die Person, deren höchste Würde in der Freiheit besteht, vollendet sich nicht dadurch, daß sie sich auf sich selbst zurückzieht, sondern sich schenkt" (vgl. Lk 17,33).

Zeugnis, auch Zeugnis in der Politik, kann letztlich nichts anderes sein als Zeugnis für die Wahrheit. Es geht dabei nicht darum, mit politischen Mitteln Wahrheit anderen aufzuoktroyieren, sondern im Zeugnis Wahrheit sichtbar zu machen, so daß im Licht des Zeugnisses die Wahrheit, das Geheimnis des Menschen, plausibler wird und breiter und tiefer den Konsens aller finden kann, die Partner politischen Handelns sind.

So betrachtet, löst sich in der Tat der oft vermutete Gegensatz zwischen Wahrheit und Freiheit, als ob das Festhalten an Wahrheit und Eintreten für Wahrheit zur Einschränkung der Freiheit führte. Wahrheit kann nur in Freiheit als Wahrheit angenommen und wirksam werden. Freiheit geschieht aber in jenem Dialog, der ihre Grundlagen in der Wahrheit sichtbar macht und Freiheit selbst als integralen Teil, ja Mitte der Wahrheit vom Menschen anerkennt. Nur ein freier Zeuge ist Zeuge, jeder Zeuge aber ist so Zeuge für die Freiheit.

Wahrheit und Freiheit sind aber je nur sie selbst in Kommunikation, im Mitsein, in der Partnerschaft, die den anderen, seine Freiheit, sein Gewissen, seine unverrechenbare Würde, aber auch seine Rechte auf Leben und Entfaltung anerkennt und gewährleistet. Wiederum ist zu sehen: Zeugnis ist als solches, von seiner eigenen Phänomenalität her, Stiftung von Gemeinschaft, Vollzug von Gemeinschaft, geht es im Zeugnis doch um das Überspringen des Funkens der Wahrheit, um ihre freie Mitteilung an die anderen.

Unser Text hebt Wahrheit, Freiheit und Gemeinschaft in ihrer spannungsvollen Einheit als die Sache des geschichtlichen Zeugnisses der Christen heute ans Licht. Er gibt damit, wie es scheint, eine zunächst recht formale Antwort auf die Frage, wofür in der Politik Zeugnis erfolgen solle. Wahrheit, Freiheit und Gemeinschaft sind indessen im Verständnis unseres Textes mehr als Formalprinzipien, sie sind die Pole eines geschichtlich dramatischen Ringens um die Gestalt unserer Kultur und unseres Miteinander, sie sind die konkurrierenden Größen, die immer neu in die Synthese politischer Entscheidung einzubringen sind; sie sind die Kennzeichen für die innere Physiognomie des Zeugen und des Zeugnisses; sie sind die eine Sache, die nie fertig, sondern je neu zu definieren und zu erringen ist in der Spannung und Einheit zwischen Zeugnis und Politik.

Der „springende Punkt" des zitierten Textes, der sich noch in eine konkrete Entfaltung hinein fortsetzt, liegt allerdings in der Aussage über die höchste Würde der Person, die sich nicht dadurch vollendet, „daß sie sich auf sich selbst zurückzieht, sondern sich schenkt". In dieser „trinitarischen" Bestimmung von Personalität ist Zeugenschaft als solche beschrieben; wir können von Personalität *als* Zeugenschaft, von Zeugenschaft *als* Personalität sprechen.

V. Drei Dilemmata und eine Hoffnung

Unsere Ausführungen über Politik und Zeugnis führten nicht zu Handlungsanweisungen oder zu einem Kriterienkatalog für zeugnishaftes Verhalten und Handeln in der Politik. Was stehenblieb, war allein die Aufgabe, in der Bereitschaft eines zeugenhaften Sich-Überschreitens (Sich-Verschenkens) die Spannung zwischen Wahrheit, Freiheit und Gemeinschaft auszuhalten, im Blick zu behalten und durch die drei Punkte hindurch die Horizontlinie zu ziehen, innerhalb derer verantwortliche und notwendige politische Lösungen zu gewinnen sind.

Sicher wäre es möglich, von den drei Polen und ihrer Spannung her noch eine Fülle materialer Konsequenzen zu entfalten. Doch auch wenn dies geschehen könnte, wäre ein dreifaches Dilemma nicht aufgelöst, das hier zu nennen ist und das im Grunde nichts anderes bedeutet als die Entfaltung der Spannung zwischen Wahrheit, Freiheit und Gemeinschaft.

Erstes Dilemma: Geschichte lebt von dem, was größer ist als sie. Daraus resultiert einerseits ihre grundsätzliche Gestaltbarkeit, andererseits ihre ebenso grundsätzliche Unvollendbarkeit. Das Verzweifeln an der Möglichkeit, geschichtliche, politische Lösungen zu gewinnen, die weitertragen, ist ebenso verfehlt wie die Vermutung, die vollkommene Ordnung und das Glück auf Erden produzieren zu können. Was möglich ist, ist das je angefochtene, vorläufige, hinter seinem Wesensmaß zurückbleibende, aber auf es so gerade hinweisende Zeichen.

Zweites Dilemma: Freiheit ist nur frei, wo sie auf das wahre Gute hin orientiert ist; wo sie ein nur Teilgutes oder scheinbar Gutes wählt, verfehlt sie sich. Das wahrhaft Gute aber kann nur in der Freiheit ergriffen werden. Dies führt zu einem Ringen um die politische Realisierung von Wahrheiten und Werten, die in sich von Annahme oder Verweigerung unabhängig sind, die aber politisch ohne freie Annahme nicht wirksam zu werden vermögen.

Drittes Dilemma: Wahrheit und wahre Werte sind nicht abhängig vom Konsens, sondern sind das, woran er sich zu orientieren hat – aber nur in einem faktischen Konsens kann solche Orientierung politisch relevant erfolgen. Ringen um die Wahrheit und Ringen um den Konsens miteinander zu verbinden und zu vermitteln, sichtbar zu machen, daß es sich bei beiden um ein einziges Ringen handelt, ist eine Crux des Zeugen in der Politik.

Sind diese Dilemmata Entschuldigung für eine nicht ganz gelingende Synthese? Sind sie eine Apotheose oder eine resignierende Akzeptanz des Scheiterns politischer Bemühung? Keineswegs! Sie sind Hinweis auf die Notwendigkeit des Zeugnisses, das sich vor solchen Dilemmata nicht zurückzieht, sondern gerade in ihnen sein Maß und seine Glaubwürdigkeit gewinnt.

Diese Dilemmata sind indessen noch Hinweis auf ein Weiteres: Zeugnis geht nicht gut allein. Es braucht Gemeinschaft solcher, die sich demselben verpflichtet fühlen, die sich gegenseitig stützen, befragen, tragen, die selber in Wahrheit, Freiheit und Gemeinschaft einander zugetan sind und so lebendige Zellen dessen bilden, was Sache ihres Zeugnisses und ihres politischen Auftrags ist: Synthese von Wahrheit, Freiheit und Gemeinschaft in gegenseitigem Sich-Schenken.

Zweites Kapitel

Ökonomie – vom Urmodell zu den Modellen

WAS HABEN EVANGELIUM UND WIRTSCHAFT MITEINANDER ZU TUN?

Im Blick auf das, was das Evangelium von sich her über Wirtschaft sagt, möchte ich im folgenden darüber nachdenken, wie in phänomenologischer Methode Wirtschaft so näher zu fassen ist, daß sie als jenes Subjekt sichtbar wird, auf welches sich der Anspruch des Evangeliums in seiner Andersartigkeit bezieht.

I. Konturen einer Phänomenologie der Wirtschaft*

1. Wird der Vorgang des Wirtschaftens reflektiert, fallen zunächst die ihn leitenden Vollzüge auf: Erwerben, Veräußern und Besitzen; Werterhaltung, Streben nach Wertgewinn und Vermeiden von Wertverlust; Konsumieren, Produzieren und Gütertausch. Ist mit solchen Begriffen das Feld vorläufig abgegrenzt, in welchem Wirtschaft angesiedelt ist, läßt sich aber eine zweite Feststellung treffen.

2. Alles, was dem Menschen begegnet und ihn bestimmt, findet sich schon in einer zumindest indirekten Beziehung zu den genannten Vollzügen und somit zu dem Feld der Wirtschaft. Sicher wird man einwenden können, daß innerste Überzeugungen zunächst nicht in die Vorgänge der Wirtschaft hineinreichen. Aber auch die Menschen, die für ihre innersten Überzeugungen einstehen, leben und handeln in ökonomisch bestimmten Kontexten, und so berühren auch innerste Überzeugungen das Feld der Wirtschaft. Es mag vielleicht auch so scheinen, als habe spontane christliche Nächstenliebe zunächst nichts mit der Wirtschaft zu tun. Aber auch der barmherzige Samariter mußte für den Mann, der unter die Räuber gefallen war, eine Aufwendung von zwei Denaren bei dem Wirt hinterlegen, durch den er den Verletzten versorgen ließ (vgl. Lk 10,35). Alle menschlichen Verhältnisse, auch die ethischen und kulturellen, reichen mit ihren Vorausset-

zungen, Folgen oder Kontexten in den Vorgang des Wirtschaftens hinein. Wirtschaft ist dadurch charakterisiert, ein umgreifendes, universales, die einzelnen Bereiche transzendierendes, und das heißt: transzendentales Feld des Lebens zu sein.

3. Zwei weitere, andere in sich bergende, transzendentale Felder sind in diesem Zusammenhang leitend; diese stehen ihrerseits wiederum in Relation zu dem Vorgang des Wirtschaftens: Natur und Kommunikation.

Zunächst: Alles was ist, findet in den Zusammenhängen der *Natur* ihm entsprechende Vorbedingungen, Konsequenzen oder Kontexte. Jedes Geschehen der Natur hat fundamentale Rückwirkungen auf den Menschen in seinem Selbstsein. Der Ausgriff des Menschen in die Welt ist stets hineingehalten in den universalen Kausal-, Final- und Wirkzusammenhang von Natur, die als solche vorgegeben ist.

Das zweite universale Feld ist das der *Kommunikation*. Der Mensch steht in seinem Sein und Handeln und angesichts dessen, was ihm begegnet und in sein Lebensfeld hineinreicht, im Zusammenhang der Mitteilung: des Zeichens und des Wortes; des miteinander Denkens und Sprechens, des sich gemeinschaftlich Verfassens der Zeichen und Worte, die vom einen zum anderen hin und her gehen.

Die immanenten Zusammenhänge der Natur und der Kommunikation treffen nun ihrerseits wiederum im *Feld der Wirtschaft* aufeinander: Wirtschaft ist bestimmt von Verhältnissen, die als solche vorgegeben sind und einen geregelten Austausch fordern. Im Vorgang des Wirtschaftens geht es um den gesteuerten Austausch von Gütern und damit um einen kommunikativen Prozeß, der für den Menschen fruchtbar ist. Damit aber gewinnt Wirtschaft einen hohen menschlichen Rang: Wirtschaft ist in der Tat nicht nur allumfassendes Feld neben anderen, sondern eines, in welchem das menschliche Leben ins Ganze hineinragt und in welchem das Ganze das menschliche Leben mitprägt.

4. Wirtschaft birgt in ihren Möglichkeiten deshalb auch Gefahren. Wirtschaft muß sein, weil der Mensch kein isoliert für sich lebendes, einsames Wesen ist; aber weil Wirtschaft den Charak-

ter des Notwendigen und Unvermeidbaren hat, indem sie alles heimlich mitbestimmt und der Mensch unlöslich mit ihr verflochten ist, kann sich der Gedanke aufdrängen, im Grunde sei Wirtschaft alles. Wir wissen zwar, daß der Mensch mehr als die bloße Funktion der Wirtschaft ist, aber wir stehen alle mitunter in der Gefahr, unbedenklich die Grenze zu überschreiten, welche die Wirtschaft in ihrem Vorgang begrenzt. Weil Wirtschaft sein muß, wird unterstellt, das, was der wirtschaftliche Prozeß fordere, sei ein absolutes Postulat. Sobald etwas den Anschein gewinnt, es müsse der Wirtschaft wegen sein, bekommt er den Prägestempel des Unabänderlichen, den eines Sachzwanges, dem nicht zu entweichen sei.

Sicher lassen sich Sachzwänge nicht einfach umgehen. Aber wenn der Rang der Wirtschaft sich in seine Absolutsetzung verfestigt und zum letzten Maßstab wird, von dem allein her der Mensch sich, andere und anderes zu verstehen können glaubt, wird die mögliche Gefahr, welche die Wirtschaft in sich birgt, zu einer wirklichen. Wir werden der Verantwortung, sachgemäß zu wirtschaften, nur gerecht, indem Wirtschaft sich selbst begrenzt.

Dies geschieht im Vorgang der Wirtschaftens auch stets: Was sich als wirtschaftlich unabdingbar notwendig ausgibt, steht immer schon unter der Prämisse, daß Wirtschaft auf eine bestimmte Weise nur wirtschaftlich sei. So liegt in jedem Ansatz, wie Wirtschaft zu verstehen ist – und Wirtschaft wird von denen, die wirtschaften, unterschiedlich verstanden –, eine Vorentscheidung. Eine solche zu treffen ist unvermeidlich. Schlechthin vorurteilsfreie Wirtschaft, die allein in sich selbst begründet ist, gibt es nicht; Wirtschaft hat stets Grundentscheidungen vor und in sich – *Wirtschaft hat ein ihr immanentes Ethos.*

II. Herausforderungen des Evangeliums*

In einem zweiten Schritt sollen die Aussagen des Evangeliums zur Wirtschaft zur Sprache kommen. Es wäre allerdings eine Unterbietung des Evangeliums, es auf die bloße Steuerfunktion für die Wirtschaft, auf die Quelle einer Wirtschaftsethik zu reduzieren. Das Evangelium kann nur aus seiner eigenen Mitte heraus sprechen, von der her es sich zunächst als das Andere der Wirtschaft artikuliert. Von dort aus läßt sich das Evangelium in seinen Aussagen freilich gerade auf das hin verstehen, was es von sich her auf die Wirtschaft zu in seiner ursprünglichen Brisanz sagt.

1. Das Evangelium relativiert die menschlichen Verhältnisse in ihrer nur immanenten Ordnung. So läßt sich die Härte des Wortes Jesu verstehen: „Eher geht ein Kamel durch ein Nadelöhr, als daß ein Reicher in das Reich Gottes gelangt" (Mk 10,25 par). Priorität in der Verkündigung Jesu haben gerade die Armen, denen auch die erste der Seligpreisungen der Bergpredigt gilt (vgl. Mt 5,3); sie hindert nichts, zuerst Gott selbst, seinen Willen zu suchen.

Jesus legt in seinen Gleichnissen dar, worum es in seiner Botschaft geht: Er erzählt beispielsweise die Geschichte von einem reichen Mann, der sich, nachdem er gut gewirtschaftet hatte, eine größere Scheune bauen wollte, weil er für seine Zukunft endgültig vorgesorgt zu haben meinte. Er verschließt sich in seiner Sorge um die Zukunft. Diese Erzählung endet mit dem richtenden Wort Gottes: „Du Narr! Noch in dieser Nacht wird man dein Leben von dir zurückfordern." (Lk 12,20) Das Evangelium stellt gerade das in Frage, woran der Mensch sich festzumachen sucht. Der Mensch, der in den Tod gerufen ist, wird aber nicht in ein Nichts gerufen, sondern in die Verantwortung für das Ganze als Antwort auf den absoluten Anspruch Gottes, vor dessen Antlitz der Mensch in seinem Leben und Sterben steht. Wo auch immer Du in der menschlichen Ordnung mitwirkst: das Dich unbedingt Verpflichtende für Deine Arbeit ist der Wille Gottes, der Dich geschaffen hat und vor dem Du erscheinen wirst.

Evangelium stellt vor einen absoluten Anspruch, der alle anderen Absolutsetzungen zerbricht. Es ruft in die Begegnung mit dem lebendigen Gott, in dessen Willen schlechterdings alles beschlossen ist; Gott ist in der personalen Begegnung mit dem Menschen in dessen Verantwortung präsent und mächtig. Diese Grundaussage hat allerdings das Evangelium mit anderen Religionen gemeinsam. In dieser Relativierung liegt noch nicht die spezifische Aussage des Evangeliums zur Sache der Wirtschaft.

2. Die spezifische Aussage des Evangeliums bringt sich in scheinbar harmlos anmutenden, durch zahlreiche Lebenserfahrungen vermeintlich überholten Forderungen und Aussagen zu Wort: „Seht die Vögel des Himmels an: Sie säen nicht, sie ernten nicht und sammeln keine Vorräte in Scheunen; euer himmlischer Vater ernährt sie." (Mt 6,26) „Lernt von den Lilien, die auf dem Felde wachsen: Sie arbeiten nicht und spinnen nicht." (Mt 6,28) „Wer von euch kann mit all seiner Sorge sein Leben auch nur um eine kleine Zeitspanne verlängern?" (Mt 6,27) „Euch aber muß es zuerst um sein Reich und um seine Gerechtigkeit gehen; dann wird euch alles andere dazugegeben." (Mt 6,33) Evangelium, das im ersten Nachdenken noch als Vorwort zu den menschlichen Verhältnissen erscheint, spricht hier in das Innere menschlichen Seins und Handelns hinein. Es geht jetzt nicht mehr nur um die jedem Wirtschaften immanente Verantwortung, sondern um die unmittelbare Konfrontation mit dem Gott, der sich jedem Zugriff entzieht und der sich unter wirtschaftlichen Faktoren nicht verrechnen läßt. Mit ihm ist hier und jetzt zu rechnen. In die Mitte menschlichen Lebens, in die Mitte der Wirtschaft bricht Gott ein: Menschliche Sorge bleibt nicht länger das universale Prinzip des Denkens und Handelns, sondern das Vertrauen auf die Vorsehung wird eingefordert. Ich vertraue darauf, daß Gott mich liebt und für mich sorgt: Vor jeder Vorsorge und Sachgerechtigkeit gilt es, sich hier und jetzt auf ihn zu verlassen und ihm die Zukunft zuzutrauen. Hier scheint die Mitte des Evangeliums auf: die Verkündigung des Reiches Gottes.

Was meint der Begriff „Reich Gottes"? Das griechische Verständnis dieses Terminus faßt einen Zustand, der in sich fertig und abgeschlossen ist; das aramäische Urwort „malkut Jahwe" bezeichnet dagegen ein Geschehen und verweist auf eine Dynamik, die von Gott ausgeht: Gott, von dem her die Welt ist und auf den sie zugeht, verschließt sich nicht im „Ereignis" seiner Herrschaft, in der Distanz der Erstursache gegenüber den Zweitursachen, welche dann unabhängig in ihrer eigenen Ordnung ruhen, sondern er bricht von der Peripherie her in die Mitte der menschlichen Verhältnisse ein. Gott ist Gott zu hundert Prozent; er begnügt sich nicht mit dem jeweiligen Rest des Lebens, an dessen Notausgängen er als Türhüter wartet. Gott beansprucht das Zentrum: „Ein Gott und Vater aller, der über allem und durch alles und in allem ist" (Eph 4,6): Einbruch Gottes in die Mitte des Lebens – das heißt „Herrschaft Gottes". Es gilt, von ihm her zu denken und zu leben, auf ihn zu vertrauen und Wirtschaft so zu relativieren.

3. Um des Reiches Gottes willen muß auch der Vorgang des Wirtschaftens zurückstehen. Ein Mann, der alle sozialen Gebote befolgt hat – von der zweiten Tafel der zehn Gebote ist hier die Rede –, fragt Jesus: „Was muß ich tun, um das ewige Leben zu gewinnen?" (Mk 10,17) Und als er auf die Frage Jesu antwortet, daß er die Gebote befolgt hat, wird er mit der Aufforderung konfrontiert: „Geh, verkaufe, was du hast, gib das Geld den Armen (…) und folge mir nach!" (Mk 10,21) Diese äußerste Forderung wird gewiß nicht jedem, dem Jesus begegnet, abverlangt, aber sie ist exemplarisch und prägt doch das christliche Selbstverständnis insgesamt. Paulus, der die Botschaft Jesu in die Zeit der Kirche übersetzt, fordert, daß der, welcher besitzt, so besitzen soll, als besäße er nicht (vgl. 1 Kor 4,7; 7,29; 2 Kor 6,10). Hier wird die notwendige innere Distanz zu dem, was der Christ tut, thematisch; in seinem Handeln geht es um die innere Bereitschaft, zu verlassen und sich auf den neuen absoluten Anspruch konkret einzulassen. Wer als Christ wirtschaftet, der wirtschaftet nicht dergestalt, daß er auf sein Christsein einige wirtschaftliche Zusätze montiert oder – umkehrt – sein wirtschaftliches Handeln mit christlichen Zusätzen schmückt, sondern der Christ lebt aus einer neuen Ordnung: Er bezieht seinen Standort in der neuen Ordnung des Reiches Gottes und geht von dort aus seinem wirtschaftlichen Handeln nach.

4. In seinen Briefen an die Gemeinde in Thessaloniki fordert Paulus wiederholt, daß jeder seiner Arbeit nachgehen soll (vgl. 1 Thess 4,11; 2 Thess 3,10). Immer wieder wird die Notwendigkeit betont, sich in die Ordnung dieser Zeit einzufügen *und* die neue Ordnung des Reiches Gottes zu leben, ohne das vorwegzunehmen, was erst am Ende der Zeit kommen wird: Bringe Dich ein in die Gesellschaft, in der Du lebst! Der Ort, an dem es die Radikalität und Neuheit des Evangeliums zu bewähren gilt, ist inmitten dieser Welt und ihren Ordnungen. Die Schwierigkeit der Herausforde-

rung, den zugewiesenen Platz einzunehmen zwischen Wirtschaft in der immanenten Geschlossenheit ihrer Ordnung einerseits und der radikalen Forderung des Evangeliums, die weit über alle ethischen Forderungen eines wirtschaftlich guten Handeln hinausgeht, andererseits, ist evident. Die Frage, welche die Apostel stellten, wird ähnlich betroffen von uns gestellt werden müssen: „Wer kann dann noch gerettet werden?" (Mk 10,26 par)

Zu der leitenden Frage: Wie kann der Christ als Christ in der Ordnung der Wirtschaft stehen? möchte ich darum nun einige Gesichtspunkte nennen.

III. Ethische Konsequenzen*

1. In der Person Jesu verfaßt und verdichtet sich das Neue des Christentums. In ihm bricht die Herrschaft Gottes endgültig an; er ist der Ort der Gegenwart Gottes mitten in der Welt; er ist der Sohn Gottes. Die Unausdenklichkeit, Gott im Menschen, dem Menschen in Gott zu begegnen, hat die frühe Kirche in heftige Auseinandersetzungen darüber geführt, wie dieses Geheimnis in adäquate Begriffe zu fassen sei. Will man in grober Schematik die große gedankliche Arbeit der ersten Jahrhunderte christlicher Theologie und Glaubenslehre zusammenfassen, dann wird man die Einsicht nennen müssen, daß in Jesus Christus die ganze menschliche *und* göttliche Wirklichkeit unverkürzt zugegen ist. Zwei mögliche Fehldeutungen wurden auf diese Weise abgewiesen, indem zu einem Verständnis vorgestoßen wurde, das heute das gemeinsame Fundament aller Christen ist: Zum einen ist Jesus weder jener Mensch, in dem die Gottheit vom Menschsein aufgesogen wird und in ihm verschwindet, noch jener Gott, in welchem die Menschheit sich wie ein Tropfen im Meer verliert. Gottheit und Menschheit vermischen sich nicht, sondern Jesus Christus ist ganz Mensch und ganz Gott. Auf der anderen Seite kann nicht einer Trennung des Göttlichen und Menschlichen das Wort geredet werden, sondern die unvermischten Wirklichkeiten durchdringen einander ungetrennt. Dies meinen die Aussagen „ungetrennt und unvermischt", „wahrer Gott und wahrer Mensch".

Diese christologische Einsicht hat aber Konsequenzen für unsere Fragestellung, denn als Christen sind wir gehalten, in allen Lebensbereichen eine entsprechende Entscheidung durchzutragen. So gilt es auf der einen Seite, dem Modell des Fundamentalismus zu wehren: Das Reich Gottes ist schon ganz gegenwärtig und bestimmt die Wirklichkeit ausschließlich; die Regulative menschlicher Ordnung werden unmittelbar aus der vermeintlich himmlischen deduziert; Reich Gottes wird „gemacht"; die göttliche Herrlichkeit überstrahlt die menschliche Ordnung und vermischt sich mit ihr. Der Fundamentalismus ist gewalttätig und zerstörerisch, weil in ihm keine Inkarnation, keine Durchdringung der Wirklichkeit von innen geschieht.

Das andere Modell: die Separierung der Bereiche. Wir geben uns einerseits religiös, hoffen vielleicht auf das Reich Gottes, bemühen uns um Werke der Liebe, aber bestehen andererseits auf der Trennung des Irdischen vom Reich Gottes. Die Ordnung menschlicher Wirklichkeit kreist in sich.

Weder Vermischung noch Trennung sind christlich: Der Christ nimmt beide Ordnungen radikal ernst und trägt in ihnen und aus ihnen das eine Leben als Christ und als Wirtschaftender so durch, daß in ihrer Unterschiedlichkeit die Ordnungen aufeinander bezogen bleiben.

Christen wird der Mut abverlangt, mitten in den Bereichen dieser Welt zu leben *und* Gott zu geben, was Gottes ist (vgl. Mk 12,17). Wie lassen sich von diesem Standort des Christen her wichtige Aspekte des Evangeliums zu einer christlichen Ethik der Wirtschaft formulieren? Ich möchte zunächst auf drei entsprechende christliche Grundhaltungen aufmerksam machen, die in einigen Optionen als das Handeln leitende Prioritäten ihre Kontur zu gewinnen vermögen. Die Optionen können allerdings nur kurz genannt werden, so daß ihr Ort im Ganzen sichtbar wird als Ansatzpunkt für weiteres Nachdenken.

2. a) Wir stehen vor der Aufgabe, die Wirklichkeit in Demut und Mut zugleich zu gestalten: Es gilt, die Arbeit auf sich zu nehmen und sich in den Prozeß der Weltgestaltung hinein zu wagen. Uns wird der *Mut zur Endlichkeit* abverlangt, der ein Mut zum Werk in der Hoffnung ist, mit dem eigenen Werk Wirklichkeit zu ge-

stalten. Arbeit wird so ernstgenommen und zugleich relativiert, weil sich zeigt, daß sie allein das Glück der Menschheit nicht erzwingen kann, daß sie allein das Reich Gottes nicht bauen kann.

b) *Gütergemeinschaft* ist als das Miteinander gefordert, welches damit ernst macht, daß Leben Leben aller, Leben miteinander heißt und darum die Güter zuerst dafür da sind, daß *alle* menschlich leben können. Dies erfordert die besondere Achtsamkeit auf jene, deren Lebensmöglichkeiten und -rechte beschnitten sind.

c) Ein Kennzeichen der Christlichen ist es, sich auf die *Vorsehung* zu verlassen. Wir sollen uns sorgen: Jesus weist in einem Gleichnis darauf hin, daß jeder, der anfängt, einen Turm zu bauen, gehalten ist, die Finanzierung zu sichern (vgl. Lk 14,28). Diese Vorsicht des Menschen ist unverzichtbar. Aber wer nur auf die eigene Sicherheit, nur auf das Berechenbare und Machbare zu bauen sucht, wird scheitern. Es bedarf der Kreativität, die Neues auf jene Zukunft hin wagt, welche unseren Händen letztlich entzogen ist. Ein Unternehmer ohne unternehmerische Initiative und Wagemut, die keineswegs blindes Riskieren bedeuten, ist nicht erfolgreich. Der Unternehmer stößt auch in der Ordnung der Wirtschaft nur dann zur Kreativität vor, wenn er über das Berechenbare hinausgeht und sich neuen Möglichkeiten in Abschätzung der Risiken öffnet. Der Christ aber vertraut dem, der die Zukunft in den Händen hält. Dieses Vertrauen und Hoffen auf die Macht Gottes schenkt den Mut, notfalls vor der Welt als Tor zu erscheinen, wenn man sich für die Welt und den Menschen engagiert. Das Vertrauen, das über die Ränder selbstbezogener Pläne und Sicherheiten hinausblickt, kann allein den immanenten Kreislauf der Wirtschaft sprengen, im welchem sie sich zu verschließen droht. Dann wird aber der, welcher in der Wirtschaft Verantwortung wahrnimmt, freigesetzt, Initiativen und Entscheidungen für den Menschen zu treffen.

3. Diese Grundhaltungen können in vier Optionen, die dem Handeln des Christen als Prioritäten aufgegeben sind, Gestalt gewinnen: a) Die erste Option gilt den Geringen, Schwachen und Armen. In den einschlägigen Dokumenten der katholischen Kirche, den päpstlichen und denen der Lateinamerikanischen Bi-

schofskonferenz, wird eine vorrangige *Option für die Armen* gefordert. Es geht darum, zuerst – nicht aber ausschließlich – sich für die Armen einzusetzen.

b) Eine weitere Priorität scheint der ersten entgegenzustehen, aber gerade diese Spannung kann fruchtbar werden: *Option für das Ganze*. Nur dann kann der Ärmste leben, wenn *alle* leben können. Es gilt, das Lebensrecht aller in einer universalen, gerechten Ordnung zu wahren; der Einsatz für das Ganze über partikulare Interessen hinaus ist dem Christen aufgetragen.

c) Diese Priorität korrespondiert einer weiteren, spezifisch christlichen: *Option für den Nächsten*. Wir tragen Verantwortung für den, der uns jeweils begegnet und unmittelbar angeht.

d) Diese Priorität steht wiederum in fruchtbarer Spannung zu einer anderen: *Option für die Fernsten*. Sie richtet sich auf die, welche in der Ordnung des Ganzen jeweils „auf der anderen Seite" stehen. Diese Option beansprucht gerade die Kreativität dessen, der als Christ in der Ordnung der Wirtschaft Verantwortung trägt.

Diese vier Optionen gilt es, miteinander zu verbinden und aus ihrer Konsonanz zugleich Maßstäbe zu entwickeln. Nicht eine Auflistung von Prinzipien tut not, aus denen sich dann unmittelbar Konsequenzen ableiten lassen. Dimensionen sollen vielmehr eröffnet werden, in die christliches Sein als ganzes hineingehalten ist. Werden die genannten Optionen auf diese Weise ernstgenommen, wird eine innere Dynamisierung des Wirtschaftens vom Evangelium her möglich: Handelt es sich auch um zwei Ordnungen, die zunächst in Konkurrenz stehen, kann doch ihre wechselseitige Durchdringung furchtbar werden.

IV. Kreative Ratlosigkeit*

Nun stellt sich freilich die bedrängende Frage nach dem möglichen Verhältnis der Nichtchristen zu dem Bedachten. Unsere Welt ist zunehmend weniger im Christentum verwurzelt; der Vorgang der Säkularisierung hat vielmehr einen weltanschaulichen Pluralismus hervorgebracht. Wie verhalten sich die christlichen Maßstäbe zu denen der Nichtchristen? Nun kann es nicht mein erstes Interesse sein, mir den Kopf der Nichtchristen zu zerbrechen, sondern mein Auftrag ist es, werbend für das Evangelium einzutreten. Evangelium setzt aber gerade das spezifisch Menschliche ins Licht. Der Mut zur Endlichkeit, der zugleich zum Engagement in dieser Welt führt; der fundamentale Bezug zum anderen Menschen, dem in einer Gemeinschaft der Güter das seine zuteil werden muß; das Wissen darum, daß das Gelingen all unseres Handelns letztlich dem Planen und Machen entzogen ist: Die Ernstnahme dieser Gesichtspunkte können entscheidend dafür werden, daß Wirtschaft menschlich bleibt. Aus den Gesichtspunkten eröffnen auch die genannten vier Optionen von innen her eine neue Logik des Wirtschaftens, in der Wirtschaft ganz Wirtschaft ist, aber größer ist als sie selbst.

Auch das Problem der Sonntagsarbeit wäre auf dem Hintergrund des Bedachten neu zu diskutieren. Aus diesem Kontext lassen sich Grundsätze und Details so klären, daß deutlich wird: Der kostbarste „Produktionsfaktor" – der Mensch – muß noch mehr in die Mitte unseres Bemühens rücken. Unsere Gesellschaft wird ihre Lebensfähigkeit nur bewahren, wenn es ihr gelingt, eine „unverzweckte" Zeit gemeinsamer Feste und Feiern freizuhalten, so daß der Mensch nicht in seinen Funktionen untergeht. Bereits in der urchristlichen Gemeinde wurde der „Herrentag" durch die gottesdienstliche Versammlung geheiligt (vgl. Apg 20,7). Die Feier des Sonntags, die stets auch ein institutionalisiertes Nein zu einer rein immanentistischen Perspektive des Lebens und der Kultur ist, bleibt bis in unsere Tage konstitutiv für die christliche Identität[1].

Am Ende meiner Überlegungen möchte ich eine Einladung aussprechen. Es mag sich vielleicht der Vorwurf erheben, daß sich in den vorliegenden Überlegungen zu wenig Einzelanweisungen und Anforderungen finden, und die Frage mag sich erheben: Wohin hat dieser Gedankengang konkret geführt? Es ging nun aber nicht um eine Entlastung durch Patentrezepte, sondern vielmehr darum, in eine kreative Ratlosigkeit zu führen,

---

[1] Vgl. Zweites Vatikanisches Konzil, SC 106; das gemeinsame Wort der Deutschen Bischofskonferenz und des Rates der EKD vom 1. Adventssonntag 1984 „Den Sonntag feiern" und die gemeinsame Erklärung im Januar 1988 „Unsere Verantwortung für den Sonntag".

die als Einladung verstanden werden will. Ich lade ein, sich miteinander über Prinzipien, Forderungen und Maßstäbe wie die genannten zu verständigen und in dieses Gespräch auch jene einzubeziehen, die nicht aus dem Evangelium zu leben suchen und sich in ihrem Nachdenken vom Evangelium leiten lassen: Machen Sie sie nachdenklich über das Evangelium. Wenn solche kreative Ratlosigkeit zum wechselseitigen Gespräch geworden wäre, hätte ich nicht umsonst geredet.

KIRCHE UND WIRTSCHAFT

Einleitung: Die Thesen

Der Gedanke, den ich Ihnen hier vortragen möchte, ist ein etwas gewagter Versuch, keine Sache, die durch das Lehramt der Kirche geregelt ist und für alle Zeiten feststeht. Es ist vielmehr das Mitdenken eines Christen aus seiner Verantwortung und aus seinem Sich-Besinnen auf den Glauben und auf den Weltbezug dieses Glaubens. Wenn über ein solches Thema jemand spricht, der durch seinen Beruf und seine Stellung in exponierterer Weise ein Mann der Kirche ist, so stellt sich wie von selbst in einem Auditorium von Wirtschaftsexperten ein bunter Blumenstrauß von Erwartungen und Befürchtungen ein.

Etwa die Befürchtung vor einem spiritualistischen Auseinanderrücken der Ordnungen – oder die Hoffnung auf solch eine Scheidung. Kirche ist das eine, Wirtschaft das andere; Symbiose ist dann gesichert, wenn die eine Ordnung die andere nicht berührt. Auf diese Weise kann man sich Artigkeiten sagen, Freundlichkeiten austauschen, ohne doch genötigt zu sein, den anderen in seinem Eigenen wirklich ernstzunehmen.

Oder ein augenzwinkernder Pragmatismus, der weiß: Kirche fährt nicht gut, wenn sie es sich mit der Wirtschaft verdirbt. Und deswegen sollte sie ruhig die Rechte und Nöte, die Besonderheiten und Notwendigkeiten der Wirtschaft ein wenig hofieren. Dies könnte vordergründig eine sympathische Schützenhilfe und zugleich eine elegante Werbung in einem zweifellos wichtigen Bereich unserer Gesellschaft sein. Aber wem hilft das?

Eine andere, keineswegs grundlose Befürchtung könnte so aussehen: Der weiß als Theologe, als Bischof bloß abstrakt von der Nächstenliebe und zieht von ihr deduktiv die Linien aus zu dem, was wir tun. Vielleicht will er uns durch das Ideal von der armen Kirche provozieren, ins Gewissen reden. Aber gerade so wird er an uns vorbeireden, weil er nur zu gut zu erkennen gibt, daß er von den immanenten Sachzwängen der Wirtschaft nicht viel versteht.

Und nicht zuletzt könnte der Gedanke an die christliche Soziallehre Hoffnung und Befürchtung auslösen. In ihr liegen doch Normen für die Wirtschaft bereit. Dem einen könnten sie befreiend vorkommen, weil sein Gewissen sich verunsichert und verwirrt fühlt, weil er Orientierung sucht. Ein anderer würde hingegen eine ideologische Vereinnahmung für die eigenen Zwecke, einen eleganten, aber nicht ungefährlichen Integralismus hinter solchem Versuch wähnen.

Schließlich gäbe es noch die entgegengesetzte Befürchtung: daß der Kirchenmann sich angesichts der komplexen Lage seines Gewissens und in Respekt vor dem Gewissen dessen, der in der Wirtschaft steht, zurückzieht und die anderen mit ihrer Ungewißheit und Not sich selber überläßt.

Ich muß vorausschicken, es wäre mir zu wenig, bloß einer christlichen Motivierung des wirtschaftlichen Verhaltens das Wort zu reden – etwa derart: Tut alles mit Liebe! Ich kann und will aber auch kein fertiges Handlungsrezept liefern. Ich möchte vielmehr zu einer Besinnung einladen, die zum selbständigen Nachdenken und zum Handeln aus christlicher Überzeugung anstoßen soll. Ich will Ihnen die Perspektive des Glaubens eröffnen, damit Sie in ihr Ihre Verantwortung, Ihren eigenen Dienst und Beitrag selber ausfindig machen und wahrnehmen können.

Auch auf die Gefahr hin, Ihnen anbiedernd zu erscheinen, will ich meine *Ausgangsthese* ungeschützt formulieren: Wirtschaft ist ein zentraler, wenn nicht *der* zentrale und kritische Punkt des Menschseins und des Christseins.

Meine *ethische Zielthese*, die rettungslos naiv klingt, aber ernst gemeint ist, heißt: Liebe das Interesse Deines Nächsten wie Dein eigenes. Sie lautet anders formuliert, aus dem Evangelium genommen: Wer verliert, der gewinnt (vgl. Joh 12,25).

Meine *dogmatische Zielthese* gar wird vollends verstiegen und im Binnenraum des Theologischen befangen aussehen: Das dreifaltige Leben Gottes ist christlicher Maßstab aller Bereiche der Gesellschaft, auch der Wirtschaft.

Trotz ihrer Befremdlichkeit bahnen diese Thesen etwas wie einen gemeinsamen Weg, zu dem ich im folgenden einladen will.

I. Aus der Perspektive der Schöpfung

Wirtschaft ist ein zentraler, wenn nicht *der* zentrale und kritische Punkt des Menschseins. Von dieser Ausgangsthese bzw. auf sie zu wollen wir eine Phänomenologie von Wirtschaft treiben, eine Besinnung in einem sehr fundamentalen philosophischen Sinn. Versuchen wir, Schritt um Schritt vom Menschsein her den Bereich Wirtschaft aufzuschließen.

Warum eigentlich soll Wirtschaft so wichtig sein? Man könnte zunächst ganz einfach und banal antworten: Wenn Wirtschaft nicht funktioniert, dann ist der Mensch vor Hunger und Not nicht mehr in der Lage, sich dem zuzuwenden, was mehr ist als die Wirtschaft. In dieser banalen Feststellung ist etwas Wesentliches mitgesagt, es sind die Felder angedeutet, in denen Wirtschaft überhaupt spielt. Daß der Mensch ein Wesen ist, das Wirtschaft treiben kann und treiben muß, sagt über ihn so viel aus wie kaum ein anderer Daseinsbereich. Ich wage zu sagen, beinahe mehr als die Sprache oder die Kultur oder der Eros.

1. Das Feld

Denn Wirtschaft kann es nur geben, weil der Mensch *Leib und Geist* ist, weil er in den Leib hinein gebannter und sich allein im Leib realisierender Geist ist. Ohne Geist, ohne Planen käme Wirtschaft nicht in Gang. Ohne seine Leibhaftigkeit würde nicht Wirtschaft aus seinem Planen entstehen. Der Mensch ist Wesen aus Leib und Geist.

Er ist er selbst, dieser einzelne, der sich immer wieder auf sich zurückbeziehen muß, weil er für sich verantwortlich, weil er an sich interessiert ist. Aber in diesem Interesse an sich ist er zugleich über sich hinaus verwiesen auf andere. Und er kann dieses Verwiesensein auf andere nur so realisieren, daß er das Interesse der anderen als sein eigenes Interesse begreift. Er ist *einzelner und Gemeinschaft*. Wirtschaft entsteht nicht dadurch, daß ich dem anderen einfach etwas wegnehme. Ich muß es ihm so nehmen, daß er bereit ist, sich von mir dafür etwas geben zu lassen. Im gegenseitigen Austausch müssen meine und deine Interessen so miteinander in Einklang kommen, daß das Ganze gefördert wird und jeder sein Interesse deckt.

Leib und Geist, einzelner und Gemeinschaft gehören zusammen. Und ein weiteres kommt hinzu: Der Mensch ist *Person und Welt*. Er ist nicht monadenhaft in sich selbst verschlossen, nicht mit einem Leib bloß ausgestattet, um aus ihm Morsezeichen und Kontakte zu anderen auszusenden. Er ist hineingestellt in die Welt der Güter und Sachen, welche über seine eigene und des anderen Personalität und Leibhaftigkeit hinausreicht. Er ist nicht nur Sein, sondern *Sein und Haben*. Und das Haben hat mit dem Sein zu tun, die Welt hat mit dem zu tun, wie er lebt und was er ist. Nur deswegen gibt es Wirtschaft.

Diese Verknotung von Leib und Geist, einzelnem und Gemeinschaft, Sache und Person, Sein und Haben umschreibt im Grunde alle innerweltlichen Daseinsbereiche des Menschseins, und gerade im Vollzug von Wirtschaft zeigt sich ihr unmittelbarer Zusammenhang.

2. *Die Vollzüge*

Der Mensch ist nicht einfach in „Nebensachen" hineingestellt. Er ist so auf die Sachen angewiesen und sie sind so auf ihn hingeordnet, daß er die Sachen, die Welt und die Zusammenhänge in ihr gestalten kann. Wirtschaft treiben heißt *Gestalten*. Aber Gestalten ist nicht alles. Denn dieses Gestalten entspricht einem Angewiesensein, einem Brauchen und Bedürfen, kurz gesagt einem *Genießen*. Das notdürftige und das erfreuliche Genießen von Gütern, von Welt ist es, woraufhin immer Wirtschaft läuft. Gestalten und Genießen sind der aktive und der rezeptive Pol des menschlichen Weltverhältnisses, gerade auch in der Wirtschaft. Aber diese beiden Vollzüge wären auch denkbar, wenn der Mensch nur ein einzelner wäre, ein Robinson. Wirtschaft jedoch kommt erst zustande, wenn es im Gestalten und Genießen auch das *Tauschen*, den Austausch gibt. Diese drei Grundvollzüge – Gestalten, Genießen und Tauschen – sind die Weise, wie der Mensch in den genannten Grundbereichen und Grundrelationen lebt, so daß Wirtschaft entsteht.

Anders gewendet und doch einen neuen Akzent setzend, läßt sich derselbe Vorgang so nachzeichnen: Der Mensch lebt *von und für*. Dies scheint mir eine fundamentale Aussage über den Menschen zu sein. Der Mensch ist nicht nur einer, der sich auf sich selber zurückbeugt und der aus sich ausgeht und im Ausgang aus sich vielleicht auch einmal das Stadium Welt, Güter, Wirtschaft durchläuft, um dann wieder in sich zurückzukehren. Nein, er ist einer, der durch und durch lebt *von* anderen und anderem. Ich habe jeden Zollbreit meines Lebens und Lebenkönnens von anderen. In der Wirtschaft wird diese Angewiesenheit, dieses *Von* ausdrücklich: von der Welt, von der Natur, von anderen Menschen, von jenem göttlichen Geheimnis, das uns selbst und alles erst uns gibt. Wir leben *von*. Aber wir leben nicht als die Endstation, die nur konsumiert, wir leben genauso *für*. Dies gerade auch in der Wirtschaft. Denn Wirtschaft heißt auch immer anfangen für, etwas tun für, etwas unternehmen für, etwas weggeben für, planen für, bereitstellen für. Leben von und Leben für ist Leben des Menschen, und nur in dieser Spannung des *Von* und *Für* wächst Wirtschaft.

3. Das Spiel von Gegebensein, Freiheit, Gemeinschaft

Dann aber läßt sich abschließend eine letzte Schicht im Abriß einer Phänomenologie der Wirtschaft aufdecken. In dieser Schicht wird ein dreifacher Vollzug offenbar, ohne den es weder den Menschen noch seine Wirtschaft gäbe. Die drei entscheidenden Stichworte heißen: Gegebensein oder Ordnung, Selbstsein oder Freiheit, Mitsein oder Gemeinschaft, Kommunikation.

Wir leben immer schon aus *Gegebenheiten*, wir schaffen für andere Gegebenheiten, wir müssen uns beziehen auf Gegebenheiten. Solche Vorgegebenheiten sind etwa: daß es uns gibt, daß wir Hunger, daß wir Bedürfnisse haben, daß es diesen und dieses gibt, daß es andere und anderes nicht gibt. Diese Vorgegebenheiten insgesamt sind die Welt, in der wir leben. Die konkreten Vorräte, die bestimmten Bedingungen und Bindungen, in die wir einfach hineingestellt sind, das Gegebene: das ist unsere Welt. Nur in solchen Gegebenheiten wächst Wirtschaft, in den Gegebenheiten, in denen auch wir selber uns gegeben sind. Gegebensein bedeutet auch Aufgegebensein: Das Gegebene soll so gestaltet werden, daß ich leben kann und alle leben können. Deswegen gibt es Wirtschaft, und deswegen muß Wirtschaften sich immer neu normieren, maßnehmen an den Gegebenheiten. Denn eine bloß ideale, ausgedachte Wirtschaft wäre gar keine, sie könnte nicht funktionieren. Wirtschaft muß sich in die Wirklichkeit umsetzen, muß Maß nehmen an den Gegebenheiten. Wirtschaft muß sich beziehen auf den harten Stoff der Verhältnisse, ihrer Ordnungen und Zuordnungen.

Was aber ist der Sinn der Wirtschaft, wozu ist Wirtschaft da? Damit der Mensch in diesen Gegebenheiten er selber sei, er selber werde. Das von Marx ins allgemeine Bewußtsein gehobene, im Grunde aber schon von Plotin in den abendländischen Geist eingeführte Wort von der Entfremdung sagt dasselbe in der Umkehrung. Es kommt darauf an, daß ich mir in den Gegebenheiten nicht selber entfremdet werde, sondern mich in ihnen verwirklichen, gestalten kann, daß ich mich zu ihnen verhalten kann: Selbstbestimmung, *Freiheit*, Spontaneität, Selbstsein. *Ich* treibe Wirtschaft, ich fange etwas an, ich plane, ich gehe aus mir heraus, ich mache Berechnungen, ich stelle Vermutungen an, ich möchte, daß die Stadt so aussieht, daß mein Haus so eingerichtet wird. Ich, das Selbstsein, die Freiheit ist die Zielvorstellung und ist zugleich die Initiative, die alles in Gang bringt. Das eigentlich Unternehmerische ist das Selbstsein, das eben nicht nur Gegebenheiten vollstreckt, sondern mit ihnen spielt, sich in sie einspielt, sie verwandelt, sie zum Raum und Stoff macht, in dem der Mensch er selber ist, sich selber gestaltet, sich selber verwirklicht.

Aber Selbstsein, Freiheit – nun folgt die dritte Komponente – vollzieht sich immer als Mitsein, als *Gemeinschaft*, als Kommunikationsprozeß. Was ich gestalte, ist mitbestimmt von dem, was andere mir gönnen oder verwehren, wie andere mich anschauen oder sich mir entziehen, wie andere eine Ordnung vorgeprägt und mir Spielraum gelassen haben. Und ebenso ist alles, was ich gestalte und zur Gegebenheit bringe oder verändere, etwas *für* andere. Mit jedem Handeln bestimme ich die Lebenswelt anderer mit, ob ich das möchte oder nicht, es weiß oder nicht, es zugebe oder nicht. Andauernd sind wir bestimmt von den anderen und bestimmen sie mit, stehen wir in dieser Interdependenz der Freiheit. Menschsein ist immer Mitsein. Erst im Mitsein kommen eigentlich die Gegebenheiten und die Freiheit in ihren Einklang, erst im Mitsein geht ihr ganzer Horizont auf. Dies macht gerade Wirtschaft aus, daß der Mensch in einer Welt lebt, die Welt von anderen und für andere ist. Indem er sich Sachen gestaltet, indem er sich leibhaftig und geistig mit ihnen einläßt, bestimmt er die Welt anderer und umgekehrt. Wir sind ins Miteinander gewiesen, um im Miteinander unsere Freiheit und die Gegebenheiten zu verwandeln und zu gestalten.

4. Konsequenzen

Mir scheint, unsere Überlegung hat philosophisch Fundamentales und ethisch Fundamentales zur Wirtschaft zutage gefördert. Hieraus folgen fundamentale Konsequenzen.

Eine Wirtschaft, die einen dieser drei Pole unterschlägt, ist unmenschlich. Unmenschlich ist eine Idee von Wirtschaft (und von Menschsein überhaupt), die bloß ausgeht von den Gegebenheiten in der Meinung, sie rationalistisch verwalten zu können, nur auf die Gegebenheiten und ihre immanente Sachdynamik angewiesen zu sein, ohne die Freiheit gestalterischen Eingriffs und die Rücksicht aufs Miteinander zu achten. Nicht weniger verfehlt wäre eine Wirtschaft, die bloß von meiner Freiheit ausgeht, die bloß Optimum und Maximum meiner Selbstbestimmung sucht und die allenfalls aus dem Interesse, daß mir keiner in die Parade fährt, auch auf den anderen Rücksicht nimmt. Die dieser Wirtschaftsauffassung zugrunde liegende Freiheit ist gar nicht zu sich selber erwacht, sie ist entweder in einer idealistischen Verkürzung oder in einer diktatorischen Unterdrückung des Nächsten befangen. Und eine Wirtschaft schließlich, die bloß vom Mitsein ausgeht, die aus den gemeinsamen Verhältnissen ein System zimmern will, in das alles hineinverplant ist, würde gerade das Mitsein, würde Gemeinschaft in sich verkehren. Denn ich kann nur mit dir sein, wenn ich dir als freiem Partner im Wechselspiel von Antwort und Anfrage begegnen kann, wenn wir von uns aus und nicht von einem anonymen, zwischen uns geschalteten Es aus aufeinander zugehen können.

Eine kollektivistische, eine individualistische und eine deterministisch-pragmatische Wirtschaft sind gleich unmenschlich.

Die Aufgabe, die das Menschsein selbst der Wirtschaft stellt, heißt vielmehr: das Ernstnehmen der Gegebenheiten, das Ernstnehmen der Initiative der Freiheit eines jeden einzelnen und das Ernstnehmen des universalen Mitseins miteinander in Einklang zu bringen. Dies ist als Programm und Zielvorstellung alles eher als abstrakt. Es ist eine These, die hineinfährt in verschiedenartigste faktische Konzepte von Wirtschaft und Gesellschaft. Es ist eine These, die verbindlicher ist als eine bloße Hypothese; denn sie ist abgelesen an den inneren Zusammenhängen der Wirtschaft selbst.

II. Aus der Perspektive der Erlösung

In einem zweiten Teil will ich nun der Frage nachgehen, inwiefern auch für das Evangelium Jesu Christi Wirtschaft ein zentraler, vielleicht sogar der zentrale Lebensbereich ist.

1. Jesu kritische Stellung zum Reichtum

Es mag zu denken geben, daß nicht erst die Pastöre von heute dadurch verdächtig sind, daß sie einen großen Hut haben, der nicht nur für ihr Haupt, sondern auch für andere sachhafte Dinge durchaus offen steht, daß also Kirche und Geld auf eine fatale Weise im Einklang miteinander zu stehen scheinen. Aber auch Paulus hat schon gesammelt, dieses Sammeln nimmt in seinen Briefen einen breiten Raum ein. Und Jesus selbst spricht den Bereich „Haben" und „Geben" immer als den zentralen Bereich des Menschen an. In der Bergpredigt steht ja nicht an der Spitze „Selig die Friedfertigen" oder „Selig die Trauernden", sondern „Selig die Armen" – und das hat trotz des Zusatzes „im Geiste" durchaus etwas mit dem Haben zu tun, wie viele Berufungen zur Nachfolge konkret zeigen: Und sie verließen alles und folgten ihm nach.

Warum spielt das Geld, das Haben, das Geben, das Teilen, das Verhältnis zum Besitz auch in der Urgemeinde von Jerusalem eine solche Rolle? Nun, es gibt drei Imperative, die Jesus in seiner Verkündigung immer wieder an die Menschen richtet: „Kehret um, glaubet an die frohe Botschaft, und folget mir nach!" (vgl. Mk 1,15). Diese drei Sätze durchziehen das ganze Evangelium, sie stehen schon am Anfang der Predigt Jesu, sie kehren ständig wieder in den Erzählungen von den Jüngerberufungen. Diese drei Imperative lassen ein kritisches Verhältnis zum Reichtum erkennen, sie sind eine Provokation zum Geben und zur Armut. Aber warum ist das so? Weil die Grundbotschaft Jesu lautet:

Die Herrschaft Gottes, das Reich Gottes ist nah. Um seinetwillen gilt es, alles andere zu verlassen.

Normalerweise verhalten wir uns, als müßten *wir* die Welt entwerfen und machen. Ob es mit ihr gut oder schief geht, das erscheint uns als Glücksspiel, das zugleich doch ein Spiel mit unserer Kunst und unserem Witz ist. Aber *eine* Sache bleibt unserer Kunst und unserem Witz immer vorenthalten: ob die Zukunft, die wir planen, auch wirklich stattfindet. Alles können wir vorsehen für morgen, nur das Eine, Grundlegende können wir nicht machen: daß der morgige Tag kommt. Er kommt von sich aus. Hier liegt die Ohnmacht des Menschen, daß er die Zeit nicht machen kann. Daher in aller Sicherheit und allem Reichtum seine Sorge, Angst und Unsicherheit. Jesus verkündet nun aber: Gott ist nicht der ferne Horizont, der sich in einen Wolkenschleier hüllt, hinter dem seine allmächtige Hand die Sandkörner der Zeit entweder hervorrieseln läßt oder zurückbehält, Gott läßt sich ein mit dem Menschen, er bricht ein in das Leben des Menschen, er richtet seine Herrschaft, d. h. sein Gottsein auf mitten im Lebensraum des Menschen. Ich bin es, sagt Jesus uns, in dem Gottes Herrschaft jetzt anfängt. Und nun hat deine Zeit der Angst, der Sorge und des Planens nicht mehr das letzte Recht. Jetzt kannst du dich auf diesen Gott unmittelbar einlassen, und du mußt es, wenn du mir glaubst. Laß deine Sorge, gib dein Planen aus der Hand, tritt von der Größe deines Selbstentwurfes zurück, und werde wieder wie die Lilie des Feldes und wie der Vogel auf dem Dach! So provokatorisch war die Rede Jesu schon für seine damaligen Zuhörer. Ohne eine entschuldigende Erklärung abzugeben, er wolle dem Menschen nicht zu nahe treten und er meine es nicht so wörtlich, er meine es nur spirituell, hat er dem Menschen auf den Kopf zugesagt: „Kehre um, laß dein bisheriges Leben! Glaube mir, daß in mir Gott mit dir handelt und folge mir nach! Tritt in die Lebensgemeinschaft mit mir ein. Freilich mußt du damit rechnen, daß du alles verlierst, daß du am Ende so dastehst, wie ich dastehen werde, am Kreuz. Du mußt also damit rechnen, daß erst dann Gott dir alles schenken wird, wenn du dich radikal ihm auslieferst, wenn du dein Kreuz auf dich nimmst".

Dann aber sind mein Planen und mein Haben die beiden Hindernisse, die mir zur Nachfolge Jesu im Weg stehen, wie wir am reichen Jüngling ablesen können. Er hat niemand betrogen, wollte immer nur das Ideale tun. Aber er wollte es tun als der Inhaber nicht nur seiner Lebenspläne, sondern auch seiner Lebensgüter. Darum lädt Jesus ihn ein: „Eines fehlt dir noch: Verkaufe, was du hast, gib deine Güter den Armen und folge mir nach in der Nacktheit und im Ungesichertsein meines Daseins!" Und der junge Mann geht traurig hinweg. Als die Jünger Jesus dann nach dem Grund fragen, erklärt er ihnen, ein Reicher gehe schwerer in das Himmelreich ein als ein Kamel durch ein Nadelöhr. Und auf ihr betretenes Schweigen erwidert er sodann, was unmöglich sei bei den Menschen, sei bei Gott doch möglich (vgl. Mk 10,17–27). Hier also läßt Jesus eine Ritze der Hoffnung, ein Nadelöhr der Hoffnung offen – auch für uns. Aber schwächen wir mit Berufung auf dieses Nadelöhr die Provokation Jesu nicht vorschnell ab. Im Bereich von Haben und Geben entscheidet sich nämlich, ob wir uns auf das ganz andere Daseinskonzept Jesu einlassen oder nicht.

Das ist das eine, was das Evangelium radikal-kritisch mit Wirtschaft zu tun hat. Das andere: Die Perspektive Jesu – gerade in der Bergpredigt – ist die Perspektive seines Vaters im Himmel. Dieser Vater kennt keine Partikularinteressen, er macht keinen Unterschied zwischen Menschen, die er mag und anderen, die er nicht mag. Er läßt seine Sonne aufgehen über Gute und Böse und läßt regnen über Gerechte und Sünder. Und ihm liegt nicht daran, dem, was verloren ist, Vorhaltungen zu machen, sondern es liegt ihm daran, gerade das Verlorene zu sammeln und zu bergen an sein Herz. Weil er der Vater ist, weil er ein Herz hat, deswegen trifft ihn das, was am Rande steht, besonders tief ins Herz. Weil der Vater so ist, darum ist auch Jesus so. Und darum will er, daß auch wir so sind. Als Söhne des Vaters im Himmel sollen wir in verschwenderischer Freigebigkeit etwas von der Zuneigung, der Vorliebe, der Leidenschaft des Vaters zum Letzten und Ärmsten mitleben.

2. Der Anspruch Jesu und wir

So abwegig es ist, mit Berufung auf Jesus aus dem Evangelium eine Randgruppenideologie zu machen oder einen Fanatismus der armen Kirche zu verfechten, so falsch wäre es, diese ärgerliche Dimension des Evangeliums einfach zu unterschlagen. Wir müssen uns vielmehr in Nüchternheit der Frage stellen: Wenn Jesus derart vom Reichtum spricht, wie können wir dann gerettet werden (vgl. Mk 10,26)? Wie ist es dann um unser Interesse an Haben und Gewinnen und Wachstum bestellt? Diese Frage ist keineswegs durch die glatte Antwort überholt, von der Ordnung des Evangeliums her sei es wichtig, daß so etwas wie Wirtschaft funktioniert.

Wir müssen zunächst einmal zur Kenntis nehmen, daß für Jesus selbst die Ankündigung der Herrschaft Gottes schließlich und endlich radikale Armut, radikales Verlieren, Tod am Kreuz bedeutete. An diesen Punkt führt auch die Nachfolge Jesu, führt sie tod-sicher. Erst wenn wir das angenonmmen und ernstgenommen haben, können wir das andere zur Kenntnis nehmen: daß für Jesus selbst der Tod nicht Vernichtung und Untergang bedeutet, sondern Auferstehung zum Vater hin, und daß nach seinem Tod und nach seiner Auferstehung Geschichte weitergeht.

Denn durch Jesus ist die Herrschaft Gottes im Kommen. Sie ist in einer 2000-jährigen Geschichte im Kommen, wirklich im Kommen. Darum muß sich jede Zeit, muß sich jeder einzelne hineinleben in diese Herrschaft Gottes durch die Gemeinschaft der Nachfolge. Deswegen ist das „Verlaß alles!" von bleibender Aktualität in der Zeit der Kirche. Aber dies ist nicht das einzige. Der radikale Anspruch, die Botschaft Jesus bleiben – aber Kirche muß weiterleben, glaubende Menschen müssen weiterleben, sie müssen weiterleben mit diesem Widerspruch des Evangeliums, der zugleich mehr als bloßer Widerspruch ist: *alles verlassen und doch in allem, in der Welt bleiben*. Die Frage kann nicht heißen: Wie ist dieser Widerspruch aufzulösen oder wenigstens abzumildern? Sie kann nur heißen: Wie ist er auszuhalten, wie ist er zu leben?

Lassen wir uns die Antwort von zwei Schriften des Neuen Testaments geben, welche die Zeit nach Jesus und nach der Epoche der Apostel reflektieren: von der Apostelgeschichte und vom Johannesevangelium. In der Apostelgeschichte steht vor uns das Bild der Gemeinde, das auch bei Paulus in vielen Briefen wiederkehrt: Die Urgemeinde lebt die Radikalität der Nachfolge als Radikalität der gegenseitigen Liebe und der *Gütergemeinschaft* (vgl. Apg 4,32–37). Das ist nicht eine Art Kommunismus, es werden nicht einfach Güter enteignet und gemeinsam von einem Apparat verwaltet. Hier ereignet sich ein beständiges, unselbstverständliches, zeugnishaftes, über den eigenen Schatten springendes Haben füreinander, Teilen miteinander, Ausliefern aneinander. In dieser Communio, dieser Gütergemeinschaft, löst sich der scheinbare Widerspruch zwischen radikaler Nachfolge und Lebenmüssen des Christen mitten in der Welt. So in der Apostelgeschichte. Gütergemeinschaft ist nicht eine Entschuldigung oder ein Ersatz für den von Jesus geforderten Verzicht auf alles, sondern eine getreue Übersetzung des Anspruchs Jesu in die Zeit der Kirche. Nicht anders verhält es sich mit der johanneischen Übersetzung.

Bei Johannes liegt die Antwort im *Neuen Gebot* Jesu, das alle Taten und Augenblicke unseres Lebens als Christen ausrichten muß. Es fordert von uns, daß wir nicht bloß nett sind zueinander, einander nicht nur lieben, wie wir uns selber lieben, sondern daß wir einander so lieben, *wie Jesus* uns geliebt hat (vgl. Joh 13,34).

Und Jesus wiederholt und bekräftigt dieses Wie: Er will, daß wir eins sind, wie der Vater und der Sohn miteinander eins sind (vgl. Joh 17,21), daß wir Gütergemeinschaft leben wie der Vater und der Sohn: „Alles Meine ist dein und alles Deine ist mein" (Joh 17,10). An dieser Stelle, dem Höhepunkt des Johannesevangeliums, zeigt sich, daß es zwei Berufungen in der einen Berufung des Christen gibt, auch in Sachen Wirtschaft. Es gibt die eine Berufung, nicht zu haben, nicht verheiratet zu sein, nicht den eigenen Willen zu tun. Es ist die Berufung der sogenannten evangelischen Räte, wie sie etwa in den Orden gelebt werden. Doch sind diese Räte mehr als bloß ein guter Rat. Sie sind der Stachel des ankommenden Gottesreiches im Fleisch des Menschen (vgl. 1 Kor 7). Wehe uns, wenn wir heute so harmlos geworden sind, daß wir sagen: „Das war früher einmal so, heute brauchen wir diese Lebensform nicht mehr." Wir brauchen dieses radikale Zeugnis; denn es stellt uns vor Augen, was wir alle – wenngleich in anderer Gestalt – als Christen zu leben haben. Aber es gibt eben auch die zweite Berufung: zu haben – freilich so zu haben, als hätten wir nicht (vgl. 1 Kor 7, 29–31). Diese Berufung besteht darin, als Christen immer tiefer Welt zum Zeichen der Gottesherrschaft, liebende Gemeinschaft der Menschen miteinander zum Zeichen der liebenden Gemeinschaft Gottes mit uns werden zu lassen. Diese Berufung ist der christliche Weltauftrag. Einen anderen christlichen Weltauftrag gibt es nicht.

Genau hier liegt auch die Berufung des Christen in der Wirtschaft. An ihm soll man ablesen können, wie sich die Schöpfungsordnung, von der wir im ersten Teil gehandelt haben, einlöst und steigert in der Erlösungsordnung.

3. Das Urmodell: Dreifaltigkeit

Was das heißt, mag aufs erste befremdlich und beunruhigend sein. Aber ich will Ihnen diese Beunruhigung zumuten, indem ich meine ethische Zielthese beiseite lasse – sie wird sich im nachhinein wie von selber ergeben – und gleich auf die dogmatische Zielthese überspringe: Das dreifaltige Leben Gottes ist das Grundmodell auch der Wirtschaft.

Ich will diese These mit einer bekannten Erzählung erläutern. Es war ein Mensch mit Namen Adam. (Ich rede abgekürzt, nicht vermittelt durch die wichtigen Erkenntnisse der Exegese, die wahr sind, die aber am folgenden nichts ändern). Adam wollte sein wie Gott. Aber es hat nicht geklappt. Und zwar deswegen, weil er dies aus sich selber unmöglich leisten konnte. Noch mehr aber deswegen, weil er sich ein falsches Bild von Gott gemacht hatte. Er hatte nämlich gemeint, Gott sei einer, der alles hat und alles kann, daher an sich selbst genug hat, nicht nötig hat, mit einem anderen zu teilen. Aber Gott ist anders. Er ist gerade nicht die Selbstgenügsamkeit dessen, der sich in sich selber verschließt, sondern er ist der, als welcher er sich in Jesus Christus zeigt: einer, der sich gibt, sich verschenkt, der leidenschaftlich für die anderen da ist und gerade darin seine Seligkeit hat. Denn von allem Anfang an ist er nicht ein einsames Wesen, sondern sich verschenkende, ansprechende und antwortende Freiheit: Dreifaltigkeit. Gottes innerstes Geheimnis heißt nach der Überzeugung des Christen: Gemeinschaft. Gemeinschaft aus radikaler und unbedingter Freiheit. Christliches Sein, Haben, Geben – alles geht nur, indem ich in dieser Polarität von Freiheit, die sich gibt, und Freiheit, die annimmt, innestehe. Gott selber ist Kommunikation, aber eben radikale Kommunikation in radikaler Freiheit.

Wenn nun Gott selber so ist, dann kann Menschsein nur gelingen, wenn wir auch in der Wirtschaft die christliche Alternative zum kollektivistischen System, das im Grunde einsam macht und entfremdet, und zum individualistischen Aneinandervorbei verwirklichen. Füreinander und voneinander leben, sich dem anderen geben und ihn annehmen, vom eigenen Interesse derart ausgehen, daß man zugleich vom Interesse des anderen und des Ganzen ausgeht: Dies ist das innere Lebensgesetz des trinitarischen Geschehens selber und deswegen auch des Menschseins. Jesus, und mit ihm die junge Kirche, stellt uns in der Radikalität seiner Botschaft vor Augen, daß wir nur in dieser Freiheit und Bereitschaft eigentlich leben können.

Von daher heißt Wirtschaft christlich: die Gegebenheiten annehmen und sie zugleich aus Freiheit, nicht aus äußerem Zwang, verwandeln in Kommunikation miteinander, in den Austausch der Interessen, in das Ausgehen zugleich von dir und von mir. Darin geschieht jene vollkommene Einheit, nach der Menschen sich sehnen und in der sich die Einheit der göttlichen Personen spiegelt. Diese Einheit ist alles andere als ein Einerlei. Denn auch das göttliche Leben geschieht nur auf die Weise, daß der eine spricht und der andere antwortet, der eine auf den anderen zugeht und der andere den einen empfängt. Erst durch die Unterscheidung der Funktionen und Positionen kann Einheit, Gemeinschaft wachsen. Genau dies sagt die Dogmatik beider Konfessionen über die Dreifaltigkeit: In ihr kommen höchste Freiheit der Personalität und tiefste Gemeinsamkeit des Füreinander und Miteinander in den Einklang.

4. Vom Urmodell zu den Modellen

Dieses göttliche Urmodell hat die Kirche zu reflektieren und aus diesem Urmodell Modelle vor Augen zu stellen, wie Wirtschaft, wie Gesellschaft, wie Menschsein überhaupt geht. Solche Modelle aber können von der Kirche nur entwickelt werden im Austausch mit Menschen, die in Wirtschaft, Gesellschaft, in den betreffenden Bereichen des Lebens innestehen. Nur im gemeinsamen Sehen und Bestehen der unterschiedlichen Situationen und Lebensbereiche aus diesem provokatorischen Geist des Evangeliums lassen sich Modelle für die Menschheit entwickeln.

Das alles ist natürlich an sich immer wahr. An sich. Aber es ist heute besonders dringend. Denn die Versuchung ist größer geworden, sich auf die völlig plausible Aussage zurückzuziehen: Alles sozialistische Getue radikaler Systemveränderung zerstöre die Wirtschaft; es gelte, unsere Wirtschaft unbeirrt weiterzubetreiben. Auch die andere Versuchung ist gewachsen: Weil man heute eben für Gemeinschaft sei, solle man sich in den unaufhaltsamen Trend schicken, auch wenn man sich damit einem System ausliefere, das der Wirtschaft zum Schaden gereicht – und nicht nur der Wirtschaft.

Unser Weg muß hingegen heißen: Wir können den Menschen nur retten, wenn wir uns seine ganze Freiheit und die ganze Hypothek seines Daseins zumuten. Das aber bedeutet heute, im Kontext einer Weltgesellschaft, in Weltdimensionen denken und handeln. Wir werden nur leben, wenn wir unsere Interessen fürs Interesse am Ganzen öffnen und von innen her so mit ihm koordinieren, daß diese Interessen ineinanderschlagen. Die heutige Welt ist ein Testfall dafür, daß wir Christen das Menschliche in die Wirtschaft und in alle Bereiche des Menschseins einbringen, es neu entdecken und realisieren. Nicht als ob wir das Menschliche für uns gepachtet hätten. Aber in der provokatorischen Radikalität des Evangeliums ist uns ein einzigartiger Schlüssel fürs Menschliche und für die Menschheit überantwortet. Dies wäre eine erste Konsequenz.

Eine zweite läßt sich unmittelbar anschließen. Wir sollten immer neu versuchen, etwas wie „strukturelle Erfahrungen" eines christlichen Wirtschaftsverhaltens zu machen. Es ist zuwenig, wenn ich mich nur privat, nur für mich allein an der Stelle, an der ich stehe, als Christ verhalte. Das soll ich auch und zuerst. Aber wir sollten darüber hinaus probieren, miteinander Erfahrungen auszutauschen, wie ein jeder von uns christlich Wirtschaft zu gestalten sucht. Wenn wir solche Erfahrungen – die Möglichkeiten und Unmöglichkeiten, die Schwierigkeiten des Gewissens und die Einfälle, die Erfolge und Mißerfolge – miteinander in einen lebendigen Austausch bringen, dann wächst aus den vielen privaten Erfahrungen gemeinsame Erfahrung. Damit allererst entsteht die Möglichkeit, daß – freilich nur allmählich – der Bereich Wirtschaft in Bewegung kommt, sich verändert, daß

Wirtschaft in anderen Strukturen abläuft, nicht nur in christlicher Haltung geschieht. Erst so kommt in Sicht, wie Christen aus ihrem Christsein den Bereich Wirtschaft gestalten.

Diesem Ziel können wir uns nur nähern, wenn wir uns gemeinsam auf den Weg machen, uns austauschen in der Ungeschütztheit eines wirklichen Miteinander. Wenn wir damit ernstmachen, wird die Wirkung unabsehbar sein. Mein eigentliches Anliegen ist es, Sie dazu anzustoßen, Kirche zu sein über die Grenzen von Konfessionen, Parteien und Verbänden hinweg. Kirche in einem weiteren, umfassenderen Sinn, indem Sie nämlich in Ihren gemeinsamen Aufgaben den Mut aufbringen, diese aus Ihrem christlichen Gewissen miteinander zu bestehen und nicht nur als je einzelne, als einsame Konkurrenten.

Vielleicht werden Sie am Ende sagen: So Wirtschaft betreiben, ist aber ein Risiko. Ich glaube, das Risiko, Wirtschaft aus dem Geist der radikalen Nachfolge Jesu zu betreiben, könnte das unternehmerische Risiko schlechthin sein. Wirtschaft ist auch ein Spiel, Wirtschaft ist auch eine Kunst. Und Kunst und Spiel gelingen immer nur, indem ich etwas riskiere, mich riskiere, um dadurch gerade mich und die Verhältnisse zu steigern. Könnte nicht vielleicht die Seele des unternehmerischen Risikos darin bestehen, daß wir das Risiko der Liebe eingehen, jener Liebe, wie Er geliebt hat, um dann zu sehen, daß Welt und Wirtschaft zwar nicht Reich Gottes auf Erden werden, wohl aber ein Zeichen der Hoffnung – oder wie das letzte Konzil sagt – ein „Sakrament" der Hoffnung auf das Reich Gottes und darauf, daß Menschsein auf dem Weg zu diesem Reich Gottes nicht umsonst ist.

KIRCHE UND ARBEITERSCHAFT – EINE HERAUSFORDERUNG FÜR DIE GEMEINDEN*

Fastenhirtenbrief 1981

Liebe Schwestern und Brüder!

Warum verwandelte Jesus nicht Steine in Brot, um seinen Hunger zu stillen? Warum sprang Jesus nicht von der Höhe des Tempels, um seine Macht zu offenbaren? Er wirkte Zeichen und Wunder, aber er tat es nicht für sich. Er kam, um den Willen des Vaters zu tun, und dies war der Wille des Vaters: daß er einer von uns wird, daß er sich einläßt auf unser Leben, bis hin zum Scheitern am Kreuz. Mit einem Bild gesagt: Jesus hat nicht eine elegante Autobahnbrücke über den Abgrund unseres Lebens hinweg gespannt, sondern er ist heruntergestiegen.

Das ist eine Herausforderung für uns, für mich und für Sie, für unser Bistum, für jede Gemeinde. Der Weg Jesu, der untere Weg, soll unser Weg werden. Das heißt: sich einlassen auf die Erfahrungen und Fragen der Menschen.

Damit hat es etwas zu tun, wenn ich im vergangenen November „Kirche und Arbeiterschaft" als pastoralen Schwerpunkt für unser Bistum verkündet habe. Was heißt das für den einzelnen, für die Gemeinde, für Gruppen und Verbände?

Ein Arbeiter hat zu mir gesagt: „Wenn ich in die Kirche komme, dann finde ich mein Leben nicht wieder in dem, was da gesprochen wird." Das ist eine Anfrage an uns alle. Trennen wir nicht zwischen Kirche und Leben, beschränken wir uns nicht auf unsere engen eigenen Interessen und Sorgen? Kirche und Arbeiterschaft – das heißt sicher, daß wir uns für die soziale Frage und für neue Wege der Arbeiterpastoral aufschließen müssen. Aber es heißt noch mehr, daß wir selber anders werden müssen.

Sicher, auch die Jugendlichen, die Frauen, die Intellektuellen, die Unternehmer und der Mittelstand finden weithin ihr Leben und ihre Fragen nicht in unseren Gemeinden wieder. Ich bin überzeugt: Wenn die Arbeiterschaft ihr eigenes Leben in der Kirche wiederfände, dann ergäbe sich auch für die anderen Spannungsfelder zwischen Kirche und Gesellschaft leichter ein Ansatz.

Lassen Sie mich einfach einmal sieben Fragen an uns stellen. Sie sollten – das wünsche ich mir – in der Arbeit eines jeden Pfarrgemeinderats, einer jeden Gruppe, eines jeden Verbandes aufgenommen werden.

1. Sind wir *brüderliche Gemeinde*? Oder geht durch unsere Gemeinde ein Riß zwischen denen, die viel haben, und denen, die wenig haben? Ist beinahe nur *eine* Schicht und Gruppe unserer Gemeinde in der Kirche und im kirchlichen Leben anzutreffen? Sind uns Besitz und Karriere ein Vorrecht, das uns gegen die anderen verschließt? Und wenn wir „sozial" sind, wenn wir hergeben und teilen, geschieht das dann in der Gebärde dessen, der sich herabläßt, der ein Almosen gibt, oder sind wir wirklich Brüder und Schwestern füreinander? Brüderliche Gemeinde: Wie haben wir, und wie geben wir?

2. Sind wir *missionarische Gemeinde*? Ich denke da nicht nur an den Einsatz für die Kirchen in der Dritten Welt, ich denke da an die Leidenschaft für jene, die am Rande stehen, die nicht mitmachen. Kennen wir ihre Lebensverhältnisse? Wissen wir, warum sie sich zurückziehen? Sind wir eine Einladung für die anderen? Gehen wir auf unseren Nächsten zu, auch wenn er anders ist? Missionarische Gemeinde: Wie geben wir uns, wie „sind" wir zu unseren Nächsten?

3. Sind wir *geistliche Gemeinde*? Ist unser Glaube die Quelle unseres Lebens? Sprechen wir auch zueinander von unserem Glauben? Sprechen wir von unserem Glauben so, daß das Leben drinnen ist, von unserem Leben so, daß der Glaube drinnen ist? Gerade das ist entscheidend auch für die Frage „Kirche und Arbeiterschaft". Ich muß gestehen: Erfahrungen von Arbeitern mit dem Glauben, Zeugnisse aus ihrem Leben haben mich mehr lernen lassen als manches gelehrte Wort. Geistliche Gemeinde: Wie leben und bezeugen wir den Glauben?

4. Sind wir alle wahrhaft *ein Leib*? Ein Leib mit vielen Gliedern, und wenn die anderen leiden, leiden wir dann mit? Sind wir betroffen, wenn in unserer Region Hunderte von Arbeitern ihren Arbeitsplatz verlieren und auf der Straße stehen? Der Papst sagte in Mainz, daß die Arbeiter nicht die allein Leidtragenden

sein dürfen, wenn wirtschaftliche Umschichtungen notwendig sind. Wir alle sind danach gefragt, was wir tun, um Krisen und Nöte aufzufangen. Aber nicht nur die Krisen und Nöte, die ins Auge springen, sondern auch jene unscheinbaren, die oft verschämt verschwiegen werden, die aber das Mittun in der Gemeinde schwermachen. Denken wir auch daran, daß gerade Ausländer unter den anderen Lebensbedingungen hier leiden und oft isoliert sind? Ein Leib: Wie leiden wir, leiden wir mit, helfen wir?

5. Ist unsere Gemeinde *Haus Gottes*? Eine vielleicht sonderbare Frage. Ja, es genügt nicht, daß wir ein Gotteshaus *haben*. Noch wichtiger ist, daß wir eines *sind*. Und wir sind nur dann Haus Gottes, wenn wir Haus für die Menschen sind. Also Heimat, die bergend und einladend ist. Haus, in dem die Türen offenstehen und doch kein Durchzug ist. Doch wie soll das geschehen? Indem wir offene Häuser haben füreinander. Der andere muß sich bei uns wohlfühlen können. Haus Gottes: Wie wohnen wir? Ist der andere uns so willkommen wie Christus selbst?

6. Sind wir eine – im Sinn des Apostels Paulus – *prophetische Gemeinde*? Denken und reden wir so, daß etwas vom Geist Gottes, von der Weisheit Gottes drinnen ist? Kennen wir die Gaben, die der andere im Herzen und im Leben trägt? Sind wir beispielsweise bereit, von den Arbeitern jene Werte zu lernen, die gerade sie uns vorleben: Solidarität, Kameradschaft, Blick für die Wirklichkeit, Tapferkeit in schweren Situationen? Weisheit des Lebens ist etwas anderes als äußere Bildung. Wenn wir damit ernst machen, dann kann es eigentlich nicht mehr geschehen, daß Arbeiter und Ausländer sagen: In diesem Pfarrgemeinderat, in dieser Gemeinde habe ich nichts einzubringen, nichts zu vermelden. Prophetische Gemeinde: Wie sehen wir die Dinge und reden wir über die Dinge?

7. Ist unsere Gemeinde ein *lebendiges Netz*? Jenes Netz Gottes, von dem der Papst so eindrucksvoll in Köln gesprochen hat, in dem wir alle miteinander verknüpft sind durch die Freundschaft mit Christus? Sind wir Freunde zueinander, geht die Beziehung zueinander über den Kirchgang und das Pfarrfest hinaus? Freunde nicht im Sinn eines Klüngels, nicht nur in einer eng begrenzten Schicht, sondern eben so, daß die *ganze* Gemeinde mehr und mehr zum Netz wird? Netz Gottes: Wem sind wir Freund, wie sind wir Freund?

Liebe Schwestern und Brüder, ich weiß, der Anspruch ist groß. Aber mit kleinen Schritten fängt es an, mit Schritten, die wir alle setzen können. Diese kleinen Schritte sind wesentlich, damit Kirche nicht jene Brücke hoch und fern über dem Tal ist, sondern der Weg Jesu, der mitten durch das Leben führt hin zu den Menschen. Wenn wir miteinander und zueinander diesen seinen Weg gehen, dann ist Er in unserer Mitte und sein Segen wird uns geleiten. Amen.

Aachen, im Februar 1981 † Klaus
Bischof von Aachen

GEGEN DIE ANGST – FÜR DIE HOFFNUNG

Der Bischof von Aachen an
junge Arbeiterinnen und junge Arbeiter

Liebe junge Arbeiterin, lieber junger Arbeiter!

Eine Kirche, in der Arbeiter sich fremd fühlen, ist nicht so, wie Jesus sie will. Das macht mir als Bischof zu schaffen. Ich kann nicht an der Situation der Arbeiter und Arbeitslosen vorbeigehen. Besonders nicht an der Situation der jungen Arbeiter und Arbeitslosen. Deswegen habe ich das Thema „Kirche und Arbeiterschaft" zum Schwerpunkt für unser Bistum gemacht. Und deswegen schreibe ich Dir auch diesen Brief.

Was erwartest Du von Deinem Leben?

Vielleicht zuckst Du die Achseln und sagst: Was soll ich schon erwarten? Verheißungsvoll hat es nicht gerade angefangen, als ich eine Lehrstelle suchte und keine fand. Und als ich dann nach 30 Bewerbungen doch irgendwo unterkam, wurde es nicht viel besser. Die Arbeit ist schwer, das Klima im Betrieb ist mies, und was so daheim und in meiner Freizeit geschieht, ist auch nicht berauschend.

Sicher, andere machen da andere Erfahrungen, bessere, aber auch noch schlimmere. Mißtrauen gegen die Zukunft, Unsicherheit, wie es weitergeht, das ist ziemlich verbreitet. Es braucht schon etwas, um sich nicht einfach hängenzulassen. Und nichts mehr erwarten, sich nur eine dicke Haut zulegen, das hilft auch nicht weiter. Auf die Dauer wird es einem in einer dicken Haut doch einigermaßen eng und ungemütlich.

Natürlich muß man Realist sein. Sich nur Luftschlösser bauen, die dann Kartenhäuser sind, das hat keinen Wert. Sich nur in den Kopf setzen, mein Leben muß so oder so ausschauen, das ist auf die Dauer programmiertes Unglück. Flexibel sein, ja. Aber nicht ohne Ziel, nicht ohne Pläne, nicht ohne ein Ideal.

Nun eine Frage, die ganz komisch klingt und mit dem Bisherigen scheinbar nichts zu tun hat. Hast Du schon mal was vom Heiligen Geist gehört? Jesus, ja. Aber Heiliger Geist?

Du weißt, Jesus hat sich ganz für die Menschen eingesetzt, besonders für die Armen und Schwachen. Er hat ihnen gesagt, wer Gott ist: Vater, der uns liebt, der uns alles gibt, sogar seinen eigenen Sohn. Dieser Sohn ist Jesus, und er ist aus Liebe zu uns Menschen am Kreuz gestorben. Die Kraft und der Schwung, die Jesus dazu angetrieben haben, daß er so leben und sterben konnte, das ist der Heilige Geist.

Als Jesus dann von den Toten auferstanden war, hat er diesen Geist weitergegeben an seine Freunde, damit die auch so leben können wie er. Das ist an Pfingsten passiert. Da haben die Jünger, einfache Leute, Arbeiter, ihre Hemmungen und ihre Angst verloren, sind auf die Straße hinausgegangen und haben allen Leuten die Botschaft von Jesus erzählt. Statt der Angst, die sie vorher hatten, waren sie nun mit Hoffnung erfüllt. Sie haben eine Gemeinschaft gebildet, in der alle miteinander teilten, alle füreinander lebten. Es ist die erste christliche Gemeinde entstanden, das Modell einer Gemeinschaft, wo einer den andern annimmt, ihn versteht, mit dem andern teilt und für den andern lebt.

Vielleicht sagst Du: Das ist heute leider ganz anders mit der Kirche. Aber es muß nicht so sein, und jeder, der den Geist von Jesus empfangen hat, kann neu anfangen.

Jawohl, Du kannst etwas neu anfangen in der Kirche. Die Kirche braucht Dich mit Deiner Erfahrung, Deinen Fähigkeiten, Deinem Denken, damit sie neu wird, damit sie so wird, daß Du in ihr Deinen Platz finden kannst. Wo Menschen sich haben packen lassen vom Geist, da sind immer wieder tolle Dinge passiert, da ist das Leben anders und besser geworden. Meistens waren das keine reichen und gebildeten Persönlichkeiten, sondern einfache Leute. Arbeiter wie die Apostel oder auch Arbeiterkinder wie Josef Cardijn, der vor 100 Jahren gar nicht so weit weg vom Bistum Aachen in Belgien geboren wurde. Seine Schulkameraden, die arbeiten gehen mußten, haben schon früh die Freude am Leben, aber auch den Kontakt zur Kirche verloren. Das hat ihm zu schaffen gemacht. Und so hat er dann seinem Vater am Sterbebett versprochen, Priester sein zu wollen ganz und gar für die Arbeiterjugend. Er hat mit jungen Arbeitern gelebt und gerungen für eine Kirche, in der Arbeiter ein Zuhause haben, und für mehr Gerechtigkeit in der Arbeitswelt.

Ich kenne viele junge Arbeiter, die nach seinen Idealen leben. Oder, man kann es noch viel einfacher sagen: die aus dem Heiligen Geist leben. Aus dem Geist, der die miese Stimmung, die Hoffnungslosigkeit, die Gleichgültigkeit vertreibt. Aus dem Geist, der hilft, nicht nur an sich selber zu denken, sondern auch an die anderen. Aus dem Geist, der Gemeinschaft wachsen läßt, in der man auch mitten in der Arbeitswelt glaubwürdig Christ sein, Kirche sein kann.

Ich weiß schon, allein geht ein solches Leben nur sehr schwer. Aber es gibt an vielen Orten im Bistum Aachen junge Arbeiter, die aus dem Geist Christi leben wollen. Ich denke da vor allem an die CAJ, an die Christliche Arbeiterjugend, die Josef Cardijn gegründet hat. Wo einer dem anderen hilft, wo einer dem anderen Freund wird, da kann etwas neu werden.

Wenn Du Lust hast, in Kontakt mit anderen jungen Arbeitern zu kommen, die sich auch für ein Leben nach dem Evangelium interessieren, dann schreib mir ganz einfach Deine Adresse. Ich freue mich natürlich auch, wenn Du mir sonst noch etwas schreibst, Zustimmung oder Kritik, Erfahrungen oder Vorschläge. Oder schreibe an das Büro der CAJ (unten findest Du seine und meine Adresse), dann wird bestimmt jemand auf Dich zukommen.

Ich habe jedenfalls in meinem Gebetbuch einen Zettel mit dem Bild von Josef Cardijn liegen und denke jeden Tag so an die jungen Arbeiter und vor allem an die jungen Arbeitslosen im Bistum Aachen.

Mit einem herzlichen Gruß
Dein Bischof
† Klaus

Drittes Kapitel

*Wissenschaft und Technik –
Zusammenleben mit dem Ganzen*

TECHNIK UND WEISHEIT

Einleitung*

Die Suche nach der Einheit ist die Zukunftsaufgabe der Menschheit. Diese Behauptung mag erstaunen: Geht es heute nicht vielmehr um die bedrängenden Fragen des Friedens, der Gerechtigkeit und der Bewahrung der Schöpfung? Niemand kann diese Probleme ausklammern, aber wo wir uns um ihre Lösung mühen, zeigt sich, daß diese Themen im Kontext der Frage nach der Einheit stehen: Nur weil die Menschheit immer mehr eine Einheit wird, sind Fragen des Friedens, der Gerechtigkeit und des weltweit gemäßigten Umganges mit der Schöpfung aktuell. Handelten wir diese Fragen nur in sich ab, ohne sie auf dem Boden der Frage nach der Einheit zu gründen, liefen wir Gefahr, kurzschlüssige und vordergründige Lösungen zu favorisieren.

Die Voraussetzung weltweiter Kommunikation und der Krisen dieser Kommunikation ist die neuzeitliche Technik. Wenn in ihr aber sowohl die Chancen als auch die Gefahren des fälligen universalen Dialoges liegen, stellen sich entscheidende Fragen: Ist mit der Tatsache weltweiter Möglichkeit der Kommunikation zugleich sichergestellt, daß diejenigen, die an diesem Gespräch teilhaben, sich auszudrücken vermögen, oder laufen wir Gefahr, die Identität der Gesprächspartner zu zerstören? Wird die Technik, die zunächst nur Mittel ist, zum einzigen Maßstab und Inhalt, in dem kommuniziert werden kann? Bleibt sie bloßes Instrument, oder droht sie den Ort zu verstellen, von dem her wir selber uns mit unserem Beitrag in das Ganze einzubringen vermögen?

Die entscheidende Maßgabe ist: Weltweite Kommunikation muß durch die und in moderner Technik so ermöglicht werden, daß in diesem Vorgang die Technik nicht zur alles- und alleinbeherrschenden Vorgabe wird, sondern daß die Vielheit dessen, was den Reichtum der Menschheit ausmacht, in ein universales Gespräch zu kommen vermag. Technik und ihre Entwicklung sind notwendig, weil gerade sie Voraussetzungen weltweiter Kommunikation sind, aber wir dürfen nicht Sklaven der Technik werden und damit das Gespräch von innen her verstellen. Diese Maßgabe könnte freilich als fragwürdiger Versuch eines Schutzes von Pluralität mißverstanden werden; doch wo Vielheit nivelliert wird, gerät abgründig Menschsein als solches in Gefahr. Menschliche Möglichkeiten, die auf nur einen Nenner gebracht werden, drohen verändert, ja verschüttet zu werden.

Die Einheit, in die der Mensch sich übersteigt und die gegenwärtig eine ihrer Möglichkeitsbedingungen in der modernen Technik hat, ohne sich freilich in dieser zu erschöpfen, ist die Zukunftsaufgabe der Menschheit. Nur wenn die Frage nach der Einheit des Menschen und der Menschheit angesichts der Möglichkeiten des technischen Zeitalters thematisch wird, lassen sich gemäße Lösungen der anstehenden drängenden Probleme des Friedens, der Gerechtigkeit und der Bewahrung der Schöpfung finden.

Wo eröffnen sich nun für ein Nachdenken über die moderne Technik Wege auf dem Hintergrund der angesprochenen Fragen? Diese sollen im folgenden nicht durch vorschnelle Antwortversuche verstellt werden. In mehreren Schritten soll zur Nachdenklichkeit eingeladen und sollen Kriterien vorgelegt werden. Zunächst gilt zu klären, welche Bedeutung dem Phänomen „Weisheit" mit Blick auf das Phänomen „Technik" zukommt. In einem zweiten Schritt wird zu überlegen sein, wie im Licht der Thematisierung von Weisheit der Vorgang der Technik beschrieben werden kann. In einem dritten Schritt sollen zentrale Aufgaben benannt werden, welche einer Begegnung von Technik und Weisheit entspringen.

I. Das Wesen der Weisheit*

Wer im Blick auf die moderne Technik deren Faszination erliegt, so daß er sich von dem gefangennehmen läßt, was sie zustande bringt, oder wer vor ihr flieht angesichts der ihr zugleich innewohnenden Möglichkeiten der Zerstörung, setzt sich der Vermutung aus, nicht wahrhaft weise zu sein. Wer undifferenziert den Hinweis auf unabsehbare und gefährliche Zweitwirkungen eines technischen Verfahrens beiseite schiebt, oder wer sich nur in der Ängstlichkeit vor dessen Zweitwirkungen einschließt, diese aber nicht prüft und abwägt, von dem wird man sagen, er sei nicht weise. Weise ist jener, der im Daß das Nicht und im Nicht das Daß entdeckt, weise ist jener, der weiß, was er nicht weiß in dem, was er weiß, und der weiß, was er weiß in dem, was er nicht weiß.

Weisheit wird stets begleitet von Differenzierungen, von Kritik als dem Vermögen der Unterscheidung. Unkritische Annahme und Ablehnung zeigen ein Fehlen von Weisheit an. Der kritische Mensch kann sich nicht darauf beschränken, allem gegenüber nur Vorbehalte anzumelden und sein „Ja – aber" anzubringen, sondern er wird in seiner Unterscheidung jeweils Perspektiven eröffnen müssen und so die Flächigkeit scheinbar einfacher Verhältnisse aufbrechen. Er wird nicht in einer Dimension verharren, sondern in jene Tiefe vorgehen, in der ein Ja ein Nein und ein Nein ein Ja umfangen kann. Es genügt also nicht, die Verhältnisse allein formal auseinander- und zusammenzuhalten – abstrakt das Daß im Nicht und das Nicht im Daß zu entdecken – und sich auf ein dialektisches Spiel zu beschränken. Wer sich mit Dialektik in diesem Sinn begnügt, setzt sich dem Verdacht aus, nicht weise, sondern sophistisch vorzugehen, denn er dringt nicht zur wahren Erkenntnis der Verhältnisse in ihrem Zusammenhang vor.

Nur der ist weise, der den Zusammenhang jeweils als einen Zusammenhang im Unterschied verschiedener Ordnungen erkennt. Blaise Pascal spricht von der notwendigen Wahrnahme der „wesenhaft verschiedenen Ordnungen"[1] und sperrt sich gegen jede Bürokratie der einen Ebene – sei es nun die der Technik (bzw. der ihr zugeordneten Wissenschaft) oder aber etwa die der Religion; wer alles auf die Ordnung des pragmatischen Umgehens oder der theoretischen Berechnung und Erforschung reduzierte, der wäre nicht weise.

Darin liegt ein weiteres, wichtiges Merkmal der Weisheit: Sie beschränkt sich nicht darauf, die verschiedenen Ebenen wahrzunehmen und bloß von außen anzuerkennen, sondern sie kennt sich in ihnen aus, weiß sich in ihnen und so zu ihnen zu verhalten.

---

[1] B. *Pascal*, Pensées, ed. Brunschvicg, Fragm. 793.

„Man muß zu zweifeln verstehen, wo es notwendig ist, sich Gewißheit verschaffen, wo es notwendig ist, und sich unterwerfen, wo es notwendig ist."[2] Die Unterscheidung der Ordnungen in der Vielheit des Umgangs mit ihnen ist ein Merkmal der Weisheit.

Aber auch dieses Charakteristikum der Weisheit ist durch ein anderes zu ergänzen, das ebenfalls im Gedankengang Pascals stets gegenwärtig ist: Wer Ordnungen in ein System brächte, in welchem alles und jedes verstaubar wäre, dem fehlte es an Weisheit. Lebendige Zusammenhänge dürfen nicht zum System erstarren: Das Wissen um Unabschließbarkeit von Ordnungen, die Unabschließbarkeit von Wahrheit, gehört zum Weisesein. Das System, in dem alles und jedes immer schon seinen Platz zugewiesen vorfindet, so daß das System den Weisen stellvertretend ersetzen könnte, ist das andere der Weisheit.

Der Weise ist immer schon so sehr als er selber im Spiel, daß er nicht durch irgendeine Objektivation seiner Weisheit ersetzbar ist, sondern er ist in der unabschließbaren und je neu sich verantwortenden Offenheit für viele Ordnungen je neu als er selber gefragt. Aber auch dies darf wiederum nicht zum System werden: Wo wir uns gegen das Endgültige und Absolute sperren, wären wir selber in die Falle der eigenen Systemfeindlichkeit gelaufen. Pascal betont: Es muß unterschieden werden, wo es zu zweifeln, wo es sich zu vergewissern und wo es sich zu unterwerfen gilt.

Technik kann folglich nur im Raum eines universalen, offenen, unabgeschlossenen Sehens der Wirklichkeit im Ganzen angemessen bedacht werden. Gerade aus diesem Grund steht im Thema nicht „Technik und Ethik der Technik", sondern „Technik und Weisheit". Soll eine Ethik der Technik entworfen werden, gilt es zunächst, den Boden dafür durch Unterscheidung der fundierenden Ordnungen zu bereiten. Wie läßt sich nun angesichts dieser Überlegungen der Vorgang der Technik beschreiben? Wie können wir vor das Eigene der Technik kommen?

---

[2] A.a.O., Fragm. 268.

II. Das Wesen der Technik*

Moderne Technik hat ihre Voraussetzung zunächst in der Dekomposition der Gegenstände in ihrer Unmittelbarkeit. Sie nimmt das Vorfindliche auseinander, löst es aus dem vorgegebenen Zusammenhang, damit es bearbeitbar wird. Ein Seinsprinzip, ens quo – wie die Scholastik sagte – wird zum ens quod. Die einer Sache innewohnende Materie, welche mit ihrer Form zusammen die Sache bildet, wird aus der Form gelöst; die Form wird zertrümmert und aus der Materie wird Material, aus dem dann wiederum etwas produziert werden kann. Technik braucht „Rohstoffe", die aus ihrem ursprünglichen Zusammenhang gelöst sind. Dann aber gilt es, das Dekomponierte wieder neu zu montieren und es in eine Form zu bringen. Vorgegebene Formen werden wiederum dekomponiert und in neukomponierte Formen umgesetzt. Den entworfenen Formen wird dann Material eingegossen. Dekomposition und eine Neukomposition sind notwendige Momente der modernen Technik.

Aber diese Überlegung genügt nicht als zureichende Beschreibung: Dekomposition und Komposition geschehen letztlich in jedem handwerklichen Fertigen von Gegenständen. Was ist das Spezifische der neuzeitlichen Technik? Der beschriebene Vorgang beschränkt sich in ihr nicht auf den Einzelfall, sondern im technischen Zeitalter kommt etwas über den Menschen und die Welt, was die Sicht auf das Ganze regelt. Dinge werden wesentlich als Material angeschaut; Welt wird Material; Formen werden Programme, die in einer beliebigen Anzahl etwas herstellen lassen: Die moderne Technik definiert Programme und sucht Mittel, sie zu realisieren. Die Welt wird zum Feld im vorhinein bereitgestellter Möglichkeiten.

Besonders kennzeichnend für neuzeitliche Technik ist in diesem Zusammenhang das Interesse für Materialien in sich, für Pläne, für Gedanken in sich, für Produzierbares in sich und für Energie, die als solche zur Verfügung gestellt werden muß; „Rohstoffe", Programme, Energie können dann vom Menschen frei komponiert werden. Welt erscheint grundsätzlich als de- und komponierbar. Vom Menschen als sich absolut setzenden Ursprung her wird alles neu zusammengesetzt. Das bringt ungeheure Freiheit, aber zugleich in dieser Freiheit den Zwang mit sich, alles aus der so vorgegebenen Perspektive zu konstruieren.

Ein Einwand könnte sich freilich erheben: Dieses Wesen von Technik – wenn es denn so zu begreifen wäre – werde nie „rein" vom Menschen realisiert: Die Welt sei nie eine rein technische. Dieser Einwand trifft. Aber die Tatsache, daß von vornherein nicht mehr Materie und Form, sondern Material und Programme, nicht mehr das Tun des einzelnen, nicht mehr ein vorgegebener Zusammenhang, sondern das Zerreißen von Zusammenhängen in Arbeitsteiligkeit und andere Weisen von Teilungen, welche dann erst wieder durch Universalprogramme zusammenzumontieren sind, leitend werden, ist *das* Charakteristikum einer technischen Gesellschaft; diese leitet ein grundsätzlich anderer Ansatz von Dasein als die vortechnische Gesellschaft.

Moderne Technik läßt sich als Weise einer konkreten, praktischen Abstraktion, einer „abstractio in concreto", fassen. Abstraktion findet in der klassischen, zumal scholastischen Philosophie ihre Bestimmung darin, daß vom vorfindlichen „Dieses da" das Wesensbild erhoben wird. Dieses in sich angeschaute Wesensbild wird in seiner vielfältigen, im Grunde unabschließbaren Verwirklichung in vielen Individuen bzw. in vielen Existierenden entdeckt. Moderne Technik erscheint nun als tiefgreifende Modifikation dieses Vorganges: Bilder werden von der Materie losgelöst und verworfen, neu entworfen zum selbstgemachten Programm; geeignetes Material wird gesucht, bearbeitet, hergestellt; Wirklichkeit wird produziert: Die Produktion von Wirklichkeit nach vom Menschen entworfenen Bildern ist eine Weise, wie Technik begriffen werden kann.

Ein schwerwiegender Einwand kann sich gegen diesen Versuch einer Beschreibung des neuzeitlichen technischen Vorganges erheben: Technik „macht" sich nicht zuerst nur die Programme – was wollen wir, und wie erreichen wir das? –, sondern sie geht zugleich in umgekehrter Richtung vor. Im Spiel mit den Grundmaterialien, im Spiel mit den technischen Möglichkeiten, im Spiel mit der Energie wird entdeckt, was möglich ist. Wir gehen nicht mehr von dem zu Ermöglichenden aus, um es zu verwirklichen, sondern von Möglichkeiten als solchen, die uns zu dem inspirieren, was sich verwirklichen läßt.

Gegenläufige Bewegungen bestimmen also die moderne Technik: Das in sich stehende Programm ist im vorhinein entworfen; es entzieht sich in seiner Komplexität dem jeweiligen unmittelbaren Zugriff. Dieses Programm ist leitend, und alles wird zum Mittel, um dieses oder jenes zu erreichen. Möglichkeiten werden in sich entfesselt, und dann erst wird geprüft, was aus diesen Möglichkeiten wird. Dies sind die Ansätze, die das technische Zeitalter prägen, wenngleich ihr Ursprung weit in die Geschichte zurückzuverfolgen ist.

Überraschendes kommt freilich in diesem Zusammenhang beim Rückgang auf das Verstehen der Weisheit vom Vorgang der Technik her in den Blick: Fragen wir philologisch dem Terminus „Weisheit" nach, ergibt sich ein erstaunlicher Befund. „Weisheit" im thematischen Sinn ist erst spät durch eigene Termini belegbar. Diese auffällige Enthaltsamkeit der Sprache verweist darauf, daß zunächst jegliches Wissen, praktisches Können und Weisheit zusammengesehen wurden. Das Andersartige der Weisheit gegenüber dem praktischen Wissen kam ursprünglich nicht in den Blick. Die Ordnungen waren ungeschieden, und in elementarer Ganzheit lagen Wissen und Weisheit, Können und Weisheit nahe beieinander. Über Weisheit wird eigens erst von dem Augenblick an reflektiert, in dem der Mensch entweder auf die Idee des Machens in sich oder des Denkens in sich kommt. Der Gedanke wird zu dem, womit man spielen kann – er läuft in sich, ist abgehoben und gelöst von der Rückbindung an die Wirklichkeit und verweigert sich so seinen Folgen. Das Tun verselbständigt sich gleichermaßen. Die Magie des Denkens und die Magie des Machens, die sich aus dem lebendigen Zusammenhang lösen, rufen erst die Reflexion auf Weisheit heraus. Technik ist eine Bedingung von Weisheit in ihrem Unterschied zur Technik.

Moderne Technik darf also nicht als bloße Bedrohung der Weisheit diskreditiert werden, sondern der technische Vorgang ist auch als ein Entdecken eigener Möglichkeiten verstehbar, das neu zur Besinnung auf das Ganze führt; in dieser Besinnung werden diese neuen Möglichkeiten und ihre Einordnung ins Ganze von Wirklichkeit selbst fragwürdig. Deshalb sind die kritischen Anfragen an die moderne Technik, in denen deren Einseitigkeiten herausgehoben wurden, zunächst als Herausforderungen zu verstehen, sich zugleich zu vergewissern, wie die Technik den neuzeitlichen Menschen in die Notwendigkeit eines neuen Zusammenhanges weist. Technik gehört durchaus zu jener Grundbewegung des Menschen, sich nicht mit dem zufrieden zu geben, als was er sich und die Welt unmittelbar vorfindet – sich zu transzendieren. Technik ist so ein Moment jener Vermittlung, in welcher der Mensch sich selber die Dinge unmittelbar werden läßt, um die Ziele, die über Unmittelbarkeit und unmittelbare Möglichkeiten hinausweisen, realisieren zu können.

Die durch die moderne Technik ermöglichte Transzendenz aber ist eine Transzendenz auf der Ebene des Erreichbaren und Beherrschbaren. Was der Mensch kann und zu beherrschen vermag, soll technisch erreicht werden; was aber nicht erreichbar und beherrschbar ist, liegt außerhalb der Technik, und so muß die technische Transzendenz auf die Immanenz in ihrer Ordnung hin befragt werden. Die Frage der Weisheit stellt sich neu als die nach den vielen Ordnungen.

Gehen wir dieser Frage, die mit Grenzen und Möglichkeit der Technik verbunden ist, im folgenden nach, und benennen, ohne fertige Lösungen vorzugeben, jene Aufgaben, welche sich der Weisheit aus ihrer Begegnung mit der Technik stellen.

III. Sechs Aufgaben der Weisheit*

Ich glaube, daß es sechs zentrale Aufgaben der Weisheit im Blick auf die Technik gibt:

Die erste, nächstliegende Aufgabe, ist die Frage nach den Zweitwirkungen. In der Ordnung dessen, was Technik ist, verpflichtet mich Weisheit, dem Ansatz zu mißtrauen, daß ich alle Voraussetzungen und Folgen meines technischen Produzierens und Planens, im Griff habe. Ich muß immer neu die Frage stellen, ob nicht andere Wirkungen als die intendierten und berechenbaren möglich sind. Diese Frage ist entscheidend. Nicht als Lähmung, nicht als Verzweiflung an der Technik, sondern in jener Offenheit, die Phantasie und Bedachtsamkeit über das technische Planen hinaus braucht. Wer weise ist, rechnet mit Zweitwirkungen, schaut nach ihnen aus und bemüht sich, sie entsprechend zu werten. Das ist ein Spiel. Es geht nicht ohne dieses Spiel –

aber der Weise, der in die Vielheit der Ordnungen blickt, kann eben die vielen Wirkungen eher abschätzen als jener, der nur in der Faszination von dem, was er kann, oder in der Furcht vor dem, was passieren könnte, steckenbleibt.

Das zweite liegt sehr nahe bei diesem ersten: Weisheit bedenkt, daß jener, der mit der Technik umgeht und von der Technik betroffen ist, der Mensch ist. Der Mensch kann sich nicht in der Reinheit des technisch Möglichen in sich allein aufhalten, sondern er muß wissen, daß durch Technik etwas, ja Unabsehbares mit dem Menschen und der Welt geschehen kann. Damit ist Technik nicht böse. Aber ich muß wissen, welcher Gebrauch oder Mißbrauch ganz gewisser Möglichkeiten für den Menschen in diesen enthalten ist. Technik entwickelt nicht abstrakt sich selbst, ihre Entwicklung geschieht in Raum und Zeit. Wo, wann, in welchem Zusammenhang etwas entwickelt wird, ist nicht unabhängig vom Menschen. Weisheit verlangt danach, im Blick auf den Menschen, seine Notwendigkeiten und Gefährdungen, Programme auch für die Technik zu entwickeln. Die Technik hat ihr Programm nicht nur aus sich selbst, sondern von ihrem Auftraggeber. Sie darf letzlich nicht den „Auftraggeber Mensch" auslassen. Er in seiner Menschlichkeit, in seiner Versuchlichkeit, in seiner Größe, in seiner Unantastbarkeit: er muß in das eigene Sich-Programmieren der Technik eingefügt werden.

Ein dritter, ganz entscheidender Punkt in der Begegnung zwischen Weisheit und Technik: Weisheit muß darauf achten, wie das von der Technik Ermöglichte durch die technischen Bedingungen seiner Ermöglichung in sich verändert wird. Denken wir an die Erfindung der Schrift, an den Unterschied zwischen einer bloß mündlich tradierten und einer schriftlich verfaßten Kultur. Die neue Möglichkeit, einen Gedanken aus einem konkreten Zusammenhang mündlicher Überlieferung herauszuheben und zu konservieren, hat auch das Überlieferte in sich verändert.

Heute scheint mir etwas Ähnliches, aber noch Abgründigeres zu geschehen in unserer technischen Kultur. Um frei zu sein für unsere Programme, entledigen wir uns zum Teil unseres Gedächtnisses und unserer logischen Operationen, indem wir sie verlagern von der Unmittelbarkeit unseres menschlichen Selbstseins in entsprechende Vorgänge von Computern, Rechenzentren u. ä. Dazu müssen wir die Inhalte formalisieren, sie einem System anpassen, und so verändern und begrenzen wir sie. Inhalte, die in Zahlen übersetzt sind, sind nicht mehr genau dieselben, wie wenn ich sie mit Worten ausdrücke. Was ich in ein technisches „Gedächtnis" eingespeichert habe, löst sich vom lebendigen Kontext dessen, was in der Fülle *meines* Gedächtnisses lebt und weiterwächst. Dies zu bedenken ist von Interesse auch im Blick auf das Aufkeimen vieler Bewegungen einer neuen Religiosität, einer Esoterik, eines Versuchs der Bemächtigung untergründiger Zusammenhänge mit dem Jenseits. Ich werte dies nicht als einen echten Transzendenzbezug, wohl aber als einen Hunger danach.

Die überlieferte Sicht des Menschen beginnt mit dem Gedächtnis, führt von ihm zum Intellekt (Verstand) und mündet in der Liebe (im Willen). Nun aber hat der Mensch sein Gedächtnis als ein universales Kontaktnehmen mit der Wirklichkeit im Ganzen ausgelagert, und so drängt dieses Gedächtnis auf unkontrollierte und ungestüme Weise aus Tiefenschichten wieder ans Licht. Die Verlagerung von Gedächtnis und Intellekt auf technische Medien hat für das, was überliefert wird, fundamentale Bedeutung. Ich sage keineswegs, solches darf nicht geschehen. Wohl aber müssen wir bedenken, was damit geschieht, und dem Rechnung zu tragen versuchen.

Das vierte ist im dritten enthalten, muß aber eigens genannt werden: Nicht nur das Ermöglichte wird durch die Bedingungen seiner Ermöglichung verändert, sondern auch der es ermöglichende Mensch. Sage mir, womit du umgehst, und ich sage dir, was du bist: Dieses alte Sprichwort hat hier seine Anwendung. Sag mir deine Programme und deine Medien, und ich sage dir, wie dein Interesse, deine Reaktion, du selber verändert werden. Weisheit hat solches im Blick und hilft, menschliche Horizonte zu weiten.

Ein fünfter Punkt ergibt sich wiederum konsequent. Mit jeder Möglichkeit, die der Mensch entwickelt, werden andere Möglichkeiten verdrängt. Dies geschieht in jeder Entscheidung. Ein junger Mensch, der alles werden will, was er werden kann, wird nichts. Wer alle Möglichkeiten, die er hat, zugleich entwickeln will, der entwickelt keine. Doch es gilt sich zu entscheiden, welche Möglichkeiten ich entwickle und welche nicht. Ich muß die Möglichkeiten, die ich entwickele, sozusagen verschenken, damit sie als Verschenkte zum Resonanzboden der Entwickelten werden.

Die sechste und am tiefsten in die Ethik einschneidende Konsequenz des Zusammenhanges von Technik und Weisheit: Wir müssen um die innere Dialektik zwischen Macht und Ohnmacht der Technik angesichts des Menschen wissen. Das Menschliche ist mehr als das bloße Technische. Eigenschaften und Beziehungen des Menschen reichen über das hinaus, als was sie sich in Technik abbilden oder technisch machen lassen. Doch machen technische Vorgänge es möglich, dem Menschen Eigenschaften zu nehmen oder anzuproduzieren, Beziehungen zu verfremden oder zu operationalisieren. Hier erreicht das Können der Technik als Bedingung der Möglichkeit etwas, das als das Ermöglichte dem Zugriff der Technik schlechterdings enthoben sein muß. Nutzung der Technik für die Lebens- und Seinsbedingungen des Menschen darf nie zum Verfügen über das seinem Wesen und Rang nach Unverfügbare menschlichen Selbstseins, unantastbarer Menschenwürde, unantastbaren Lebensrechtes werden. Hier tun sich entscheidende Zukunftsfragen auf.

Technik als solche steht unter der methodischen Prämisse neuzeitlicher Wissenschaft, die danach fragt, wie die Dinge sind, wenn es Gott nicht gäbe. Diese Prämisse überholt aber nicht die Bedeutung des biblischen Satzes: „Furcht Gottes ist Anfang der Weisheit" (Spr 1,7). Denn nur die Ehrfurcht vor dem, was der Ordnung des Technischen entzogen und dem Menschen unverfügbar vorgegeben ist, macht Technik und ihre Anwendung verantwortbar. Der Christ bleibt freilich bei solcher Weisheit nicht stehen, sondern stellt sich unter die Botschaft der Torheit des Kreuzes (vgl. 1 Kor 1,22-25). Nicht Weisheit erlöst den Menschen und die Welt, sondern das Kreuz. Christen sind verpflichtet, diese letzte Nüchternheit auch angesichts der Weisheit ins Spiel der Welt zu bringen. Sie müssen Mahner dessen sein, daß die Weisheit nicht der Weisheit letzter Schluß ist. Doch worin besteht die Torheit des Kreuzes? In jener Liebe Gottes, der im Kreuz Jesu den Menschen, so wie er ist, den Menschen auch als Sünder übernimmt, ausleidet und so erlöst. Brauchen wir nicht zuletzt und zutiefst solche Liebe, solches ganze Ja, solche unabdingbare Solidarität mit allem Menschlichen, damit eine Kultur der Technik menschliche und menschheitliche Kultur sei und werde?

PHILOSOPHISCH-THEOLOGISCHE REFLEXIONEN ZUM THEMA: „UNSERE VERANTWORTUNG FÜR DIE WELT VON MORGEN"

Es könnte sein, daß unter Technikern die Meinung besteht, die Kunst des Technikers sei es, über komplizierte Dinge einfach zu sprechen, die Kunst des Philosophen sei es, über einfache Dinge kompliziert zu sprechen. Ich möchte gerne zufügen, daß der Philosoph zwar vom Techniker hier einiges lernen dürfe, einiges, aber nicht alles. Denn er muß immerhin suchen – und das ist in einer anderen Weise kompliziert als die Darstellung der Fakten und Daten –, etwas Verborgenes so ans Licht zu heben, daß es ebenso zugänglich werde wie verborgen bleibe. Diese Reflexion auf die Verborgenheit des Verborgenen, auf das, was beim Verborgenen anders ist als bei dem, was ans Licht zu heben und zu zählen und zu messen ist, bringt eine besondere Schwierigkeit mit sich. Diese Schwierigkeit ist dann freilich ihrer selbst nicht mehr bewußt, wenn sie sich selber genießt, wenn sie dies nicht mehr als eine Not empfindet und den anderen Zugang und die Notwendigkeit des Anderen, des Technischen, nicht mit in Rechnung stellt und anerkennt.

Wenn ich mich hier zu dem Thema „Verantwortung für die Welt von morgen" äußere, möchte ich über verborgene Implikationen nachdenken innerhalb der drei Grundbegriffe, die in diesem Thema zusammengefaßt sind: „Welt", „Morgen", „Unsere Verantwortung". Etwas recht Merkwürdiges muß, wie ich glaube, hierbei der Ausgangspunkt sein. Wir fragen ja deswegen nach den Rohstoffen, nach der Energie, nach der Umwelt, weil dies Fakten unseres menschlichen Lebens und Zusammenlebens, Fakten der Welt sind. Ich muß danach fragen: Was ist das, die Welt? Ich muß sodann in den Blick rücken, daß Welt nicht nur jetzt ist, sondern Welt möglicherweise und hoffentlich auch morgen. Ich muß aus diesem „Zusammen" von Welt und morgen dann zurückstoßen in die Konsequenzen, die aus unserem Heutesein für eine Welt von morgen folgen: unsere Verantwortung.

I. Die Welt

1. Welt als Gefüge

Wie kann ich in unserem Kontext das, was hier philosophisch zum Thema „Welt" zu bedenken ist, an einem Modell einigermaßen plausibel machen? Ich suchte nach einer Redensart, an der ich die elementaren Momente aufspüren kann, die zum Weltsein der Welt gehören, und ich bin auf die Redensart gestoßen – oder bin bei ihr geblieben: „Mir bricht eine Welt zusammen". Diesen Satz hören wir öfters, wenn einem Menschen etwas widerfährt, das ihn aus der Bahn wirft und ihm eine andere Dimension seines Sehens, Lebens und Verhaltens eröffnet. Was passiert, wenn ihm eine Welt zusammenbricht? Was eigentlich zusammenbricht, sind nicht einzelne Daten und Fakten, sondern an einzelnen Daten und Fakten wird offenbar, daß die vielen Daten und Fakten zusammenhängen in einem Gefüge. Ein Gefüge bricht zusammen – ein Zusammenhang, eine Vielfalt und zugleich Einheit von Beziehung, von Verhältnis. Beziehungsgeflecht, Verhältnis, Gefüge, das so etwas Ähnliches wie eine Ordnung darstellt: dies bricht zusammen. Also ist in der Mitte von „Welt" nicht dieses und jenes und die Summe von dem und jenem, sondern ein unsichtbares, ein zusammenhaltendes Gefüge, das jedem seinen Ort und seinen Platz anweist. Wenn einem eine Welt zusammenbricht, dann stehen die Dinge nicht mehr an dem Platz wie vorher, sie ändern ihren Ort, sie fallen übereinander, die Ordnung, das Gefüge, eben jenes Stabilisierende und unsichtbar Eine in den Beziehungen bricht zusammen. Das Wichtigste an der Welt ist das, was fügt, ist das, was ihre Beziehungen ins Gleichgewicht, ins Lot bringt und so allem einzelnen in dieser Welt eine Ordnung und einen Ordnungsplatz zuweist.

Freilich, wenn ich sage, eine Welt bricht zusammen, dann ist das, was zusammenbricht, normalerweise mehr als ein Bücherschrank; es ist nicht nur irgendein Haus, das einbricht, es ist nicht nur irgendeine Erdscholle, die versinkt, sondern es ist das Ganze. Wenn das erste Ergebnis unserer Überlegung heißt: Zur Welt gehört Gefüge, dann heißt das zweite: Zur Welt gehört Beziehungszusammenhang; das heißt: In diesem Beziehungszusammenhang steht alles. Eigentlich ist nichts nicht davon betroffen, wenn meine Welt mir wirklich zusammenbricht. Entscheidend ist bei der Welt, daß sie umfangend, umfassend ist, daß sie Gefüge ist, in dem alles, was ist und sein kann und in meinen Horizont tritt, seinen Platz hat. „Alles" ist dabei wiederum nicht eine Summe von einzelnen Gegenständen, sondern „Alles" ist alles Wirkliche und alles Mögliche. „Alles" ist mehr als Summe, ist Inbegriff, ist Inbegriff der Möglichkeiten.

Schauen wir noch einmal hinein in diesen Satz, ein drittes Mal: „Mir bricht eine Welt zusammen". Mein Gefüge bricht mir zusammen. Alles ist davon betroffen, ich bin davon betroffen, ich, aber ich und das Andere. Ich bin nicht „Alles". Wenn mir eine Welt zusammenbricht, bin ich nicht „Alles". Ich bin zwar maßgeblich, aber ich bin nicht „Alles". Meine Welt, die hat mit mir zu tun und die gibt es nicht ohne mich. Welt gibt es nicht ohne einen, der sie als solche erfährt und zusammenhält. Ich, Mensch, das gehört dazu, aber Mensch nicht allein, sondern Mensch und andere, Mensch und Sache, Mensch und Ding, Mensch und Verhältnisse. Nur wenn der Mensch nicht allein ist, nur wenn der Mensch nicht „Alles" ist, sondern wenn es auch noch anderes gibt als den Menschen, gibt es eine Welt. Drittes Moment: Das Andere *und* ich gehören zu dieser Welt.

Und ein vielleicht leisestes und tragendstes Viertes gehört hinzu, nämlich: Welt ist dadurch Welt, daß es in ihr weitergeht. Wenn ich in einer Welt lebe, kann ich damit rechnen und gehe davon aus, daß es weitergeht. Wenn *eine* Welt zusammenbricht, dann geht es eben nicht mehr so weiter oder gar, wenn *die* Welt zusammenbräche, überhaupt nicht weiter. Daß es weitergeht, daß also der Lauf der Dinge, der Lauf des Lebens, der Lauf der Verhältnisse eine Prospektive und Perspektive haben, eine Bahn, die weiterführt, diese Zeithaftigkeit, das ist das vierte Element.

Lassen Sie mich diese elementaren vier Momente noch einmal nennen, die an diesem einfachen Satz „Mir bricht eine Welt zusammen" ablesbar sind. Erstens: Gefüge, Beziehung, Geflecht, Ordnung. Zweitens: „Alles", universal alles, alles Wirkliche, alles Mögliche. Drittens: Was ist alles „Alles"? Es sind „Ich" und das Andere, der Mensch, die Dinge, die Personen und die Verhältnisse. Und viertens: Dieses Gefüge ist zeithaft, hat Zukunft und ist Gewähr dafür, daß Zukunft stattfindet, Raum, in dem sich Zukunft entfaltet. Dies wäre das erste, was elementar über Welt zu sagen wäre, aber natürlich nicht das letzte.

2. Welt und Ich – gegenseitige Voraussetzung

Ausgehend von diesem Ansatz will ich in einem zweiten Gedankenschritt, der knapp ausfällt, aber meiner Meinung nach wesentlich ist für unser Thema, etwas in diesem Satz Verborgenes nochmals hervorheben. Wenn ich sage, meine Welt bricht mir zusammen, dann ist hier ein doppeltes Vorfahrtsverhältnis zwischen Welt und mir bezeichnet, eine doppelte Voraussetzung. Ich mache mir ein Stück weit, ich mache mir in gewissem Sinne ganz meine Welt. Ich lebe, ich habe meine Welt, ich entfalte mich in ihr, ich ordne die Dinge, ich bin Ursprung dessen, wie meine Welt aussieht: Ich als der ordnende Faktor. Ich bewirke etwas in der Welt, ich verändere Welt, ich gestalte Welt. Welt geht von mir aus, zumindest die Sicht, wie ich mich zu den Dingen verhalte und was sie mir sind, geht von mir aus. Ich bin auf gewisse Weise Ursprung meiner Welt. Wenn ich sie nicht setze, ordne, füge, ist sie nicht diese Welt. Aber ich muß im selben Atemzug sagen, daß ich in meine Welt eingesetzt bin, ja von meiner Welt bestimmt bin, daß es eine Welt geben muß, damit es mich geben kann. Mich könnte es gar nicht geben außerhalb dieses Gefüges, außerhalb dieses „Alles", außerhalb dieses Zusammenspiels „Ich und Andere", außerhalb dessen, daß es eben Zeit gibt, in der es weitergeht. Nur weil diese Momente und Elemente von Zeit und Welt schon da sind, nur deswegen kann es mich geben, ich finde mich vor in meiner Welt, ich bin der von meiner Welt Gesetzte. Und so stehen wir in einem merkwürdigen, bipolaren Verhältnis: Ich bin abhängig von meiner Welt, meine Welt ist abhängig von mir, ich lasse aus mir Welt als Welt hervorgehen, und zugleich finde ich mich in diesem Hervorgehen als schon von der Welt bedingt und gesetzt und in sie eingesetzt. Das ist nicht nur eine Gedankenspielerei. Daß wir nämlich nur von Voraussetzungen leben können und daß wir zugleich Voraussetzungen bestimmen, das ist jener Grundzug von „Welt", der uns nervös und offensichtlich nicht nur nervös, sondern auch besonnen und verantwortlich und nachdenklich macht.

3. *Welt als Weltgespräch*

Ich muß indessen jetzt in einem dritten von acht Gedankenschritten zur Welt noch einmal eine Anfrage stellen an mein Ausgangsmodell „Mir bricht eine Welt zusammen". Dieses Ausgangsmodell scheint mir nützlich, aber es scheint mir nicht erschöpfend zu sein; denn ich habe hier von einer Welt gesprochen, und ich habe hier von mir gesprochen. Ich habe reduziert auf meine Welt. Ist aber *meine* Welt schon die Welt? Passierte es nicht öfters, daß der Weltuntergang nicht total stattfand, wenn einem eine Welt zusammenbrach? Ist die Welt nicht größer als jene Welt, die einem einzelnen zusammenbricht? Welt als die Welt hat etwas zu tun nicht nur mit „Alles" und „Ich", sondern mit „Alles" und „Alle". Alles und alle gehören dazu, daß die Welt stattfindet. Nicht nur das einzelne Ich, sondern „Ich" umfangen von allen „Ichs" im Zusammenleben mit allen. Die Welt ist die Welt nicht nur für ein einzelnes Ich, sondern für die vielen und die ursprünglichen und je einzelnen Ichs; sie ist jenes, in dem sie miteinander leben. Erst wenn dieses Miteinander gesehen wird als der Raum, in dem Welt aufgeht, erst wenn wir diese drei Kugeln sehen: Ich lasse alles und alle aufgehen – alle und alles lassen mich aufgehen – wir lassen einander und unsere Welt gegenseitig und in die eine Welt aufgehen, erst dann haben wir einen Begriff von „der" Welt. Es ist komplizierter, aber es ist unerläßlich, um die Welt zu bedenken. Und wenn wir diesen komplizierten Zusammenhalt nun ein wenig deutlicher sehen wollen, dann können wir es vielleicht im Verhältnis von *meiner* Welt und *der* Welt an folgender einfacher Formel sehen: Das Viele, das ist je in einem Menschen zusammengefaßt und geeint. Alles Viele hängt in Einem zusammen. Jeder einzelne, auch der naivste einzelne, auch der primitivste einzelne hat eine Welt, hat ein Ganzes, er verhält sich, indem er dies und jenes tut, zum Ganzen. Alles geht auf in der Haltung, der Meinung und den Verhaltensweisen des einzelnen. Das Eine, das Ganze, das Viele geht auf im Einen. Aber da gehört das Andere genauso hinzu. Das ist die zweite Seite, die neue Seite, die ebenso konstitutiv ist: das Eine derselben Verhältnisse, desselben Weltgefüges, derselben Dinge und Relationen geht auf im Vielen. Und genau das ist der springende

Punkt: Das eine, im Grunde unteilbare Schicksal des Ganzen ist Schicksal eines jeden einzelnen, das sich sovielmal reproduziert, wie Menschen da sind; das eine Erleben wird unendlich vielmal erlebt, das eine Schicksal trägt unendlich viele Schicksale, das eine Geschehen ergibt viele Perspektiven und Ansichten, die sich gegenseitig austragen und die noch einmal von jedem einzelnen zu tragen sind. Deshalb ist Welt nur da in je stattfindendem, wenn auch verborgenem Weltgespräch. Nur in diesem Weltgespräch hat Welt ihre Einigkeit.

4. Die Welt und die Sachen

In einem vierten Gedankenschritt möchte ich auf zwei Elemente aufmerksam machen, die schon in unseren bisherigen Überlegungen eine Rolle spielten, auf zwei Elemente, die sehr wichtig sind und an denen für unser Thema insgesamt Entscheidendes hängt. Einmal haben wir im ersten Gedankenschritt gesagt: „Zur Welt gehören ich und das Andere, ich und die Sachen". Zum anderen haben wir in diesem dritten Gedankenschritt gesagt: „Ich und die Anderen". Die anderen gehören hinzu, nicht nur ich, sondern auch andere Subjekte. Das Wort „Anders" spielt eine große Rolle. Ohne das Andere gibt es nicht Welt. Ich betone: das Andere. Jetzt einmal nicht die anderen, sondern das Andere. Also: Dinge, Verhältnisse, Rohstoffe, Energie, etwas, was nicht ich bin, etwas, was nicht von der Art des Ich ist, etwas, was nicht von der Art der Menschen ist. Im Grunde sind wir oft geneigt – und ich meine, es gibt sehr viel Grund dazu –, erstaunt zu sein, daß es nicht nur das Andere gibt, sondern uns, daß es nicht nur die Sache gibt, sondern den Menschen. Aber nun zu Aristoteles. Im Grunde ist für den *abendländischen* Menschen das Erstaunliche, daß es nicht nur die „Ichs" gibt, sondern das Andere. Mit diesem Problem ist die Geschichte des Abendlandes kaum fertig geworden: daß es das Andere gibt und nicht nur den Menschen, daß es die Sachen gibt, die Verhältnisse und nicht nur die Personen und den Geist. Das Andere ist rätselhafter als der Mensch, unheimlicher als der Mensch. Was sollen wir mit diesem Anderen anfangen? Wir brauchen es für uns selber, das ist klar. Wenn es nichts Anderes gibt, dann gibt es uns selber nicht. Wenn wir nur aus uns selber leben sollten, wenn wir nicht andere Sachen hätten, dann könnten wir gar nicht leben. Aber ist das Andere nur dazu da, damit wir leben können? Ist es nur Rohstoff, Material und Energie? Oder ist es sonst noch etwas? Etwas naiv und kindlich gedacht – aber manchmal sind die naiven und kindlichen Fragen besonders wichtig –, könnte man sagen: „Lieber Gott, Du bist doch allmächtig, Du hättest doch eine Welt schaffen können, wo es nur Menschen gibt, die gar nichts anderes brauchen, wo jeder sozusagen alles an sich selber angewachsen mit sich herumträgt, was er zum Essen und zum Schnaufen und zu was weiß ich braucht. Warum noch diese komischen Dinge dazwischen und darum herum?" Wäre es nicht viel einfacher, es gäbe nur Subjekte und jeder hätte sozusagen angewachsen bei sich, was er braucht, so daß er eigentlich gar nichts anderes notwendig hätte als nur sich? Warum hat Gott eine Welt gemacht, in der es, theologisch gefragt, nicht nur Partner Gottes gibt, die Ich und Du und Gott sagen können? Warum liegen diese rätselhaften „Es" herum, die uns anstarren oder einfach nur anschweigen, die es einfach gibt, und die deswegen so faszinierend sind, weil wir mit ihnen etwas anfangen müssen und im Grunde so wenig anfangen können?

5. Neuzeit – Reduktion der Welt auf den Menschen

In einem fünften Gedankenschritt will ich gerade darauf zugehen und eine freilich viel zu grobe und kurze geschichtliche Perspektive abendländischer Entwicklung geben. Es war so, daß am Anfang des Griechentums bei Platon, der unserem Aristoteles vorausging, schon diese Zweiheit von Form und Materie grundgelegt war, die Zweiheit von begrenzendem Geist und Unbegrenztem, Unbegreiflichem, einfach nur Gegebenem, das nicht auf Geist oder geistige Formen zurückführbar ist. Mit Platon kam jene abendländische Grundentscheidung zum Tragen, daß das Andere, das nicht reduzierbar ist, das im Grunde bedrohlich und rätselhaft bleibt, nun von dem Zweiten und doch überragenden Ersten, dem Geist, geformt wird. Diese Grundentscheidung, die dann bei Aristoteles in einer „poietischeren", in einer „machenderen", in einer technischeren Art und Weise variiert und fortgeführt wurde, blieb nach einem großen und nur teilweise christlichen Intermezzo führend für die Neuzeit, die sogar nun etwas Neues produzierte, nämlich die Reduktion des Anderen auf den Menschen. Die Bemühung der Neuzeit ist es, das bedrohende Andere des Menschen aufzuarbeiten und zu einer Sache bloß des Menschen zu machen. Der Mensch vollbringt sich, der Mensch vermag sich, der Mensch prägt allem seinen Stempel nicht nur auf, sondern hat alles, die ganze Welt, so in der Hand, daß sie nur eine Außenstation des Menschen ist. Alles ist nur Außenstation des Menschen. Die naive Frage „Lieber Gott, warum hast Du noch Anderes gemacht?" versucht der Mensch nun auf eigene Kosten zu lösen, indem er selber alles macht, nicht weil er den lieben Gott nicht haben will, sondern weil er nichts mit diesem Anderen, dem bloßen Es, anfangen kann, weil es ihn bedroht, wenn es nur das Andere ist, und er macht jene grandiosen philosophischen Entwürfe der Neuzeit, daß das Subjekt sich selber nur entwirft in das Andere hinein und aus ihm wieder zurückholt. Diese philosophischen Entwürfe scheinen, gemessen an der Wirklichkeit, naiv. Und doch, die Wirklichkeit, die wir gemacht haben, entspricht genau diesen Entwürfen. Wir versuchten nämlich, die Dinge zu depotenzieren zum Rohstoff und zum Material allein. Es gibt nichts anders mehr als Material und Rohstoff für den Menschen. Der Mensch probiert seine Allmacht, er probiert, alles herzustellen, alles in den Griff zu bekommen. Das ist das kühne Unterfangen der Neuzeit, und diese Neuzeit, die die Welt entdeckt und erschlossen hat, ist – fast frivol gesagt – weltlos, Reduzierung auf den Menschen allein, Reduzierung auf das Ich. Welt als bloße Extrapolation des Menschen, der mit sich etwas anfängt, mit allem etwas anfängt und der alles in die Beliebigkeit seines Machen- und Manipulierenkönnens hineinreduziert.

Meiner Meinung nach ist manches – das ist jetzt nicht eine wissenschaftliche Hypothese, sondern schlicht eine „Meinung" –, was es an Erschrecken über die Grenzen von Energievorräten heute gibt, nicht in erster Linie und allein Erschrecken über die faktischen Grenzen, sondern Erschrecken über die Einsamkeit des Menschen in sich, der sich seiner unbegrenzten Möglichkeiten vermaß, über die Unheimlichkeit, deren die plötzlich alleingelassenen Menschen innewerden, dafür freilich Schuldige suchen und manchmal zu sehr merkwürdigen Konsequenzen neigen.

6. Welt als Schöpfung

In einem sechsten Gedankenschritt darf ich ein kurzes theologisches Intermezzo einschieben. Es ist eines der kühnsten und ungeheuerlichsten Dinge, die in der Religionsgeschichte der Menschheit und überhaupt in der Geistesgeschichte der Menschheit passiert sind, was uns da in der Bibel in den beiden Anläufen des Anfangs der Genesis berichtet wird, daß von einem Gott die Rede ist, der aus Nichts schafft, der das Andere nicht als bloße Extrapolation des Menschen, aber auch nicht als die Formung einer vorgegebenen rätselhaften, widergöttlichen oder ungöttlichen Gegenmacht begreift, sondern als Gegebenheit. Gott macht, daß Anderes ist. Und er gibt es dem Menschen in die Hand, nicht, daß er bloß damit umgehe, aber auch nicht, damit er sich dem versklave, sondern damit er gestalte und verdanke und daran lerne, daß, indem ihm alles gegeben ist, er sich gegeben ist und sich nicht selber vermag. Freiheit, Selbstvollzug, alles gestaltend, ist zugleich Antwort, die sich in die Welt, die vorgegeben ist, einbringt und sich ihr aufprägt, die aber zugleich dieses Andere empfängt und weiß, daß dieses Andere in seiner Gegebenheit nie rein vermarktbar und verwertbar ist: Gegebenheit, aber als positive Aufgegebenheit. Dies ist jene christliche Sicht von Welt, in der das Andere als Anderes Fülle, Rätsel, aber mehr noch Wunder bleibt, das uns provoziert und einlädt zu gestalten, aber das es uns unmöglich macht, es einfach nur wegzuarbeiten in ein Mit-sich-allein-Umgehen, in eine Einsamkeit und Alleinigkeit. Es ließe sich breit ausmalen, in vielen Farben und Facetten. Interessant etwa, wie gerade im Alten Testament diese Schöpfungsberichte in das Buch des Bundes, in das Buch des Gesetzes eingefügt sind, wie also diese Reflexion auf den Ursprung von Himmel und Erde aus dem lebendigen Leben mit dem lebendigen Gott kommt, der Himmel und Erde gemacht hat. Der Mensch, der ganz und mit ganzem Herzen Gott antwortet, wird gerade in dieser Totalität seines religiösen Bezugs auch in eine Weltlichkeit freigesetzt, wie es sie bislang nie gab, in eine Freiheit von Weltangst, in eine Freiheit zur Weltgestaltung, wie es sie eigentlich nur hier gibt. Eine Frage, die ich hier nicht beantworten kann, die ich hier nicht aufarbeiten kann: Haben die platonischen Momente oder die christlichen in der abendländischen Geschichte die Überhand behalten? Was ist eigentlich mächtiger geworden, die Angst vor dem Anderen, die dann sozusagen zum verzweifelten Ansinnen, alles zu bewältigen und in den Griff zu bekommen, führt, oder jene schöpferische Freisetzung vom Glauben an den Schöpfer?

7. Ja zur Gegebenheit

Jedenfalls – siebter, knapper Gedankenschritt – ist dieses nicht nur ein Postulat der Bibel, sondern auch eine Aufgabe der Geschichte, die dem Ende der Neuzeit zuläuft, an uns und unsere Stunde. Leben als Mensch heißt: Leben mit Gegebenheiten, heißt Rechnung tragen dem, daß wir und Anderes uns gegeben sind, heißt Annehmen und ehrfürchtiges Gestalten von Gegebenheiten. Das ist unsere dringende Weltaufgabe.

8. Vierfache Weltaufgabe

Nun aber einen nur angedeuteten, achten und letzten Schritt zur Problematik der Welt. Welches ist jetzt das menschliche Verhältnis zu einer Welt der Gegebenheiten? Ich möchte vier sehr christliche Worte ins Spiel bringen, aber ich meine sie hier zunächst und ursprünglich nicht in einem christlich-theologischen Sinn, sondern in einem anthropologischen, der im christlichen offenbar wird: „Eucharistie", „Koinonie", „Diakonie" und „Prophetie".

Was meine ich mit Eucharistie oder Danksagung? Alle menschlichen Kulturen bis hin zur Neuzeit, die als erste eine Ausnahme davon macht, haben einen Raum für den Kult, und zwar für den Kult als ein Dank-Sagen für Gottgegebenes, als eine Art Dank an den unsichtbaren Ursprung. Gegebenes läßt mich immer fragen: woher? Aber es läßt mich nicht nur fragen woher, sondern läßt mich das Gegebene zu diesem noch so entzogenen „Woher" hinhalten, darbieten. Und ich meine, daß Kultur überhaupt die säkularisierte oder, besser gesagt, säkulare Form von Kult ist. Dinge aufgehen lassen, schön sein lassen, zwecklos einfach gestalten, damit sie seien, gut seien, schön seien, sie feiern, sie sich entfalten lassen und einfach sich wundern, daß dies ist: Dies Urmenschliche ist notwendig, damit Welt Welt sei. Wenn ich nur „machen" kann, wenn ich nur frage, was brauche ich und was kann ich damit anfangen, dann bin ich und dann ist die Welt mir selber entzogen. Nur in diesem aufgehenlassenden Verdanken, Wundern, Gestalten, Sich-Freuen und Feiern wird Welt Welt. Dann ist sie mehr als bloß ein Rohstoff und Material, in dem ich mich selber spiegele, mit dem ich etwas anfange, das ich unter mich zwinge – um dabei dann doch allein mit mir zu bleiben. Meiner Meinung nach ist diese Dimension, die scheinbar nichts mit Umwelt und Energie zu tun hat und vielleicht sehr viel mit ihr zu tun hat, die erste des Umgangs mit der Welt.

Die zweite ist die „Koinonie", die Gemeinschaft, der Austausch. Wir finden das Andere nicht irgendwo am Rande draußen, sondern wir finden es zwischen uns. Zwischen dir und mir ist die Welt. Sie ist um uns herum, aber wenn sie um uns herum ist, immer so, daß das, was um uns herum ist, mich mit dir verbindet, daß ich da dir begegne, weil du aus demselben leben mußt. Und da wir aus einer Welt, die den Vielen gegeben ist, gemeinsam leben müssen, deswegen müssen wir Viele uns in dem, was um uns herum ist, begegnen, müssen das miteinander teilen, müssen miteinander ausmachen, wem dieses und wem jenes gehört. Wir haben da miteinander zu tun, stoßen da gestaltend und gebrauchend aufeinander und aneinander, müssen eine Ordnung der Verteilung, eine Ordnung des Miteinander, eine Ordnung der Gerechtigkeit finden, daß jeder seine Welt und damit sein Leben haben kann. Die zweite Aufgabe der Weltgestaltung nach der Eucharistie ist die Koinonie, anders gesagt: ist nach dem Kult und der Kultur die soziale Gerechtigkeit.

Aber daraus folgt unmittelbar auch eine dritte Dimension: die Dimension der – ich sage – „Diakonie". Es gibt im Miteinander Not, es gibt Zu-kurz-Gekommene – auch dann, wenn es gerechte Ordnungen gäbe. Es gibt Menschen, die in der Welt unten sind und denen die Welt sich nur in einer unendlich schmalen Perspektive eröffnet. Und wenn wir Welt ernst nehmen als nicht nur mein Haben des anderen, sondern als mein Leben mit dem anderen, dann ist Zuneigung zu dem, die Solidarität mit dem, der unten ist, dann ist die Fürsorge für den anderen und der Dienst am anderen notwendig, damit Welt wirklich Welt für alle und so auch erst Welt für mich sei. Dieser Einsatz des Sozialen,

Caritativen, Diakonischen, Fürsorgenden gehört zur Welthaftigkeit der Welt.

Nun aber noch eine vierte und letzte Dimension, die den Punkt wiederum einspielt, der uns schon anfänglich beschäftigte: Welt ist das, worin es weitergeht. Dies trat in den folgenden Überlegungen zurück. Wie ich sie bis jetzt dargestellt habe, könnte diese Welt auch in einem einzigen Augenblick, an einem einzigen Tag sein. Aber Welt bleibt ja nicht stehen. Welt geht weiter, und in diesem Weitergehen ist es eine höchst rätselhafte Geschichte. Wir müssen andauernd das, was jetzt nicht ist und was wir nicht im selben Sinn wissen können wie das, was jetzt ist, vorwegnehmen. Wir müssen auf das, was kommt, zuhandeln. Wir müssen es antizipieren. Es geht da nicht um Wahrsagereien, aber wir müssen das Morgen im Heute leben. Eine in diesem elementaren Sinn „prophetische Antizipation im Jetzt" tut not. Es geht um mehr als bloß das Zusammentragen der Fakten, die sicher morgen sein werden. Nicht nur die Fakten werden morgen sein, sondern die Welt, die größer ist als all diese Fakten. Wir haben die Verantwortung für das Ganze, was morgen sein wird, für unser Morgen und für den anderen Morgen, und wir müssen auf dieses Ganze und je größere Morgen schon jetzt zuleben. Nur dann handeln wir verantwortlich. „Prophetie" in diesem analogen säkularen Sinne tut not.

II. Das Morgen

1. Miteinander im Nacheinander

Die letzte Bemerkung führt bereits hinein in unseren zweiten Teil, die Reflexion auf das Morgen. Klammern wir die Frage nach dem, was morgen ist, an bei dem, was wir über die Welt bedacht haben, mit einer ersten Frage, die anscheinend nichts mit morgen zu tun hat. Wir sprachen von Gegebenheit. Welt ist gegeben. Welt ist Gegebenheit. Wem ist Welt gegeben? Welt ist uns gegeben, den Vielen, aber nicht nur einer synchronen Gemeinschaft der Vielen, sondern einer diachronen Gemeinschaft der Vielen; nicht nur einer Gleichzeitigkeit derer, die jetzt sind, sondern einem Leben der Menschen, in dem andauernd Menschen sterben und neue Menschen geboren werden und Geschlechter sich jede Sekunde ablösen. Und in dieses Nacheinander und Auseinander, in diese prospektive Entwicklung von Menschheit hinein, in diese Generationssolidarität der Gestrigen und der Morgigen mit den Heutigen und der Heutigen mit den Gestrigen und Morgigen, ist Welt gegeben. Wir müssen im Nacheinander miteinander leben. Dies ist die Aufgabe.

2. Dreifacher Charakter der Zeit

Tasten wir uns nun an den Charakter dieser Zeit heran, in der es Heute, Gestern und Morgen gibt. Wir können sagen, Zeit sei zunächst einmal zyklische Zeit, dann einsinnige Verlaufszeit und schließlich eine Zeit endloser Endlichkeit.

Was meine ich damit: Zeit ist zunächst zyklische Zeit? In der Zeit wiederholt sich viel und regeneriert sich viel. Regenerative Zeit. Wir verbrauchen etwas, aber es wächst anderes nach. Es gibt Abfall, aber aus dem Abfall wird in einem gewissen Sinn und Maß Rohstoff. Wir gestalten etwas, aber das Gestaltete verfällt und gibt daher Chance zu neuer Gestaltung. Werden und Vergehen und Vergehen als Bedingung neuen Werdens, diese Zyklik ist das Eine, was die Zeiterfahrung der Welt prägt. Auch wenn wir in die alten biblischen Zeugnisse schauen und sehen: daß die Sonne nicht stehenbleibt und daß die Nacht nicht immer bleibt, daß immer wieder alles neu wird und daß die Welt nicht unterbrochen wird, daß der Zyklus weiterrollt, ist sozusagen die elementare Sicherheit, aus welcher der Mensch lebt, und das, was ihm zunächst eine naturale Hoffnung gibt: Es wird schon weitergehen.

Aber: Weltzeit erschöpft sich nicht in dieser Zyklik. Die Jahreszahlen kehren nicht wieder, sondern sie werden fortlaufend gezählt. Jahreszahlen zusammenzählen wäre keine sinnvolle Operation. Wir werden aufmerksam auf Zeit als einsinnige Verlaufszeit. Was jetzt ist, ist nachher nicht mehr, was einmal ist, bleibt für immer, und indem es für immer *bleibt,* ist es zugleich für immer *vergangen,* nie mehr jetzt. Dies ist der andere Charakter von Zeit: Verlauf, einsinniger Verlauf, Unumkehrbarkeit – ist in dieser Unumkehrbarkeit aber nicht nur einfach abstrakt zu zählen, sondern

Nicht-Wiederholbarkeit, Ausdruck auch dafür, daß die Gegebenheiten dieser Welt nicht beliebig vermehrbar und reduzierbar sind. Nicht alles, was ausgenutzt ist, wird wieder zum Rohstoff. Die No-Return-, die Wegwerf- und Nicht-mehr-Verwertungskultur ist erschütterndes Zeichen dessen. Das Erschrecken darüber – ob es nun dem Befund der Rohstoffquellen gerecht wird oder nicht – das Erschrecken darüber, daß unwiederbringliches Vergehen ein Grundcharakter der Welt ist, der nur überschattet war, nicht aber überwunden wurde vom Wachstum: dies ist das Stigma unserer gegenwärtigen Situation. Das Zyklische ist nicht alles, sondern im Zyklischen währt Verlauf, währt nicht nur Wachstum, sondern auch Verschleiß aufgrund begrenzter Gegebenheiten.

Dies dramatisiert sich, wenn wir in einem dritten Schritt den Charakter der Zeit anschauen als in ihrer Projektion notwendigerweise endlos. Ich frage: Wie geht es weiter? Da Welt „alles", das „Ganze" begreift, stellt sich hier unausweichlich die Projektion einer nie endenden Welt ein, einer nie abreißenden Generationenkette, einer Menschheit in Jahrmillionen und Jahrmilliarden. Aber dieses Endlose steht in der ungeheuren Spannung zur Endlichkeit und Begrenztheit des Je-nur-Jetzt, des Nicht-Wissens, wie es weitergeht und ob es weitergeht, und des Wissens um begrenzte Ressourcen.

3. Der Mensch in der Dramatik der Zeit

Wie steht nun in dieser Dynamik der Weltzeit der Mensch? Der Mensch ist einmal Wesen der Sorge, das vorwegnehmen kann, was später ist, das jenes, was später ist, bedenken kann, Wesen, das dem, was später ist, jetzt Rechnung tragen kann und muß. Der Mensch ist das einzige Wesen, das nicht nur Instinkt hat, sondern in der Offenheit eines freien und nach allen Richtungen hin unbegrenzten Fragen-Könnens und Formen- und Suchen-Könnens Konsequenzen bedenken und aus Konsequenzen Prämissen gewinnen und vorgreifende Handlungsanweisungen entwickeln kann. Aber: Derselbe Mensch ist nicht nur Wesen der Sorge, sondern ist auch Wesen des „Je". Er ist nur „je". Keiner kann seiner Lebenszeit eine einzige Elle, einen einzigen Tag zumessen, allen Verlängerungen und Möglichkeiten ist die absolute

Sicherheit nie gegeben, und das eigentlich Rätselhafte an allem Rätselhaften ist, daß bei allen Berechnungen die Sonne tatsächlich jeden Morgen neu aufgeht. Wir können nicht machen, daß es wirklich stattfindet, daß Zeit kommt, daß Zeit weitergeht. Das können wir nicht machen. Und mich selber als einen, der morgen so sein wird, vorwegnehmen, das kann ich auch nicht. Wir können viele Prämissen gestalten und fixieren, aber wenn ich morgen bin, so bin ich es nur, weil es mir gegeben ist. Und im Grunde hat alle menschliche Angst, die wir nicht ausrotten können und die wir, wenn wir sie ausrotten wollten, nur vermehren, doch dieses eine als Hintergrund: Ich rechne es aus, ich sorge dafür, aber wird es auch stattfinden?

Seien wir doch auch mit unserer Wissenschaft so menschlich und geben wir zu, daß wir Pläne machen, Rechnungen, aber den Wirt der Zeit, den können wir nie in die Pläne einkalkulieren. Ist das schlimm? Je nachdem. Vielleicht ist es auch gut. Vielleicht ist es das Wunder von Geschichte, daß immer Neues aufgehen und passieren kann, das wir nicht berechnen können.

Übrigens hat das Christentum hier eine seiner Grundwurzeln: Wenn Jesus in seiner Verkündigung sagt: „Die Zeit ist erfüllt, nahegekommen ist die Herrschaft Gottes, kehrt um und glaubt an die frohe Botschaft!" – Zusammenfassung des Evangeliums in Mk 1,15 –, dann heißt das: Die Zeit ist nicht mehr nur die des ohnmächtigen Vollstreckens ihrer eigenen Ansätze, sondern der Herr der Zeit ist Er. Er gibt sich und schenkt sich. Sicher, nicht als Garantie für eine ewige Dauer dieser Geschichte. Er gibt sich als eine unbegrenzte Möglichkeit, in welcher Menschen leben und sein dürfen und deswegen aus der bloßen Sorge freigesetzt sind in die große Freiheit.

Wenigstens dieses eine können wir menschlich und nicht nur christlich daraus herausziehen: Sorge ja, aber: Sorge allein ist Ohnmacht. „Je" ja, aber das bloße „Je" ist Ohnmacht. „Je" immer nur im Augenblick sein, ist aber auch Hintergrund einer unausrottbaren Hoffnung, daß etwas geschehen kann, was, so oder so, unabsehbar Zukunft gewährt.

III. Unsere Verantwortung

1. Falsche Alternative

Diese Sicht der Welt und der Zeit nötigt uns zu Konsequenzen. Zunächst fragen wir in einem mehr negativen und postulatorischen Gedanken nach unserer Verantwortung, indem wir zwei einseitige Möglichkeiten ausschließen und eine dritte grundsätzliche Möglichkeit anvisieren. Sie wird freilich so „grundsätzlich" sein, daß dann noch in einem letzten Schritt nach einem positiven Modell weiterzufragen ist. Eines scheint mir unmenschlich und unweltlich zu sein: die totale Sorge als irrationale Panik. Es scheint in der Tat nur eine irrationale Reaktion zu sein, wenn wir uns völlig auf die Rationalität des Voraussehens und Vorausrechnenkönnens verlassen und darüber panisch erschrecken, daß es nur begrenzte Möglichkeiten gibt, und zwar begrenzte Möglichkeiten in einer notwendigen Disproportion zu unserem endlosen Weiterplanen, Leben-können-Wollen. Es ist irrational, Leben entweder einzustellen oder madig zu machen oder im gegenwärtigen Augenblick zu verunmöglichen, weil vielleicht in tausend Jahren die Menschen nicht mehr leben können. Verständlich, daß, wer nur noch von diesem Gesichtspunkt aus lebt, nicht einmal mehr jetzt leben kann. Wir haben die Welt mit ihrem regenerativen und ihrem unübersehbaren geschichtlichen Charakter nicht mit einkalkuliert, sondern haben eine Welt als ewige Welt, die nur so weitergeht, wie sie jetzt ist, als absoluten Maßstab gesetzt.

Die Attitüde der totalen Verantwortung für die Zukunft, die vielleicht irgendwann und irgendwo einmal stattfindet, der Versuch, die unabsehbare Zukunft insgesamt zum Wohle der Welt aus sich selber leisten zu können, und dann das Verzweifeln vor solcher Überforderung, das erscheint mir wie ein Nachbeben der zu Ende gegangenen Neuzeit.

Freilich muß gesagt werden, daß genauso, wie die Panik der totalen Sorge irrational ist, so auch ein sorgloser Verschleiß der Welt verantwortungsloser Zynismus wäre. Zu sagen, ich lebe nur im Jetzt, und deswegen kümmert mich nicht, was später kommt, ist so irrational wie der scheinbar reine Rationalismus jener spätantiken Formel: „Der Tod findet nie statt. Wenn ich gestorben sein werde, bin ich nicht, und bevor ich sterbe, ist der Tod nicht, also ist der Tod nicht." So wenig diese Rechnung rational ist, so wenig ist es rational zu sagen: „Nach uns die Sinflut. Leben wir, wie es uns gefällt. Die Solidarität ist die Solidarität mit mir und denen, die ich deswegen, weil sie gerade gleichzeitig sind, brauche." Dies ist Zerstörung und Selbstzerstörung; Selbstzerstörung, weil die Welt, die ich so auslebe und ausgestalte, unmenschlich wird; diese Welt ist im Grunde genommen schon zusammengebrochen, weil sie kein inneres Gefüge hat, in dem die anderen und das Andere ihren Platz hätten.

Was bleibt dann? Gestaltung zwischen Konsum und purer Abstinenz. Welt gestalten, dabei wissen, daß wir, indem wir Möglichkeiten gebrauchen, sie verringern. Der Abiturient, der alles studieren könnte, aber wenn er einmal einen Berufsweg eingeschlagen hat, nicht mehr alles studieren kann und deswegen glaubt, am besten nicht zu studieren, damit er immer noch alles werden kann sein ganzes Leben lang, rechnet offenkundig falsch. Genauso falsch rechnet eben die pure Abstinenz von der Gestaltung, das bloße Leben-Lassen und das bloße „Schützertum" des Vorhandenen. Allerdings sind der blinde Konsum, das beliebige und planlose Ausbeuten der Ressourcen und das Machen alles jetzt Machbaren ein eher noch gefährlicherer Irrweg. Gestaltung muß riskieren, riskieren, etwas zu verbrauchen, aber sie muß ebenso wagen, nicht alles zu verplanen, sondern zu verzichten, übrigzulassen, weiterzuschauen.

2. Grundzüge eines Modells verantwortlichen Verhaltens

Diese Antwort ist richtig, aber in sich allein ist sie matt. Wo zeigt sich, über den bloßen Kompromiß des „nicht so und auch nicht so" hinaus, so etwas wie ein prophetisches Modell? Ich muß hier auf spezifisch christliche Prinzipien zurückkommen, glaube aber, daß sie nicht nur für Christen Konsequenzen haben.

Wir fragen zunächst einmal: Wie lebt grundsätzlich und elementar der Christ in dieser Welt? Paulus sagt uns: Jene, die diese Welt gebrauchen, sollen sein wie solche, die sie nicht gebrauchen (vgl. 1 Kor 7,29–31). Was ist damit gemeint? Wir können Paulus interpretieren: Die Herrschaft Gottes steht vor der Tür. Wir leben nicht nur für dieses Leben, wir leben für einen, der uns alles gegeben hat und der es uns, über alles Vergehen hinaus, neu geben wird. Er wird kommen. Deswegen dürft ihr zwar nicht aussteigen aus dieser Welt; arbeitet, gebraucht sie, ordnet sie, aber tut es mit jener Gelassenheit, die nicht so an ihr und euren Plänen hängt, daß ihr, wenn euch dies aus der Hand geschlagen wird, nicht dann auch die Freiheit und das Mehr und das Größere verliert. Genau aus dieser Haltung erwächst nicht nur Freiheit von der Welt, sondern ebenso Freiheit zur Welt: christliche Nüchternheit. Derselbe Paulus wehrt sich daher gegen die eschatologischen Schwärmer in Thessalonich. Er sagt: Ihr müßt arbeiten, ihr dürft nicht passiv auf den Tag des Herrn warten, sondern ihr müßt in dieser Welt leben, sie gebrauchen, aber ohne von ihr das letzte zu erhoffen (vgl. 1 Thess 5 und 2 Thess 2 und 3). Ist die Gelassenheit, die von den Wüstenvätern in Ägypten über die Brüder des Franziskus bis zu Charles de Foucauld oder Mutter Teresa lebt, ist diese Gelassenheit, die sozusagen mit dem Ende aller Dinge rechnet und aus dem Wissen um das Ende das Jetzt wagt, nicht zugleich auch jenes Modell, das einer verantworteten Sorge für die Zukunft entspricht? Derjenige, der so lebt, als ob die Welt nicht alles wäre, als ob es dieses „Mehr" gäbe oder, besser gesagt, der daraus lebt, *daß* er an dieses „Mehr" glaubt, und der deswegen sich nicht darauf fixiert, alle welthaften Möglichkeiten für sich auszuschöpfen, stellt einen auch für die Gesellschaft wichtigen „Lebensstil" vor. Wer Welt gebraucht, aber in einer – nicht bitterlichen und mägerlichen, sondern hoffenden – Askese, wer „eschatologisch" im christlichen Sinne lebt, gerade der lebt verantwortlich für die Zukunft. Er gibt Zeit auf Zukunft frei, nimmt nicht fürs Heute vorweg, was fürs Morgen notwendig ist, aber er handelt so nicht aus einer panischen Angst, sondern aus einer inneren Freiheit. Diese Freiheit anerkennt die Endlichkeit, jetzt etwas zu *brauchen,* und verbindet den Mut, es zu *gebrauchen,* mit dem Mut, nicht alles zu brauchen und zu gebrauchen.

Ein zweiter Grundzug dieses christlichen Modells sind die zwei Verantwortungen, die spezifisch christlich sind: die Verantwortung für das Ganze und für das Nächste. Beide sind auf je unterschiedliche Weise gleich wichtig und richtig. Jesus rügt den, der ihm nachfolgt, ohne das Ganze zu sehen. Er gleicht dem

Mann, der einen Turm bauen will, aber die Kosten nicht vorher berechnet hat, und nun steht er vor einer Neubauruine (vgl. Lk 14,25–33). Er rügt aber ebenso den, der immer nur für übermorgen sorgt, und läßt uns nur bitten um Brot für den nächsten Tag. Er empfiehlt uns den Spatz auf dem Dach und die Lilie auf dem Feld im Leben und im gegenwärtigen Augenblick (vgl. Mt 6,25–34 und 6,11). Er sagt uns, daß diejenigen, die ins Reich Gottes kommen, auch jene von ganz ferne sein werden. Damit löst er jene Dynamik aus, die sich nicht nur auf das Volk Israel beschränkt als das auserwählte Volk, sondern alle, die die Auserwählung dieses Volkes wahren, und zugleich den ganzen Horizont der Welt mit einbezieht (vgl. z. B. Mt 8,11). Er löst durch seinen Geist diese universale Dynamik aus und verlangt zugleich, daß wir nie am Nächsten, dem neben uns, vorbeigehen (vgl. Lk 10,25–37). Hat das nicht Konsequenzen? Wir haben gleichzeitig ans Ganze zu denken, weil alle unsere Nächsten sind, und unsere Sorge um den nächsten Nächsten ganz ernst zu nehmen, weil er mit hineingehört in den Horizont der Verantwortung für das Ganze. Wir müssen hier und jetzt helfen und dienen, wir dürfen nicht durch schwärmerische Begeisterung für die Dritte Welt den, der unmittelbar nebenan vor der Tür liegt, liegenlassen. Wir dürfen aber auch nicht denken, wir seien uns selbst die Nächsten und übersehen die Dritten. Vielmehr: Die Dritten, die in der Dritten Welt sind, sind unsere Nächsten. Verantwortung fürs Ganze und für die Nächsten verlangt, daß wir uns nicht hinwegschwärmen von der Not hier und daß wir uns nicht einigeln in die Not hier. Das Nächste und das Ganze sind die beiden Schalen, die in Balance zu halten sind.

Gilt dieses Modell nur synchron und nicht im Grunde doch auch diachron, zumal im Blick auf Zukunft? Wir müssen an die kommenden Generationen denken. Wer sagte: Ich bin mir allein der Nächste, und das Leben nicht mehr wagte und deswegen im Planen und Verplanen von Bevölkerung aufginge und dem Leben kein Lebensrecht mehr ließe, der wäre unmenschlich, auch wenn er scheinbar an das Ganze denkt, fürs Ganze sorgt. Aber jetzt leben Menschen und wollen Menschen leben und wollen Menschen kommen, will eine neue Generation kommen, die wir bejahen müssen, auch wenn wir ihnen Lasten für übermorgen aufbürden müssen. Wir dürfen nicht aus der Sorge fürs Ganze den Mut zur nächsten Generation verlieren.

Zukunft findet nur statt, wenn wir die Gegenwart leben, große Zukunft nur, wenn wir die nächste Zukunft wagen. Lösungen des Energie- und Umweltproblems, die es unmöglich machen, unsere entwicklungspolitische Verpflichtung, unsere sozialen Verpflichtungen heute wahrzunehmen, wären unmenschlich. Für jenes Übermorgen, das nicht ist, das noch nicht ist, das Heute zu opfern, wäre Unrecht auch gegenüber dem Übermorgen. Umgekehrt wären aber auch Lösungen unverantwortlich, bei denen wir nicht an morgen oder übermorgen denken und hier nur Löcher zu stopfen versuchen, ohne zu sehen, welche Hypothek für morgen darauf liegt. Ich meine, das christliche Modell „Leidenschaft fürs Ganze und Leidenschaft für das Nächste und den Nächsten" könnte hier weiterhelfen zu jener Gelassenheit, die uns befähigt, ohne Panik unsere Aufgaben für die Zukunft zu bewältigen.

Ein drittes: Ich meine, daß auch heute Kultus und Kultur einen realen Faktor darstellen, um menschlich zu bleiben. Jene im Grunde funktionalistische Sorge, die um der Zukunft willen alles sicherzustellen sucht oder um des Jetzt willen alles vergeudet, macht die Welt unmenschlich. Nur wo Kultus und Kultur Raum haben, wo ich verdanke, wo ich gestalte, wo auch bei aller Sparsamkeit das Schöne sein darf, nur dort ist Welt menschlich.

Vielleicht ist es nützlich, hier an einige Phänomene aus der Geschichte des Christentums zu erinnern. Es gibt da nicht nur eine „Habe-Kultur", sondern auch so etwas wie eine „Armuts-Kultur" gerade dort, wo man das christliche Modell des Gebrauchs der Welt, als gebrauchte man sie nicht, überzeugend lebt. Man denke an das Feld und Umfeld der zisterziensischen und franziskanischen Bewegung oder auch an Ausprägungen frühen reformatorischen Christentums. Wo Askese aus dem Ja, aus einer positiven Sinngebung, entwickelt wurde, da entstanden neue Formen von Kultur. Aus dem prophetischen Modell christlicher Verantwortung für das Ganze und für das Nächste, aus der Gelassenheit glaubender Sorglosigkeit, aus der Gemeinschaft, die in neuer Tiefe und Unmittelbarkeit aus der Liebe geboren wird, die stärker ist als Ängste und Ansprüche, kann Neues wachsen.

Konstruieren und erzwingen können wir dieses Neue nicht, aber sensibel werden und empfänglich für sein Geschenk, fähig, ihm tätig zu entsprechen.

Die Rückfrage liegt nahe: Schön wäre es – aber wir müssen eben planen. Ja, wir müssen planen, aber aufgrund eines unverstellten, ebenso nüchternen wie kreativen Blickes auf die Wirklichkeit. Und ich glaube, daß Ehrfurcht und Gelassenheit in unserem Leben und Lebensstil nicht nur private ethische Postulate sind, sondern der Hintergrund, um Fakten nüchtern zu sehen, Ideologien zu durchschauen und Konsequenzen unbequemer Einsichten anzuvisieren.

Planungen haben Haltungen zur Voraussetzung, etwa die Bereitschaft, einschneidende Verzichte wie nicht auskalkulierbare Risiken zugleich auf sich zu nehmen. Ohne Risiko und ohne mutiges Einsparen zugleich wird es keine Lösung geben, und die positiven Merkmale einer Lösung begegnen uns am ehesten in einem Modell wie dem angedeuteten.

Zweite Rückfrage: Ist das hier mehr angedeutete als entwickelte Modell nicht nur etwas für Christen? Ich meine, daß auch jener, der es mit dem Christentum schwer hat, an diesem Modell sein Verhältnis zur Zeit, zu seiner Weltzeit, neu lesen und neu gewinnen kann; denn er kann eines sehen: daß dieses Modell plausibler und realer ist als die einseitigen Alternativen des bloßen Konsums, des totalen Planens, des planerischen Abstinenzübens.

Ich bin am Anfang von der Redensart ausgegangen: „Mir bricht eine Welt zusammen". Ist das nur ein beiläufiges Sprichwort, oder liegt nicht genau hier die Frage? Bricht unsere Welt zusammen? Vielleicht die Welt, in der wir alles selber leisten können; vielleicht auch jene Welt, die uns planerisch die absolute Sicherheit zum Überleben verspricht. Aber vielleicht ist im Zusammenbruch der neuzeitlichen Behäbigkeit, die sich selber zu vermögen glaubt, und der nach-neuzeitlichen Angst, die bloß an das Übermorgen denkt, nicht *die* Welt zusammengebrochen, sondern sind nur verengte Welten zusammengebrochen. Und vielleicht können wir einen Weg miteinander wagen, eine Schneise miteinander schlagen auf dem Weg in eine wirkliche, kommende Welt.

GRUNDENTSCHEIDUNGEN FÜR EIN VERANTWORTLICHES VERHALTEN ZUR ZUKUNFT

I. Rückblick in die Zukunft

Wenn man entscheiden will, was im Hinblick auf unsere Zukunft am besten zu tun sei, ist es nützlich, sich in der Geschichte nach Zukunftsmodellen umzuschauen: Wie haben sich frühere Generationen auf die Gestaltung und Bestimmung ihrer jeweiligen Zukunft eingelassen?

Zu jeder Zeit gab es drei Gruppen von Menschen, die die Zukunftsentscheidungen ihrer Zeit wesentlich mitbestimmt haben: Architekten, Denker, Mönche.

Der Architekt, der Ingenieur entwirft das Haus, das Gebäude, die Stadt, in der ich morgen leben werde. Zukunftsentscheidungen werden vorgebaut.

Demgegenüber scheint es etwas verwegen zu sein, den Philosophen als Gestalter unserer Zukunft anzusehen. Doch die großen Philosophien sind viel mehr in Alltäglichkeiten umgemünzt worden, als es zunächst scheinen könnte. Einerseits sind die Philosophen für verborgene Grundströmungen ihrer Zeit besonders empfänglich und geben ihnen Ausdruck, zum anderen eröffnen die von ihnen entfalteten Ideen Zeitgenossen und Nachfahren neue Entscheidungs- und Handlungshorizonte für die Zukunft. Auch die Technik, die wir heute praktizieren, ist ein Stück gelebter Philosophie, gelebter Weltanschauung. Ich werde noch darauf zurückkommen.

Als dritten Wegweiser in die Zukunft hatte ich den Mönch genannt. Im christlichen Bereich sind Mönche Menschen, die sich absetzen von dem, wie „man" gängigerweise gerade lebt: Sie sind der Auffassung, das eigentliche Leben, um das es geht, sei anders. Kulturgeschichte und neue Lebensmodelle sind sehr weitgehend von Mönchen vorgelebt und getragen worden. Sie haben das umgesetzt, was Jugend an Alternativen erhofft hat. Ich will versuchen, das an vier großen Gestalten des abendländischen Mönchtums deutlich zu machen: an Augustinus, Franz von Assisi, Albert dem Großen und Benedikt von Nursia.

Augustinus hat in seinem „Gottesstaat" dargestellt, daß es in der Geschichte letztlich nicht auf die Wirksamkeit dieses oder jenes einzelnen Staates oder dieser oder jener Persönlichkeit ankommt, sondern auf das, was im Gang der Geschichte bleibt, was für den Gang der Geschichte wesentlich ist. Für ihn liegt die Zukunft in Jesus Christus. Geschichte ist auf Christus hin. Um dies eine Wesentliche durchhalten zu können, muß sich die Geschichte aus der Bindung an eine Macht, das war zu seiner Zeit das Römische Reich, lösen. Augustinus hat in den Wirren der Völkerwanderzeit erfahren, daß die Bindung der Geschichte an die Geschicke des Römischen Reiches nicht wesensnotwendig ist. Er hat nicht das verteidigt, was unterging, sondern die lebendige Mitte bewahrt, das Wesen dessen, was bleibt. Loslösung wird so zur Bedingung der Kontinuität.

Bei Franz von Assisi finden wir die totale Konzentration auf den einen, nämlich Jesus Christus, als Sprung in die Universalität, als Bedingung der Universalität. Er bekommt den Auftrag, die herkömmlichen, den inneren Fortschritt hemmenden Formen des Lebens im Wohlstand eines wirtschaftlich gesicherten Elternhauses zu verlassen. Er soll der sein, der das Neue, eine neue Weise der Nachfolge Christi und damit eine neue Weise des Lebens ermöglicht. Weil er Christus allein suchte und sonst nichts und niemand, deswegen wurden der Tod und die Sonne, wurden alle Menschen zu seinen Geschwistern, küßte er den Aussätzigen, besuchte er den Sultan oder unterwarf sich dem Papst und sprach unmittelbar mit ihm. Sultan, Aussätziger und Papst als Nächste, Sonne, Mond und Tod als Bruder und Schwester, diese neue unbedingte Freiheit allem gegenüber wurde nur möglich aus der Bindung an den einen allein: Konzentration als Bedingung der Universalität.

Albert der Große war der Gelehrte, der die Wissenschaft seiner Zeit, auch die der Antike und des dem Christentum feindlichen Islam, in ganz besonderem Maße in sich vereinte und sie für das Christentum fruchtbar machte. „Contemplata tradere" war seine Maxime als Dominikaner: das Durchdrungene weitergeben. Dazu gehört auch, Befremdliches und zunächst Bedrohliches anzunehmen und ohne Furcht zu einer Synthese mit dem Christlichen zu bringen. Albert vollzieht die Synthese dieser unterschiedlichen Traditionen: Das Neue, ein neuer Ansatz im Aristotelismus des christlichen Mittelalters, der im naturwissenschaftlichen Bereich durch seine Einschätzung des Experimentellen bis in die Neuzeit hineinreicht, ist nur möglich aus der besonnenen, abwägenden Synthese. Synthese wird so zur Bedingung des Neuen.

Benedikt von Nursia vollzog eine Synthese auf andere Weise. Er verband das römisch-griechische Erbe mit dem Kulturgut der jungen germanischen Völker zu einer neuen Lebensform und baute diese Synthese in eine Regel ein, so daß sie tradierbar wurde. Sein Geheimnis war die Radikalität des Maßes. Benedikt sah, was menschlich zumutbar ist, aus der Radikalität der Ausrichtung auf das eine Notwendige. Dabei wurde noch ein weiterer Gesichtspunkt tragend. Er heißt: mönchische Askese oder Verzicht als Bedingung der Kultur.

Vielleicht können diese kurzen Bemerkungen im Ansatz etwas sichtbar machen von dem, was die Mönche uns in unserer gegenwärtigen Situation zu lehren vermögen und was heute nicht weniger aktuell ist als damals – nicht im Sinne einer Kopie, sondern im Sinne einer strukturellen Verwandtschaft. Ich möchte es zusammenfassend die „architektonische Philosophie des Mönchischen für die Zukunft" nennen:

Loslösung als Bedingung der Kontinuität,
totale Konzentration auf das eine, was gilt, als Bedingung der Universalität,
Synthese der unterschiedlichen Ströme als Bedingung des Neuen,
Verzicht als Bedingung der Kultur.

Lassen Sie mich jetzt noch einmal abbrechen und von etwas scheinbar ganz anderem, nämlich vom Geist der Neuzeit sprechen. Ich möchte zwei Daten nennen, die philosophisch – und nicht nur philosophisch – seither wirksam sind und die wir nicht rückgängig machen können. Ich spreche wieder in einer fast symbolischen Verkürzung von ihnen, wohl wissend, daß ich in dieser Verkürzung weder den genannten Gestalten noch der Komplexität der Phänomene noch dem ganzen sie tragenden geistesgeschichtlichen Zusammenhang gerecht werde. Ich glaube, solche

Rede aber in der Blickrichtung verantworten zu können, die uns jetzt leitet. Drei Namen erscheinen mir in diesem Zusammenhang besonders wichtig: als erstes Descartes, dann Feuerbach und Marx, die ich zusammenfassen werde.

Descartes, der einer meiner Lieblingsphilosophen ist, entspricht, in seine Tiefen hinein ernst genommen, nicht jenem klassischen Muster, in dem er normalerweise sehr rasch geistesgeschichtlich untergebracht wird. Zwar bin auch ich der Ansicht, daß er in seinem Traum vom 10. November 1619 in Neuburg an der Donau einen Bruch, einen Neuanfang einleitete. Was er da sah, gehört zu den kühnsten und folgenreichsten Visionen; ich meine den Entwurf einer mathesis universalis, die sich in keiner Weise auf eine Autorität stützt und die keinerlei vorgegebene Gewißheit mehr anerkennen will: die radikale Rücknahme des Vorgegebenen im rekonstruktiven Anfang.

Ihn aber nur von diesem Traum aus zu beurteilen greift zu kurz. Er ist derjenige, der die klassischen Inhalte der Philosophie gerade „retten" will. Er ist viel aristotelischer, als es zunächst erscheint. Wenn ich seine Meditationes in ihren vielen Schichten genau mitdenke, dann weiß ich, wie wenig ich ihn allein von diesem Traum von 1619 her verstehen darf. Indem Descartes sagt: Aufgrund der bloßen Tradition kann ich das, was bisher galt, nicht intellektuell rechtfertigen, sondern ich muß es aus sich selber, aus unmittelbarer Evidenz einlösen, radikalisiert er in einer ungeahnten Weise sowohl jene anselmische Unbefangenheit des fides quaerens intellectum und des Konstruierens des Glaubensinhaltes aus der Vernunft wie auch jene Unbefangenheit des Albert gegenüber dem Experiment. Descartes rekapituliert das, aber formuliert es so, daß es *in seinen Folgen* tragend wird für ein Weltmodell, das eben doch heißt: Konstruktion der Welt in reiner Internalisierung ihrer Vorgegebenheiten, so daß im Grunde, vom Ansatz her, alles Denkbare machbar wird.

Das Denkbare machbar zu machen, ist der neue kühne Ansatz, in dem sich mehr vollzieht als nur die Unterscheidung von Physis und Thesis und die Einholung der Physis in Thesis. Hier wird ein neuer Weltentwurf sichtbar. Natur wird als ganze im Grunde rekonstruierbar und von da aus konstruierbar – nicht nur Natur, sondern Welt überhaupt. Damit aber wird das Subjekt als solches in eine ungeheure neue Mächtigkeit eingesetzt, die es als Ursprung der Welt aus sich selber heraus besitzt. Welt wird im Grunde nur die Extrapolation des Subjektes, nicht schon bei Descartes, sondern bei einer Bewegung, die sich an ihn anschließt, wenn ich diese Bewegung in ihrer inneren Dynamik lese.

Eine folgenschwere Erweiterung dieses Ansatzes erfolgt – auch das ist wieder sehr kurz und anfechtbar gesagt – durch Feuerbach und Marx. Bei ihnen wird das Subjekt vom Ego zur Gattung oder zur Klasse oder zum Kollektiv. Sie treiben im Grunde die neuzeitliche Philosophie weiter. Aber das Subjekt ist nicht mehr das Ego des einzelnen oder das transzendentale Ego, sondern das Kollektiv.

Ich habe wie zufällig einen merkwürdigen Befund in unser Nachdenken eingespielt: einmal die Mönche, die ihre immanente Philosophie haben und in ihren vier Dialektiken denken: Loslösung als Bedingung der Kontinuität, totale Konzentration als Bedingung der Universalität, Synthese als Bedingung des Neuen, Verzicht als Bedingung der Kultur. Zum anderen habe ich den neuzeitlichen Ansatz vor mir, der für mich zwei Dinge besagt: erstens, daß das Subjekt, der Mensch, alles Denkbare zu machen versucht, eine konstruktive Welt, in welcher er am Ende alleine ist, weil die Welt nicht mehr sein Gegenpol ist, sondern bloß ein machbares und beherrschbares Ergebnis; zweitens, daß das Subjekt nicht mehr nur der einzelne ist, sondern das Kollektiv.

Ich meine, hier liegt zuinnerst der Grund dafür, warum wir heute eine oft irrationale – das Wort irrational möchte ich hier sehr vorsichtig gebrauchen, richtiger wäre zu sagen, eine oft nicht richtig durchschaute – Aversion gegen die technische Kultur antreffen. Die technische Kultur hat eine doppelte Unheimlichkeit für uns: einmal das Untergehen des einzelnen im Kollektiv, die Erfahrung der kollektiven Einsamkeit, des Verplantseins in diesem Kollektiv. Denn wenn ich das Miteinander nur als Subjekt betrachte, als gemeinsames Subjekt und nicht in einer gegenseitigen lebendigen Bezogenheit und Polarität, dann eben bleibt ja die Gesellschaft als ganze einsam. Zum anderen ist es unheimlich, wie sich der Mensch davor fürchtet, mit seinen menschlichen Konstrukten allein zu sein und von dem, was er selber konstruiert hat, verschlungen zu werden.

Diese doppelte Sorge davor, daß der Mensch aufgezehrt wird von dem, was er konstruiert, und davor, daß er völlig hinein verplant wird ins Kollektiv technischen Produzierens, in dem er nicht mehr er selber sein kann, dringt zu scheinbar entgegengesetzten Positionen, etwa: „Um Himmels willen, die Welt geht unter; die Ressourcen sind zu Ende!" und: „Um Himmels willen, die Welt geht unter; wenn es nun Atomenergie gibt, zerstört die Menschheit endgültig sich selber!"

Solche Panik wird zum Symbol einer transzendentalen Angst, die aus tieferen Wurzeln wächst als nur aus ihren bloß technischen und naturwissenschaftlichen Anhalten, wobei diese technischen und naturwissenschaftlichen Anhalte nicht einfach Hirngespinste sind, sondern sehr real in unseren Erfahrungshorizont hineinreichen. Aber wenn ich nur aufgeklärt habe, daß es nicht ganz so schlimm ist, wie es im ersten Hinblick aussieht, daß es vielleicht doch noch eine ganze Zeitlang weitergehen könnte wie bisher, habe ich in der Grundsituation nichts Entscheidendes verändert. Sicherlich, wir müssen uns zu unserer vom neuzeitlichen Weltentwurf bestimmten Gegenwart bekennen: zum Planen, zum Machen, zum Herstellen, zur Irreversibilität einer technischen Kultur. Gleichzeitig aber sind wir gezwungen, diesen Ansatz neuzeitlichen Denkens zu befragen, ob wir aus ihm heraus allein mit unserer Technik weiterleben können. Oder stehen wir nicht doch eben in unserer Stunde in ähnlichen Anforderungen wie ein Augustin im Zusammenbruch des römischen Reiches oder wie ein Franz in der Fragwürdigkeit seiner zeitgenössischen reichen Kultur? Oder sind wir nicht derselben Fragwürdigkeit des Bisherigen ausgeliefert wie ein Albert in der Umkehrung des Hergebrachten durch die im arabischen Spanien neu aufbrechende Philosophie der Antike? Oder nochmals: Erleben wir nicht eine ähnliche innere Bedrohung unseres Lebensraumes wie der frühe Benediktinismus und sind insofern also auch herausgerufen zu Antworten von einer Radikalität wie jene der Mönche?

Soweit einmal dieser Rückblick in die Zukunft. Und von hier aus begeben wir uns nun in einen Konsequenzen ziehenden – wenngleich vielleicht sie nur zaghaft andeutenden oder ins Gespräch bringenden – zweiten Teil: Vorblick auf die Zukunft.

II. Vorblick auf die Zukunft

Drei Momente haben wir immer in Konkurrenz miteinander zu sehen, und angesichts der ökologischen Situation stehen sie in einer verschärften Spannung zueinander. Ich nenne die drei Punkte: Gegebenheit, Freiheit und Mitsein. Es ist durchaus bedenkenswert, was in der großen Tradition katholischen Naturrechtsdenkens über Natur gesagt wurde. Wir können dieses Denken nicht vorschnell mit dem Vorzeichen „falscher Naturbegriff" abtun. Wenn wir ein wenig tiefer analysieren, dann bleibt zumindest die fundamentale Erkenntnis bestehen, daß unsere Freiheit von den vorgegebenen Bedingungen abhängt und sich nur unter Akzeptanz vorgegebener Bedingungen überhaupt realisiert. Hierbei gibt es zwei Arten von Vorgabe, die beide für die Freiheit konstitutiv sind. Einmal braucht die Freiheit als sich verhaltende etwas, wozu sie sich verhält, als gestaltende, was sie gestaltet, sozusagen ein Substrat, in dem sie sich *als* Freiheit auswirkt. Zum zweiten – und dies ist noch fundamentaler, wirkt aber als der tiefste Grund in den ersten Aspekt hinein – ist Freiheit sich selber vorgegeben. Menschliche Freiheit geht nicht vom Nullpunkt aus, sie kann nicht nur sich selber das Gesetz geben, nach dem sie vorgeht und wirkt. Denn auch wenn sie versuchte, so sich allein ihr Gesetz und Maß zu sein, müßte sie sich selbst, ihre Grundstruktur, das, was eben Freiheit ist, dabei annehmen und realisieren. Freiheit ist Ausgang zu einem Ziel – oder sie ist nicht. Und wenn Freiheit die Annahme und Übernahme dieser ihrer Grundstruktur verweigerte, so wäre auch das ein Vollzug dieser Grundstruktur. Freiheit kann sich nicht entrinnen, endliche Freiheit ist als solche sich bereits vorgegeben. Gegebenheit ist in jeglichem Handeln also ein erstes Grundmoment: Gegebenheit dessen, worauf die Handlung sich bezieht, und Gegebenheit der Handlungsstruktur. Dies kann als ein elementarer, wenn auch noch vorläufiger Ansatz zu dem betrachtet werden, was „Natur" bleibend für eine Lehre von der menschlichen Handlung bedeutet.

Die Spannung der Gegebenheit zur Freiheit oder der Freiheit zu den Gegebenheiten, auf welche sie sich bezieht, wird heute verschärft sichtbar. Angesichts der Verantwortlichkeiten des Handelns, heute handeln zu müssen, angesichts der weittragenden

Konsequenzen, die unser Handeln so oder so oder auch unser Nichthandeln zeitigt, bei gleichzeitiger Unvorhersehbarkeit dieser Konsequenzen ist eine ängstigende Erfahrung, welcher viele Menschen, gerade auch jüngere und ältere, sich entziehen wollen, Grund mannigfacher Flucht- und Verweigerungsphänomene im gegenwärtigen Menschentum. Diese fundamentale Spannung bricht indessen auf gerade im Fragwürdigwerden jener Gegebenheiten, jener Substrate, deren menschliches Handeln bedarf, um Zukunft planen, gestalten und sichern zu können. Der Mensch erschrickt davor, daß er nicht für jede Idee und jeden Plan seines Handelns die Mittel, die Energie, die Rohstoffe bereit hat. Selbst wenn die Mittel nicht so knapp sind und die Situation nicht so gespannt ist, wie manche Analysen und Prognosen es darstellen, ändert sich doch grundsätzlich nichts an der gegen den Grundduktus neuzeitlichen Entwurfs- und Planungsdenkens gerichteten Tendenz der Erkenntnis: Freiheit kann nicht alle Gegebenheiten in sich aufarbeiten, diese Gegebenheiten sind nicht nur ein Widerstand, den sie aufheben und in Kraft verwandeln könnte, diese Gegebenheiten sind zugleich Ermöglichung, Herausforderung und Grenze der Freiheit.

Das zweite Moment ist eben die Freiheit selbst. Gegebenheiten sind nur deswegen bedrängend, weil wir frei sind, weil wir gestalten wollen, weil Leben Gestalten ist, weil Leben Verhältnis ist zu dem, was ist. Nur weil wir über uns hinausschauen können, nur weil wir nachfragen können, nur weil wir uns zum Ganzen und zu unserem eigenen Leben verhalten, nur deswegen erfahren wir die Gegebenheiten als Druck und Widerstand. Freiheit ist ebenso in jedem denkbaren Konzept des Menschen und der Welt, auch in einem deterministischen, im Grunde mit enthalten. Jedwedem Tatbestand, ja sogar der Feststellung der Determiniertheit unseres Willens finden wir uns je nochmals gegenüber. Das Interesse der Frage, wie es sei, ist bereits das Zeugnis dafür, daß wir uns im Raum unserer Freiheit aufhalten. Freiheit kann nur von Freiheit in Frage gestellt werden. Wer nach Freiheit fragt, ist frei. Hier erscheint das Sich-selbst-Vorgegebensein der Freiheit von ihrem Wesen her in einer grundsätzlich anderen Position, als es oben bei der Betrachtung des ersten Momentes, der Gegebenheit, beschrieben wurde. Die Vorgegebenheit von Freiheit wird für die Freiheit als solche konstitutiv, wird für sie zur Frage nach ihrem Maß als Freiheit, zur Frage, wie sie sich als Freiheit verwirklichen kann. Gegebenheit und Freiheit sind in jedem Modell menschlichen Verhaltens zur Zukunft unablösbare Momente, sie stehen je im Verhältnis der gegenseitigen Bedingung, Gewähr und Begrenzung zueinander.

Das dritte und ebenfalls immer präsente Moment – auch dies ist nur eine kurze Notiz – heißt Mitsein. Freiheit ist nie als endliche Freiheit nur allein da, sondern Freiheit betrifft immer zugleich die andere Freiheit, die Freiheit des anderen und die Lebensbedingungen des anderen und ist umgekehrt von ihnen mitbedingt und mitbestimmt. Auch wenn ich mich zu mir selber verhalte, auch wenn ich mich zu meiner eigenen Gegebenheit verhalte, verhalte ich mich zu anderen und gebe ich Antwort auf das Verhältnis anderer zu mir und zur Gegebenheit. Dieses Mitsein ist der menschlichen Handlung nicht weniger inwendig als Gegebensein und Freiheit oder Selbstsein. Indem Freiheit sich zu sich selbst und zu ihrer Sache verhält, verhält sie sich zu allem, stößt sie in den offenen Raum dessen vor, was ist und wie es ist – und somit in den Raum der Kommunikation. Dieser Raum aber ist kein abstrakter, sondern ein konkreter, er ist bestimmt durch das Gegebensein anderer Freiheiten und wird mitbestimmt für diese anderen Freiheiten durch jedes Handeln eines jeden Partners in diesem grundsätzlich universalen, alle umfangenden Raum.

Diese Betrachtung über die drei Momente Gegebensein, Selbstsein (Freiheit) und Mitsein erscheint sehr abstrakt. Und doch umschreiben diese drei Momente das Kraftfeld unserer konkreten Zukunftsentscheidungen, gerade auch im ökologischen und energiepolitischen Bereich. Auf welche Gegebenheiten muß ich Rücksicht nehmen? Wieviel an Handlungsspielraum steht mir zur Verfügung? Welche Konsequenzen hat mein Entscheiden und Handeln für andere, für alle, gleichzeitig und auf Zukunft hin? Wo nimmt meine Freiheit das Maß für verantwortliches Handeln? Wie kann sie, angesichts der nicht unbegrenzten Überschaubarkeit von Zukunft, wahrhaft frei sein zu dem, was sie will? Und wie ist in diese ihre Freiheit das Handeln anderer und die Rücksicht auf andere, die weltweite Gemeinsamkeit de facto über alle Trennungen und Isolierungen hinweg hineinverwoben? Es geht darum, jene Balance zu finden, in welcher die drei Momente sich optimal gegenseitig ergänzen und steigern, statt sich zu hemmen. Diese Balance ist aber nicht nur eine Frage des Faktischen, sondern eine Wesensfrage, eine Frage nach sittlichen Maßstäben.

Schauen wir noch einmal auf den hier eröffneten Horizont, so scheinen mir die folgenden drei Spannungsverhältnisse die Materie oder das Feld unserer fälligen Entscheidungen zu sein, die jeder einzelne für sich, aber auch die Gesellschaft als Gesamtheit treffen muß.

Zum ersten handelt es sich um das Verhältnis Gegenwart–Zukunft. In einem allzu formalistisch erscheinenden Spiel, das aber wichtige Horizonte eröffnete, trüge man es bis in seine Konsequenzen hinein durch, könnte jeder der drei Pole Gegebensein, Freisein, Mitsein als die Zukunft des je anderen und der je anderen dargestellt werden. Jede Handlung realisiert ein Zusammenspiel der drei Pole und eröffnet zugleich eine neue Konstellation. Um es nur an wenigen Punkten zu verdeutlichen: Jede energiepolitische Entscheidung verändert den künftigen Spielraum, stellt meine Freiheit und die Freiheit anderer vor neue Gegebenheiten. Wir sind als Menschen Wesen, die grundsätzlich um unsere Zukunft und auch um unsere Verantwortung für die Zukunft in der Gegenwart, um die Zukunftsrelevanz unserer Gegenwart wissen. Und zugleich wissen wir, daß die Zukunft einen über alles Planen, Vorausberechnen und Überschauen hinaus eigenen, nicht nur quantitativ nicht aufarbeitbaren Überschuß hat. Verantwortliches Sorgen für die Zukunft und sich bescheidendes Gelassensein bei aller Sorge müssen sich notwendig ergänzen. Zukunftssorge darf nie zur Zukunftspanik werden. Verantwortung für die Zukunft und Mut zur Gegenwart suchen im Spiel unserer drei genannten Momente auch ihrerseits ihr Gleichgewicht, ihre Balance.

Das zweite Spannungsverhältnis ist das Verhältnis ich und alle oder wir und alle. Wie können wir Entscheidungen treffen, die ebenso Entscheidungen für alle sind wie Entscheidungen für uns selber? Wie können wir die notwendigen eigenen Interessen, die nur wir wahrnehmen können, so wahrnehmen, daß wir zugleich aller Interessen wahrnehmen? Wie können wir zugleich für alle da sein, ohne daß wir die Lebensbedingungen für uns selber unverantwortlich vernachlässigen? Wie können wir vor allen Dingen unsere Entscheidungen so treffen, daß wir nicht die Freiheit anderer präjudizieren, sondern ein freies Zusammenspielen aller jetzt und in Zukunft ermöglichen? Dieses Verhältnis: mein Interesse – aller Interesse, meine Freiheit – aller Freiheit, dieses Zusammenspiel ist das zweite, was immer und überall in Frage steht.

Das dritte Spannungsverhältnis ist das Verhältnis von Vorgegebenheit und freier Gestaltungsmöglichkeit: Welche Begrenzungen muß ich einfachhin annehmen und respektieren, wo liegen Sachzwänge, denen ich mich beugen muß, und wie kann ich mit Phantasie und Mut zum Experiment die Grenzen der Gestaltungsmöglichkeiten hinausschieben? Andererseits aber: Welche Grenzen sind von innen, vom Wesen, vom Ethos her meinem Gestalten und Versuchen gesetzt? Wo zerstörte ich durch beliebiges Probieren und Experimentieren das innere Gefüge der Freiheit? Und weiter: Wie kann ich zukünftigem Handeln ein Minimum an unaufhebbaren Vorentscheidungen und ein Maximum an positiven Entfaltungsmöglichkeiten, ja Lebensmöglichkeiten sichern? Und dies führt schließlich zur Frage: Welches Maximum an Expansion und Wachstum kann ich nicht nur erreichen, sondern auch verantworten, und mit welchem Minimum ist Leben menschlich noch möglich?

Ich habe mit diesen drei Fragefeldern und mit der Zweiteilung des letzten von einer der Grundfiguren traditioneller Ethik gesprochen. Ich habe von den vier Kardinaltugenden gesprochen, welche heißen: prudentia oder die voraussehende Klugheit, justitia oder die Gerechtigkeit, modestia oder der Mut zum Maß, fortitudo oder die Stärke.

Das Verhältnis Gegenwart-Zukunft ist auch in der klassischen Ethik der Scholastik Rückgriff auf das Griechentum, bei Thomas von Aquin beispielsweise, aber ich möchte hier nicht auf einen einzelnen Autor, sondern auf die Tradition als Ganze eingehen. Dieses Verhältnis Gegenwart-Zukunft ist Gegenstand einer der Grundtugenden, der prudentia, wobei das Wort prudentia providentia (Voraussicht) voraussetzt.

Prudentia – voraussehende Klugheit meint, in dem, was ich gegenwärtig tue, sollte der Blick auf das Zukünftige zugegen sein, so daß ich sowohl dem gegenwärtigen Bedürfnis wie den künftigen Folgen, die daraus erwachsen, gerecht werde. Die unmittelbare Wirkung und die Zweitwirkung, die Nebenwirkungen und das unmmittelbar Gewollte, die Notwendigkeit, Zukunft zu haben, und die Notwendigkeit, auf eine gegenwärtige Situation zu reagieren, diese Dinge in *einem* Blick zu sehen und um dieses Zusammensehens willen auch in der Gegenwart auf etwas zu verzichten, was ich gerne hätte, oder etwas zu wagen, was für mich unbequem ist, das ist prudentia.

Justitia – Gerechtigkeit besagt: jedem das Seine und mir das Meine, indem ich die Hypothek des anderen immer so in den Umgang mit dem Meinen einbeziehe, daß es dem anderen das Seine läßt oder zukommen läßt. Es geht also um die Spannung ich und alle, wir und alle.

Modestia – Mut zum Maß meint eine Bescheidung, die nicht aus dem Ausschöpfen aller Möglichkeiten lebt, sondern sich darauf besinnt, mit wie wenig Ansprüchen meine und der anderer Menschen Verwirklichung möglich ist. Es geht also um die Freiheit zum Weniger und im Weniger, um das Verhältnis Freiheit – Gegebenheit. Modestia fragt: Auf wieviel kann ich verzichten?

Fortitudo – Stärke ist der Mut zum Mehr, zu jenem Mehr, das sich unter Umständen gerade auch im Weniger realisiert, und die um eines essentiellen Mehr das Weniger des nicht so Wesentlichen aushält. Sie weicht nicht zurück vor Schwierigkeiten. Sie gibt Ansprüche nicht deshalb auf, weil es unbequem wird. Sie ist beharrlich, weil sie mehr will.

Diese vier Tugenden zu kultivieren bedeutet, sich Hilfe zu schaffen für konkrete individuelle und soziale Entscheidungen. In der heutigen Situation bekommen diese Tugenden einen neuen Akzent:

Prudentia, vorsorgende Klugheit, fordert heute, einen Spielraum für morgen vorzuplanen; nicht, indem wir z. B. die Zahl der Menschen und deren Lebensweise im Voraus verordnen, sondern indem wir ihnen einen Spielraum der Lebensgestaltung lassen, der nicht durch uns vorbestimmt und vorbesetzt ist, so daß die Zukunft offenbleibt für die, die nach uns kommen. Prudentia muß die verschiedenen Aspekte einer Entscheidung abwägen und das Ganze in den Blick nehmen. Sie wird so eher zu einer Pluralität in den Methoden, z. B. der Energiegewinnung, hin neigen als zu glatten Totallösungen, die leicht in Engführungen hineintreiben.

Justitia: In einer einswerdenden Welt genügt nicht mehr der Grundsatz: „Jedem das Seine". Gerecht ist heute: „Jedem das Meine und mir das eines jeden anderen". Je mehr die Grenzen der Möglichkeiten unserer Welt sichtbar werden, umso mehr müssen wir lernen, miteinander zu teilen.

Modestia: Kultur des Verzichtens, Phantasie des Weglassens. Um das zu lernen, ist es nützlich, die Modelle des Lebens aus anderen Kulturen präsent zu haben, die Lebensmöglichkeiten anderer mitzuleben. Ein – zweifellos überspitzter – Ausspruch meines Vaters, der Maler war, lautete: „Man muß dem Architekten das Geld möglichst knapp halten, damit er anständig baut".

Fortitudo verlangt die Treue, sich an Ziele zu binden, und Treue zur Freiheit des anderen, nicht aber, den anderen die Freiheit der Lebensgestaltung und Lebensmöglichkeit wegzuorganisieren, damit wir es einfacher haben.

Wir wollen nicht weg von den Möglichkeiten einer technischen Kultur. Rationalität ist aber erst dann ganze Rationalität, wenn sie sich reflektiert und in ein Gespräch eintritt, in dem neue Möglichkeiten eröffnet werden. Einbahnstraßen sind immer eng. Wenn wir miteinander leben wollen, dann ist Export der Technik nur möglich, wenn wir umgekehrt bereit sind, andere Möglichkeiten zu importieren. Nicht Radikalismus brauchen wir, sondern radikale Modelle, die die Synthese ermöglichen. Architekten sind wir. Denker sind wir. Aber wir können es nur dann in fruchtbarer Weise sein, wenn wir auch die Mönche von heute sind.

Viertes Kapitel

Impulse für eine erneuerte Soziallehre

WAS HEISST „KATHOLISCH"
IN DER KATHOLISCH-SOZIALEN BILDUNG?

I. Die Fragestellung

Das Wort „katholisch" trägt in sich oder – besser – in seinem Gebrauch einen eigentümlichen Zwiespalt[1]. Es heißt „allumfassend", und es besagt einen Unterschied, eine Ausgrenzung. Diese zunächst formale Bemerkung gewinnt an konkretem Gewicht, wenn man auf die katholisch-soziale Bildung blickt. Es fehlt heute gewiß nicht an Unterschieden in der philosophischen, ethischen, theologischen und unmittelbar praxisbezogenen Theorie des Sozialen. Aber gibt es noch eine katholische Soziallehre? Laufen die erwähnten Unterschiede parallel mit der Unterscheidung des „Katholischen"? Die Frage wäre zu belastet, wollte man von ihrer Beantwortung Recht und Notwendigkeit der eigenständigen Arbeit katholisch-sozialer Bildung abhängig machen. Auch ohne ein theoretisches Unterscheidungsmerkmal des Katholischen in den Bildungsinhalten könnte katholisch-soziale Bildungsarbeit ihren Sinn haben. Denn eines ist doch unbezweifelbar: Es gehört zum „Katholischsein", sich um die Sache der Gesellschaft, um die Sache des Sozialen theoretisch und praktisch zu kümmern. Und es liegt im Interesse der Gesellschaft selbst, daß die soziale Bildung in einem Angebot aus verschiedenen Quellen geschieht, jeweils möglichst nahe bei der Stelle, an welcher die Menschen sich zu ihrer Verantwortlichkeit gerufen wissen – hier aber spielen Christentum und Kirche gewiß eine wichtige Rolle. Für die Gesellschaft kann die „Konkurrenz" verschiedener Bildungsangebote das Interesse multiplizieren, das Niveau steigern, das Engagement anspannen; andererseits könnte es bei einer puren Zersplitterung der Träger von Bildungsarbeit frei-

---

[1] Diesem Aufsatz liegt ein Vortrag zugrunde, der am 1.12.1969 in Trier bei der Arbeitsgemeinschaft katholisch-sozialer Bildungswerke gehalten wurde.

lich auch zu einer Minderung der erreichbaren Leistung kommen. Kooperation, Gespräch können das indessen vermeiden. Jedenfalls ist die Frage nach dem theoretischen Sinn des Wortes „katholisch" nicht notwendig und unmittelbar gekoppelt mit der Frage der Berechtigung katholisch-sozialer Bildungsarbeit. Um so freier von Vorurteilen und Vorbelastungen ist es möglich, das gestellte Thema anzugehen.

Eine Frage wie die, was im allgemeinen oder in einem besonderen Fall – wie etwa in dem der katholisch-sozialen Bildung – das Wort „katholisch" sage, läßt sich immer stellen; sie ist zeitlos-abstrakt möglich. Wer aber *heute* diese Frage stellt, hat einen konkreten Hintergrund.

Er besteht einmal in der ekklesiologischen, d. h. auf die Kirche selbst bezogenen theologischen Diskussion.

Das Zweite Vaticanum hat einerseits das Recht verschiedenartiger Traditionen *innerhalb* der Kirche, andererseits die „kirchlichen", kirchen-bildenden Elemente bei anderen christlichen Gemeinschaften betont und diese im Dekret über den Ökumenismus als „Kirchen und kirchliche Gemeinschaften" bezeichnet. Bringt ein solcher Wandel es nicht mit sich, daß man dabei behutsamer vorgehen muß, etwa eine soziale Doktrin als katholisch oder nicht mehr katholisch zu bezeichnen, als in einer Zeit, da das „Katholische" in sich selbst als eindeutig definierter, geschlossener Block erschien?

Doch es bedarf gar nicht erst des theologischen Blickes auf die *Kirche*, um festzustellen, daß die Anfrage an das Wort „katholisch" im Zusammenhang des Sozialen „aus gegebenem Anlaß" erwächst. Die Debatten über das „Naturrecht" und die kirchliche Kompetenz seiner Auslegung schneiden einem gängigen Verständnis katholischer Soziallehre ins Fleisch[2]. Das Vordringen empirisch zu lösender Einzelfragen, die nur noch einen sehr vagen Bezug zu zeitlosen „Prinzipien" erkennen lassen, und die in der Theologie verhandelten Probleme von Ordnungs- und Situationsethik scheinen ebenfalls die Bedeutung und Deutung des „Katholischen" in

---

[2] Vgl. zu diesem Problem *R. Hauser*, Naturrecht in der katholischen Sozialethik heute. In: Civitas. Jahrbuch für Sozialwissenschaften 2 (1963) 9–30; *H. Wulf*, Theologie und Naturrecht. In: Civitas 3 (1964) 9–21.

katholischer Soziallehre erheblich zu relativieren. Wo es um die „Prinzipien" katholischer Soziallehre geht: Verblassen sie nicht weithin zu solcher Allgemeinheit, daß an spezifisch Katholischem kaum mehr etwas bleibt? Mehr noch: Gibt es nicht „katholische" Anlässe genug, um einfach – im Interesse der Freiheit – neoliberal gefärbte Theoreme oder umgekehrt – dem Impuls des Evangeliums zur Solidarität mit den Entrechteten und Schwachen gemäß – neomarxistisch gefärbte Theoreme zu vertreten?

Auf diesem Hintergrund also steht die Frage nach dem Sinn des Wortes „katholisch" in katholisch-sozialer Bildung.

Zu ihrer Beantwortung ist die vorliegende Untersuchung auf einen verkürzten Weg angewiesen. Sie nähert sich ihrem Thema mittelbar über zwei Vorfragen. Die erste lautet: Was hat sich geändert? Wo haben sich in der katholischen Theologie die Sicht der Kirche und die Sicht der sozialen Wirklichkeit im Ansatz erweitert, verschoben oder neu artikuliert? Die zweite: Wo liegen bleibende Grenzmarken, außerhalb derer einer Theorie des Sozialen der Name „katholisch" nicht mehr zuerkannt werden könnte? Diese beiden Vorfragen ergeben die Voraussetzungen, um die thematische Frage nach dem Sinn des Wortes „katholisch" in der katholisch-sozialen Bildung positiv zu beantworten. Im folgenden werden keine Dokumente des kirchlichen Lehramts, Konzilstexte oder Enzykliken ausdrücklich herangezogen; die Darstellung beschränkt sich bewußt darauf, anstelle punktueller Analysen gewichtiger Aussagen einige grundsätzliche Entwicklungen und Trends zu bezeichnen und in sich selbst zu reflektieren.

II. Was hat sich geändert?

Die eingangs bereits erwähnten Verschiebungen innerhalb der katholischen Ekklesiologie und innerhalb der im katholischen Bereich vertretenen Theorien des Sozialen sollen im folgenden kurz erörtert werden. Hierbei geht es nicht um eine Darstellung der verschiedenartigen Positionen, sondern um sie bestimmende, in ihnen aufgegriffene – oder auch angegriffene – Entwicklungen des Denkens im allgemeinen.

Zunächst zum Ekklesiologischen. Zwar bedeutet die Ekklesiologie des Zweiten Vaticanums keinen Ausbruch aus der bisherigen, keinen Verlust der Identität des Selbstverständnisses der Kirche; doch sind hier unverkennbar neue Akzente gesetzt. Auf einen muß hier hingewiesen werden. Durch das Konzil und in der Folge des Konzils tritt anstelle eines juridisch in sich geschlossenen Kirchenbegriffs, der als Teilaspekt von Kirche durchaus erhalten bleibt, ein mehr „konzentrisches" Verständnis von Kirche. Die Frage, wo die Grenze der Kirche verlaufe, verliert an Bedeutung gegenüber der anderen Frage, wo Elemente der Kirche auch jenseits ihrer institutionellen Grenze zu finden seien. So zeichenhaft deutlich umrissen die Gestalt der Kirche auch bleibt, der Blick wendet sich an dieser Grenze dynamisch von ihr hinweg, und zwar nach innen und nach außen zugleich. Nach innen: Kirche erschöpft sich nicht darin, daß man zu ihr gehört; es gilt vielmehr, sich immer dichter um den zu versammeln, der ihre Mitte ist, um Jesus Christus. Es wäre allerdings ein Mißverständnis, der spiritualistischen Verengung der Kirche zu einem Häuflein der Entschiedenen und Radikalen das Wort zu reden und jene hinauszumanipulieren, deren Leben das nicht einlöst, was der Christenname verlangt und verspricht. Dennoch ist, heute deutlicher denn früher, der Sinn der Institution gerade der: Bedingung, Ausgangsposition, Anzeichen für den Vollzug, für die geschehende Gemeinschaft, für die Intensität der lebendigen gegenseitigen Verbundenheit in der Verbundenheit mit Jesus Christus zu sein. Diese Konzentration auf ihn als die Mitte hat aber auch die gegenläufige Folge: den Blick über die Grenzen hinaus, den Blick überall dorthin, wo mehr oder minder entschieden, mehr oder minder eindeutig das Kraftfeld der Orientierung auf ihn hin sichtbar wird. Es gibt kirchenbildende, der Kirche zugeordnete Elemente auch außerhalb des unaufhebbaren institutionellen Rahmens der katholischen Kirche. Alles, was sich auf Jesus Christus bezieht, betrifft auch seine Kirche. Damit sollen nicht alle, die zu Jesus Christus in irgendeiner ausdrücklichen oder mittelbaren Beziehung stehen, als anonyme „Katholiken" vereinnahmt werden; die „katholische" Einheit der Kirche soll damit aber auch nicht in ein unbestimmtes und gestaltloses Nebeneinander gleich gültiger und somit gleichgültiger isolierter Sondereinheiten aufgelöst werden. Von dieser dynamischen Note im Verständnis der Kirche her ließe das Wort „katholisch" auch in diesem thematischen Zusammenhang eine Ausweitung, eine dynamische Neuinterpretation zu. Doch nicht nur dieser neue, zusätzliche Ton im Klang des Wortes „katholisch" ist hier von Belang. Eine weitere Veränderung läßt sich in *dem* Bereich feststellen, der für katholische Soziallehre besonders typisch war. Eines ihrer Kennzeichen war doch die naturrechtliche Basierung ihrer Aussagen. Die Offenbarung steht, in katholischer Sicht, nicht beziehungslos neben jenen Erkenntnissen, die mit Hilfe der bloßen Vernunft zu gewinnen sind. Das gilt nicht nur in den Fragen des Glaubens, wo die *praeambula fidei,* wo die philosophischen Implikationen der offenbarten Wahrheit eine deutliche Rolle spielen; es gilt auch von der Moral, die durch eine naturale Ethik gestützt ist, ja sie zu ihren wesentlichen Voraussetzungen zählt und in sich aufnimmt.

Es wäre falsch, wollte man sagen, hier habe sich etwas *Grundsätzliches* geändert. In mancher Beziehung hat sich dieser spezifisch „katholische" Zug sogar verstärkt und ausgeweitet. Aber gerade darin ist auch eine eigentümliche Wandlung zu verzeichnen. Was heißt das konkret? Heute wird nicht weniger, sondern besser erkannt, daß das Wort der Offenbarung kein bloßer „Zusatz" zu einer natürlichen Religiosität und Sittlichkeit bedeutet, sondern daß Offenbarung je im geschichtlichen Kontext steht und geschieht. Sie trifft hinein in menschliches Erkennen und Verhalten, die dadurch nicht bloß negiert, nicht einmal bloß durch Besseres und Höheres überholt werden. Sie gewinnen aber einen neuen Stellenwert: Sie stehen im Zusammenhang der sich offenbarenden Liebe Gottes, ihrer Verheißung und ihrer Forderung. „Mitmenschlichkeit", Achtung vor der Personwürde eines jeden z. B. sind in der Tat etwas allgemein Menschliches; wenigstens grundsätzlich lassen sie sich herleiten aus einem philosophisch ausweisbaren Begriff des Menschen. Doch wenn offenbar wird, daß Gott selbst sich in Jesus Christus mit dem Menschen identifiziert, ihn ernst nimmt und annimmt bis zum letzten, erhält die Begegnung mit jedem Nächsten eine neue Tiefe, einen neuen Rang. Sie wird nicht „verfremdet", ihr humaner, naturaler Sinn wird nicht verdrängt, aber er wird in sich selbst neu – etwa wie die Begegnung mit einem Kunstwerk für den neue Dimensionen gewinnt, der es als persönliches Geschenk des Künstlers empfängt.

Natürliche Erkenntnis und Offenbarungserkenntnis erscheinen in solcher Sicht als tiefer miteinander verflochten, als durchgängiger aufeinander bezogen. Dadurch aber kann das Wort der Offenbarung als ein „Ganzes" erscheinen, das *in sich selbst* die Quellen der natürlichen Erkenntnis mit umschlossen hält. Die Frage lautet, verkürzt gesagt, heute weniger: Was kann man nur durch die Offenbarung, was auch schon durch die bloße Vernunft erkennen? Sie lautet eher: Wie kommen das Ganze und das Einzelne des welthaften und menschlichen Daseins im Licht und Kontext der Offenbarung zum Vorschein, wie legt sich die „Natur" im Glauben aus?

Wie schon angedeutet, ist hier mehr ein neuer Akzent vermerkt denn eine sachliche Änderung. Für die Frage katholisch-sozialer Bildung ergibt sich aus dem verkürzt Gesagten die Möglichkeit eines neuen Dialogs auch mit außerkatholischen (besonders reformatorischen) Positionen christlichen Verständnisses der Gesellschaft. Denn auch dort, wo die Offenbarung als die einzige Quelle christlicher Aussage betrachtet wird, kommt die angedeutete Sicht der Einheit und Zusammengehörigkeit zwischen menschlicher und welthafter Gegebenheit und göttlichem Sich-Geben mehr in den Blick; die „einbegriffene" Natur erregt nicht mehr jenen Anstoß wie die abstrakt gesonderte. Hiermit ist freilich bereits ein weiteres Phänomen berührt, an welchem – vielleicht sogar am unmittelbarsten – Wandlungen in der überkommenen katholischen Soziallehre sich abzeichnen. Welthafte und menschliche Gegebenheit, geschichtlicher Kontext des Erkennens und Verhaltens – ist das die Natur im „klassischen" Sinn? Eine geschichtslose Erkenntnis der Natur an sich macht immer mehr einer konkreten, mit geschichtlichen, wandelbaren Elementen durchsetzten Betrachtungsweise Platz. Es wäre auch hier eine Verkennung, wollte man eine Möglichkeit der Erkenntnis der Natur, des über Zeit und Umstände erhabenen Wesens, einfach verneinen. Wohl ist diese Natur, wie sie „an sich" ist, nie geschichtslos gegeben. Die Weise, wie sie sich zeigt und wie sie in der Aussage erfaßt wird, ist je abhängig von den konkreten geschichtlichen Bedingungen dessen, der auf sie blickt.

Es gibt nicht als Kern ein in sich gleichbleibendes, zeitlos auf immer gleiche Weise erkennbares Wesen des Menschen – und darum herum legte sich der Mantel geschichtlicher Modifikationen dieses Wesens und seiner Erkenntnis, so daß es nur einer säuberlichen Sortierung der Aussagen über den Menschen bedürfte: Die einen wären geschichtlich bedingt, die anderen nicht. Doch ebensowenig löst sich das Wesen des Menschen in eine kommunikationslose Folge von geschichtlich-punktuellen Ereignissen und Ansichten des Menschseins auf. Die bleibende Natur (das Wesen) des Menschen schließt es selbst ein, daß es geschichtlichen Wandels fähig und ihm unterworfen ist. Die „Geschichte" des Menschseins und seiner Erkenntnis ist zugleich aber die Geschichte *desselben*, *des* Menschen. Was der Mensch ist, das bleibt für alle Zeit „dasselbe", dasselbe aber gerade *in* der Geschichte sich wandelnden Selbstvollzugs und Selbstverständnisses des Menschen.

Für christliche Ethik und zumal für christliche Sozialethik hat dies seine Konsequenzen: Es ist nicht beliebig und unbesehen möglich, aus fraglos und fix erscheinenden Prämissen natürlicher Erkenntnis allein ein fertiges System ebenso fraglos und fix erscheinender Konklusionen fürs Handeln abzuleiten. Dies heißt keineswegs, es gebe keine Brücke von dem, was, aller Willkür und allem Wandel vorenthalten, wesenhaft so ist, wie es ist, zu dem, was sein soll. Etwas anderes ist aber die Vorsicht, die darauf achtet, unter welchen zeitgeschichtlichen Bedingungen, unter welchen konkreten Verhältnissen das Wesen, die Natur sich hier und jetzt zu erkennen und zu gestalten gibt, um daraus die situationsbezogenen, aber nicht beliebig anpaßbaren Forderungen zu erheben.

Genau betrachtet sind es sogar zwei Schritte, welche die Entwicklung, das „Anderswerden" der heutigen Position bezeichnen. Einmal wird unübersehbar, daß die natürliche Ordnung sich nur im Licht der jeweiligen geschichtlichen Grundbedingungen des Erkennens erschließt; auch die „absoluten", „bleibenden" Aussagen haben ihre eigene, immanente Geschichtlichkeit, die sie indessen keineswegs entwertet oder zum Beliebigen hin absinken läßt. Zum anderen muß darauf geachtet werden, daß sich das ebenso geschichtliche wie bleibende Wesen des Menschen als Individuum und als Gemeinschaft konkret nur realisiert in einer Vielfalt unableitbarer Umstände; sie können nur im einzelnen, unvoreingenommenen Hinblick erkannt und abgewogen werden, sie sind also keine unmittelbare Konsequenz wesentlicher, mit der Natur der Sache selbst verbundener Gegebenheiten.

Die „anders gewordene", hier mit einigen kurzen und allgemeinen Bemerkungen charakterisierte Situation läßt sich also durch die Stichworte bezeichnen: konzentrischer Kirchenbegriff, Ineinander von natürlicher und Offenbarungserkenntnis, Grenzen der Ableitbarkeit einzelner Aussagen aus der Natur, Geschichtlichkeit der Natur, Dynamisierung ihres Ordo, daher Vorrang des Induktiven vor dem Deduktiven. Diese Situation macht es schwieriger, zu gemeinsamen, fraglos als „katholisch" unterscheidbaren Ergebnissen und Positionen zu kommen. Die Frage nach dem Sinn des Wortes „katholisch" im Zusammenhang katholisch-sozialer Bildung verschärft sich also.

III. Was ist nicht mehr „katholisch"?

Wie wirkt sich die verschobene „Basis" für das Verständnis des Wortes „katholisch" auf die Grenzen dessen aus, was in einer Theorie des Sozialen „katholisch" heißen darf? Negativ formuliert: Wo liegen bleibende Grenzmarken, außerhalb derer eine Theorie des Sozialen *nicht mehr* „katholisch" heißen könnte? Hierbei geht es nicht darum, einzelne faktische Positionen zu bezeichnen und sie gewissermaßen „kirchenamtlich" als mit der „gesunden Lehre" nicht mehr verträglich abzutun. Es geht viel eher um eine idealtypische Behandlung von Grundsatzpositionen, die dem Ansatz, aber auch der wesenhaften Entwicklung dessen nicht entsprechen, was „katholisch" zur Sache des Sozialen zu denken ist. Gerade durch diese negative, aussondernde Bewegung kann die Reflexion alsdann leichter zur positiven Bestimmung dessen vorstoßen, was mit „katholisch" in der Synthese „katholisch-sozial" auch heute noch gesagt ist.

Was ist also heute *nicht mehr* als „katholisch" zu verstehen?

Zweifelsohne wäre es katholisch nicht möglich, die christliche Verantwortung in einen Bereich in sich geschlossener Übernatur allein abzudrängen, so daß demgegenüber die faktischen Verhältnisse der Gesellschaft, die wirkliche Welt, wie sie ist, als „wertneutral" erschienen, als unberührbar vom Glauben und seiner Entscheidung. Wo Glaube und Glaubensentscheidung in sich bleiben, ohne sich umsetzen und bewähren zu müssen in der Gestaltung welthafter, gesellschaftlicher Gegebenheiten, da liegt eine Spaltung der Wirklichkeit vor, die mit dem katholischen Verständnis nie zu vereinen sein wird. Ein von den Prinzipien christlicher Verantwortung unberührter Pragmatismus, der das „Weltliche" als belanglos für den Glauben nach immanenten Gesetzen des Gebrauchs und Erfolgs behandelt, widerspricht der Totalität des Anspruchs Gottes. Gewiß, Gott läßt zwar alles es selbst sein, gerade so aber erweist er sich als der universale Gott, als der Gott „des Himmels und der Erde".

Der kritisierten Position verwandt, wenn auch in einem erheblichen Punkt von ihr verschieden, ist die andere, die zu einem bloßen Pragmatismus, zu einer bloß neutralen Sach- und Zweckgerechtigkeit einen Offenbarungspositivismus hinzuaddiert. Dies sähe etwa wie folgt aus: Wo konkrete biblische Anweisungen vorliegen, sind sie einzuhalten; wo die Bibel nichts sagt, kann man sich verhalten, wie man will, das hat mit dem Glauben nichts zu tun. Der Unterschied zur erstgenannten Position besteht also darin, daß eine partielle Zuständigkeit der Offenbarung für das Soziale anerkannt wird, doch diese Zuständigkeit erschöpft sich in jenen Regeln, die durch positive Schriftaussagen abgedeckt werden. Es versteht sich wohl von selbst, daß ein Aufhören des Wortes Gottes am Rand seiner Buchstaben einer lebendigen Beziehung zur Offenbarung zuwider ist. Die Spaltung des Bewußtseins zwischen einem Binnenbereich des Glaubens und einem dem Glauben gegenüber neutralen Bereich der Weltlichkeit würde so keineswegs überwunden.

Das ebenfalls „unkatholische" Gegenteil einer solchen Spaltung des Bewußtseins wäre indessen die Konfusion, die Vermengung ins Einerlei. Eine radikale Verlagerung der Offenbarung und des Heiles, das sie kündet, in den Bereich des gesellschaftlich Gestaltbaren, Machbaren, eine rein „horizontale" Deutung des Christentums läge eindeutig und grundsätzlich außerhalb der Spannweite des Katholischen. Welthafte, gesellschaftliche Wirklichkeit ist mitbetroffen und mitgemeint vom Anspruch Gottes. Sein Handeln und seine Verheißung gehen aber nicht in dem allein auf, was die Menschen in der Gestaltung ihres gesellschaftlichen Lebens erreichen, vollbringen und erfahren können.

Allerdings entspricht es – wenn auch hintergründiger – dem Maß des Katholischen ebenfalls nicht, soziales Verhalten und Handeln allein auf dem Weg metaphysischer Deduktion bestimmen zu wollen. Schon *Thomas von Aquin* legte Wert auf die Tugend der *prudentia (pro-videntia)*. Sie meint den Vorblick vom Maß des Wesens auf die konkreten Bedingungen, unter denen es verwirklicht werden muß, die Zusammenschau des vorgegebenen Wesensmaßes mit den faktischen, aus ihm nicht ableitbaren Gegebenheiten. Die Synthesis dieser beiden Elemente und nicht ihre Auslöschung ins Undifferenzierte wird der komplexen Wirklichkeit gerecht. Die Erkenntnis der Wesensordnung ist nicht wie ein auswendig zu lernendes „Gedicht", das, in den konkreten Situationen des Daseins heruntergesagt, den Maßstab sittlichen Handelns automatisch hergäbe. Sittliches Handeln besteht vielmehr in der „Übersetzung" dieser Erkenntnis, in ihrer immer neuen Anwendung auf die Situation. Hierzu ist aber der immer neue, unvoreingenommene, nicht durch vorgefertigte Schemata verstellte Hinblick auf die Situation vonnöten. So entspricht es allein auch dem Charakter der Antwort, den sittliches Handeln auszeichnet, der Antwort auf das Wort Gottes, das in der Gegebenheit der Schöpfungsordnung wie auch in der Gegebenheit der Offenbarung den Menschen anrührt. Was „Gerechtigkeit" meint – ein für das Soziale gewiß entscheidender Begriff –, sollte im Licht dieser Erwägung der *prudentia*, der Vor-sicht, neu bedacht werden.

Ist Gerechtigkeit nur Reaktion auf Vorgegebenheiten, denen es gerecht zu werden gilt? Erhält jeder das Seine schon durch den bloßen Rückgriff auf die Titel, Rechte und Ansprüche, die aus dem, was schon ist, herrühren? Muß Gerechtigkeit sich nicht vielmehr orientieren am *bonum*, am Ziel des Guten, das jedem den Anteil am Ganzen und die eigene Entfaltung im Anteil am Ganzen und in der Mitgestaltung des Ganzen gewähren will? Eine „gerechte Ordnung" wäre dann eine solche, die aus den konkreten Verhältnissen jene Situation heraufführt, die allen die Teilhabe am Guten gewährleistet und die zugleich das, was für alle gemeinsam und für jeden im Blick auf sich selbst und aufs

Ganze gut ist, erkennbar und erreichbar macht. Das „Wort" des Wesens, welches im sozialen Handeln und Verhalten sich inkarnieren soll, wäre dann nur zu erkennen im Blick, der sich nach vorn, in die Zukunft richtet; Gerechtigkeit wäre Zielgerechtigkeit. Das Ziel selbst wären hierbei die Entfaltung aller und die Entfaltung des Ganzen, die Teilhabe aller am Ganzen und die Kommunikation aller miteinander in der Kommunikation am Ganzen. Sie erforderte eine neue Weise von *prudentia (pro-videntia)*: Es gilt, nicht mehr nur vom gegebenen Wesensmaß auf die gegebenen Verhältnisse, es gilt, zugleich von den gegebenen Verhältnissen auf das zu blicken, was für diese Verhältnisse die sie lösende, entwickelnde Gabe zu sein vermag. Gerechtigkeit im sozialen Leben erfordert demnach kein bloß „deduktives", sondern ein zugleich „prospektives" Naturrecht. Und für dieses „Naturrecht" gäbe sich wie von selbst die Konvergenz mit der Offenbarung: Was von den natürlichen Gegebenheiten her gut für die Gesellschaft und gut für den einzelnen in dieser Gesellschaft ist, geht zuhöchst und zuletzt auf im Blick auf die Verheißung des Reiches Gottes und die Berufung zum Reich Gottes, welches das kommende ist. Wie schon betont, ist indessen hiermit keineswegs die Wirklichkeit dieses Reiches Gottes allein in das hinein verlegt, was menschliches Bemühen und Planen im Verlauf der Geschichte vermögen. Ebensowenig ist einer Deduktion konkreter gesellschaftlicher Normen und Programme aus theologischen, insbesondere eschatologischen Prämissen damit das Wort geredet.

Die letzte Bemerkung über „Gerechtigkeit" bedeutet indessen bereits einen Vorgriff auf die Frage, die es im folgenden noch eigens thematisch auszuarbeiten gilt, auf die Frage nach dem positiven Sinn dessen, was das Wort „katholisch" heute für den Bereich des Sozialen sagt.

Was heißt „katholisch" heute im Kontext katholisch-sozialer Bildung? Die Antwort darauf läßt sich nicht aus einer bloßen Analyse der Veränderungen gewinnen, die unsere Situation von früheren abheben; sie ist auch nicht das Ergebnis der negativen Abgrenzung dessen, was an sozialen Theorien und Theoremen *außerhalb* der Spannweite des Katholischen liegt. Ein neuer, positiver Einsatz des Gedankens tut not. Er soll im folgenden skizzenhaft versucht werden anhand eines Wortes, das schon oft –

freilich mißverständlich genug – zur Bezeichnung des spezifisch „Katholischen" bemüht wurde: anhand des Wortes „und".

IV. Das Katholische in der katholisch-sozialen Bildung*

1. Der Ansatz beim „Und"

In der Tat, wer sagt, das Katholische sei durch das „Und" und nicht durch das „Oder", durch das „Sowohl als auch", durch die Synthese und nicht durch die Disjunktion gekennzeichnet, der hat im Grunde noch nichts gesagt. Der Ersatz inhaltlicher Aussagen durch formale Dynamismen ist, wenn auch oft in anderem Sinn als dem eben bemühten, eine gerade heute verhängnisvolle Verfremdung des Christlichen. Doch es ist kaum richtiger, wenn man unter „katholisch" einfach die Synthese von Gegensätzen versteht, als wenn man Kirche nur von der Dynamik der Veränderung des jeweils Bestehenden her bestimmt.

Gleichwohl soll hier an das Wörtchen „und" angeknüpft werden – weil es in einem großen Gedanken unseres Jahrhunderts seine mehr als bloß formale Bedeutung bewährte. Dieser Gedanke ist heute weithin verschüttet und zudem nicht im institutionellen Raum des Katholischen, ja nicht einmal in dem des unmittelbar Christlichen angesiedelt. Gemeint ist die Philosophie von *Franz Rosenzweig,* die vor allem durch ihre Wirkung auf *Martin Buber* wirksam geworden ist. Dieser Einfluß auf *Buber* erschöpft jedoch keineswegs die eigene Bedeutung *Rosenzweigs,* auf die *Bernhard Casper*[3] in einläßlichen Analysen aufmerksam macht. Es steht zu hoffen, daß *Rosenzweigs* Werk, das mit einer der erregendsten Biographien unseres Jahrhunderts verflochten ist, in absehbarer Zeit wieder allgemein zugänglich wird. Im folgenden soll nicht aus einzelnen Aussagen *Rosenzweigs* oder auch aus seiner Grundkonzeption des *Stern der Erlösung*[4], seines Hauptwerks, eine Antwort auf die gestellte Frage versucht werden. Das wäre abwegig. Ein fundamentaler Gedanke *Rosenzweigs* kann indessen einen An-

---

[3] *B. Casper,* Das dialogische Denken (Freiburg 1967).
[4] *F. Rosenzweig,* Stern der Erlösung (Frankfurt 1921).

stoß geben. Er sei zunächst in verkürzender Allgemeinheit und unter Absehung von einzelnen Texten referiert[5].

Nach *Rosenzweig* war die Reduktion einer der Grundfehler abendländischen Denkens. Die drei großen Grundwirklichkeiten und Grundbegriffe sind ihm Gott, Welt, Mensch. Das Bemühen des Denkens im Abendland bestand weithin darin, diese drei Wirklichkeiten in ein System zu bringen, in welchem aus einem Prinzip alles andere ableitbar ist. Die Eigenständigkeit von Welt, Mensch und Gott droht dabei verlorenzugehen. So entsteht die Gefahr, entweder in ein verfügendes Ausdenken der Wirklichkeit vom Standpunkt Gottes aus zu geraten, das dann zu einem pantheistischen Monismus führt; oder in einen kosmologischen, materialistischen Monismus, der alles als Selbstprojektion und Überbau kosmischer bzw. materieller Vorgänge deklariert; oder – schließlich – in eine Konstruktion des All aus dem Ego des Menschen, die Gott und Welt als seine Projektionen erscheinen läßt. Was solchem reduktivem Denken entgeht, indem es erklärend alles in den Griff zu bekommen vermeint, ist die lebendige Beziehung, ist das „Und".

Gott *und* Welt *und* Mensch sollen zugleich gedacht werden; keines soll degradiert werden zum bloßen Erklärungsgrund des anderen, keines soll das andere zum bloßen Derivat verderben, keines aber auch von diesen Derivaten in seiner Ursprünglichkeit und Eigenheit verdorben werden. Es gilt, das Göttliche Gottes, das Menschliche des Menschen, das Welthafte der Welt zu wahren. Es gilt, Schöpfung, Offenbarung und Erlösung denken zu können. Ein bloß analysierend-nachdenkendes Denken, ein bloß erklärendes und systematisierendes Denken vermögen dies jedoch nicht.

Wie muß dann das „neue Denken" sein, dem es gelingt, die Beziehung und darin das je Eigene Gottes, der Welt und des Menschen zu wahren? Es ist ein Denken, das des anderen und der Zeit bedarf[6]; es ist Denken, das sich als Gespräch versteht, das als Gespräch geschieht, Denken, das nicht selbsttätig aus irgendeinem Axiom das Ganze zu entwickeln versucht, sondern das auf das „Und" des Hörens, des Vernehmens und des Mitteilens angewiesen ist.

---

[5] Vgl. etwa *ders.*, Das neue Denken. In: Kleinere Schriften (Berlin 1937) 373–398.
[6] A.a.O. S. 386f.

2. Das „Und" zwischen Natur, Offenbarung und Empirie

Die tiefreichenden Voraussetzungen, die philosophisch im Angedeuteten eingeschlossen sind, können hier nicht erörtert werden. Das mit dem „Und" *Rosenzweigs* gegebene Stichwort könnte indessen dabei anleiten, auch im Begreifen und Gestalten sozialer Wirklichkeit deren eigenständige und unterschiedliche Dimensionen nicht in ein bloßes System hinein zu nivellieren, sondern ihr sie wahrendes Zusammenspiel zu suchen. Zunächst sei hier nur auf die Quellen zurückgegriffen, aus denen katholisch-soziale Theorie und Praxis ihr Verständnis der Wirklichkeit und ihren Maßstab für ihre Gestaltung und Beurteilung gewinnen.

Im bisherigen Hinblick auf die soziale Wirklichkeit zeigten sich drei grundsätzliche „Gegebenheiten".

Die eine ist das, was das Wort „Natur" meint. Die Verhältnisse des Mitmenschlichen und Zwischenmenschlichen, des Gesellschaftlichen und der Entfaltung des Menschlichen in ihm und im gemeinsamen Bearbeiten und Nutzen dieser Erde sind nicht einem willkürlichen Belieben, nicht einem wertneutralen Manipulieren des Menschen anheimgestellt. Der Mensch hat darauf zu hören, was sein Menschsein und das Sein der Dinge, was die Zuordnung der Dinge zum Menschen, die Zuordnung der Menschen zueinander und das Eigensein eines jeden Menschen ihm zusprechen. Er ist nicht einfach Herr seines Handelns, nicht Herr der Gesellschaft, in die er gestaltend eingreift, sondern darin gebunden an das wesentliche Wort, das ihn in sein Menschsein, in sein Mitsein mit den anderen Menschen, in sein Innesein in der Welt einsetzt.

Da ist aber auch das Wort Gottes, das als solches, als offenbares, mit dem ihm eigenen Anspruch des Heilswortes, der Offenbarung an den Menschen ergeht. Dieses Wort ist keine bloße Information über ansonsten unzugängliche Inhalte. Es ist das Wort, das den Menschen ganz angeht, indem es ihm den Gott, der die Liebe ist, ganz zusagt. So ist der Mensch gerade auch in seinen sozialen Beziehungen, in seinem Dasein mit anderen und für andere von diesem Wort bestimmt; es ist dem, der glaubt, auch fürs Soziale maßgebendes Wort.

Die dritte dieser Gegebenheiten sind die „Umstände", die weder aus der Natur als solcher noch aus der Offenbarung als solcher ableitbaren Bedingungen und Verhältnisse, welche die Situation bestimmen, in der sich der Mensch vorfindet inmitten der Gesellschaft. Sie stecken das Feld ab, in welchem der Mensch handeln und sich verwirklichen muß. Sie sind einfach empirisch entgegenzunehmen und in ihrer je eigenen Sachgesetzlichkeit zu sehen. Diese kann zwar nicht aus Natur oder Offenbarung „abgeleitet" werden, wohl aber muß *in* ihr und nicht *neben* ihr der Anspruch von Natur und Offenbarung beachtet und verwirklicht werden.

Es geht also um das „Und", in welchem Natur, Offenbarung und Empirie zusammenspielen und dennoch als sie selbst je gewahrt werden. Dieses „Und", das unverkürzt, ungetrennt und unvermischt Natur, Offenbarung und Empirie in die Einheit der Sicht und der Gestaltung gesellschaftlichen Seins zusammenbindet, könnte am Ende das „Katholische" bezeichnen, das hier gesucht wird. Die Verkürzungen in der Theorie des Sozialen, erkannt als jenseits des Katholischen, gehen durchweg zu Kosten der einen oder anderen der im „Und" zusammenzufügenden Komponenten oder zu Kosten des „Und" selbst, das sie zusammenfügt. Die Entwicklungen und Veränderungen, die das Verständnis des „Katholischen" und des im Licht des „Katholischen" gesehenen „Sozialen" heute erfährt, haben ebenfalls dieses „Und" zum Thema. So erscheint in der Tat die – freilich noch formale – Lösung der gestellten Frage in der soeben genannten Richtung liegen zu müssen.

Nunmehr gilt es, noch einige Hinweise zu geben für die materiale Auffüllung des durch dieses „Und" Ausgesagten. Was bedeutet also das „Und" zwischen Offenbarung, Natur als solcher und Empirie? Zunächst soll – unter Ausklammerung des sozialen Bereichs – eine grundsätzliche Antwort versucht werden. Sie setzt sinngemäß beim Wort der Offenbarung ein, das als das Unselbstverständlichste, dem Gesamten umgreifend Richtung Gebende, den Menschen angeht. Wenn Gott offenbar als Gott spricht, dann kann das, was der Mensch von sich her, von seinem Wesen und von den Umständen her ist, nicht draußen bleiben. Er ist angeredet vom selben Gott, der ihm seinen Platz im Gefüge des Ganzen und in den konkreten Umständen des Daseins zuwies. Wenn nun das

Wort der Offenbarung den Menschen trifft, so ist es Anrede an ihn, der er ein „Ich-Selbst" ist. Und daß er „Ich-selbst" ist, gehört in sein Angeredetsein mit hinein. Dieses sein Ich-Sein umfaßt aber zweierlei: Er ist ein Mensch mit Menschen und in der Welt – er steht in der wesenhaften, naturalen Zusammengehörigkeit und Zuordnung mit den anderen Menschen und mit der Welt; doch er ist nicht nur *ein* Mensch, sondern er ist *dieser* da zusammen mit *diesen* anderen und in *dieser* Welt – die Konkretion, die Empirie, die unableitbaren und einmaligen Umstände sind die Stelle, an der sich sein Menschsein vollzieht und an der er sein Angesprochensein von Gott zu vollziehen hat. So liegt in der reinen Hinwendung zu dem, was Gott dem Menschen zu sagen hat, zu seinem offenbarenden Wort, doch zugleich auch die Achtsamkeit auf die Ordnung des Wesens und der Umstände. Als Angeredeter, der Antwort schuldet und Antwort gibt, ergreift der Mensch im Ernst der Verantwortung sich selbst, sein „Ich-selbst"-Sein. Hier, in dieser Situation der Anrede durch Gott und der Antwort des Glaubens vermag der Mensch das „Und" zu vollbringen, in welchem Gottes offenbarendes Wort an ihn zusammenspielt mit dem, was er und wie er ist, mit dem Wesen, der Natur und mit der Empirie.

Vom Wesen der Anrede her, die in der Offenbarung erfolgt, ist der Mensch zwar immer als er selbst, aber nie nur isoliert gemeint. Die Menschen und die Welt sind nicht nur der Kontext, in dem der Angeredete sich findet, derweil er angeredet wird; sein Mitsein mit anderen ist auch die Situation der Antwort, die ganz die seine, aber immer mehr als bloß die seine sein will, für die er wenigstens immer im Auge haben muß, daß Gottes Anrede an ihn weiter reicht als nur zu ihm, daß sie vielmehr denen mit ihm, daß sie *allen* gilt. Aus der inneren Dynamik des offenbarenden Wortes drängt so der Hinblick des „Sozialen", der gemeinschaftliche und gesellschaftliche Bezug mit hinein in die Glaubenssituation des einzelnen. Diese „soziale" Komponente in der Situation des Glaubens erschöpft sich indessen gerade nicht darin, daß es dem Menschen um den Glauben auch der anderen, um die Annahme des offenbarenden Wortes auch durch die anderen als Wort des Heiles für sie geht. Wie der einzelne in seiner Totalität von diesem Wort Gottes betroffen ist, so weiß er auch für die anderen, daß es Gott und seinem Wort nicht nur um die formelle Glaubenszustimmung dieser anderen geht, sondern darin um sie selbst und um sie ganz. Was sie sind und wie sie sind, kann dem Menschen, weil er glaubt, nicht mehr gleichgültig sein. Sein Glaube vollbringt auch im Blick auf die anderen das „Und", durch welches er sie nicht nur als wirkliche oder potentielle Mitglaubende betrachtet, sondern sich ihrem Menschsein und seiner Verwirklichung verpflichtet fühlt. Im Licht des Glaubens, im Licht der Offenbarung interessieren ihn die wesentliche und die faktische Gegebenheit und Gestaltbarkeit des gesellschaftlichen Zusammenhangs. Damit erreicht also die konkrete Dynamik eines antwortenden, der Offenbarung glaubenden Denkens das Soziale, das in solchem „Und" gerade an sich freigegeben ist.

3. „Prospektive" Gerechtigkeit

An dieser Stelle wird es erforderlich, nochmals auf die „Zwischenbemerkung" über Gerechtigkeit zurückzukommen. Sind Offenbarung, Naturordnung und Empirie Quellen, die sich verbinden müssen in einer katholischen Theorie und Praxis des Sozialen, so ist „Gerechtigkeit" ein allgemeiner Zielbegriff sozialer Ordnung, nach dem es nun zu fragen gilt. Was kann in katholischer Sicht Gerechtigkeit heute in einem umfassenden Sinn heißen? Es ist also zu fragen: Was bedeutet Gerechtigkeit, woran nimmt sie ihren Maßstab? Wohin richtet sich der Vorblick der *Prudentia,* der sie, ihr wesentliches Maß, gewahrt? Gerechtigkeit gibt jedem das Seine. Dieses Seine, das wurde bereits deutlich, erschöpft sich nicht nur in dem, was für die Gegenwart oder Zukunft aus schon vorliegenden, also der Vergangenheit entstammenden Rechtstiteln jedem gebührt. Wenn ein „Rechtstitel" aus der Natur des Menschen ihm schon vorgegeben ist, schon immer zu seiner Natur gehört, dann gewiß der, daß der Mensch ein Wesen auf Zukunft hin ist. Die Zukunft ist das „Seine". Aber welche Zukunft? Was heißt hier Zukunft? Es wäre möglich, hier die Grunddimensionen dessen aufzuzeigen, was material zur Zukunft als dem gehört, was des Menschen, was sein Recht ist. Bei der Suche nach einem letzten und allgemeinsten Nenner kann indessen *Rosenzweigs* „Und" wiederum behilflich sein. Zukunft hat der Mensch nur dann, wenn er zwar *als* er selbst sie hat, wenn diese Zukunft ihn nicht auslöscht oder wegreißt von sich selbst, untergehen läßt in einem Allgemeinen. Aber nicht schon dann, wenn der Mensch „überlebt", innerlich und äußerlich, hat er Zukunft im menschlichen Sinn. Zukunft schließt ein, daß der Mensch auf den Menschen zukommen, daß die Welt auf den Menschen zukommen und er auf sie zugehen kann. Zukunft ist der Raum, in welchem das „Und", die Beziehungen der Menschen zueinander und die Beziehungen der Menschen zur Welt gewährt und gerettet sind. Es geht, recht verstanden, um die „universale Gesprächssituation", wenn es um die Zukunft geht. Gerecht wäre eine Ordnung demnach dann, wenn sie diese Gesprächssituation eröffnet und wahrt. Mit Gesprächssituation ist indessen keineswegs bloß gemeint, daß ein von außen unbehinderter Meinungsaustausch, eine freie Äußerung der Meinung gewährleistet sein müssen. Dies gehört unabdingbar hinzu. Gesprächssituation meint aber etwas noch Radikaleres. Christlich betrachtet gehört hinzu, daß der Mensch die „Anredbarkeit" durch das Wort Gottes, die reale Chance erhält, von Gottes an alle gerichtetes Wort auch so getroffen und gefunden zu werden, daß er es als Wort des Angebots verstehen kann. Es soll hier wiederum nicht darum gehen, die sozialen Grunderfordernisse einzeln aufzuführen, die hierzu gegeben sein müßten – etwa daß nur ein in Freiheit angebotenes, ein gerade nicht zwingendes Wort der Verkündigung die Situation des „Glaubens" eröffnet. Dieser Hinweis gilt vielmehr der humanen Grundbestimmung, daß der Mensch ein „Recht" darauf hat, so zu leben, sofern es von anderen mit abhängt, daß er an ein Wort der Liebe und der Befreiung zu glauben vermag, daß er über die bloße Notdurft des Augenblicks seine Erwartung überhaupt hinaus zu richten vermag auf ein Wort, das ihn als ganzen und freien Menschen meint. Damit ist aber wiederum in der theologischen Bestimmung der Anredbarkeit durch das Wort Gottes die menschliche Bestimmung der Anredbarkeit füreinander und voneinander erschlossen und enthalten. Sie ist der unmittelbare, menschlich zu realisierende, „soziale" Aspekt von Gerechtigkeit.

Wiederum: Was heißt das? Der Mensch muß in der Kommunikation mit den anderen stehen können. Konkret gesprochen, in unserer Zeit der einswerdenden Welt muß eine universale Kommunikation erstrebt werden. Diese Kommunikation, dieses Gespräch, beschränkt sich indessen nicht aufs Intellektuelle. Nicht nur die geistigen Güter – aber ganz gewiß auch sie – sind für alle da; nicht nur dafür muß gesorgt werden, daß es keine Errungenschaft des Geistes, keinen Anteil am Gespräch der Information und der Bildung geben dürfte, der nicht grundsätzlich Anteil aller, Anteil für alle zu werden vermöchte. Das Gespräch, das die Menschen – nach einem Wort *Friedrich Hölderlins* – „sind", umfaßt aber gerade nicht nur, was sie sagen; die eigenen Möglichkeiten, Leben zu gestalten, die Welt und ihre Kräfte auszunutzen, die Zukunft zu planen, müssen das „Und", müssen die anderen mit einbeziehen, und zwar so, daß sie nicht nur als die Empfänger oder Mitspieler verplant werden in die eigene Konzeption; vielmehr müssen sie in das Gespräch, in die gemeinsame Konzeption mit hineinbezogen werden können als sie selbst, mit ihrem eigenen Anteil. Im Gespräch kann jeder sagen, was er will, aber keinem gehört nur sein Wort, sondern jedem das ganze Gespräch; dies liegt aber gerade als Anspruch und Verantwortung auf dem freien Wort eines jeden, das sich ins Gespräch hineingibt. Gerechtigkeit meint also im umfassenden Sinn die Verwandlung aller bloß determinierten und verhängten Zukunft, aller bloß vereinzelten, isolierten Zukunft von Menschen in die volle Zukunft, in das Gespräch, das alle zu Angeredeten und Mitredenden macht.

Die gemeinsame Verantwortung für die Zukunft und das „Gespräch" aller miteinander, in dem sie sich verwirklicht, ergeben ein differenziertes Ineinander von Bindung und Freiheit. Zukunft des Menschen hat fundamental mit Freiheit zu tun. Denn dies *ist* die Freiheit des Menschen: sich zu seiner Zukunft verantwortlich zu verhalten, sie zu gestalten – im eigentlichen Sinn also Zukunft zu *haben;* und es ist umgekehrt Wesen der Zukunft als solcher: daß sie auf den zu-kommt, der sich ihr öffnet, der einer ist, bei dem sie anwesend ist, der ihr ins Auge sieht, der ihr Partner, der also zu ihr hin frei ist. Dasselbe Verhältnis der Freiheit gehört zum *Gespräch:* Nur wo jeder unplanbar und unverfügbar seinen freien Anteil ins Gespräch einbringt, handelt es sich wahrhaft um ein Gespräch. Gemeinsam erstrebte, miteinander füreinander gesuchte Zukunft verlangt aber von der Freiheit der Partner ihre Bindung an die Ordnung und ans gemeinsame Ziel, um es zu erreichen. Zur Freiheit des Gesprächs gehört, sie stützend und gewährend, die Bindung der Partner an die Spielregeln und an die Sache. Diese mehr nur kategorialen – material der Auffüllung bedürftigen und fähigen – Bestimmungen wollen ein Hinweis darauf sein, daß ein Modell der „Gerechtigkeit", das sich phänomenal an „Zukunft" und „Gespräch" orientiert, eine Synthese von Freiheit und Ordnung ermöglicht. Zielloses Nebeneinander einzelner Vorstellungen und Aktivitäten *und* Verplanung aller Vorstellungen und Aktivitäten sind gleichermaßen ausgeschlossen.

Behauptet und durchgehalten werden muß die Ordnung der Bahnen universaler Kommunikation. Freiheit, der diese Ordnung dient, bedeutet, die eigenen Möglichkeiten entfalten zu können für das Ganze, für alle und selbst Anteil nehmen zu können an den Möglichkeiten des Ganzen und aller. Der Dienst an einer gerechten sozialen Ordnung ist Dienst an der *Verwandlung* aller Situationen in Situationen möglichen Gesprächs, möglicher Anredbarkeit aller für alle und Dienst an der *Sicherung* der Bahnen freier und allgemeiner, unbeschränkter Kommunikation.

Von einem solchen Konzept der Gerechtigkeit, die jedem das Seine und darum jedem den Anteil am Ganzen im alle umspannenden Gespräch zu gewähren und zu bewahren sucht, interpretiert sich in etwa auch neu, was Naturrecht in einer katholischen Theorie des Sozialen bedeutet: das Achten auf die Bahnen der wesentlichen Beziehungen, die zu solcher Kommunikation, zu solchem Gespräch gehören; die Würde und Freiheit der Person; die Darstellung dieser Würde und Freiheit in der Sachwelt, ihrer Gestaltung und Nutzung; die Gleichheit der Menschen in der Partnerschaft ihrer wesentlichen Beziehung zueinander; ihre Verpflichtung dem Ganzen gegenüber; die Darstellung auch des Füreinander und Miteinander aller in der Gestaltung und Nutzung der Sachwelt. Dies sind nur einige der Stichworte, die hier zu nennen sind und aus denen sich ein reiches Geflecht unabdingbarer naturrechtlicher Maximen ergibt. Aus ihnen läßt sich ein naturrechtliches Koordinatensystem erstellen, das zwar kein fixes System sämtlicher einzelner Postulate bedeutet, die im Interesse der sozialen Gerechtigkeit zu erheben wären. Doch ist durch dieses Koordinatensystem eine unveräußerliche Ordnung festgelegt im je neuen und unablösbaren Hinblick auf die konkreten Umstände und Gegebenheiten, somit aber auch auf das, was in den Bahnen der Kommunikation geschichtlich geschieht. Das Naturrecht wird somit zum „offenen System", das nur in dem schon besprochenen „Und" zur Empirie und zur Geschichte, zutiefst und zuhöchst zur Heilsgeschichte, zur Offenbarung hin für den Christen bündig und schlüssig wird.

Eine weitere Ebene, von der die Bedeutung des „Und" für das Verständnis des Katholischen im Zusammenhang des Sozialen gesehen werden muß, ist die der Kirche als solcher. Kirche selbst versteht sich in der Folge des Konzils auch in ihrer inneren Struktur immer deutlicher von einem solchen „Und" her. Sie ist Gemeinschaft der vielen Charismen, die alle vom selben Geist gegeben sind. Gegeben fürs Ganze, gegeben füreinander, gegeben, um im Gespräch des Glaubens und der Liebe das Leben der Kirche zu gestalten. Es genügt nicht, diese vielen Gaben und Dienste des Geistes als einen bloßen Ausfluß der hierarchischen Struktur der Kirche zu betrachten. Es genügt aber auch nicht, eine praestabilierte Harmonie zwischen allen Charismen anzunehmen, als ob die Kirche aus der isolierten Entfaltung der einzelnen Gabe und des einzelnen Dienstes „funktionieren" und leben könnte. Und schließlich genügt es auch nicht, das Miteinander und Zueinander der vielen Charismen durch ein Gesetz des Druckes quantitativer Mehrheit allein regeln zu wollen. Was nottut, ist das konkrete „Und" eines Gesprächs, in welchem jedes Charisma sich entfaltet im Ganzen, sich aber auch verschenkt ans Ganze, sich relativiert vom Ganzen her. Hierbei hat jedes Charisma auf die Eigenart und Unersetzlichkeit des *anderen* und *seines* Dienstes zu achten. In dieser Ordnung der vielen Charismen spielt so das Amt, das in der Nachfolge der apostolischen Sendung steht, eine unersetzliche, Einheit stiftende Rolle. Es kann sich nicht nur als das Ergebnis der Meinung und des Willens aller verstehen, darf aber andererseits auf das Hören der vielen anderen Meinungen und auf das Ernstnehmen der vielen anderen Charismen nicht verzichten.

Das „Und", in welchem das Leben der Kirche geschieht, beschränkt sich aber gerade nicht aufs Innerkirchliche. Es ist auch das „Und" des Gesprächs mit der Welt, mit der Welt inner- und außerhalb der Grenzen der Kirche. Gerade in jenen Beziehungen, welche sich auf Welt als Welt erstrecken, und das heißt, gerade auch im sozialen Bereich wäre das „nur" Katholische nicht ganz katholisch. Die Unaufgebbarkeit des Eigenen, durch welche die Kirche allein auch ein die anderen bereicherndes Wort ins Gespräch aller mit allen hinein zu sagen hat, muß sich verbinden mit dem Ernstnehmen der Partnerschaft der Glieder der Kirche zu allen Stimmen und Kräften der Welt, mit denen es in einer und derselben Gesellschaft zusammenzuleben, ja mit denen es die eine und dieselbe Gesellschaft zu gestalten gilt.

Eingangs wurde auf den eigentümlichen Zwiespalt hingewiesen, den das Wort „katholisch" – zumindest in seinem Gebrauch – aufweist. Katholisch, so wurde gesagt, heißt allumfassend, aber es besagt zugleich einen Unterschied. Die Frage, ob dieses Wort „katholisch" im Kontext des Katholisch-Sozialen heute noch seinen Sinn habe, wurde durch einige Hinweise zu beantworten versucht, die sich an das Wort „und" anschlossen. Es waren Hinweise auf die verschiedenen Ebenen, in welchen das Wort „katholisch" sich bewähren müßte, um diesen erfragten Sinn behaupten zu können. In der Frage nach den Quellen, aus denen eine katholische Theorie und Praxis des Sozialen erwachsen müßte, um wahrhaft katholisch zu sein, zeigten sich die notwendige Verbindung, das notwendige „Und" zwischen Naturordnung, Empirie und Offenbarung. In der Frage nach der materialen Zielvorstellung katholischer Theorie des Sozialen wurde versucht, das Wort Gerechtigkeit in einer nicht mehr bloß kausal, sondern final orientierten Betrachtungsweise zu interpretieren. So besteht Gerechtigkeit aber wiederum im „Und", das die Bahnen eines alle frei lassenden und alle zugleich einander zuordnenden Gesprächs zusammenfügt. Die Frage nach der Weise, wie die Theorie und Praxis des Sozialen ihren Ort in der Kirche finden könnten, führte zu dem „Und" kirchlichen Gesprächs, das sich nach innen als Gespräch der verschiedenen Charismen miteinander, nach außen als Gespräch mit allen Partnern in der Gesellschaft artikuliert. Diese Hinweise wollen nicht mehr bieten als einzelne Ansätze einer Antwort. Sie reichen indessen wohl aus, um zu sehen: Katholisch, verstanden im Sinn eines solchen „Und", hat in der Verbindung katholisch-sozial auch weiterhin sein Recht und seinen Sinn, weil die wesenhaften Elemente dessen, worum es katholisch-sozialer Bildung immer ging, auch heute nicht vernachlässigt werden können. Allerdings genügt es nicht, sie zu bewahren – sonst wäre Gefahr, daß sie verlorengingen. Mit dem Bewahren Hand in Hand gehen muß auch eine Öffnung, die das Alte in einem neuen Licht zu sehen und es ihm auszusetzen wagt. Deutet man das Wort „katholisch" im Sinn und Geist dieses „Und", dann fände freilich in einem solchen „Und" auch die Spannung zwischen dem Allumfassenden und dem Eingrenzenden ihre Lösung, die eingangs am Wort „katholisch" in Erscheinung trat.

PERSON UND GEMEINSCHAFT – EINE PHILOSOPHISCHE UND THEOLOGISCHE ERWÄGUNG

Anton Rauscher rückt die Person in die Mitte seines Denkens und Arbeitens auf dem Feld der christlichen Soziallehre. Wie dringend es ist, diesen Ansatz zu wählen, ihn in sich zu klären und die entsprechenden Konsequenzen aus ihm zu ziehen, steht außer Zweifel. Um Anton Rauscher und seinen Beitrag zu dieser uns allen aufgegebenen Sache zu würdigen, legt es sich nahe, ihm Erwägungen zu widmen, die, auf anderen Denkwegen erwachsend, in dieselbe Mitte zielen.

In dieser Perspektive sind die nachfolgenden Bemerkungen zum Thema „Person und Gemeinschaft" zu lesen, deren sieben Schritte mehr an Türen hinführen, als daß es in solchem Kontext bereits möglich wäre, diese Türen zu öffnen und gar die Räume auszuleuchten, die hinter ihnen einladen.

I. Die Frage nach Person und Gemeinschaft

Wer Gemeinschaft sagt, sagt Person. Wie steht es mit dem Umgekehrten: Sagt, wer Person sagt, auch Gemeinschaft?

So vielfältig der Gebrauch des Wortes Gemeinschaft ist, so deutlich eignen ihm doch einige konstitutive Momente, ohne die das Sprechen von Gemeinschaft seine Kontur verlöre.

Gemeinschaft ist nicht bloße Vielheit von Individuen, die durch dieselbe Gattung oder Art zusammengehalten werden. Gemeinschaft hat zwar Voraussetzungen im Wesen derer, die sie bilden, das aber, was sie bildet, erschöpft sich nicht im Wesen oder in der Natur.

Gemeinschaft ist ebenfalls nicht die Konstitution eines einzigen Subjektes, in dem das Subjektsein jener, die sie bilden, verschwände. Die Einheit, die in Gemeinschaft geschieht, ist eine Einheit in Unterschiedenheit; die Worte Gemeinschaft und Kollektiv lassen sich in achtsamem Sprechen nicht miteinander vertauschen.

Worin besteht dann aber das Einende von Gemeinschaft? Eine große Bandbreite von Möglichkeiten tut sich hier auf; das Wort Gemeinschaft läßt sich mit schier beliebig vielen spezifizierenden Worten zusammensetzen. Es muß zunächst fragwürdig erscheinen, wenn gesagt wird: Die Gemeinschaft gründenden und bestimmenden Momente haben es allesamt mit der Freiheit der Partner zu tun. Gibt es nicht Schicksalsgemeinschaft, Blutsgemeinschaft, Notgemeinschaft? Doch auch und gerade dort, wo keineswegs durch Wahl entsprungene Gemeinsamkeiten den Hintergrund für Gemeinschaft bilden, sagt das Wort Gemeinschaft als solches aus, daß durch dieselbe Vorgabe eine Herausforderung an die Freiheit der Partner erfolgt, sich in das Verhältnis zur objektiven Gemeinsamkeit zu begeben, sie als Verbindendes wahrzunehmen und ernstzunehmen.

Tragen wir die beobachteten – für eine Wesensbestimmung von Gemeinschaft noch keineswegs genügenden – phänomenalen Momente zusammen, die zumindest im Begriff von Gemeinschaft enthalten sind und sie mitkonstituieren, so bemerken wir: Gemeinschaft hat keinen bloß wesensmäßigen, sondern einen existentiellen, geschichtlichen Charakter. Sie ist Einheit zwischen vielen Subjekten, die in ihrem Subjektsein nicht in die Gemeinschaft hinein nivelliert werden; sich zum Selben verhaltend, verhalten sie sich vielmehr zueinander, bleiben somit unterschieden. Sich verhalten aber ist Sache der Freiheit. Gemeinschaft ist als solche Gemeinschaft von freien Partnern, die, sich zu einem Gemeinsamen verhaltend, sich zu sich selbst und zueinander verhalten. Wir fragten bislang noch nicht danach, wie denn Person zu verstehen sei; dennoch ist unschwer auszumachen, daß die Kennzeichen der Partner von Gemeinschaft dem Vorverständnis von Person entsprechen. Wer Gemeinschaft sagt, der sagt in der Tat auch Person.

Die schon eingangs erwähnte Gegenfrage bleibt so aufgegeben: Sagen wir, Person sagend, auch Gemeinschaft? In diese Frage wollen uns die nächsten Schritte unseres Nachdenkens hineingeleiten.

II. Der theologische Hintergrund des Personbegriffs und sein latenter Gemeinschaftsbezug

Wir versuchen eine Annäherung an den Personbegriff nicht, wie im Falle des Begriffes Gemeinschaft, phänomenologisch, sondern in einem freilich sehr summarischen Sinne geschichtlich. Dies hat sachliche Gründe. Das Wort Gemeinschaft wächst uns zu aus einem allgemeinen Sprachgebrauch, der – wie der Blick in unterschiedliche lexikalische Literatur bestätigt – kaum mit einer von langer Hand her faßbaren begrifflichen Arbeit verbunden und durch sie differenziert ist. Das Wort Person ist, vom griechischen „prosopon" und vom lateinischen „persona" zwar durchaus in einem vor- und unphilosophischen Sinn von Gestalt, Rolle, einzelnem Menschen als Akteur in die deutsche Sprache gekommen – die philosophischen Implikationen eines solchen Gebrauches mögen hier einmal beiseite bleiben; doch läuft abgehoben davon die philosophische und theologische Ausarbeitung des Personbegriffs in einer eigenen Bemühung, wie es sie parallel für das Wort Gemeinschaft nicht gibt. Der Blick in die Geschichte dieser philosophischen und theologischen Bemühung überrascht indessen. Wir dürfen sagen: Person ist ein Hauptbegriff der Anthropologie, der Ethik, des verantwortlichen Sprechens und Nachdenkens über gesellschaftliche Zusammenhänge geworden. Die reflexive Ausdrücklichkeit des Sprechens von Person im heute uns gängigen Sinne setzt aber erst verhältnismäßig spät ein; der Personbegriff ist nicht die Wurzel, eher die Bekrönung jener gedanklichen Arbeit, die auf der Basis der griechischen Philosophie im Abendland Wesen und Existenz des Geistigen klärte.

Dabei ist von besonderem Belang, daß der Anlaß zur Erarbeitung des Personbegriffs ein theologischer war, und dies in zwei Zusammenhängen, die ihrerseits wieder miteinander verknüpft sind. Christologie und Trinitätslehre sind die Punkte, die zur denkerischen Entwicklung des Personbegriffs führten.

1. Christologie*

In Jesus Christus schenkt Gott nicht etwas von sich, sondern sich, er ist als Gott da, unvermischt, unverkürzt. Er selbst will ganze Gemeinschaft mit uns haben. Dazu gehört aber, daß nicht nur er als er selber ganz inne ist in diesem Christusgeschehen, in dieser Christuswirklichkeit, sondern auch wir, unser Menschsein sind in ihm unverkürzt, unvermischt zugegen. Dann aber können in Jesus Christus nicht ein göttliches und ein menschliches Selbstverhältnis nebeneinander stehen, sondern der sich zu seinem Gottsein und zu seinem Menschsein Verhaltende ist Einer. Die Lehre von der einen göttlichen Person des Sohnes in ihren zwei Naturen, der göttlichen und der menschlichen, wird zum Punkt, an dem in einem mühsamen und keineswegs nur geradlinig verlaufenden Ringen der Personbegriff als solcher erbildet wird. Das Interesse ist nicht das einer Gedankenspielerei, sondern gilt dem gemäßen Verständnis jener Gemeinschaft, die Gott mit uns Menschen in Jesus Christus hat und haben will.

2. Trinitätslehre*

Diese theologische Präzisierung des Personbegriffs in der Christologie kann aber gar nicht statthaben, ohne daß in einem Atem im Verhältnis von Vater, Sohn und Geist die entsprechende Klärung des Personseins geschieht: in der Trinitätslehre also. Die einschlägigen Denkbemühungen setzen sich fort bis hinein in das hohe Mittelalter; Thomas von Aquin und Bonaventura, aber auch Duns Scotus tragen Wichtiges dazu bei. Auch hier sei nicht so sehr die immanente spekulative Arbeit in unserem Blick als vielmehr das leitende Interesse: Wie kann die absolute Einheit, Einmaligkeit und Einfachheit Gottes gedacht werden in der Freiheit der Personen, die absolut gleich, miteinander eins und voneinander unterschieden sind? Die Einheit Gottes ist da in einer immanenten Beziehung, sein absolut eines und einziges Wesen im gegenseitigen Schenken und Beschenktwerden, sich schlechterdings in sich selber schließend und so gerade offen zur Selbstmitteilung.

Dieser trinitarische Personbegriff ist ebensoweit entfernt von dem Gedanken des Tritheismus, also der drei Götter, wie von einem Gottesbegriff, der sich an der endlichen Einzelperson orientierte und ihr das Spiel dreier Rollen zuwiese (Sabellianismus, Modalismus). So wenig also die Trinität einfach im Paradigma einer menschlichen Gemeinschaft aufgeht, so tief muß doch das sowohl Person wie Gemeinschaft Konstituierende von seinem trinitarischen Woher verstanden und in Blick genommen werden. Hier sind theologische und anthropologische Aufgaben, die, in Treue zur großen Tradition und ihrem frappierend genauen Ansatz, doch auf neuen Denkwegen anzugehen sind.

Wir können unseren zweiten Gedankenschritt dergestalt zusammenfassen: Der Anlaß zur Ausbildung des modernen Personbegriffs liegt im verantworteten Verstehenwollen jener ganzen Gemeinschaft Gottes mit dem Menschen, in die Gott sich als Gott ganz einbringt und in der wir als Menschen ganz von ihm und in ihm angenommen sind. Dies heißt aber, daß die eine göttliche Person des Sohnes, ihre göttliche Natur wahrend, die menschliche Natur annehmen kann, daß göttliche und menschliche Natur also in der einen göttlichen Person zu subsistieren vermögen. Darin freilich ist eingeschlossen, daß der Sohn, seine göttliche Person sich von jener des Vaters und des Sohnes *als* Person unterscheidet, in solcher Unterscheidung aber diese drei Personen der eine und einzige Gott sind. Die darin mitgesetzten Konsequenzen für menschliches Personsein sind in diesem Denken angelegt, aber in ihm allein noch nicht entfaltet.

Welche Chancen und Schwierigkeiten einer reflexiven Erfassung des Zusammenhangs Person und Gemeinschaft das bislang entworfene Denken in sich birgt, soll uns bei den nächsten Schritten unseres Weges ansichtig werden.

III. Die Fragwürdigkeit des Zusammenhanges von Person und Gemeinschaft im klassischen Personbegriff

Der initiierende und bis heute durchtragende Versuch, Person begrifflich zu fassen, stammt von Boethius: „Persona est rationalis naturae individua substantia"[1]. An dieser Stelle unseres Gedankenweges geht es uns nicht um die Auslegung der Formel, sondern um den Hinweis darauf, daß diese anfängliche und dann leitend gebliebene Prägung des Personbegriffs auf das Selbstsein und nicht auf das Mitsein zielt. Der Personbegriff ist in seiner Anlage also nicht

---

[1] *Boethius*, Contra Eutychen et Nestorium, c.3.

auf Gemeinschaft hin gelesen, sondern gerade auf den Stand in sich, das Sich-Schließen in sich selbst. Dies wird in der weiterführenden Ausarbeitung des Personbegriffs in der Scholastik eher noch verschärft, wenn Thomas von Aquin Person etwa[2] als „incommunicabilis subsistentia" bezeichnet. Das steht, konsequent weitergedacht, freilich nicht im Gegensatz zu der im zweiten Schritt gezeichneten theologischen Intention, aus welcher der Personbegriff heraus entfaltet wird. Denn nur der Stand in sich, nur die Unterscheidung vom anderen läßt Gemeinschaft zu, konstituiert Partnerschaft in ihr. Die Kommunikation mit dem anderen wird nur dadurch gewährleistet, daß der Kommunizierende sich nicht in den Partner hinein auflöst. Kommunikation und in und mit ihr Gemeinschaft „brauchen" die Eigenständigkeit und Unterscheidung gegenüber dem Partner, sie brauchen aber auch die Unterschiedenheit dieses Partners in sich von dem, was diesem mitgeteilt, worin mit diesem kommuniziert wird: Unterscheidung von Person und Person, Unterscheidung von Person und Wesen.

Eine Verschärfung der Inkommunikabilität von Person und der Betonung von Substanz bzw. Subsistenz in sich scheint auf im Satz des Thomas: „Excluditur a persona ratio assumptibilis"[3], eine Person kann nicht als Person von einer anderen „angenommen" werden, so wie die Natur des Menschseins von der Person des Sohnes angenommen worden ist. In aller Kommunikation bleibt Person in sich selbst bestehen. Hiermit ist eindeutig ausgedrückt, daß Person nicht ein kommunikables Gut ist, das ontisch der andere werden kann. Freilich klingt gerade in dem Ton, der auf dem „assumere" liegt, im Annehmen und In-sich-Nehmen also, zugleich mit, daß solches Stehen in sich und Sich-Unterscheiden der Ort ist, in dem das, was des anderen ist, auch mein zu werden vermag. Die Person ist zwar das, was ihr Wesen ist; sie ist das Da und Daß der Geistnatur. Aber sie *ist* nicht Geistnatur, sondern eben ihr Dasein. Und dieses Dasein, das sich nicht in seine eigene Natur hinein auflöst, sondern zu ihr verhält, indem es sich über sich hinaus verhält, kann der Ansatzpunkt sein, um in einem nächsten Schritt die Formel des Boethius und ein auf sie gründendes Denken im Blick auf

---

[2] *Thomas von Aquin*, 1 Sent. 30.
[3] *Thomas von Aquin*, S.th.I., q.29, a.1, ad2.

Gemeinschaft neu zu lesen. Die Problematik eines Denkens bloß von der Substanz her für das Verständnis von Person sei nicht geleugnet, aber es gilt, zuerst und zunächst in die innere Tiefe dieses Substanzdenkens einzudringen.

Dies gilt auch für die vielleicht schärfste Formulierung, die uns die mittelalterliche Philosophie im Nachdenken über die Person beschert. Bonaventura spricht in Blick auf Personalität von einer „privatio communitatis", bemerkt aber hierzu: „Privatio illa in persona magis est positio quam privatio."[4] Für Bonaventura bedeutet solche positive „privatio" den Ausschluß einer Reduktion von Person auf Allgemeinwesen, aber so gerade die Öffnung in eine durch Beziehung ausgezeichnete Fülle der Einheit[5].

IV. Die Öffnung der Subsistenz in sich zur Kommunikation

Die Formel des Boethius und ihr folgende, teilweise präzisierende Formeln bei den Scholastikern können, ja müssen in doppelter Richtung gelesen werden. Dies wird exemplarisch deutlich an einer Bemerkung von Thomas von Aquin: „... persona significat id quod est perfectissimum in tota natura; scilicet subsistens in rationali natura."[6] Hierbei kommt das Wort Natur in zwei Bedeutungen vor. Am Schluß, als „rationalis natura" im bei Thomas üblichen Sinne, nämlich gleichsinnig mit Wesen, essentia, aber akzentuiert als Prinzip jenes Wirkens, das mit dem Sein unmittelbar verbunden ist und aus ihm folgt. Doch der Gebrauch des Wortes Natur im ersten Halbsatz hebt sich davon ab, hier ist offenbar die Gesamtheit des Seienden gemeint. Die Vorstellung des Seienden ist jene der „physis", der Entfaltung, des Aufgangs des Seins in die Fülle seiner Wesenheiten und Arten hinein. Dieses Gesamt, das in naturhafter Gliederung angeschaut wird, gipfelt im Geist, genauer in der Person, die die in sich stehende Existenz eines Seienden meint, dessen Wesen eben Geist ist.

---

[4] *Bonaventura*, 1 Sent. d.25, a.2, q.1 concl. (I, 443).
[5] Vgl. *Bonaventura*, Collationes in Hexaëmeron, XI, 8 und seine Überlegungen zur Einheit als indivisio.
[6] *Thomas von Aquin*, S.th.I, q.29, a.3.

Person wird in diesem Ansatz nicht von Geschichte, Verantwortung, Kommunikation, Gemeinschaft her gelesen, sondern von Natur, von einem Sein her, das in sich unterscheidende genera und species gegliedert ist. Wo dieses Grundverständnis des Seins vorherrschend ist, da läßt sich ontologisch kaum ein Verbindungsweg zwischen Personalität und Gemeinschaft vermuten.

Es gibt aber eine zweite Sichtweise, die bei der inhaltlichen Füllung dessen ansetzt, was als die rationalis natura erscheint. Dieses Geistwesen (rationalis natura) geht nicht darin auf, eine Seinsweise neben anderen Seinsweisen zu bezeichnen, im gesamten Kosmos des Seins (in der Natur als dem alles, was ist, Umfangenden) eine Region neben anderen Regionen des Seins zu umschreiben, vielmehr geht es beim Geistwesen um das Sein als solches, um das Sein im ganzen. Es besetzt nicht nur einen umgrenzten Bereich auf der Landkarte des Seienden, vielmehr ist sein Bereich die Landkarte im ganzen. Was etwa Thomas von der „anima", von der Geistseele des Menschen sagt, erhellt – bei aller fälligen Distinktion zwischen Seele, Person und Geistwesen – inhaltlich das Geistwesen als solches. Die anima ist „nata" (also von ihrer Natur her angelegt darauf), mit allem, was ist, übereinzukommen. Sie ist in diesem Sinne „gewissermaßen alles"[7]. Es gehört nicht nur zur menschlichen Seele, sondern zur Geistnatur als einer solchen, daß das Sein als Sein in den Blick kommt, daß alles unter der Hinsicht auf das Sein selber gesehen, gewollt, ergriffen, vollzogen wird. So aber ist der „Anteil" der Geistnatur das „Ganze", das sie Unterscheidende die universale Einschließlichkeit.

Es versteht sich von selbst, daß hiermit keineswegs eine ontische Vereinnahmung aller Seienden für die Geistnatur erfolgt, ganz im Gegenteil. Indem alles, was ist, in seinem Sein gesehen und bejaht wird, indem von dort aus der Wahrheits- und Gutheitsvollzug in Gang kommt, ist ja zugleich ein Gegenübersein zu allem, was ist, begründet, das nicht untergeht, indem z. B. die Seele „alles" ist. Die Geistnatur kann subsistieren nur in der Person. Die Person aber, die kraft der in ihr subsistierenden Geistnatur alles in ihren eigenen Horizont einbezieht, ist ihrerseits der Selbstand des geistig Seienden, somit der Grund des Gegenüberseins zu allem, was

---

[7] Vgl. *Thomas von Aquin*, De ver., q.1 a1.

ist. Das „convenire", die wesensmäßige Verbundenheit mit dem, was ist, die Einung mit dem Seienden und seinem Sein hat in der Person zugleich den Charakter der Unterscheidung. Geistnatur ist also bestimmt durch den untrennbar einen Bezug zum Sein, zu allem, zu sich selbst. Im Lichte des Seins nämlich ist alles im Blick und ist der Blick auf alles sich selbst im Blick. Der Vollzug der Geistnatur, ihr Ort, in dem sie stehen und bestehen kann, ist die Person. So rücken, tiefer betrachtet, in den Aussagen des Boethius, des Thomas und der anderen großen Denker, die zwischen den trinitarischen und christologischen Auseinandersetzungen der frühen Kirche und dem Hochmittelalter das Verständnis der Personalität entfaltet haben, die beiden Charaktere der Ausschließlichkeit und Einschließlichkeit von Person in einen unmittelbaren, sich gegenseitig bedingenden Kontext. Weil die Person nicht von einem anderen aufgenommen und übernommen werden kann, sondern in sich selber steht, steht sie zu allem, steht alles in ihr; weil ihr der Bezug zu allem aus dem Bezug zum Sein her eignet, steht sie zu sich selbst in Bezug und somit allem gegenüber. In dieser Verfaßtheit aber eröffnet sich eine Annäherung zwischen Person und Gemeinschaft. Das Bedenken ihres inneren Zusammenhanges gewinnt einen Ansatz.

V. Personalität – Universalität – Interpersonalität

Die Konvenienz, das „Zusammenkommen" von Seele und Sein, von Seele und Universalität, ist im Sinne scholastischen Denkens zum einen kein bloß subjektiver Prozeß ohne allgemeine Verbindlichkeit, ohne ontologischen Rang; zum anderen – und darauf legt Thomas immer wieder Wert – darf dieser Prozeß nicht gedeutet werden als ein Vollzug, der nicht der einzelnen Person angehörte, sondern einer Allseele, einem einzigen „intellectus agens" im ontisch-numerischen Sinn. Es handelt sich um allgemeine, objektive Erkenntnis und um ein Streben, das vom wahrhaft Guten geleitet ist und es zu ergreifen vermag; doch ist der Akt des Erkennens und des Wollens der Akt des je einzelnen, der Akt der Person, die eben individuale, inkommunikable Subsistenz einer Geistnatur bedeutet.

Es ist also nicht der Fall, daß einzelne mit Geistnatur begabte Seiende sich ihre jeweiligen Bilder machen und Ziele suchen, die nicht an der Sache selbst, am wahrhaft Wahren und wahrhaft Guten zu bemessen wären. Es geht im Vollzug der einzelnen Personen in ihrer unvertretbaren Einmaligkeit um das wahrhaft Wahre und Gute, um das Sein selbst, das über den Rang der jeweiligen Individualität hinausreicht. Andererseits ist es aber auch nicht der Fall, daß dieses Wahre und Gute, daß das Sein in den einzelnen geistbegabt Seienden sich selber in einer Art Automatik und Egalität abbildeten und einprägten, vielmehr ist ein vielfältiger Selbstvollzug der einzelnen Personen der Weg, auf dem sich Übereinkunft im wahrhaft Wahren und Guten vollzieht; und solche Übereinkunft vollzieht sich von der je einzelnen Person her, aber eben dergestalt, daß die einzelne Person sich am Sein, am Wahren und Guten selber orientiert, von ihnen her, von ihrer Gegebenheit her denkend, wollend, handelnd. Damit aber ist unausweichlich Zusammenkommen, Konvenienz zwischen Geistnatur und Sein (das Wahrheit und Gutheit umschließt) in personalem Vollzug auch Zusammenkunft zwischen personalen Vollzügen, die sich unterscheiden und dennoch dasselbe, eben das Sein des Seienden, seine Wahrheit und Gutheit vollziehen. Die Individualität des personalen Vollzuges vollzieht die Universalität des Seins, und in dieser Universalität der Geltung des Wahrheits- und Gutheitsvollzugs ist zugleich Interpersonalität, Gemeinschaft von Personen angelegt. Sie ist in nuce mitgegeben mit der Personalität.

Was aber bedeutet solche Interpersonalität als Kennzeichen von Personalität?

VI. Interpersonalität als Einung und Unterscheidung

Halten wir fest: Person ist die Subsistenz, der seinshafte, konstitutive (nicht notwendigerweise faktisch je realisierte und bewußte) Vollzug (Seinsakt) der Geistnatur; diese Geistnatur aber umspannt (als Natur, als Wesen) das Verhältnis zum Sein, somit aber zu allem und somit zu je sich selbst. Daraus nun folgt: Personen kommen kraft ihrer Geistnatur (wieder in einem konstitutiven, nicht jeweils notwendig vollauf realisierten Sinne) von sich aus überein mit dem, was von sich her ist und, im Ansatz, wie es ist. Damit aber ist in der seinshaften Unterschiedenheit der Personen ihnen zugleich aufgrund ihrer Geistnatur auch der Bezug zum Selben, zum Sein, zum Ganzen, zu jeweils sich selbst zu eigen. Aus diesen Verhältnissen nun läßt sich erschließen, daß sie, zum Selben sich verhaltend, sich auch zueinander verhalten, und zwar so, daß in diesem Verhalten auch die Unterscheidung voneinander präsent und keineswegs nivelliert ist.

Wir haben es hier also mit einer erschlossenen Interpersonalität zu tun. Interpersonalität ist in dieser Betrachtungsweise nicht unmittelbar angeschaut, sondern eben als Konsequenz ermittelt, der freilich in der Begegnung eine unmittelbare Intuition entspricht. Bleiben wir im Feld solcher erschlossener Interpersonalität. Wir nehmen zwei an ihr ablesbare Eigentümlichkeiten in den Blick.

Die erste betrifft die Ebene der Beziehung zwischen Personen. Sofern eine Person sich auf Seiendes bezieht, dem nicht oder sofern ihm nicht ein Geistwesen eignet, ist die Beziehung zwischen der Person und diesem Seienden von seiten der Person und von seiten des Seienden her jeweils fundamental verschieden. Während das Sein des Seienden als solches eingeht in die Beziehung der Person zu diesem Seienden, ist das Sein des Seienden und somit das Sein der Person als Person im Vollzug des Seienden, in seiner Beziehung zur Person nicht gegenwärtig. Wenn hingegen Personen in der Offenbarkeit ihres Personseins einander begegnen, dann tritt die Beziehung der einen zur anderen und der anderen zur einen wechselseitig und gemeinsam ins Licht. Wechselseitig und gemeinsam: Es bleibt nicht bei einer Addition in sich wesensmäßig gleicher, aber einander nicht betreffender Bezüge. Es kommt vielmehr zu einer Einheit, welche die Pole der beiden Bezüge, die Personen und ihre je eigene Beziehung zur anderen nicht ineinander auflöst, sondern sie in einen einzigen lichten Zwischenraum (es geht ums Selbe, es geht ums Ganze, es geht um dich und mich) einfügt; in dieser Einfügung aber wird gerade die Unterscheidbarkeit und Unterscheidung gewährleistet, es wird in diesem lichten Zwischenraum die Pluralität der Bezüge in ihrer Einheit miteinander hell.

Eine zweite Eigentümlichkeit betrifft die Kommunikation der

unterschiedenen und in ihrer Unterschiedenheit aufs Selbe bezogenen, im Selben füreinander hellen Personen. Weil die Geistnatur in Personen subsistiert, können sie in einem fundamentalen Sinn miteinander sprechen, sie sind der Namen und Begriffe fähig. Was die Sache in sich bezeichnet, das kann sie für mich und dich bezeichnen, Worte können gemeinsame Worte werden, Sprache, in der dasselbe gegenwärtig ist und mir gleichzeitig die „anderen" als Partner gegenwärtig sind.

Sprache ist Ausdruck zugleich der Sache, die sich in die Seinsbezogenheit der Personen als sie selbst hineingibt, wie auch Ausdruck der Personen in ihrer Eigenheit und Selbstgehörigkeit. Doch muß dieser Blick auf die ontologische Genese von Sprache aus dem Sein und der Person sich auf einen dritten Pol hin öffnen: Sprechen als je mein Sprechen setzt nicht beim Nullpunkt an, sondern bei der von anderen Personen bereits zugesprochenen und von ihnen mitgesprochenen Sprache. Zwar kann diese Beziehung nicht aus dem Personbegriff abgeleitet werden, sofern dieser bei der natural verstandenen Geistigkeit ansetzt – oder doch? Jedenfalls gehört zur Geistnatur die Fähigkeit, das Sich-Zeigen und somit Sich-Mitteilen dessen, was ist, zu empfangen und mitzuvollziehen. Zum Sein dessen, was ist, gehören aber auch die Sprachlichkeit und sprachliche Geprägtheit der anderen Personen als höchste Weise des Sich-Zeigens und Sich-Mitteilens von Person als Person. Sprachlichkeit ist dem Geistwesen eingeschrieben als Möglichkeit des gegenseitigen Austauschs der Personen über das Sein und im Sein. Eine ontologisch verstandene Sprachgemeinschaft ist der Punkt, an dem beim Ausgang vom klassischen Personbegriff Gemeinschaft als zugehörig zur Personalität in den Blick kommt.

Sprechen heißt im Ansatz: miteinander sprechen, auch dort, wo dieses Sprechen miteinander nicht aktualisiert wird. Die Einheit in der Unterscheidung, die grundsätzliche Freiheit des Sich-Einbringens der Partner, die Bezogenheit aufs Selbe, somit aber Wesensmerkmale von Gemeinschaft, tragen sich der Interpersonalität ein, wenn sie sich auf Sprache hin auslegt.

Mit dieser Bemerkung ist freilich die leitende Eingangsfrage erst in einem recht anfänglichen Sinne beantwortet: Sagt, wer Person sagt, auch Gemeinschaft? Ein weiterer Schritt soll die

Einsicht in den Zusammenhang zwischen Person und Gemeinschaft aus einem die Person konstituierenden Grund, aus einem sie ontologisch fundierenden Akt sichtbar machen.

VII. Konstitution von Person als Konstitution von Gemeinschaft

Kehren wir nochmals zurück zur Fassung des Personbegriffs in der Tradition, die von Boethius ausgeht. Die „individua substantia", thomasisch ausgedrückt die inkommunikable Subsistenz, sagt zwar aus, daß der Vollzug ihrer selbst, ihrer Hinordnung aufs Sein, aufs Ganze, auf den und die anderen durch die Person selbst geschieht. Sie ist nicht „assumptibilis", kann sich nicht dispensieren von sich selbst, sich selbst nicht „abgenommen" werden. Noch viel weniger aber kann sich die Person ihr Personsein, ihre Geistnatur oder kann die Geistnatur sich ihr Personsein selber geben. Natürlich kommt jedem Seienden sein Sein nicht aus sich selber, sondern von dem her zu, der das Sein selber ist. Doch diese ontologische Konstitution reicht im Fall der Person ins Ontische hinein, in Entstehen und Bestand des Personseienden. Gegenstände können in ihrem ontischen Bestand hergestellt werden, Naturseiendes, Lebewesen können aufgrund von naturalen Zusammenhängen entstehen. Seiendes, zu dem es gehört, daß in ihm es selber und das Sein im ganzen anwesend sind, tritt durch diese seine für es konstitutive Qualität aus der Reihe des Zeugens, Herstellens, Erwachsens aus ihm äußerlichen Zusammenhängen heraus. Personalität hat es mit einer unmittelbaren Relation ihrerseits zum Schöpfer zu tun, andernfalls kann sie – im Kontext klassischer Ontologie betrachtet – nicht sein und nicht verstanden werden. Dem entspricht die Lehre von der unmittelbaren Erschaffung der Seele durch Gott, in der ja a fortiori die Erschaffung der Person eingeschlossen ist[8]. Dieser Tatbestand bedarf zwar der spekulativen Vermittlung; in dieser aber wird offenbar, daß Personsein eine Teilhabe am absoluten Sein, die nicht auf Zweitursachen reduzierbar ist, zum inneren Seinsgrund hat. Wohl ist bei Boethius die Rede von der Person als

---

[8] Vgl. *Thomas von Aquin*, S.th.I, q.76, a.6, ad1.

einer „individua substantia", doch gilt für diese „Individualität" gerade nicht als Individuationsprinzip die „materia quantitate signata"[9]. Bonaventura hebt eigens hervor, daß das Unterscheidende der Person nicht in der Materie liegen kann wie bei der Individuation, weil eben Person Würde bezeichnet[10].

Die naturale Gotteserkenntnis nach Thomas von Aquin ist für den Menschen nicht eine unmittelbare Erleuchtung, sondern Ergebnis des von der Wirkung auf die Ursache schlußfolgernden Denkens, in dem die noch vorreflexive Hinordnung des Menschenwesens auf Gott sich selber durchsichtig und begrifflich faßbar wird[11]. Nichtsdestoweniger aber ist die Seele sich selbst und ist Gott der Seele zwar nicht in actu, aber habitualiter seinshaft gegenwärtig[12].

Was hat dies indessen mit unserer Frage nach Person und Gemeinschaft zu tun?

Der Grund von Personalität ist das Gewolltsein und Gerufensein der Person von Gott. Dieses Gewollt- und Gerufensein, das die Person mit dem Seienden gemeinsam hat, ist im spezifischen Fall der Person aber dadurch ausgezeichnet, daß es dem Prinzip und der Möglichkeit nach als solches bei der Person ankommt, in ihr lebt. Sie ist im qualifizierten Sinne in ihr Sein gerufen; und dieses Gerufensein ruft zugleich nach Antwort, ermöglicht zugleich Antwort, ermöglicht Anrufung Gottes durch die Person. So sehr es sich bei dem beschriebenen Tatbestand um geschöpfliche Person handelt, so deutlich ist doch, daß – im Kontext einer christlichen Theologie – sich Entsprechendes auch für Person überhaupt sagen läßt, da personale relatio den dreifaltigen Gott in sich selber kennzeichnet.

Kehren wir in den Bereich geschöpflicher Personalität zurück: Die „Sprachlichkeit", die, Gemeinschaft stiftend, dem Personsein zugehört, ist verankert im Ursprungsverhältnis der geschaffenen Person zu Gott selbst. Das Ich-Sagen der Person ist von ihrem

---

[9] Vgl. *Thomas von Aquin*, S.th.I, q.29, a.1 insgesamt.
[10] Vgl. *Bonaventura*, 2 Sent. d.3, p.1, a.2, q.3 concl. (II, 110) sowie 1 Sent. d.25, a.2, q.1 concl. (I, 443).
[11] Vgl. *Thomas von Aquin*, S.th.I, q.2, a.1–3.
[12] Vgl. *Thomas von Aquin*, S.th.I, q.93, a.7, ad4.

Wesen her bereits Antworten – wie auch immer dieses Antworten Stellung bezieht zu dem die Person gründenden Ruf ins Sein. Die Hinordnung der Person auf den sie gründenden Anruf Gottes bringt die Verhältnisse ins Spiel, die sich uns in der Sprachlichkeit personaler Existenz aufdeckten.

Diese Sprachlichkeit steht nicht beziehungslos neben der Ursprungsbeziehung der Person, sondern ist mit ihr unlöslich verbunden. Die Beziehung zum Schöpfer, in welcher die Person konstituiert und zur Gemeinschaft mit ihm gerufen ist, umfängt ja mit dem Schöpfer zugleich das Sein im ganzen und das eigene Selbstsein der Person. Der Schöpfer ist untrennbar als je mein Schöpfer auch der Schöpfer des Ganzen. Die Antwort an ihn ist Verantwortung fürs Ganze. Die Sprachlichkeit, die Intersubjektivität, die sich als Sprachgemeinschaft auslegt, umschreibt einen Verantwortungsraum, der unteilbar ist: Er umfaßt im Ansatz mich, die anderen, alles. Er legt sich darin aus als Raum der Verantwortung für ... und Raum der Verantwortung mit ...

Sprechen ermöglicht grundsätzlich die Begegnung mit einem anderen, die Ich-Du-Beziehung. Sprechen begründet zugleich aber die Gemeinschaft mit dem anderen, das gemeinsame Innestehen in derselben Welt, in der – im Ansatz – selben Sprache. Begegnung und Gemeinschaft ermöglichen und durchdringen sich gegenseitig im personalen Mitsein. Beide aber sind miteinander verbunden in jener Verantwortung vor dem Ruf Gottes, der die Person gründet und so zugleich die Zugehörigkeit der Personen zueinander gründet, die bewußt oder unbewußt, ausdrücklich oder unausdrücklich vor Gottes Angesicht und in gleicher Unausweichlichkeit voreinander und miteinander im Sein stehen. In der Personalität sind so unlöslich miteinander verknüpft der Charakter des Ich, jener des Du und jener des Wir. Und sie sind verknüpft in der Beziehung zu Gott und in der Beziehung zu dem, ja zu allem, was ist.

In voraufgehender Skizze wurde versucht, den Weg von Person zu Gemeinschaft aus dem scheinbar einer solchen Synthese widerstrebenden „naturalen" Personbegriff der klassischen Metaphysik eines Boethius und, in der Folge, eines Thomas zu gehen. Die Offenheit dieser klassischen Metaphysik für „moderne" Fragestellungen trat dabei zutage. Es wäre reizvoll, auch den umgekehrten Weg einzuschlagen, der von einem Seinsverständnis, das in der relatio als solcher gründet, ausgeht, um zu denselben Bestimmungen und Einsichten zu gelangen. Beide Weisen des Vorgehens treffen sich, sofern sie sich theologisch durchsichtig werden, in jenen Voraussetzungen, die für die Entwicklung des spekulativen Personbegriffs tragend wurden: in dem Verstehen jener Gemeinschaft zwischen Gott und den Menschen, die in der Menschwerdung Gottes sich vollzieht und in der Trinität den Grund ihrer Möglichkeit, ihr höchstes Modell und ihr Ziel hat.

Auf beiden Wegen zeigt sich ebenfalls die Dringlichkeit und Möglichkeit des Überstiegs über eine „reine" Philosophie und Theologie zu einer Lehre und Theorie von gesellschaftlichem Handeln aus christlicher Verantwortung, dessen Pole dieselben sind: Unterscheidung und Einheit zwischen Person und Gemeinschaft.

Fünftes Kapitel

*Diakonie –
Antwort auf die Seins-Not des Menschen*

PERSONALE HILFE IN EINER TECHNISIERTEN UND RATIONALISIERTEN WELT[1]

Über einer Theorie der Hilfe liegt ein Hauch von Ironie. Helfen ist wichtiger als nachdenken über Hilfe. Doch ist es nicht ein Zeichen unserer Zeit, daß über alles – auch über das Selbstverständlichste – nachgedacht werden *muß*? Es ist eben nichts mehr selbstverständlich. Der verbindende Boden der Verständigung scheint zwischen uns wegzubrechen. So kann es auch im Fall der Hilfe geschehen, daß einer sich gut und richtig einsetzt – aber was dabei herauskommt, was beim Anderen *an*kommt, wird nicht als Hilfe verstanden. Die Maßnahmen genügen nicht mehr; es geht um eine neue Maß-Nahme, um ein neues Maß-Nehmen an der Wirklichkeit. Was ist das: Hilfe? Was ist das: Not? Was ist das: der Mensch, nicht der Mensch einer richtigen Definition, sondern der lebendige, gegenwärtige Mensch? Wir müssen diese Fragen wieder anfänglich zu stellen lernen und müssen dabei alle mitgebrachten Gewohnheiten und Vorstellungen auf der Seite lassen. So hat es vielleicht doch einen Sinn, eine einfache, an der Sache selbst orientierte – man könnte sagen: phänomenologische – Besinnung auf das hin zu versuchen, was Hilfe ist. Das *erste* Gebot dieser Besinnung müßte heißen: Du sollst dir kein geschnitztes Bild machen, um dasselbe anzubeten – weder ein geschnitztes Bild von der Hilfe noch vom Menschen, und wenn dieses Bild aus noch so bewährten Herkömmlichkeiten und noch so richtigen Sätzen christlicher Lehre geschnitzt wäre.

Diesem ersten schließt sich ein *zweites* Gebot an: Du sollst den Namen – nicht allein den Namen Hilfe, den freilich auch, dazu aber den Namen Gottes selbst und den Namen des Christlichen zumal – nicht vergeblich im Munde führen. Wir sind Christen und machen uns als Christen Gedanken, christliche Gedanken sogar, zur Sache der personalen Hilfe. Christlich wollen diese

---

[1] Referat, gehalten auf der 4. Arbeitstagung des Zentralkomitees der deutschen Katholiken in Münster i.W. (18. bis 21. März 1964), Arbeitskreis Caritas.

Gedanken jedoch nicht auf die Weise sein, daß sie mit christlichen Spezialitäten gespickt wären. Im Gegenteil: Das Maß des Christlichen ist Jesus Christus; und sein einmaliges, für alles andere Helfen maßgebendes Helfen geschah in seinem Dasein für alle und *mit* allen, in der Solidarität mit allen. Er wurde allen gleich, in grenzenloser Brüderlichkeit, im Einstieg in die Situation der *Anderen*. Alle sind von seinem Helfen gemeint; nicht nur wollte er allen helfen, sondern alle sollen mit ihm, ob sie es wissen oder nicht, *mit*helfen. Der christliche Gedanke des Helfens ist nicht darauf erpicht, für Christen reserviert zu bleiben; er will von allen geteilt werden können. Christliches Helfen freut sich, wenn es nicht allein helfen kann, sondern in einem weltweiten Verband und Verstand der Hilfe mitinnesteht. Christus ist nicht für die Christen, sondern für die Menschen gekommen, und Christus führt den Menschen zwar über sich hinaus, so aber gerade zu sich selbst; deshalb können auch Christen oft genug das Christliche lernen und finden im Blick aufs scheinbar nur Menschliche, jenseits der eigenen Hürden und Zäune.

Das verwischt nicht den Unterschied des Christlichen. Vielleicht ist dieser jedoch am vornehmsten sichtbar in einer Treue zum Menschen, die sich aus dem bloß Menschlichen nicht mehr erklären läßt. Christliches Helfen wird sich an der Treue Gottes zum Menschen in Jesus ausdrücklich orientieren. Treue und Wahrheit sind übrigens, bedeutsam genug, im Hebräisch der Schrift *ein* Wort, *eine* Sache. Wir sind in Gottes Wahrheit, wenn wir in Gottes Treue zum Menschen stehen.

Bereitet durch die beiden Gebote, kein geschnitztes Bild der Hilfe anzubeten und den Namen des Christlichen nicht vergeblich im Munde zu führen, gilt es nun als ein *Drittes*, den Sabbat der Besinnung zu wagen.

I. Ansatz zur Hilfe

Was ist das: Hilfe? Sie läßt sich nicht in sich selbst verstehen; wir verstehen sie nur von dem aus, worauf sie sich bezieht. Und sie bezieht sich, so scheint es zunächst, auf *Not*. Diese Auskunft ist indessen nicht genau genug. Wenn ich dir Holz spalten helfe, dann braucht die Situation, daß du Holz spaltest, nicht schon eine Not zu sein. Hilfe kann also auch irgendeiner Aufgabe, die jemand zu erfüllen hat, gelten. Was ist dann der gemeinsame Nenner aller der Situationen, in denen Hilfe vorkommen kann? Immer liegt eine *Spannung* vor, Spannung zwischen einem Zustand, der so ist, und einem anderen, der so oder so sein soll. Der Zustand, bei dem Hilfe ansetzt, ist gespannt auf eine Zukunft: So oder so soll oder sollte es sein, aber es *ist* noch nicht so. Formelhaft gesagt: Hilfe richtet sich auf gespanntes Sein, Sein also, das auf einen gewünschten oder gesollten Zustand hin orientiert ist, ihn aber noch nicht erreicht hat.

Hilfe bezieht sich auf Spannung, aber nicht jede Spannung läßt Hilfe zu. Die Zeit läuft auch nach vorwärts, ist nach vorne gespannt, und doch wäre es unsinnig und unmöglich, dem gleichförmigen Ablauf der Zeit nachhelfen zu wollen. Warum? Zeit läuft von selbst und in sich selbst ab. Die Spannung, die einen Ansatz für mögliche Hilfe bietet, kann im Gegensatz dazu kein in sich geschlossener, sie muß ein nach außen offener Ablauf sein. Die Spannung, der die Hilfe gilt, muß eingebettet sein in einen über sie hinausreichenden Wirkungszusammenhang.

Holz spaltet sich nicht von selbst, aber es läßt sich spalten, und deswegen kannst du selbst helfende Maßnahmen und kann ich für dich helfende Maßnahmen zwischen den Zustand des Holzes, wie es ungespalten daliegt, und den erwünschten des ofenfertigen Heizmaterials dazwischenschalten.

Doch die Spannung, die nach Hilfe ruft, liegt nicht eigentlich im Holz, sondern in dir, der du dieses Holz gespalten dahaben willst. Ob mein Mit-dir-Spalten dir wirklich Hilfe sei, das läßt sich vom Holz her gar nicht entscheiden. Du könntest ja Freude haben am Holzspalten, es könnte dir auf den Vollzug selbst ankommen – und dann verdürbe dir alle Hilfe den Spaß. Auf *dich* kommt es an, in dir selbst kann allein die Spannung liegen, die Hilfe möglich und sinnvoll macht. Das ist höchst eigenartig. Wir sagten doch: Die Spannung muß nach außen offenstehen, sie muß in einen übergreifenden Wirkungszusammenhang reichen, sonst findet Hilfe gar keinen Ansatz. Und jetzt sehen wir: Diese Spannung liegt an dir, ja in dir selbst. Doch was ist unabnehmbarer, unvertretbarer, ausschließlicher als dies: Ich-selbst-Sein, Du-selbst-Sein?

Ich, das ist jener Ursprung, der ich einfach bin. Ich habe es mir nicht ausgewählt, ich zu sein, doch jetzt bleibt mir nichts anderes übrig, als dieses Ich mit mir selber auszufüllen. Was ich auch tue oder erleide, was ich anstoße oder was mir zustößt, hinter all dem bleibt doch dieses eine stehen: Ich. Sogar wenn ich mich töte, war *ich* es, der dies tat, bin *ich* ein Selbstmörder. Daß ich ich bin, das ist aber nur deswegen so ungeheuerlich, weil ich ich bin angesichts von *allem*, was auch sonst noch ist, weil ich ich selbst bin *innitten* von allem, was es gibt und geben kann. Ich bin in der *Welt* ganz anders, als etwa eine Pflanze oder ein Stein in der Welt sind. Ich bin in der Welt, so daß die ganze Welt zu mir selbst gehört. Ich bin größer als die ganze Welt, sie ist ja in mir, in meinen Gedanken, Meinungen, Entscheidungen. Ich bin ich nicht nur angesichts der Welt, sondern angesichts des Sinnes und der Wahrheit von allem, vor dem Sinn und der Wahrheit, die mich und die ganze Welt umspannen: so groß bin ich. Und doch bin ich zugleich lächerlich klein, ein winziger Punkt in der Welt, auf sie angewiesen. So wenig mir mein Selbersein abgenommen werden kann, so sehr bin ich doch den Bedingungen außer mir und um mich herum verhaftet, ich bin gespannt auf die Dinge und Menschen, die mich umgeben, weil ich ohne sie mein eigenes Dasein gar nicht fristen könnte. Und nicht nur mein Magen, mein Herz, das, was im Inwendigen dieses geheimnisvollen Ich lebt, ist abhängig von der Welt, von dem, was sie mir zeigt, was sie mir an Bildern, Eindrücken, Glück und Unglück gewährt und versagt.

Ich muß ich sein – in der Welt und von der Welt her. Diese Spannung hat zwei Seiten: Zuerst ist sie Spannung auf die Welt hin, besser: auf das hin, was in der Welt ist, als Bedingung meines eigenen Lebens. Ich brauche dies und jenes, *damit* ich sein kann. Gespannt auf mein Lebenkönnen, auf die Erhaltung und Erfüllung meiner Existenz, bin ich gespannt auf die Bedingungen, die mir die Welt dafür zur Hand gibt. Eingelassen in diese Bedingungen, bin ich einerseits ihnen unterworfen, anderseits bin ich ihnen in meiner planenden Sorge überlegen. Hilfe ist in ihrer ersten Gestalt die Vermittlung jener nur mittelbar verfüglichen Bedingungen, die mir mein Leben in der Welt gewährleisten und erleichtern. Diese Hilfe kann bestehen in planenden Maßnahmen, die ich selbst einschalte, um diese Bedingungen zu erreichen, dann ist sie uneigentliche, ist sie Selbsthilfe. Oder sie ist eigentliche Hilfe, indem nämlich andere Menschen, die mit mir in der Welt leben, für mich und mit mir diese Bedingungen mir bereitstellen. Weshalb die Fremdhilfe die eigentliche Hilfe ist, wird sich sogleich erklären.

Was wir soeben betrachteten, ist nur die eine und vordere Seite der Spannung, bei welcher die Hilfe ansetzt. Wenn ich die Bedingungen habe, unter denen sich leben, gar leicht leben läßt, habe ich damit mein Leben noch nicht gelebt; und wenn ich sie nicht habe oder haben kann, wie ich es mir wünschte, so muß ich dennoch sein, muß ich dennoch mein Dasein als Leben oder gar als Sterben vollbringen. Darauf, daß ich selbst mit meinem Sein in der Welt fertig werde und es bestehe, darauf geht im Grund meine Spannung aus: Ich muß aus der Welt zu mir zurückfinden und kann so erst mit mir selbst, als ein entschiedenes, gestaltetes und gestaltendes Ich zugleich neu in die Welt wieder ausgehen. Ich bin also darauf hin gespannt, mit mir selbst eins zu sein, indem ich eins bin mit meiner Welt.

Hier kehrt, nur noch schärfer, der eigentümliche *Gegensatz* wieder: Hilfe wird mir nur von außen, durch ein helfendes Etwas oder Du. Darin aber, worin ich Hilfe zutiefst brauchen könnte, in meinem innersten Ich-selbst-Sein, bin ich unabnehmbar auf mich selbst gestellt.

Und doch, gerade hier fängt Hilfe eigentlich erst an. Jene Hilfe, die mir freilich kein Etwas, keine Sache oder Maßnahme mehr zu leisten vermag, auch kein Mitmensch, sofern er sich darin erschöpft, mir nur helfende Maßnahmen zu verabreichen. Diese eigentliche Hilfe ereignet sich nur darin, daß *du selbst,* du als du mich zu mir, zu meinem Ich bringst.

Ich selbst – ich bleibe für mich allein immer in der Spannung, daß mein Tun, Haben, Genießen, Meinen, Denken für niemand ist, niemand beschenken und meinen kann, und so kann auch ich selbst nicht beantwortet, gehalten, zurechtgerückt werden. Du allein kannst mir helfen, denn du allein bist mir gewachsen; du schaust mit mir auf die ganze Welt und über die ganze Welt hinaus auf die Wahrheit und den Sinn von Welt und Menschenleben. Du allein schaust *mich* an.

Im 2. Kapitel des 1. Buches Moses springt uns ein scheinbarer Niveauunterschied ins Auge (vgl. Gen 2,18–23). Da setzt es machtvoll an: Es ist nicht gut, daß der Mensch allein sei; da wird des weiteren das Ungenügen aller sachhaften Wesen vor der Personalität Adams anschaulich gemacht. Erst das partnerische Du der Eva läßt ihn sich selbst wiederfinden, indem er eben Antwort, personale Antwort, findet. Doch dieses Du, Eva, wird bezeichnet als „Hilfe" für Adam. Wir vermuten sogleich die Degradierung der Frau dahinter, denken an Haushalts- oder Sprechstundenhilfe. Und doch ist gerade an dieser Stelle der Schrift das Tiefste dessen getroffen, was Hilfe ist. Genau das ist ihr Wesen: Hilfe ist personales Mitsein zum Selbstsein.

Der Mensch freilich ist nicht zerlegt in die zwei von uns herauspräparierten Seiten seiner Spannung zur Welt und zu sich in der Welt. Beides geht von Natur aus Hand in Hand. Ich bin mit dir und auf dich hin inmitten der Welt und ihrer gemeinsam für dich und mich bereitzustellenden Bedingungen, und indem wir einander *etwas* helfen, helfen wir *uns*. Das Uns-Helfen geschieht nicht im leeren Raum, sondern inmitten der Dinge und Lebensbedingungen. Gerade dort erhält das Personale seinen Ernst und seine Wirklichkeit. Aber diese Dinge und Bedingungen entlassen nicht von selbst auch aus sich das unherstellbare Geschenk der Beziehung vom Ich zum Du. Die wesenhafte Personalität der Hilfe weist von allein hinüber zur Sachlichkeit und Sachhaftigkeit; ohne das wäre sie nicht Hilfe und nicht personal, sie wäre ästhetische Selbstbefriedigung. Umgekehrt garantiert aber die Sachlichkeit der Hilfsmaßnahmen, so unerläßlich sie ist, noch keineswegs den qualitativen Sprung zur wirklichen, zur personalen Hilfe.

II. Das Wesen personaler Hilfe

Wie sieht diese personale Hilfe nun von ihrem Wesen her aus? Als anfänglicher Umriß zeigte sich: Hilfe ist Mitsein zum Selbstsein. Was heißt in unserer Formel Mitsein, und was heißt Selbstsein darin?

Fürs erste können wir die zwei graphischen Figuren entschlüsseln, die sich in der genannten Formel miteinander verschränken. Mitsein setzt zwei personale Spitzen des Vollzuges an, ein Du und Ich, und beide in gleichem Rang, in gleicher Höhe. Mitsein zum

Selbstsein aber verläuft wie eine Linie, die eine einzige Spitze hat, das Selbstsein, und dieses Selbstsein ist das des Anderen. Zusammenfassend heißt das: Der Mitseiende macht sich gleich, aber nicht um gleich zu sein, sondern einfach, damit der *Andere* sei, der Andere *er selbst* sei. In meinem Mitsein kommt es also nicht auf mich, sondern auf dich an. Nur sofern und weil es mir auf dich ankommt, komme ich selbst ins Spiel, kommt es auf mich an, darauf, daß ich bin, wo du bist. Mitsein zum Selbstsein heißt, so artikuliert: Sein, wo der Andere ist, damit der Andere sei.

Personale Hilfe ist personal also nicht deshalb, weil es dabei um meine, des Helfers, Personalität geht, sondern weil es um *deine* Personalität geht, der du Hilfe empfängst. Hilfe empfangen bedeutet dann in erster Linie nicht, etwas von einem Anderen oder auch den Anderen selbst empfangen – beides ist zwar Bedingung, aber nicht Inhalt des helfenden Vollzuges –, Hilfe empfangen bedeutet, *sich* empfangen, zu *sich* kommen. Das gelingt freilich nur, indem man auf sich zurückzukommen vermag, weil man von sich losgekommen ist, weil dem Ich der offene Raum gewährt war, in welchem es von sich loskommen, über sich hinausgelangen konnte; und dieser offene Raum ist das Mitsein des Anderen und mit dem Anderen.

Im Rückblick müßten wir eigentlich erstaunen: Die gängige graphische Vorstellung der Hilfe sieht gerade anders aus. Da ist ein helfendes Ich oben und ein bedürftiges Du unten, und das helfende Ich läßt sich dann sozusagen „überlaufen" zum Zweck der Niveausteigerung des unteren. Aber solches wäre bloß sachlicher Güterausgleich, der zwar dazugehört, der aber noch *nicht* personale Hilfe im wesenhaften Sinne ist.

Ohne dem von uns aufgestellten zweiten Gebot zu widersprechen, dürfen wir hier ausdrücklich christlich sprechen: Schauen wir doch, wie Gott selbst das macht! Sicher, er ist der Reiche, wir sind die Armen. Er ist der Helfende, das Alles, wir das Nichts der Bedürftigkeit. Seine Liebe ist agápe, ist sich verströmender Niederstieg. Aber er wendet doch in der entscheidenden Stunde der Hilfe, in der Erlösung, die Situation um: Seine Liebe trifft uns nicht senkrecht von oben, sondern von dem her, der neben uns, mitten unter den Sündern steht, die am Jordan die Bußtaufe empfangen (vgl. Mt 3,13ff.; zum folgenden Mt 4,1–11).

Gottes Liebe ereilt uns in der Horizontale der Brüderlichkeit, nicht in der Vertikale der Väterlichkeit, Gott ist uns Vater nur durch unseren Bruder Jesus hindurch. Ehe er Wunder des Ausgleichs unserer Bedürfnisse wirkt, hungert ihn selbst in der Wüste, und er lehnt das selbstbezogene und lehnt auch das von oben uns überrennende, unfehlbar gewinnende Wunder als Versuchung des Satans ab. Mehr noch, er begibt sich selbst in die Hilfsbedürftigkeit. Er ist zertreten wie ein Wurm (vgl. Ps 22,7), er schaut am Kreuz mit dem 69. Psalm nach einem Helfer aus und findet ihn nicht. Das ursprüngliche Verhältnis, nach welchem Eva die Hilfe für Adam ist, wird von Christus als dem neuen Adam auch im Blick auf uns als seine Braut, die Kirche, wiederhergestellt: Sie ist als seine Braut ihm Hilfe (vgl. Eph 5,22–33). Paulus weiß sich im Kolosserbrief als der ergänzende Helfer der Leiden Christi (vgl. Kol 1,24), und Jesus will im geringsten seiner Brüder unsere Hilfe für sich selbst (vgl. Mt 25,40). Wir helfen *ihm*, damit Er sei und aufgehe in allen.

Doch kehren wir in das Feld der unmittelbar und allgemein anschaulichen Verhältnisse zurück. Wir befragen zwei entgegengesetzte Grenzsituationen möglicher Hilfe und Hilfsbedürftigkeit danach, was das bedeute: Mitsein und Selbstsein.

Da steht auf der einen Seite die folgende Möglichkeit: Einem fehlt „nichts", die sachhaften und regulierbaren Bedingungen seines Lebens sind in Ordnung. Seine Not ist allein innerlich, er kommt mit sich und seiner Welt nicht zu Rande.

Wie stellt sich da die personale Hilfe, wie da das angeforderte Mitsein dar? Gewiß nicht so, daß dieser Mensch nun „angepredigt" wird, daß man ihm ein fertiges Bild, wie er selbst sein sollte, aufdringlich oder auch geschickt anliefert. Was not tut, ist jemand, der ihm *zuhört*, der Platz für ihn selbst hat, der einsteigt da hinein, wo er ist und wie es ihm zumute ist. Ein Minimum von Aktion und ein Maximum von Offenheit sind erfordert. Offenheit heißt aber Leere von sich selbst, sich selbst vergessendes und zum Verschwinden bringendes, einfaches Dasein. In der alten Philosophie sagte man, Person sei kein Wesens-, sondern ein Existenz-, ein Daseinsbegriff. Person ist nicht *etwas,* sie ist *Dasein.* Personalität ist dann am vollkommensten gelebt, wenn sie nichts ist, aber da. Nicht darauf, daß *ich* da bin, liegt ihr Ton, sondern darauf, daß anderes, daß der Andere einen Platz findet, um dazusein. Wir sind der Platz, auf dem der *Andere* steht. Das ist nicht Heroismus, und wenn es Heroismus wäre, wüßte er nicht um sich. Zum Gespräch gehört nicht, daß ich spreche, sondern daß ich höre, wenn der Andere spricht, daß das Wort des Du und daß im Wort das Du selbst Raum finde, um vorzukommen, aus sich herauszukommen. Personale Hilfe bringt sich selbst also zum Verschwinden, *das* besagt ihr Mitsein; und das Selbstsein, dem sie dient, besagt dies: Der Andere darf als er selbst sein, er kann aus sich heraus- und hervorkommen, über sich hinaus und so zu sich selbst finden. Daß da auch einmal ein energisches Wort und ein zupackendes Führen geboten sein können, versteht sich von selbst. Doch Hilfe ist so etwas nur, wenn es aus dem eigenen Hören kommt und wenn es zur Freiheit, zum Selber-sein-Dürfen des Anderen führt.

Der andere Grenzfall bestätigt im schärfsten Gegensatz das Ergebnis des ersten: Jemand ist in äußerster und äußerlichster Not, für personale Probleme ist kein Platz, er darf nur eines nicht, nicht verhungern und erfrieren. Hier ist die einzige personale Hilfe die sachliche, die unumwunden das tut und gibt, worauf es jetzt ankommt, ohne jede ideologische Verzierung und ohne geistliche Beikost. Personalität bewährt sich wiederum darin, daß sie sich zum Verschwinden bringt, daß sie nichts ist, aber da ist in der Selbstverständlichkeit des Zugreifens. Je weniger Aufhebens gemacht wird, je unwichtiger der Helfer ist, desto mehr wird gerade über das Sachliche hinaus etwas von ihm selbst ausstrahlen und im Etwas ihn selbst dem Anderen geben. Maß ist wiederum nicht das Ich, sondern das Du, und erst darin erschließt sich die Lauterkeit des Ich, sein personaler Rang. Auch hier erweist sich personale Hilfe nicht als ein Was, sondern als ein Wie.

Ein wahrhaft überraschender Befund. Personale Hilfe ist nichts anderes und Zusätzliches als einfach: Hilfe. Sie kann nie sich selbst konservieren, sondern muß sich und den Helfer je überflüssig machen. Der Andere soll sein, er selbst sein können, in sich selbst stehen können, nicht auf mich angewiesen bleiben. Personale Hilfe ist Ermutigung und Ermächtigung zum Selbstsein.

Widerspricht das nicht dem Ansatz bei jenem Bild der Schrift von der Partnerschaft der Eva zum Adam? Gattenliebe ist doch gerade darauf angelegt, zu bleiben, die beiden ständig aufeinander bezogen und angelegt sein zu lassen. Und gleichwohl ist die schönste Liebe das „Überflüssige", nicht mehr Kalkulierbare und Erwartbare, sie ist „nichts" mehr als das reine Dasein beieinander und füreinander, nichts und so gerade alles. Sie stimmt also mit dem erhobenen Charakter des Personalen überein.

Es könnte nun vielleicht der Eindruck entstehen, die personale Hilfe sei in unseren Überlegungen ausschließlich der individualen Hilfe gleichgesetzt. Doch wenn es der Hilfe ums Selbstsein des Menschen geht, dann muß es ihr um alle Dimensionen gehen, die zum Selbstsein gehören; das Du aber erschöpft keineswegs die Dimension des Wir, der Gemeinschaft. Es war davon die Rede, daß das Ich im Du den Platz finden müsse, um hervorzukommen und es selbst sein zu dürfen. Im Hören des Du auf das Ich finde ich den Ort, wo ich hingehöre, wo ich geborgen bin. Dieses Hingehören, dieses Platzfinden ist indessen ganz gewährt erst im übergreifenden Raum des Wir, der Gemeinschaft. Ich muß ich sein dürfen nicht nur bei dir, sondern angesichts aller, erst dann habe ich wirklich Mut und Freiheit, ich zu sein. Personale Hilfe hat also nie den Beigeschmack solistischer Bravour, sosehr sie den ungewöhnlichen und unverrechenbaren Einsatz des Ich erfordert, sie ist genauso legitim und in vieler Hinsicht unersetzbar Gemeinschaftshilfe, nie personal, weil es eine einzelne Person ist, die hilft, sondern nur personal, weil sie *zur* Personalität, *zum* entfalteten Selbstsein hilft, zum Selbstsein im Ganzen der Gesellschaft.

Die Besinnung auf das Wesen der personalen Hilfe führte uns also nicht zum Schrei nach der Person, die im Getriebe der bösen Zeit abhanden gekommen wäre und durch ihr flammendes Beispiel Personalität wecken müßte. Im Gegenteil, sie hat zum Ertrag die nüchterne Anweisung: die eigene Person zum Verschwinden, zum Überflüssigwerden zu bringen im sachgerechten und dugerechten Dienst an der Freiheit und Selbständigkeit des Anderen. Daß dieses Überflüssigwerden des Ich nur möglich wird aus dem gebildeten und bejahten Ich-selbst-Sein heraus, daß Helfen also nicht mit dem Helfen, sondern mit der Bildung und Entfaltung des Helfers anfängt, muß freilich hinzugesehen werden.

Ein ernster Einwand liegt nahe. Was heute fehlt, sind die Leitbilder, ist der positive Inhalt und die positive Ordnung des Lebens. Nur da sein, nur zuhören, ist das nicht zu wenig? Haben wir nicht Methode und Gehalt verwechselt? Freiheit: Was soll den leeren Raum dieser Freiheit ausfüllen, die heute allenthalben gefordert wird? Selbständigkeit: Wo sollen die Menschen im Morast, in der Bodenlosigkeit der heute gängigen Meinungen und Gewohnheiten als sie selber stehen? Heißt Hilfe nicht doch eher: Verkündigung christlicher Lebensordnung, Bereitstellung von gültigen Antworten, freilich begleitet von den sachlich notwendigen Hilfsdiensten?

Es sei die Gegenfrage erlaubt: Haben wir nicht ein Arsenal voller Antworten – nur fatal, wenn sie nicht ganz zu den wirklichen Fragen passen, die heute gestellt oder doch zu stellen wären? Der Christ muß freilich wissen, daß er vom großen Du über allem Du gehört wird, und wohin er selbst gehört, erst das macht ihn frei, auf den Anderen zu hören und ihm ein helfendes Hingehören und Zugehören anzubieten. Aber er antwortet nicht, indem er Antworten *hat*, sie verfügend besitzt, sondern indem er mit sich selbst in die Frage des Anderen eingeht und aus dieser Frage auf die Antwort hört. So erst kann der Andere sie auch selbst, als er selbst, hören lernen. Den Anderen hören und mit ihm auf die Antwort hören: Das allein ist glaubwürdig, das allein auch christlich.

Es bleibt ein Dilemma: Ich kann nur helfen, wenn ich so arm bin wie der, dem ich helfe, denn sonst kann ich ihn nicht verstehen, bin ich nicht, wo er ist. Und anderseits kann ich doch nur helfen, wenn ich mehr habe als der Andere, wenn er das Vertrauen zu mir schöpfen kann, daß ich seinen Mangel ausgleichen werde, ich ihm etwas zu geben oder zu sagen habe. Nichthaben und haben sind zugleich erfordert, damit ich zu helfen vermag. Nicht ohne tiefere innere Beziehung mag uns hier das Wort aus dem 7. Kapitel des 1. Korintherbriefs in den Sinn kommen: „Haben, als hätten wir nicht" (1 Kor 7,29). Dort ist von der Verfassung unseres menschlichen Daseins die Rede im Blick auf den wiederkommenden Herrn. Wir sind in die Welt gestellt, müssen die Welt verwalten und gebrauchen, dürfen nicht aus ihr auswandern. Und doch steht der vor der Türe, der unser Handeln, Gebrauchen und Haben schon überholt hat, vor dem alles eigene

Rühmen und Unternehmen nichts ist, von dem her die Welt erst neu und wirklich und endgültig aufgehen und uns geschenkt werden wird. Deshalb heißt es eben: *Im* Haben der Welt frei sein von dem Gehabten für Ihn allein, haben, ohne festzuhalten, uns alles auf die offene Hand legen lassen, ohne sie zu schließen. Solches gilt, wie gesagt, im Blick auf den kommenden Herrn. Aber ist dieselbe eschatologische Haltung nicht auch erfordert im Blick auf den Bruder? Wissen wir nicht, daß auch der Bruder zu den „letzten Dingen" zählt? Wir sind unterwegs zueinander, wir werden unüberholbar miteinander sein – Gott gebe es, in alle Ewigkeit – am einen Tisch. Jeder Nächste ist ewige Endstation unseres Weges. Und so löst sich der Widerspruch. Ja, ich habe dies oder jenes, was du nicht hast. Aber ich habe es doch nicht für mich, sondern auf dich hin. Erst von dir her, erst wenn ich es für dich habe, erst wenn es mir nicht darauf ankommt, daß gerade ich es jetzt habe, habe ich es wirklich. Ich habe es und bin darin zugleich so arm wie du, der es nicht hat. Haben, als hätten wir nicht: dies ist Formel auch der personalen Hilfe.

III. Die gegenwärtige Situation der Hilfe

Unserer Besinnung ist die Aufgabe gestellt, das Wesen personaler Hilfe nicht abstrakt zu bedenken, sondern seine Chancen und Gefährdungen, seine Situation in unserer Welt. Insgeheim geschah das schon im Voraufgehenden. Denn in einer anderen Welt als der unseren, in einer anderen geschichtlichen Stunde als der heutigen wären unsere Gedanken anders ausgefallen. Wir leben in einer rationalisierten und technisierten Welt. Unsere Reflexion galt dem Personalen, dem Mitsein zum Selbstsein. Diese Worte, also das Gegenteil dessen, was die Ausdrücke „rationalisiert" und „technisch" beschwören, sind heute erst gebräuchlich; sie waren im ganzen Gang der abendländischen Geistesgeschichte zuvor noch nie so wie heute thematisch geworden. Ist das nicht ein Hinweis auf eine geheimnisvolle Gleichzeitigkeit von Gefährdung und Eröffnung des Personalen in unserer Zeit? In der Tat erwachen auch für die personale Hilfe in unserer Welt mit einer neuen Bedrohung neue Möglichkeiten.

Technisierung und Rationalisierung bestimmen unsere Zeit. Was heißt das? Die Welt wird ein Vorratsspeicher von Möglichkeiten der Produktion und der Nutzung durch den Menschen. Diese Möglichkeiten sind auszuschöpfen nicht mehr von Einzelnen in ihrem in sich geschlossenen, für sich selbst seinen Sinn und seine Frucht garantierenden Werk, erfordert ist vielmehr ein weltweit sich verschränkendes Zusammenwirken aller mit allen. Dem Einzelnen fällt eine begrenzte Funktion, in ihr freilich eine welthafte Verantwortung und mit ihr zugleich eine tiefe Abhängigkeit vom Ganzen zu, um leben zu können. Je mehr sich die Gesellschaft zum allumspannenden Werk durchorganisiert, um so größer wird das Interesse aller ihrer Glieder, Anteil an den Produkten dieses Werkes zu erhalten. Dieser Anteil besteht in den immer besseren Bedingungen der Erhaltung, Sicherung und Entfaltung der Existenz in der Welt. Die erste Seite der Spannung, bei der mögliche Hilfe ansetzt, die Spannung des Menschen auf die Bedingungen seines Daseins in der Welt, erhält eine ungeheuerliche Dringlichkeit. Diese Spannung ist dadurch angeschärft, daß keiner sich allein helfen, kein Einzelner auch dem anderen Einzelnen hier noch entscheidend helfen kann. Die Befriedigung der Bedürfnisse und Wünsche ist allein den umgreifenderen Gemeinschaften, letzlich nur dem Ganzen selbst, möglich. Da aber umgekehrt dieses Ganze ebenso auf den Beitrag der Einzelnen in der Erfüllung ihrer Funktionen angewiesen ist, verliert die genannte Spannung das Gesicht der klassischen „Hilfsbedürftigkeit". Es entsteht etwas wie *gegenseitige* Angewiesenheit aller aufeinander, und die Einzelnen erheben ihren *Anspruch* an das Ganze. Vieles, was früher deutlich den Charakter der Hilfe trug, ist heute in den nüchternen Austausch der Funktionen, in den Ablauf von Forderung und Leistung hinein neutralisiert. Gewiß, die Behebung aller Nöte durch rationalisierte gesamtgesellschaftliche Hilfen oder besser: Dienste läßt je neue sachhafte Nöte offen, die dann doch wieder einer Hilfe bedürfen, welche spontan die Not entdecken und beheben muß. Von der Gesamtkonzeption einer technisierten Welt her sind solche nicht ins totale Funktionsnetz eingepaßten Nöte jedoch nur Restbestände einer an sich zu überwindenden Epoche.

Wie man bei der Produktion die Unsicherheitsfaktoren auf

Grund menschlichen Versagens immer perfekter auszuschalten trachtet, so auch bei den Diensten für die Einzelnen: Die Verlagerung vom persönlichen Einsatz auf das kontrollierbare Funktionieren des Apparates wächst an. Zugleich *steigert* sich aber auch der persönliche Einsatz, er wendet sich je verantwortungsvollerem, mehr Umsicht und Kenntnis forderndem Entwerfen und Steuern der Funktionen zu. Entsprechendes gilt auch vom Personalen in den sachlichen Dienst- und Hilfefunktionen für den Menschen. Die Person greift immer mittelbarer, mit immer mehr apparatellen und gesteuerten Hilfen in diesen Dienst ein. Doch wird dieser Dienst weniger verantwortungsvoll, muß die sachliche Vermittlung etwa ärztlicher Kunst durch diagnostische und therapeutische Methoden den personal-unmittelbaren Kontakt verringern? Kann nicht im Ganzen der Entwicklung, die eben schematisch und verkürzt umrissen wurde, vielleicht gar mehr freier Raum der Begegnung, der Menschlichkeit, des Personalen erschlossen werden? Die „Dugerechtigkeit" in der Sachgerechtigkeit war auch in jenen Zeiten nicht erzwingbar, in denen jeder sachliche Dienst mit dem Kraftaufwand der Person des Helfers verknüpft war, das Hören auf das Du bleibt immer unherstellbares Geschenk. Die größere Perfektion der sachlichen Seite von Hilfe birgt zwar in sich die Versuchung, sich mit dem tadellosen Verabreichen quantitativer Leistungen zufriedenzugeben; doch erstens ist eben die größere Sachgerechtigkeit ein Ziel gerade der personalen Hilfe, und zum anderen ist der Raum für das Hören und für das Gespräch – für das eigentlich Helfende der Begegnung – durch sachliche Vervollkommnung und Erleichterung nicht notwendig eingeengt.

Oder sollte man darüber traurig sein, wenn Hilfe, Hilfe im Sinne eines ausdrücklichen Sich-Annehmens einer ausdrücklichen Not, weniger erforderlich wird? Traurig, weil man um seine Berechtigung als Organisation oder Institution der Hilfe bangt? Hilfe will, so sahen wir, nie sich selbst, Hilfe will sich, freilich aber nicht das Helfen*können*, überflüssig machen. In der Tat sprang bislang mit jeder neuen Entwicklung der Gesellschaft auch eine neue Dimension der Not auf, die Hilfe, die Zur-Stelle-Sein erfordert. Und ist dieses sehende, Wege und Mittel der neuen Hilfe bereitende und bereithaltende Zur-Stelle-Sein, dieses Auf-dem-Sprung-Bleiben für die sich wandelnde Situation und für alle Not, die im schiefen Winkel zum Fortschritt der Gesellschaft liegt, ist dieses „Dasein", in dem das Wesen der personalen Hilfe beschlossen liegt, nicht drängende und bleibende, noble Aufgabe genug? Mit einem Seitenblick auf die Organisationen gesagt, die der Hilfe dienen: Es geht um dieses Zur-Stelle-Sein, um dieses stets wache, alle Entwicklungen achtende, ja ahnende An-der-Zeit-Sein, um dieses gesamtmenschliche und so gerade christliche Engagement, um diese *wirkliche* Subsidiarität, und das heißt doch: um eine Hilfeleistung an die Gesellschaft. Mehr *darum* geht es als um Kompetenzen. Beharren auf alten Konzeptionen, Bleiben im eigenen Saft, könnte tödlich sein. Es kommt nicht darauf an, daß *wir* helfen, sondern daß geholfen wird, das bleibt *uns* aufgegeben, das muß *unsere* Sorge sein.

Bisher hatten wir mehr die Chancen der Hilfe in der technisierten und rationalisierten Welt im Auge als deren Gefährdung: Der sachliche Ausgleich der Spannungen des Menschen auf die Bedingungen seines Lebens in der Welt ist leichter und vollkommener geworden, der Raum wächst, den gesteigerte Rationalisierung und bessere Methoden der Hilfe einem Sich-Begegnen lassen. Doch das ist nur die eine Seite.

Die ungeheure Konzentration der Gesellschaft auf das Werk der Technik, auf die Ausbeutung aller Möglichkeiten und Energien und entsprechend das Interesse am Anteil aller an dieser Ausbeute ist die eigentlich verbindende Gemeinsamkeit. Was dieses Werk und was der Anteil an ihm aber soll: das zu deuten, sich selbst darin zu verstehen, bleibt dem Einzelnen überlassen. Gott sei Dank, daß es keine vorgeformte Sinndeutung des Daseins gibt. Gefährlich aber, wenn die Frage nach einem letzten Sinn nicht mehr gestellt wird, und noch gefährlicher, wenn diese Frage beantwortet wird, ohne daß man selbst es war, der die Antwort gab, ja, ohne daß man die Frage stellte. Diese Gefahr steht indessen an.

Wieso? Jeder muß seine Funktion erfüllen, jeder soll gleiche Chancen des Anteils an der Welt haben, jeder also auch gleiches Recht, das anzufangen, das zu glauben, das zu äußern, was er will. Natürlich soll er das. Aber unter der Hand droht das gleiche Recht eines jeden auf seine Meinung zur gleichen Gültigkeit jeder Meinung für mich, ja am Ende zu meiner eigenen Gleichgültigkeit gegenüber jeder und meiner Meinung zu werden.

Etwas Festes, Verbindliches, Unzweifelhaftes gibt es gleichwohl; man könnte es nennen die „vier technischen Pflichten": die Pflicht, selbst zu funktionieren; die Pflicht, das Ganze in seinem Funktionieren aufrechtzuerhalten; die Pflicht, den Anderen, wenn er nur mitfunktioniert, in Ruhe zu lassen; schließlich die Pflicht, mit den Anderen zusammen zu funktionieren, um der eigenen Gruppe möglichst viele Anteile am Ganzen zu sichern. Diese vier Linien umschreiben das leere Quadrat meiner Freiheit, nebenan liegen die Quadrätchen der Freiheit meiner Nächsten. Es geht mit aller Energie um die Quadrate – was man hineinschreibt, ob man überhaupt etwas hineinschreibt, das interessiert nicht, das ist das Zufällige, Unsichere, so oder anders zu Regelnde. Die auf ihren gleichen Anspruch und auf ihre gleiche Funktionsbereitschaft gesetzte Person bleibt leergelassen, ihre Freiheit ist formal, die herrschende Dimension des Daseins wird das Quantitative. Und da eben entstehen die zwei Spielarten der großen, der personalen Not: Entweder wächst die Spannung im inneren Verhältnis des Menschen zu sich und zur Welt an bis zum Bersten, die große Not der Einsamkeit, oder diese Spannung ist dem Bewußtsein des Menschen abhanden gekommen, die entscheidenden Fragen „Warum?" und „Wozu?" werden nicht mehr gestellt.

Die Spannung der Existenz auf ihre Bedingungen in der Welt verliert in der technischen Welt immer mehr das Gepräge der Hilfsbedürftigkeit, die Spannung der Existenz auf ihr Einssein mit sich und der Welt hingegen erhebt sich zum lauten, oder, nicht minder eindringlich, zum stummen Schrei nach Hilfe, nach Hilfe, die wahrhaft Hilfe ist, nach dem das Ich zu sich bringenden Mitsein des Du. Personale Hilfe tut not wie vielleicht nie zuvor.

Diese Hilfe muß indessen, heute so dringlich wiederum wie kaum einmal zuvor, in strengster Treue zum *Wesen* der Hilfe geschehen. Das heißt einmal: Sie muß aus der *Horizontalen* kommen, aus der Gleichheit des Mitseins. Nicht klagen über die Einebnung der Welt durch die Technik in die Gleichschaltung, in die eine, ebene Dimension, sondern einsteigen in die Solidarität, ins Gleichsein, wie es ja menschlich und christlich immer zur Hilfe gehört! Hilfe von oben ist dem Menschen von heute unverständlich und unerträglich, sie ist, von Gottes eigenem Planen her, auch des Menschen nicht würdig.

Hilfe, die ihrem Wesen gemäß geschieht, das heißt zweitens: Sie darf nicht abseits von der sachlichen Verflechtung der Gesellschaft, sie muß vielmehr *in* ihr geschehen. Nur so ist sie personal; denn Person, so sahen wir, ist nichts, aber sie ist da. Das hat weittragende Konsequenzen: Personale Hilfe muß sich *in* der Alltäglichkeit, *im* Apparat, *im* Funktionszusammenhang abspielen, *im* vorgegebenen Miteinander-Verbundensein. Da, wo ich mit dir zusammengeschaltet bin, da, wo ich dir etwas zu geben habe oder du mir etwas zu geben hast, da, wo wir zusammenarbeiten oder -essen, da, mitten in der Sachlichkeit, muß ich du sagen zu dir, da durchhören durch die belanglos ausgetauschte Rede auf das Du. Es muß freilich auch das persönliche „Nebenan" zur sachlichen Atmosphäre geben, den Raum des Privaten, in den man den Anderen „zu sich" lädt, oder auch den Raum, der für das helfende Gespräch eigens anbietend offensteht. Entscheidend aber ist der *Zugang,* und er geschieht dort, wo der Andere ist, wo ich schon jetzt und ohne zusätzliche Aktion beim Anderen bin. Mitsein heißt ja: sein, wo der Andere ist.

Wir kommen hier von selbst nochmals auf die erstgenannte Forderung, die des Gleichseins, zurück. Ich soll mich nicht künstlich gleich *machen* mit dem Anderen, so daß man den vorherigen „Niederstieg" beobachten könnte. Ich *bin* gleich. Nicht einmal bei dem, der wirklich „von oben" kam, sah man dieses Kommen vom Himmel her. Die Himmelfahrt war sozusagen halböffentlich, die Kreuzigung war öffentlich, die erste Ankunft ganz verborgen. Wir *sind* wirklich, von uns her und unserer Situation her, wo die Anderen sind. Wir *können* nicht helfen. Wo das Helfen gekonnt ist, hilft es nicht mehr – sachliche Dienste müssen freilich gekonnt sein. Wir sind miteinander, aber wir wollen darin, daß der Andere sei. Wir sagen *in* der Sachlichkeit, und ohne sie zu mindern, dennoch und zugleich Du.

Wird hier nicht offenbar, wie die Situation, die das Personale bedroht, das Personale doch ruft? Wie Wesen der Zeit und Wesen des Personalen genau dieselben Forderungen stellen? Bei näherem Eingehen ließe sich zeigen, wie – ins Geistliche gewendet – die Spiritualität etwa der kleinen Therese oder Charles de Foucaulds genau aus dem Herzen des Evangeliums und ebenso genau aus dem Herzen unserer Zeit geschnitten sind. Das am Wesen der personalen Hilfe Abgelesene lesen wir auch ab an der Physiognomie unserer Welt, es ist beidemal dasselbe. Personale Hilfe ist kein Was, sondern ein Wie, keine Zutat zum sachlichen Dienst, sondern die *Tat* dieses sachlichen Dienstes.

Um noch einmal die Anwendung zu ziehen auf die Organisationen, die ausdrücklich der Hilfe dienen: Das Entscheidende der Hilfe kann nicht von ihnen geleistet werden, es muß geschehen in der Verwandlung der Situationen äußeren Zusammentreffens zur Begegnung, zum wahrhaften Mitsein. Das Entscheidende an Hilfe kann nicht *von* den Organisationen geleistet werden, wohl aber soll es *mit* ihnen geleistet werden. Dreifach sollen sie mitsein mit der Hilfe. Sie sollen exemplarisch die sachlich immer besseren Methoden und Mittel der Hilfe zur Hand geben und entwickeln, sie sollen das wache Auge darauf haben, wo ungesehene und unbewältigte Not nach Hilfe ruft, sie sollen das Gewissen für uns alle sein, das unser Helfenwollen auf gemäße Weise stützt und uns die Hilfe recht verstehen lehrt. Umschlagplätze der vielfältig versuchten und vielfältig bedurften Hilfe sollen sie sein – Mitseiende im unvertretbar von mir zu dir angeforderten Mitsein personaler Hilfe.

Wir alle sind freilich zu müde, zu strapaziert, zu verfangen und zu verbraucht, um uns jedesmal, wenn wir einem Anderen begegnen, in die Offenheit des hörenden, sich selbst vergessenden Mitseins zu rufen. Müßten wir uns nicht, wir als Christen, gegenseitig darin bestärken und *gemeinsam* darum bemühen, daß wir der Welt dieses nicht schuldig bleiben, was sie von uns als Mitmenschen erwarten und von uns als Jüngern Jesu fordern kann? Wir allein, jeder für sich, wir können das nicht. Aber Einer kann es, und Er hat versprochen, bei uns zu sein, wenn wir mit Ihm verbunden sind. Sollten wir das nicht, wenn wir beieinander sind, vielleicht gar, sooft wir beieinander sind, ausdrücklicher suchen und ungenierter einander bewußt machen, damit wir dann auch in der Plage der Alltäglichkeit, dort, wo wir wirklich eingelassen sind in das Werk und in den Verkehr mit allen, wacher und offener für alle und für jeden Einzelnen wären? Etwas von dem sollte immer in und zwischen uns allen sein: „Wo zwei oder drei in Meinem Namen versammelt sind, da bin Ich mitten unter ihnen" (Mt 18,20).

CARITAS –
EINE THEOLOGISCHE REFLEXION
ZWISCHEN KONZIL UND SYNODE

Der Deutsche Caritasverband feiert sein 75jähriges Bestehen in der Situation zwischen Konzil und Synode. Das Zweite Vatikanische Konzil ist der großartige Versuch, in thematischer Ausdrücklichkeit Kirche und Zeit zur „Gleichzeitigkeit" zu bringen. Diese Gleichzeitigkeit ist aber kein fixierbares Gut, sondern eine stets neue Aufgabe. Einmal in Angriff genommen, multipliziert sie sich andauernd. Das führt manchmal paradoxerweise dazu, daß Kirche und Zeit sich um so weiter auseinanderzuentwickeln scheinen, je mehr sie sich suchen. Ein Unterfangen wie die Gemeinsame Synode der Bistümer in der Bundesrepublik steht so vor der Schwierigkeit: Kann es gelingen, auf dem beständig neuen Weg zur Gleichzeitigkeit mit der Zeit so feste und überzeugende, zugleich so offene und dynamische Strukturen zu gewinnen, daß dabei die „Gleichzeitigkeit" innerhalb der Kirche, das Miteinander der Glaubenden in ihr und somit ihr gemeinsamer Dienst, die Identität der Kirche mit sich selbst, gewährleistet werden?

Gleichzeitigkeit mit der Zeit und Gleichzeitigkeit miteinander haben in der Kirche freilich nur ihren Sinn, wenn sie nicht um ihrer selbst willen, sondern um der Gleichzeitigkeit mit dem Herrn willen gesucht werden.

Gibt es ein gemeinsames Stichwort, das Gleichzeitigkeit mit der Zeit, Gleichzeitigkeit miteinander und Gleichzeitigkeit mit dem Herrn überzeugend ausdrückt? Gewiß kein anderes als das Wort Caritas. Hier ist freilich nicht zuerst an Caritas als Aktion und Institution, sondern eben an jenes gedacht, um dessentwillen es auch solche Aktion und solche Institution geben kann und geben muß: an jene Liebe, die nicht zuerst darin besteht, daß *wir* geliebt haben, sondern daß Er geliebt hat, und die gerade darum fordert, daß Glaubende Liebende sind (vgl. 1 Joh 4,10–12).

Die Besinnung auf Caritas in unserer Situation ist Besinnung auf die Gleichzeitigkeit Gottes mit der Welt und der Kirche mit der Welt und der Glieder der Kirche miteinander.

Die These, die solcher Besinnung zugrunde liegt, sei im folgenden kurz umrissen: Gott ist Liebe, er ist in einem „vorzeitlichen" Sinn der Gleichzeitige mit sich selbst, will sagen jener, der in sich selbst von sich selbst weg ist, Gemeinschaft, Dreifaltigkeit, Sein bei sich als Sein beim Du. Daraus erwächst, in der unerzwingbaren und unerrechenbaren Freiheit der Liebe, seine Gleichzeitigkeit mit der Welt, mit seinem anderen also, das er an sich selber freigibt und das, vollendend, erlösend, er *sich* freigibt in Jesus Christus, der die Gleichzeitigkeit Gottes mit der Welt darstellt. Diese Gleichzeitigkeit ist die Liebe, von der das Neue Testament spricht. Sie lebt in der Geschichte als die Weitergabe Jesu in die je neue Gleichzeitigkeit mit der Zeit, und das heißt in jener lebendigen Tradition, welche die Kirche ist. Die Kirche ist solche Tradition, solche Weitergabe des sich selbst weggebenden Herrn nur in der dreifachen Weggabe, die zur dreifachen Gleichzeitigkeit führt: in der Weggabe an den Herrn als Ursprung und Haupt, in der Treue also zu ihm; in der Weggabe derer, welche die Kirche sind, aneinander, durch die sich die Liebe des Herrn bezeugt und er selbst in der Mitte der Kirche gegenwärtig ist; in der Weggabe der Kirche an die Welt, für die sie der sich hingebende Leib des Herrn ist, damit sie durch die Kirche mit dem Herrn kommuniziert, eintrete in seine Gleichzeitigkeit mit ihr.

I. Zur Situation der Caritas

Caritas ist „Gleichzeitigkeit". Wie steht sie in *unserer* Zeit? Die Situation zeigt folgende Konturen: Einerseits tritt Liebe als die fundamentale Botschaft des Christentums deutlicher denn je ins Bewußtsein; zugleich erheben sich aber auch Einwendungen gegen ein von der Liebe her konzipiertes Christentum, zumindest wenn man Liebe im überlieferten Sinn versteht. So kommt es zu sehr unterschiedlichen Interpretationen dessen, was Liebe ist und erfordert. Die gesellschaftliche Entwicklung stellt zugleich „von außen" neue Fragen, Anforderungen und Bedingungen an die Realisierung von Caritas.

1. Liebe als Mitte zeitgerechten Christseins

Liebe als Mitte des Christentums zu sehen, scheint an der Zeit zu sein. Mit dogmatischen, moralischen oder gar juridischen Fixierungen um ihrer selbst willen vermögen viele nicht mehr ins reine zu kommen. Solche Fixierungen werden nur in dem Maß akzeptiert, in dem sie als Ausdruck oder Stütze lebendiger, liebender Gemeinschaft mit Gott und miteinander einsichtig zu machen sind. In der verwirrenden Vielfalt neuer Probleme und Aufgaben scheint es nur einen überzeugenden Weg christlichen Handelns zu geben: sich in jeder Situation am Grundmaß der Liebe als des einen und einzigen Gebotes zu orientieren.

Christentum steht in der Konfrontation mit anderen Weltanschauungen. Es fällt hier zwar den Christen zu Recht schwer, mit ihrer angeblich größeren Liebe konkurrieren zu sollen – Erfahrungen radikaler Hingabe und Menschlichkeit außerhalb der eigenen Reihen sind für viele sogar Anlaß der Verunsicherung im Glauben. Doch gerade daran wird deutlich, daß Liebe in der Tat das Unterscheidende des Christentums ist; sie ist es jedoch nicht als Leistung, die sich anderen Leistungen gegenüber ausspielen ließe, sondern als Glaube an die Liebe (vgl. 1 Joh 4,16), in der Gott sein unerfindliches und unerzwingbares Ja zum Menschen gesagt hat. Die Deutung der Kirche, die dem Zweiten Vatikanischen Konzil zugrunde liegt, läßt sich auf diesen Nenner bringen: Kirche ist Liebe, Sakrament der Liebe Gottes für die Welt.

Die Schwierigkeit des Glaubens, die heute weithin die religiöse Situation kennzeichnet, ist in der Tat Schwierigkeit des Glaubenkönnens an die Liebe Gottes in einer Welt, in der mit dem Grad der Machbarkeit ihres Glücks und ihrer Zukunft der Grad der Konfrontation mit Sinnlosigkeit und Sinnentzug wächst. Die Glaubwürdigkeit des Evangeliums und die Glaubwürdigkeit der Kirche hängen davon ab, wie glaubwürdig die Liebe Gottes in der Liebe der Christen erscheint.

2. Einspruch gegen die „christliche Liebe"

Liebe ist gefragt; sie ist *das* Kriterium für Christentum und Kirche. Das zeichnet unsere Situation. Sie ist indessen ebenso gezeichnet vom Widerspruch gegen Theorie und Praxis christlicher Liebe oder dessen, was als christliche Liebe gilt.

Liebe, so wird gesagt, sei eine privatisierende Mißdeutung, ja Unterhöhlung dessen, was heute nottut: des weltweiten gemeinsamen Kampfes für Menschheit und Menschlichkeit. Nicht um Liebe gehe es, sondern um Gerechtigkeit und um deren rationale Herstellung und Sicherstellung in den Strukturen der Gesellschaft. Christliche Liebe schaue auf den Gott, der sich liebend niederneigt. Sie komme so von oben, als „Almosen", sie nehme den Menschen nicht partnerschaftlich ernst, gebe ihm nicht, was sein ist, sondern spiele sich auf als die Kraft souverän-ungeschuldeten Erbarmens.

Liebe, so wird gesagt, sei als Liebe gegen jedermann und in jeder Situation, gar als Liebe nach dem Maß der Selbstentäußerung Christi, eine Überforderung. Aggressionen, so argumentiert man, gehören zum psychischen Gleichgewicht des Menschen und der Gesellschaft. Sie könnten durch das ethische Bemühen einer absoluten Liebe nicht überwunden, sie könnten nur verdrängt werden, um dann um so unheimlicher und ohne Kontrolle in das Leben des einzelnen und der Gesellschaft zurückzukehren. Daß es der christlichen Liebe so wenig gelang, in der Geschichte christlicher Völker und christlicher Kirchen Grausamkeiten und Unmenschlichkeiten zu bannen, wird als Beweis dafür herangezogen.

Liebe, so wird gesagt, sei der Deckmantel für die Zementierung des Bestehenden. Um ihretwillen werde gewaltsame Veränderung in Kirche und Gesellschaft ausgeschlossen und damit gerade der Impuls des Evangeliums zur Veränderung verraten. An die Stelle des nazarenischen Kinderfreundes, des Guten Hirten fürs verlorene Einzelschaf wird das Zielbild des zornigen Jesus der Tempelreinigung und der Streitreden gegen die Schriftgelehrten und Pharisäer gesetzt.

Liebe, so wird gesagt, werde durch die Verherrlichung des Kreuzes zum Alibi für wahre Aktivität, zur Fluchtburg der Fußkranken auf dem Marsch der menschlichen Entwicklung, der alle Energie und allen Einsatz fordert.

3. Verschiedene Deutungen der Liebe

Die gezeichnete Polarisierung des Pro und Contra hat auch ihre Auswirkungen für die Deutung und Bedeutung von Liebe selbst. In der Reflexion, und mehr noch in jenen tiefer liegenden Schichten allgemeinen Bewußtseins, die sich nicht reflexiv thematisieren, so aber gerade die konkreten Haltungen und Einstellungen nachhaltig prägen, erwachsen im Umfeld des Christentums heute verschiedenartige Grundverständnisse dessen, was Liebe ist.

a) Liebe als Toleranz

Das Miteinander und Nebeneinander vieler Standpunkte und Anschauungen in der heutigen Gesellschaft, der Pluralismus der Meinungen führt dazu, daß Liebe weithin auf Toleranz reduziert wird. Die Liebe verlangt, so wird gedacht, daß man jede Meinung gelten lasse: Liebe wird zum Prinzip der Selbstrelativierung auf eine allgemeine, alles verbindende und versöhnende Einheitsweltanschauung hin. Auseinandersetzung, Kontroverse sind verpönt. Dogmatisch fixiertes, seinen absoluten Anspruch vertretendes Christentum erscheint als Selbstwiderspruch, den es in einem allgemein-menschlichen Christentum, dem Christentum einer Übereinkunft aller mit allen, aufzulösen gilt.

b) Liebe als Kampf

Das Unbehagen an einer Nivellierung der Gegensätze im fraglos Allgemeinen, das niemand und dem niemand weh tut, hat indessen schon längst eingesetzt: eine gegenläufige Hermeneutik des Christlichen dringt vor. Liebe, so wird argumentiert, ist das Zielgut einer von Zwängen und Vorurteilen freien Kirche und Gesellschaft, und alles, was in Kirche und Gesellschaft nach Herrschaft, Ungleichheit, Fixierung aussieht, muß aufgesprengt werden; dieses Konzept von Liebe entwickelt eine Dynamik, die alles eher als „tolerant" ist, sie schließt Polarisierung, Kampf, ja Gewalt nicht aus. Als Liebe wollen derlei Aktion, Kampf und Gewalt sich ausweisen allein durch ihren Einsatz für die Entrechteten und Unterdrückten.

c) Gemeinsamer Hintergrund

Die Übergänge dieser im Grunde diametral entgegengesetzten Deutungen von Liebe sind faktisch dennoch fließend, ja die Gegenpositionen können in den Gedanken oder Verhaltensweisen derselben Menschen koexistieren.

Vielleicht steckt hinter beiden Interpretationen der Liebe etwas Gemeinsames, eine konstitutionelle Kurzatmigkeit im Bestehen von Spannungen: Entweder werden Spannungen nivelliert in den neutralen Kompromiß hinein oder sie werden hochgetrieben auf eine rasche, wenn auch kurzschlüssige Lösung zu. Dem entspricht die heute verbreitete Scheu vor endgültigen Entscheidungen, die durch demonstrative Äußerungen der Selbstbehauptung kompensiert wird.

Der Horror gegenüber Spannungen treibt eine latent das Bewußtsein vieler prägende Interpretation von Liebe hervor: Liebe erscheint als Mitleid, das tragische Spannungen in der Existenz der einzelnen oder der Gesellschaft zu eliminieren sucht. Es wäre gewiß verkehrt und verkürzt, wollte man das gängige Aufbegehren gegen institutionelle Fixierung einmaliger Lebensentscheidungen – erinnert sei an die Diskussion um Unauflöslichkeit der Ehe und Zölibat –, gegen die rechtliche Sicherung werdenden Lebens, gegen konfessionelle oder andere Grenzen, die nicht augenblicklich und ohne weiteres übersprungen werden können, nur als Äußerungen dieses Mitleids deuten. Daß es in den Emotionen eine starke Rolle spielt, kann dennoch nicht übersehen werden: Niemand soll in einen tragischen Konflikt oder Verzicht gebracht werden dürfen, der sich nicht aus äußerer Unabänderlichkeit der Situation herleitet, sondern in ethischen, dogmatischen oder personalen Verbindlichkeiten begründet ist. Der Blickwinkel des „Therapeuten", dessen, der im Einzelfall helfen will und helfen soll, erhält normative Bedeutung in der allgemeinen Meinung.

4. *Caritas in den Bedingungen der Gesellschaft*

Verständnis und Vollzug der christlichen Liebe sind in die gezeichnete Situation, in ihre Widersprüche und Vielschichtigkeiten eingebettet. Doch nicht nur das Ja oder Nein zur Liebe als Grundkraft christlicher Existenz oder die verschiedenen Interpretationen dessen, was Liebe bedeutet, bestimmen die Situation. Liebe ist zwar als Akt der Freiheit immer Selbstbestimmung; sie ist aber Selbstbestimmung zur Fremdbestimmung; denn sie ist Zuwendung zu dem, dem sie gilt, schafft dem, der geliebt wird, Raum, damit er sei, der er ist. Dann aber kann der Liebe in ihrem Vollzug und in ihrer Äußerung nicht gleichgültig sein, wie es konkret um den Menschen und um die Gesellschaft bestellt sei. Liebe als Caritas im engeren Sinn, als sich äußernde, sich organisierende Liebe ist mitgeprägt von den humanen und gesellschaftlichen Bedingungen, in die sie trifft. Wie läßt sich der Wandel der Situation, den Caritas hier zu bestehen hat, in knappen Konturen zeichnen?

Unsere Gesellschaft ist ungleich mehr als früher rationalisierte Gesellschaft. Die Abhängigkeit aller von allen in Produktion, Konsum, Kultur und jedweder Möglichkeit und Äußerung des Lebens macht es notwendig, die Lebensräume und Lebensmöglichkeiten gezielt zu planen und für den einzelnen durch einen übergreifenden Zusammenhang zu vermitteln. Not und Hilfe erhalten Weltdimension. Zugleich verliert die Not jedoch das klassische Gesicht der Bedürftigkeit – wenigstens dort, wo die Rationalisierung der Gesellschaft schon fortgeschritten ist; und wo sie es nicht ist, kann durch bloße punktuelle Nothilfe gerade keine wirksame Besserung geschaffen werden. Hilfe verliert dadurch aber immer mehr den Charakter des durch ungeschuldete Güte und Barmherzigkeit Geschenkten, sie wird mehr und mehr zum rationalen Dienst an einem weltweiten Ausgleich und einer weltweiten Entwicklung, in der es zugleich um das Interesse dessen geht, der hilft, da er ja von der einen und unteilbaren Situation des Ganzen nicht ausgenommen ist. Caritas wird Dienst an der Gerechtigkeit, wird Solidarität.

Dies ist indessen nur die eine Seite von Not und Hilfe. Denn durch die Rationalisierung der Gesellschaft, ja des ganzen Lebens brechen zugleich neue Arten von Not auf: Einerseits entstehen neue Klassifizierungen, in denen jene, die an die rationale Entwicklung nicht angepaßt sind, weil sie aus anderen persönlichen oder sozialen Bedingungen stammen, zur Minderheit und Randgruppe werden. Andererseits gerät der einzelne, gerade auch der vollkommen Angepaßte und Mitfunktionierende, in neue Not, in die Not um seine Freiheit. Die vielfache Klage über die „Gewalt" mitten in Wohlstand und äußerer Freiheit, der verbreitete Ekel am Dasein, der plötzliche Ausbruch aus der Ordnung ins Exzessive und Rauschhafte, der laute Protest und der stumme der Flucht ins Kranksein, ins Kranksein am Sinn, sind Zeugnisse dieser Not. Gerade hier kann aber mit rationalisierten Maßnahmen, mit bloßer, wenn auch über frühere Maße und Vorstellungen hinaus entwickelter Gerechtigkeit nicht geholfen werden. Die Bedrohung der Freiheit und die Ortlosigkeit des einzelnen in der rationalisierten Gesellschaft rufen nach einer Hilfe, die nur frei und personal, wenn auch nicht isoliert und planlos, geleistet werden kann.

Das Fazit: Caritas muß sich heute einfügen in den Dienst an der Gerechtigkeit, der ein weltweites, rationales und funktionales Planen erfordert; Caritas darf sich aber nicht in solcher Rationalität und Funktionalität erschöpfen, sondern gerade um der Zeit und um des Menschen willen muß sie den Charakter der freien, personalen, unverrechenbaren Liebe wahren. Auch Caritas steht so in jener Spannung, die unsere Zeit im ganzen prägt und der der Mensch aus sich selbst so schwer nur gewachsen, von der er konstitutionell überfordert ist. Grund und Kraft der Caritas ist so nicht das, was Menschen können, sondern der Glaube an das, was Gott kann und tut, der Glaube an seine Liebe.

II. Caritas als hermeneutisches Prinzip

1. Liebe verstehen

Die Situation läßt es als strittig erscheinen, wie christliche Liebe zu deuten ist. Die Situation selbst kann christlich jedoch nur gedeutet werden aus der Liebe. Diesem Zirkel des Verstehens können wir nicht entrinnen. Wir können uns nur in seine Mitte einschwingen. Liebe ist Gleichzeitigkeit Gottes mit den Menschen. Was sie ist, muß also von den Menschen her verstanden werden, mit denen Gott sich gleichzeitig macht. Sie muß aber ebenso von Gott her verstanden werden; denn Gleichzeitigkeit wäre keine, wenn Gott sozusagen verschwände in die Welt, in die Menschen hinein. Der Mensch, in den Gott sich verlöre, wäre wiederum einsam, er hätte seine Zeit für sich und mit sich allein, sie wäre nicht aufgehoben in die Gemeinschaft mit einem Ja, das ihn trägt. Nur wenn jener, der liebt, zugleich ganz eintritt in den, den er liebt, und doch ihm darin als Du gegenüber bleibt, geschieht Liebe.

Gleichzeitigkeit schließt Vorzeitigkeit und Nachzeitigkeit dessen mit ein, der sich gleichzeitig macht. Er muß von sich aufbrechen, von sich weggehen, damit Gleichzeitigkeit Zuwendung bedeute; anders gewendet: der, dem ich mich gleichzeitig mache, muß mir Zukunft sein. Doch ich muß ebenso ihm Zukunft sein, er muß wissen, daß ich bei ihm bleibe, daß sein eigener Weg von mir mitgegangen wird, daß er von mir umfangen wird, in mir Raum behält.

Liebe als Gleichzeitigkeit Gottes mit den Menschen erschöpft sich also nicht darin, daß er sich mit der Zeit der Menschen identifiziert und solidarisiert; nur als jener, der zuerst geliebt hat, und nur als jener, der liebend die Zukunft des Menschen vollendet, ist Gott hier und jetzt der Liebende. Daher läßt sich Liebe nicht trennen von der unverfügbaren geschichtlichen Initiative Gottes in Jesus, die es glaubend zu wahren und zu überliefern gilt, und sie läßt sich ebensowenig trennen von der „Eschatologie", von der Vollendung menschlicher Zeit und Geschichte durch Gottes vollendende Tat. Wie Eucharistie Gegenwart des Herrn bei seiner Gemeinde in der Verkündigung und dem Gedächtnis seines Todes und in der Hoffnung auf seine Wiederkunft bedeutet, so ist alle Gestalt seiner Liebe, seiner Gleichzeitigkeit mit den Menschen in diesen Dreiklang von Gleichzeitigkeit, Vorzeitigkeit und Nachzeitigkeit hineingestellt.

Wo Liebe aufgeht in menschlicher Machbarkeit, die allenfalls durch Beispiel, Gebot und Kraft Christi Impulse erhält, oder wo Liebe die Spannung aufs menschlich Nichterreichbare, die Spannung immanent nicht auflösbarer Gegensätze überspringt und ausschließt, da ist das Wesensmaß der Liebe Gottes, die in Christus erschienen ist, unterboten. Wo Liebe ohne den Glauben an Gottes Liebe „funktioniert", wo sie im Kalkül menschlicher Möglichkeiten, Kräfte und Aussichten aufgeht, da ist sie mißverstanden.

Es hieße indessen wiederum, der Spannung, die zur Liebe gehört, ausweichen, wenn man sie auf den soeben gezeichneten Pol verkürzte. Liebe kommt nicht darum herum, nach beiden Richtungen zu blicken, nach ihrem Woher und Wohin. Liebe, die nur theozentrisch und nicht zugleich anthropozentrisch wäre, wäre nicht einmal theozentrisch; denn wenn Gott die Liebe ist, dann ist er seine eigene Schwerpunktsverlagerung hin zu dem, dem seine Liebe gilt. Die Rücksicht auf den Menschen, das Eingehen auf ihn, das Ernstnehmen seiner Bedingungen und Grenzen gehört ebenso zur Liebe wie die Öffnung der Grenzen in Hoffnung und Wagnis auf den zu, der sie von sich her bereits durchbrochen hat.

2. Aus der Liebe verstehen

Woher klärt sich indessen, daß Liebe so und nicht anders zu verstehen sei?

Eine behutsame Analyse der neutestamentlichen Zeugnisse und ihrer Entfaltung in der Geschichte weist uns zwar deutlich den Weg in die angezeigte Richtung; seine eigentliche Stringenz erhält dieses Verständnis jedoch erst aus dem Vollzug der Liebe, der sich als Antwort der Liebe Gottes verdankt. Liebe kann nur aus Liebe verstanden werden. Jede Erkenntnis hat ihre spezifischen Sehbedingungen. Gottes Offenbarung ist Offenbarung seiner Liebe, die als Liebe nur dort aufgeht, wo der Mensch sich mit der unerhörten Gleichzeitigkeit Gottes beschenken läßt und darin sich selbst in die Gleichzeitigkeit mit Gott frei hineingibt. Christliches Verstehen der Offenbarung, aber auch der Welt hat so die Liebe zu ihrem hermeneutischen Prinzip. Dies ist gerade heute von besonderer auch methodischer Bedeutung für die Theologie, da im Zeitalter der Ideologiekritik die Rückbesinnung auf die „Vorurteile" jeglicher Erkenntnis uns aufgegeben ist. Das Vorurteil des Christlichen aber ist Gottes Vorurteil für den Menschen und die Welt, es ist eben seine Liebe.

An drei Beispielen sei skizzenhaft dargetan, wie aus der Liebe christliches Verstehen der Wirklichkeit geschehen könne und müsse.

a) Den Menschen verstehen

Was ist der Mensch? Diese Frage drängt in einer Zeit, in welcher der Mensch sich selber plant und über sich selber verfügt wie nie zuvor; denn gerade die Auslieferung des Menschen an den Menschen macht es ihm unsicher, wie er sich selber verstehen soll; der nur auf sich gestellte und angewiesene Mensch entgeht sich.

Die Identität des Menschen mit sich selbst wird nicht gewährleistet durch ein ihm vorgegebenes Wesen, das er in allen Realisierungen, Möglichkeiten, Grenzfällen, Planungen und Krisen bestätigt findet. Das Ich, das die Vielzahl der Erfahrungen, Gedanken und Erlebnisse des Menschen, sein Vorher und Nachher zusammenbindet, splittert sich heute seinerseits auf in eine unabsehbare Vielzahl zusammenhangloser Rollen des Verfügens und Verfügtwerdens. Dies bedeutet für den Menschen äußerste Gefahr. Kann man mit ihm machen, was immer man will, was immer technisch machbar ist? Und umgekehrt: Wo sich mit dem Menschen nichts anfangen läßt, wo er der Planbarkeit seiner Zukunft und seines Glücks entgeht, wo er mißratenes, „verunglücktes" Leben ohne immanente Chance der Entwicklung ist, kann da vom Menschen noch die Rede sein? Manipulation *des* Menschen und Manipulation *mit* dem Menschen bedrohen den, der durch keine Definition und keine Maßnahme in seiner eigenen Identität gewährleistet werden kann.

Gerade hier eröffnet Liebe als Gleichzeitigkeit Gottes mit dem Menschen ihm ein neues Verstehen, eine neue Konsistenz seiner Menschlichkeit, eine neue Gleichzeitigkeit mit sich selbst. Nicht durch das, was ich am Menschen feststelle, nicht durch das, was ich mit dem Menschen machen oder nicht machen kann, sondern dadurch, daß es einen gibt, der ja zu ihm sagt, der ihn von sich her als Du, als Partner annimmt, wird der Mensch „definiert". Er ist der von Gott auf Antwort hin Geliebte; und wo – etwa in äußerster Form des Schwachsinns – diese Antwort nicht seitens des einzelnen Menschen zur Sprache kommen kann, da sind die anderen, die Mitmenschen, zu dieser Antwort gerufen.

Die Identität des Menschen durch Gottes liebende Gleichzeitigkeit mit ihm enthält so drei fundamentale Erkenntnisse über das, was der Mensch ist: 1. Der Mensch ist von sich her das Wesen, das geliebt, das bejaht, das als Du und Partner angenommen sein will. 2. Gerade dadurch aber ist der Mensch er selbst, ein unverrechenbares Einmal, als je dieser einzelne Endstation unendlicher Liebe Gottes, als je dieser einzelne aber auch Endstation für die Entwicklung, die der Mensch selber vorantreiben kann und soll. Sie darf nie an diesem einzelnen vorbei und über ihn hinweg führen, so daß er nur Probierstation, Abfall auf dem Weg der Evolution, kalkulierbares Menschenmaterial würde. 3. Als geliebt und darum Einmal Gottes ist der Mensch aber zugleich über sich hinaus verwiesen; sein Sein ist Mitsein, ist Gleichzeitigkeit, will sagen Dasein für andere. Der einzelne ist nicht nur Endstation, sondern auch Ursprung, Anfang, Quelle, die von sich her aufbricht zu den anderen und für die anderen, damit sie daraus leben, als Geliebte sie selbst sein können. – Solches wären Grundzüge einer Anthropologie, die die Liebe Gottes zu ihrem hermeneutischen Prinzip hat.

b) Gerechtigkeit verstehen

Was heißt Gerechtigkeit? Auch dies ist eine der Grundfragen unseres Zeitalters. Die Verflechtung aller Linien der menschlichen Geschichte miteinander, die Veränderung aller Verhältnisse und Bedingungen im Prozeß einer immer rascheren Entwicklung, die Unteilbarkeit der Situation der Menschheit, zugleich aber die Gefahr, in globalen Planungen und Lösungen den einzelnen und so das Menschliche aufzulösen, lassen alte Definitionen und Prinzipien als unanwendbar aufs heute Gebotene erscheinen. Für den Christen freilich steht Gerechtigkeit unter einem neuen Vorzeichen: unter dem des göttlichen Vorurteils für den Menschen, das ihn über alle Schuld und alle Leistung hinweg versöhnt und in den Bund mit Gott gerufen hat. Sicher ist von jedem Menschen nur eines, und dieses eine geht unabdingbar in die Voraussetzung meines Verhältnisses zu ihm ein: Er ist von Gott geliebt, Gott hat ihm seine eigene Gerechtigkeit angeboten, ihn in seinen Bund hineingerufen durch das für ihn vergossene Blut seines Sohnes. Nur wenn der Mensch mir soviel wert ist, wie er Gott wert ist, werde ich dem gerecht, was der Mensch in Wahrheit, und das heißt: von Gott her ist. Wenn Gott uns so geliebt hat, dann sind wir es schuldig, auch einander zu lieben (vgl. 1 Joh 4,11).

Ist darin die humane, ethische, soziale Frage nach der Gerechtigkeit einfachhin überholt? Ist es sinnlos, eine irdische Ordnung der Gerechtigkeit aufbauen zu wollen, weil die neue Gerechtigkeit einfachhin Liebe, Hingabe, Einsatz des Äußersten und Letzten verlangt? Schon im „innerchristlichen" Sinn könnte diese Frage nicht einfachhin mit ja beantwortet werden. Nicht daß es anginge, Abstriche an der Radikalität der evangelischen Forderung zu machen, nicht daß das neue Gebot Christi durch eine Kasuistik abgeschwächt werden dürfte. Aber gerade die Liebe, in der Gott den Menschen zu seinem Partner macht, liebt nicht über den Menschen hinweg, ist nicht eine über ihn verfügende Aktivität, die ihn nur zur Marionette, zur Selbstbestätigung der göttlichen Selbstlosigkeit werden ließe. Liebe wird dem, den sie liebt, „gerecht"; sie geht auf ihn ein, sie läßt ihn er selber sein. Das Neue ihrer Gerechtigkeit aber ist, daß sie nicht das fixiert und aufrechnet, was war, sondern daß sie dieses Selbstsein, diese Partnerschaft neu ermöglicht, auf Zukunft hin aufschließt und freigibt.

Hier aber liegt ein Fingerzeig auch für das, was Gerechtigkeit in den Bereichen heißt, in denen der Christ jenen partnerschaftlich gerecht werden muß, die seinen Glauben, seine Sicht von Gerechtigkeit nicht teilen. Eine Ordnung der Gesellschaft kann auch heute nicht beanspruchen, gerecht zu sein, wenn sie nur alles gleichmäßig verteilt, dabei aber den Menschen zum rettungslosen Empfänger seines vorgeplanten Glückes werden läßt, selbst wenn dieses den parzellierten Toleranzraum abgepaßter Freiheiten mitenthielte. Umgekehrt kann aber auch keine Ordnung gerecht sein, die sich nur auf in Erbe und Leistung, in Überkommenem und Gewordenem vorgegebene Rechtstitel beriefe und im übrigen ein Minimum an Grundrechten aller sicherstellte. Gerechtigkeit verlangt, daß alle Menschen Partner an der einen und gemeinsamen Zukunft der Menschheit sein und in sie das je Eigene in Freiheit einbringen können. Die Gleichzeitigkeit aller in der einen Zukunft der Welt und der Dienst aller daran, daß diese Gleichzeitigkeit erreicht werde, gehören heute zur sozialen Gerechtigkeit. Dies resultiert aus den Bedingungen gesellschaftlicher Entwicklung selbst; es hat seinen tiefsten und tragenden Grund indessen in jener Liebe Gottes, die alle gleichzeitig mit sich und miteinander sein läßt; so bewährt sich Liebe als Sehbedingung der Gerechtigkeit, als ihr hermeneutisches Prinzip.

c) Kirche verstehen

Drittes Beispiel ist die Frage: Was ist Kirche? Als bloße Institution wird sie dem Menschen von heute immer weniger verständlich und glaubhaft; andererseits drängt gerade ein „antiinstitutionelles" Pathos der Freiheit und der Gleichheit aller nach institutioneller Sicherung. Eine weitere Spannung: Kirche wird nicht mehr als die umfassende Organisation monolithischer Einheitlichkeit begriffen, die in der einzelnen Gemeinde nur ihre zentral vorgenormte „Ortsgruppe" hätte; man verlangt nach der intensiven Gemeinschaft im überschaubaren Miteinander. Kirche braucht die kleine Zelle, Kirche lebt in der Gemeinde. Wenn dies aber alles wäre, wenn Zelle und Gemeinde sich selbst genügten, dann geriete Kirche ins tausendfältige Getto, sie würde zur Sekte, zum introvertierten Club. Ihre Aufgabe des Zeugnisses in Welt und Gesellschaft und ihre übergreifende Einheit im selben Zeugnis für denselben Herrn und seine selbe Liebe wären gefährdet. Gewiß bedarf Kirche der lebendigen Gleichzeitigkeit ihrer Glieder miteinander in der einzelnen Gemeinde, aber sie bedarf ebenso der Gleichzeitigkeit aller Gemeinden in der einen Sendung und im einen Zeugnis.

Die genannten Probleme heutiger Ekklesiologie, die sich praktisch und theoretisch in vielerlei Einzelfragen ausfalten, haben wiederum den Ansatz zu ihrer Lösung in der Liebe als dem hermeneutischen Prinzip für die Kirche.

Die Liebe Gottes ist ein für allemal in Jesus Christus erschienen, und dieses „Ein-für-allemal" erfordert eine unumkehrbare geschichtliche Kontinuität, eine unverfügbare Tradition, in welcher der Anfang lebendig, maßgeblich und unverfälscht gegenwärtig bleibt. Die institutionell gesicherten, unverfügbaren Grundstrukturen des Amtes, des Sakramentes, der Lehre dürfen aber nicht als Selbstzweck, sie müssen als die Präsenz der unüberholbaren Liebe Gottes verstanden werden. Gerade darum aber kann Institution nicht mehr sein als Ansatz dazu, daß Liebe neu zum Ereignis, zum Leben hier und jetzt werde. Institution *und* Ereignis, unverfügbare Struktur *und* je neues Eingehen auf die Stunde müssen sich in der Kirche ergänzen; jede Einseitigkeit, jede Beschränkung auf nur einen Pol dieser Spannung verkännte die Grundstruktur der Gleichzeitigkeit Gottes mit der Menschheit, die in der Kirche geschehen soll.

Dasselbe gilt für das Verhältnis zwischen Einzelgemeinde und übergreifendem Zusammenhang kirchlichen Lebens. Das intensive Miteinander und das extensive Dasein für alle schließen einander nicht nur nicht aus, sie bedingen einander. Das Erleben und die Erfahrung der Gemeinschaft im überschaubaren Kreis und aus freiem Impuls hat das Kriterium seiner Glaubwürdigkeit gerade darin, daß Gruppe und Kreis sich und ihr Eigenes zu verschenken wissen ans Ganze und im Ganzen ihren Sinn und ihren Rückhalt finden. Dieses Ganze seinerseits muß sich freilich bewähren als der Raum, der Freiheit und Intensität, Ereignis und Gemeinschaft nicht verschließt, sondern eröffnet und umfängt. Nur jene Ekklesiologie wird die Identität mit dem Ursprung und der Geschichte wahren und den Weg der Kirche in die Gleichzeitigkeit mit der Welt von morgen eröffnen, die die ganze Spannung der Liebe in sich trägt, deren Sakrament Kirche ist.

III. Liebe und Caritas

Die angerissenen Fragen nach dem Menschen, nach der Gerechtigkeit, nach der Kirche sind beinahe beliebig herausgegriffene Beispiele dafür, wie Liebe als hermeneutisches Prinzip angewendet werden könne. Diese „Beliebigkeit" hat dennoch einen Hintergrund: Der Anlaß zu unserer Reflexion über Caritas ist ja das Jubiläum des Verbandes, der diesen Namen trägt. Er steht in der heutigen Situation in der Anforderung, sich nach seinem Dienst für den Menschen, nach dem Verhältnis seines Auftrags zum Dienst an der Gerechtigkeit in der Welt, nach seinem Ort in der Kirche zu fragen.

Diese Fragen werden durch die vorstehenden Überlegungen keineswegs abgegolten; doch wird der Horizont umrissen, der bei der Besinnung der Caritas auf ihren Weg im Blick sein muß. Gewiß, „alles" im Christentum hat mit der Liebe zu tun; doch es wäre ein Kurzschluß, daraus eine Allzuständigkeit organisierter Caritas in der Kirche abzuleiten. Andererseits würde organisierte Caritas aber ihrem Auftrag in unserer Zeit, der auch von ihr geforderten Gleichzeitigkeit mit der Zeit nicht gerecht, wenn sie nur konkrete Kompetenzen und Aufgaben aus dem Gesamt kirchlichen Auftrags und kirchlicher Sendung für sich herausrechnete. Sie muß ihre Kompetenzen und Aufgaben im Kontext eines christlichen Gesamtverständnisses Gottes, des Menschen und der Welt, das heißt aber im Kontext eines theologischen Verständnisses der Liebe sehen und darüber wachen, daß solches Verständnis in der Kirche lebendig wird und lebendig bleibt.

BIBLIOGRAPHISCHE NACHWEISE

Krise des Hörens
K. Hemmerle (Hg.), Gespräch ohne Partner. Die Krise des Hörens (Das pädagogische Gespräch) (Freiburg i.Br.: Herder, 1960) 46–70.

Ideologiekritik und christlicher Glaube
Militärseelsorge. Zeitschrift des Katholischen Militärbischofsamtes 12 (1970) 15–27.

Das Christliche im „nachchristlichen" Zeitalter
K. Hemmerle, Unterscheidungen. Gedanken und Entwürfe zur Sache des Christentums heute (Freiburg i.Br.: Herder, 1972) 90–111.

Viele Wege führen ins Getto
K. Lehmann – K. Rahner (Hg.), Marsch ins Getto? Der Weg der Katholiken in der Bundesrepublik Deutschland (Doppelpunkt) (München: Kösel, 1973) 70–78.

Christliche Spiritualität in einer pluralistischen Gesellschaft
J. Sauer (Hg.), Glaubenserfahrung und Meditation. Wege einer neuen Spiritualität (Freiburg i.Br.: Herder, 1975) 85–110.

Wert und Wirkungen der Religion
R. Biskup (Hg.), Werte in Wirtschaft und Gesellschaft (Beiträge zur Wirtschaftspolitik 52) (Bern: Haupt, 1990) 41–52.

Einheit als Lebensstil
H. Adolphsen – G. Harig (Hg.), Bischöfe kommentieren Fragen der Zeit (Stuttgart: Radius, 1991) 103–117.

Eine neue Stadt ersteht. Theologische Aspekte zum Thema des Karlsruher Katholikentags
Generalsekretariat des Zentralkomitees der deutschen Katholiken (Hg.), Eine neue Stadt ersteht. Europa bauen in der Einen Welt. Überlegungen zum Leitwort des 91. Deutschen Katholikentag, Karlsruhe 17.–21. Juni 1992 (ZdK-Dokumentation) (Bonn 1991) 17–27.

Unterscheidung des Politischen
K. Hemmerle, Unterscheidungen. Gedanken und Entwürfe zur Sache des Christentums heute (Freiburg i.Br.: Herder, 1972) 112–127.

Politik und Ethik. Phänomenologische Randbemerkungen
M. Mols – H.-O. Mühleisen – T. Stammen – B. Vogel (Hg.), Normative und institutionelle Ordnungsprobleme des modernen Staates. Festschrift zum 65. Geburtstag von Manfred Hättich am 12. Oktober 1990 (Studien zur Politik 15) (Paderborn: Schöningh, 1990) 66–79.

Politik und Zeugnis
P. Haungs – K.M. Graß – H. Maier – H.-J. Veen (Hg.), Civitas. Widmungen für Bernhard Vogel zum 60. Geburtstag (Studien zur Politik 19) (Paderborn: Schöningh, 1992) 315–324.

Was haben Evangelium und Wirtschaft miteinander zu tun?
Hg. v. Vereinigung der Unternehmerverbände im Aachener Industriegebiet e.V. (Zur Sache 10) (Aachen o.J. [1989]).

Kirche und Wirtschaft
Hg. v. Industrie- und Handelskammer Düsseldorf (Vortragsreihe der Industrie- und Handelskammer zu Düsseldorf 21) (o.O. [Düsseldorf] o.J. [1977]).

Kirche und Arbeiterschaft – eine Herausforderung für die Gemeinden
Kirchlicher Anzeiger für die Diözese Aachen. Amtsblatt des Bistums Aachen 51 (1981) 27f. Titel nach: K. Hemmerle, Hirtenbriefe. Hg. v. K. Collas (Aachen: Einhard, 1994) 40.

Gegen die Angst – für die Hoffnung. Der Bischof von Aachen an junge Arbeiterinnen und junge Arbeiter
Hg. v. Christliche Arbeiterjugend (CAJ) im Bistum Aachen (o.O. [Aachen] o.J. [1982]) – Faltblatt.

Technik und Weisheit
Alma Mater Aquensis. Berichte aus dem Leben der Rheinisch-Westfälischen Technischen Hochschule Aachen 25 (1988/89) 101–106.

Philosophisch-theologische Reflexionen zum Thema: „Unsere Verantwortung für die Welt von morgen"
H.-J. Schulte-Vieting (Hg.), Mut zur Zukunft. Über den sinnvollen Umgang mit den Lebensmöglichkeiten auf der Erde (Aachener Beiträge zu Pastoral- und Bildungsfragen 12) (Aachen: Einhard, 1983) 17–37.

Grundentscheidungen für ein verantwortliches Verhalten zur Zukunft
H.-J. Schulte-Vieting (Hg.), Mut zur Zukunft. Über den sinnvollen Umgang mit den Lebensmöglichkeiten auf der Erde (Aachener Beiträge zu Pastoral- und Bildungsfragen 12) (Aachen: Einhard, 1983) 171–183.

Was heißt „katholisch" in der katholisch-sozialen Bildung?
Civitas. Jahrbuch für Sozialwissenschaften 9 (1970) 9–26.

Person und Gemeinschaft – eine philosophische und theologische Erwägung
N. Glatzel – E. Kleindienst (Hg.), Die personale Struktur des gesellschaftlichen Lebens. Festschrift für Anton Rauscher (Berlin: Dunckler & Humblot, 1993) 31–44.

Personale Hilfe in einer technisierten und rationalisierten Welt
Caritas. Zeitschrift für Caritasarbeit und Caritaswissenschaft 65 (1964) 165–178.

Caritas – eine theologische Reflexion zwischen Konzil und Synode
Deutscher Caritasverband Freiburg (Hg.), 1897–1972. 75 Jahre Deutscher Caritasverband. (Freiburg i.Br. o.J. [1972]) 131–136.

EDITORISCHE NOTIZ

1. Offensichtliche Versehen oder Druckfehler wurden stillschweigend korrigiert, die Zitate und ihre Nachweise überprüft, doch ältere Übersetzungen, vor allem des Bibeltextes belassen. Fehlende Angaben zu Textausgaben sind nicht nachgetragen worden.

2. Ohne dies im einzelnen nachzuweisen, wurden vereinheitlicht: die Numerierung der Gliederungen, die Anmerkungen – soweit es sich nicht um die Angabe von Bibelstellen oder um wiederholte kurze Belege derselben Quelle handelt, befinden sie sich durchgehend als Fußnoten unter dem Text –, die Form der Belege und die verwendeten Abkürzungen – sie wurden nach Maßgabe des *Lexikons für Theologie und Kirche*, 3. Aufl. Freiburg 1993 ff. aktualisiert.

3. Texte ohne Titel wurden mit einer Überschrift versehen. Längere ungegliederte Texte wurden bisweilen gegliedert und mit Zwischenüberschriften versehen; oder es sind in vom Autor selbst gegliederte, jedoch nicht mit Zwischenüberschriften ausgestattete Texte solche neu eingefügt worden. Alle von den Bearbeitern stammende Titel oder Zwischenüberschriften sind durch einen *Asteriskus* am Ende gekennzeichnet.

4. Andere Eingriffe in die Textgestaltung sind eigens angemerkt. Den Anmerkungen der Bearbeiter ist der Hinweis *Anm. d. Bearb.* vorangestellt.

INHALTSVERZEICHNIS

Vorwort 5
Inhaltsübersicht 7
Einleitung 9

ERSTER TEIL:
Christsein in „nachchristlicher" Gesellschaft

Krise des Hörens 17
    I. Mißtrauen gegen das Wort* 18
    II. Der Grund des Mißtrauens: das verführte Wort* 21
    III. Der Verfall des Hörens im technischen Zeitalter* 27
    IV. Chance neuen Hörens* 33
Ideologiekritik und christlicher Glaube 36
    I. Was heißt Ideologie?* 38
    II. Der Begriff der Ideologie als ideologiekritischer Begriff* 42
    III. Christlicher Glaube und Ideologie* 47
Das Christliche im „nachchristlichen" Zeitalter 50
    I. Die Frage nach der Identität des Christlichen* 50
    II. Der Pluralismus des Nebeneinander* 52
    III. Der Pluralismus des Nacheinander* 59
    IV. Christentum:
        Ort der Offenheit in einer pluralistischen Gesellschaft* 64
    V. Der Grund der Offenheit: der geschichtliche Gott* 69
Viele Wege führen ins Getto 71
    I. Verändern oder Bewahren: eine Alternative?* 71
    II. Die Versuchung zum Getto* 73
    III. Wendemarken der Flucht* 78
Christliche Spiritualität in einer pluralistischen Gesellschaft . . 81
    I. Die angefochtene Mitte 82
        1. Verunsicherung im Innern 82
        2. Die Anfrage der Weltgeschichte 83
        3. Konkurrenzsituation des Pluralismus 83
        4. Umschlag des Pluralismus? 84

  II. Zugang zur Mitte 86
   1. Der Anstoß: der „Überschuß" Jesu 86
   2. Die Methode: Orientierung am „Maximum" 88
   3. Der Weg: Nachfolge und Unterscheidung 89
  III. „Das Wort ist Fleisch geworden" 90
   1. Ausgeschlossene Alternativen 91
   2. Positives Profil der Botschaft 92
  IV. Die Mitte in der Peripherie 94
   1. Konsequenz für den einzelnen 95
   2. Perspektive auf die Gesellschaft 97
   3. Im Kontext des Pluralismus 98
   4. Chancen für die Zeit – Chancen für das Christliche 99

Wert und Wirkungen der Religion 101
  I. Einführung 101
  II. Die innere Logik der Religion 104
  III. Der dialektische Bezug der Religion zu Werten 105
  IV. Immanente Gefahren der Religion 105
  V. Wertevermittlung im Alten Testament 107
  VI. Der Gott Jesu Christi 110
  VII. Das trinitarische Modell 110
  VIII. Der Beitrag der Religion in einer nachchristlichen Gesellschaft . . . 111

Einheit als Lebensstil 114
  I. Einheit: Not und Notwendigkeit unserer Zeit 114
  II. Einheit aus der Alternative des Evangeliums 118
  III. Einheit – wie geht das? 119
  IV. Einheit als Lebensstil 125

Eine neue Stadt ersteht. Theologische Aspekte zum Thema
des Karlsruher Katholikentags 131
  I. Descensus: Von der Botschaft zur Geschichte 133
  II. Ascensus: Von der Geschichte zur Botschaft 136

ZWEITER TEIL:
Ort und Ethos des Christlichen in der Gesellschaft

Erstes Kapitel: *Politik – Kunst der Freiheit*

Unterscheidung des Politischen 144
  I. Die Notwendigkeit der Unterscheidung* 144
  II. Vorurteile gegenüber der Politik* 145
  III. Die Flucht vor dem Politischen* 147
  IV. Politik als Kunst der Freiheit* 150
  V. Der Mensch als Maß der Politik* 154
  VI. Das Politische und das Christliche* 156

Politik und Ethik. Phänomenologische Randbemerkungen .. 160
   I. Zugang: Konstitution der Freiheit 161
      1. Philosophische und theologische Analogien 161
      2. Das Verständnis von Freiheit 162
      3. Der perichoretische Charakter von Freiheit 164
      4. Geschaffene Freiheit 166
   II. Die Freiheit und das „Politische" 167
      1. Realisierungsfelder der Freiheit 167
      2. Das Politische, die Freiheit und die Macht 168
      3. Das Wesensmaß des Politischen 171
   III. Zum Ethos des „Politischen" 172
      1. Der gemeinsame Bezugspunkt von Politik und Ethik:
      die Freiheit 172
      2. Politik und Ethik: ein Innenverhältnis 175
      3. Politik und Ethik: ein Außenverhältnis 176

Politik und Zeugnis 180
   I. Wer ist ein Zeuge? Was ist ein Zeugnis? 181
   II. Warum braucht es heute Zeugen? 184
   III. Warum braucht heute die Politik Zeugen? 185
   IV. Zeugnis in der Politik: Wofür? 187
   V. Drei Dilemmata und eine Hoffnung 191

Zweites Kapitel: Ökonomie – vom Urmodell zu den Modellen

Was haben Evangelium und Wirtschaft miteinander zu tun? . . 194
   I. Konturen einer Phänomenologie der Wirtschaft* 194
   II. Herausforderungen des Evangeliums* 196
   III. Ethische Konsequenzen* 200
   IV. Kreative Ratlosigkeit* 203

Kirche und Wirtschaft 206
   Einleitung: Die Thesen 206
   I. Aus der Perspektive der Schöpfung 208
      1. Das Feld 208
      2. Die Vollzüge 209
      3. Das Spiel von Gegebensein, Freiheit, Gemeinschaft 210
      4. Konsequenzen 212
   II. Aus der Perspektive der Erlösung 213
      1. Jesu kritische Stellung zum Reichtum 213
      2. Der Anspruch Jesu und wir 215
      3. Das Urmodell: Dreifaltigkeit 218
      4. Vom Urmodell zu den Modellen 219

Kirche und Arbeiterschaft – eine Herausforderung für die
Gemeinden*. Fastenhirtenbrief 1981 222

Gegen die Angst – für die Hoffnung. Der Bischof von Aachen
an junge Arbeiterinnen und junge Arbeiter 226

Drittes Kapitel:
Wissenschaft und Technik – Zusammenleben mit dem Ganzen

Technik und Weisheit 230
    Einleitung* 230
    I. Das Wesen der Weisheit* 231
    II. Das Wesen der Technik* 234
    III. Sechs Aufgaben der Weisheit* 237

Philosophisch-theologische Reflexionen zum Thema:
„Unsere Verantwortung für die Welt von morgen" 241
    I. Die Welt 242
        1. Welt als Gefüge 242
        2. Welt und Ich – gegenseitige Voraussetzung 244
        3. Welt als Weltgespräch 245
        4. Die Welt und die Sachen 246
        5. Neuzeit – Reduktion der Welt auf den Menschen 247
        6. Welt als Schöpfung 249
        7. Ja zur Gegebenheit 250
        8. Vierfache Weltaufgabe 250
    II. Das Morgen 252
        1. Miteinander im Nacheinander 252
        2. Dreifacher Charakter der Zeit 253
        3. Der Mensch in der Dramatik der Zeit 254
    III. Unsere Verantwortung 256
        1. Falsche Alternative 256
        2. Grundzüge eines Modells verantwortlichen Verhaltens 257

Grundentscheidungen für ein verantwortliches Verhalten
zur Zukunft 262
    I. Rückblick in die Zukunft 262
    II. Vorblick auf die Zukunft 268

Viertes Kapitel: *Impulse für eine erneuerte Soziallehre*

Was heißt „katholisch" in der katholisch-sozialen Bildung? . . . 276
    I. Die Fragestellung 276
    II. Was hat sich geändert? 278
    III. Was ist nicht mehr „katholisch"? 283
    IV. Das „Katholische" in der katholisch-sozialen Bildung* 287
        1. Der Ansatz beim „Und" 287
        2. Das „Und" zwischen Natur, Offenbarung und Empirie 289
        3. „Prospektive" Gerechtigkeit 292

Person und Gemeinschaft – eine philosophische und
theologische Erwägung 299
   I. Die Frage nach Person und Gemeinschaft 299
   II. Der theologische Hintergrund des Personbegriffs
       und sein latenter Gemeinschaftsbezug 301
       1. Christologie* 301
       2. Trinitätslehre* 302
   III. Die Fragwürdigkeit des Zusammenhanges von Person und
       Gemeinschaft im klassischen Personbegriff 303
   IV. Die Öffnung der Subsistenz in sich zur Kommunikation 305
   V. Personalität – Universalität – Interpersonalität 307
   VI. Interpersonalität als Einung und Unterschied 308
   VII. Konstitution von Person als Konstitution von Gemeinschaft 311

Fünftes Kapitel:
Diakonie – Antwort auf die Seins-Not des Menschen

Personale Hilfe in einer technisierten und rationalisierten Welt   316
   I. Ansatz zur Hilfe 317
   II. Das Wesen personaler Hilfe 321
   III. Die gegenwärtige Situation der Hilfe 327

Caritas – eine theologische Reflexion zwischen Konzil
und Synode 334
   I. Zur Situation der Caritas 335
       1. Liebe als Mitte zeitgerechten Christseins 336
       2. Einspruch gegen die „christliche Liebe" 337
       3. Verschiedene Deutungen der Liebe 338
          a) Liebe als Toleranz 338
          b) Liebe als Kampf 338
          c) Gemeinsamer Hintergrund 339
       4. Caritas in den Bedingungen der Gesellschaft 339
   II. Caritas als hermeneutisches Prinzip 341
       1. Liebe verstehen 341
       2. Aus der Liebe verstehen 343
          a) Den Menschen verstehen 343
          b) Gerechtigkeit verstehen 345
          c) Kirche verstehen 346
   III. Liebe und Caritas 348

Bibliographische Nachweise 349
Editorische Notiz 351

Karl Rahner

Karl Rahner Sämtliche Werke

Selbstvollzug der Kirche
Ekklesiologische Grundlegung praktischer Theologie

19

Benziger · Herder

Band 19
592 Seiten.
Gebunden mit Schutzumschlag
ISBN 3-451-23701-6

Bei Bezug des Gesamtwerks gilt ein 15% ermäßigter Subskriptionspreis

Karl Rahner SÄMTLICHE WERKE

Herausgegeben von der Karl-Rahner-Stiftung

unter Leitung von:
Karl Lehmann
Johann Baptist Metz
Karl-Heinz Neufeld
Albert Raffelt
Herbert Vorgrimler

ca. 32 Bände,
je Band 22,7 x 15,1 cm,
ca. 608 Seiten,
Fadenheftung.
Gebunden mit Schutzumschlag

Nähere Informationen

erhalten Sie bei Ihrem Buchhändler oder direkt bei

Verlag Herder
Postfach
79080 Freiburg

-DAS GESAMTWERK-

I. Grundlegung
1922-1949 /
Bände 1 bis 8
1. Fundamente im Orden
2. Geist in Welt
3. Gnade und Mystik
4. Hörer des Wortes
5. Not der Zeit
6. Die Buße
7. Von der Not und dem Segen des Gebetes
8. Schöpfungstheologie

II. Aufbau
1949-1963 /
Bände 9 bis 17
9. Maria im Dogma
10. Kirche in der Herausforderung der Zeit
11. Geschichte der Buße
12. Die Gestalt Jesu Christi
13. Ignatius von Loyola
14. Christliches Leben
15. Verantwortung der Theologie
16. Anstöße zur Erneuerung
17. Vorbereitung des Konzils

III. Entfaltung
1964-1976 /
Bände 18 bis 26
18. Das Konzil
19. Selbstvollzug der Kirche
20. Das Konzil in der Ortskirche
21. Entwürfe einer Zusammenschau
22. Personale Heilsvermittlung
23. Priesterliche Existenz
24. Gemeinschaft der Glaubenden
25. Sakramente
26. Grundkurs des Glaubens

IV. Sammlung
1977-1984 /
Bände 27 bis 32
27. Ignatianischer Geist
28. Zukunft von Christentum und Welt
29. Ökumene
30. Wandel und Pluralismus der Welt
31. Die Frage nach Gott
32. Rückblicke und Erinnerungen

EIN MEILENSTEIN FÜR DIE EXEGESE

Brevard S. Childs' zweibändige Theologie der Bibel ist die theologische Summe eines der bekanntesten Exegeten der Gegenwart: ein international Maßstäbe setzendes Werk, das die Forschungsergebnisse dieses Jahrhunderts souverän bündelt. Der erste Band beginnt mit der Geschichte und den Grundproblemen der „Biblischen Theologie" von den Kirchenvätern bis zur Gegenwart. Der zweite Band entfaltet die großen Themen der Bibel: Gott, der Schöpfer, Bund, auserwähltes Volk, Christus der Herr, Versöhnung, Gesetz und Evangelium, alter und neuer Mensch, biblischer Glaube, Reich Gottes, christliche Ethik als Leben nach der Weisung Gottes.

Brevard S. Childs
Die Theologie der einen Bibel

Band 1 Grundstrukturen
ISBN 3-451-23291-X

Band 2 Hauptthemen
ISBN 3-451-23292-8

Gebunden mit Schutzumschlag
Pflichtfortsetzung

Verlag Herder
Freiburg · Basel · Wien